日本運動生理学会　運動生理学シリーズ6

高所トレーニングの科学

Science of Altitude Training

編　者

筑波大学名誉教授
浅野　勝己

東京大学教授
小林　寛道

株式会社　杏林書院

著者紹介（五十音順）

浅野　勝己（あさの　かつみ）
筑波大学名誉教授・埼玉東洋医療専門学校校長

大貫　義人（おおぬき　よしと）
山形大学教育学部教授

荻田　　太（おぎた　ふとし）
鹿屋体育大学体育学部助教授

川初　清典（かわはつ　きよのり）
北海道大学体育指導センター助教授

川原　　貴（かわはら　たかし）
国立スポーツ科学センタースポーツ医学研究部主任研究員

小林　寛道（こばやし　かんどう）
東京大学大学院総合文化研究科教授

澤木　啓祐（さわき　けいすけ）
順天堂大学スポーツ健康科学部教授

下山　好充（しもやま　よしみつ）
筑波大学体育センター準研究員

杉浦　克己（すぎうら　かつみ）
明治製菓(株)ザバス スポーツ&ニュートリション・ラボ

杉田　正明（すぎた　まさあき）
三重大学教育学部助教授

鈴木　従道（すずき　つぐみち）
ダイハツ工業(株)陸上部監督

仲村　　明（なかむら　あきら）
富士通(株)

野村　武男（のむら　たけお）
筑波大学体育科学系教授

前嶋　　孝（まえしま　たかし）
専修大学社会体育研究所教授

水野眞佐夫（みずの　まさお）
デンマーク・リーベ州立病院エスビャーグ臨床生理学研究部部長

山澤　文裕（やまさわ　ふみひろ）
丸紅(株)健康開発センター所長

山地　啓司（やまじ　けいじ）
富山大学教育学部教授

山本　正嘉（やまもと　まさよし）
鹿屋体育大学スポーツトレーニング教育研究センター助教授

若吉　浩二（わかよし　こうじ）
奈良教育大学教育学部教授

序　文

近年，高所トレーニングに関する研究は，運動生理学の分野でのトピックスとして大きな関心がもたれるようになってきている．長距離，マラソンのトレーニングとして考えられていた高所トレーニングが，実は，いろいろなスポーツ種目のトレーニングとして効果のあることが確かめられるようになり，パワー発揮系のスポーツ選手にも取り入れられるようになってきている．

高所トレーニングの研究は，1960 年代にわが国でいち早く手掛けられていたが，メキシコオリンピックが終わった 1968 年以降は，あまりメジャーな研究テーマとして取り扱われなかった．わが国でコツコツと地味な研究が本書の編集者のひとりである浅野によって，筑波大学に設置された低圧シミュレーターを用いて続けられていた．しかし，そうした研究の積み重ねが，1990 年代になって突然ともいえるように注目されるようになった．日本オリンピック委員会が選手強化策のひとつとして，高所トレーニングに関する研究プロジェクトを立ち上げ，高所トレーニングに対する医科学サポート研究を推進する方向を打ち出したからである．日本陸上競技連盟や日本水泳連盟では，これに先立って，本格的な組織的高所トレーニングの取り組みを開始していたが，研究プロジェクトがスキー，スケート，をはじめ今まで高所トレーニング研究に縁のなかったスポーツ種目においても，さまざまな取り組みがなされるようになった．

わが国の陸上競技関係者には，研究とは行かないまでも，高所トレーニングが有効なトレーニング手段であることを体験的に知っている人が何人もいた．メキシコオリンピックに向けて，1960 年代にトレーニングした選手や，研究の被検者として当時の研究に協力した人たちであった．そうした人たちのなかに，本書の執筆者である澤木啓祐氏や鈴木従道氏がいる．

高所トレーニングは，環境生理学としても，極めて豊富な研究テーマを与えてくれる．現実的な選手の為のトレーニングにこだわらなくても，いろいろな視点から，高所環境は学問的な興味を呼び覚ましてくれる．

日本のスポーツ科学者は，オリンピックでよい成績をあげるために，実際的な高所トレーニングの研究に取り組み，画期的な成果をあげることに成功した．

今，世界はさらに人間の適応力やトレーニングの可能性を高める目的で研究が進められている．本書には，アップツーデートな研究の話題が盛り込まれているが，これまでに積み上げられてきた研究や実践例について丁寧にまとめられている．

本書は，高所トレーニングという実際的なフィールドでなされてきた成果を歴史に刻むとともに，これからの発展の礎と成るように総説されたものである．
これから先を行くひとにとっても，かならずや本書の中に込められた記述の中に，多くのヒントと示唆を得るにちがいない．

大きなスケールでさらに発展するであろう高所トレーニングの将来を楽しみにしたい．

1994 年に発足した日本運動生理学界企画の「運動生理学シリーズ」の第 6 巻として本書を刊行することが，2002 年の第 10 回日本運動生理学会大会において承認された．その後，本分野の第一線の研究者 18 人のご協力を得て，ここに刊行の運びとなったことを心より嬉しく思うとともに，各執筆者に衷心より感謝申し上げたい．

本書，『高所トレーニングの科学』(Science of Altitude Training) は，わが国で最初の出版であり，21 世紀の高所トレーニング研究のひとつのマイルストーンになるものと確信している．

1960 年代のわが国における高所トレーニング研究のパイオニアとして活躍され，「高所トレーニングの生理学」を中心に多くの著書論文を刊行された朝比奈一男教授，猪飼道夫教授ら多くの先生のご指導を得て，その後まさに約 40 年間にわたる本分野の研究成果を，ここにまとめることのできたことを幸運に思う．

本書を，われわれを指導して戴いた先生に捧げたい．

おわりに，本書の出版の機会を与えて戴き，心からのご支援を賜った杏林書院社長の太田博氏に深く感謝いたします．

また編集と刊行に多大なご尽力を戴きました清水理恵氏に厚くお礼申し上げます．

2004 年 8 月 10 日

浅野　勝己
小林　寛道

目　次

第Ⅰ部　高所トレーニング概論

第Ⅱ部　自然環境下の高所トレーニング

第 I 部

高所トレーニング概論

1章　高所トレーニングの歴史と生理的意義および課題

はじめに

過去約20年間の各スポーツ種目での最大酸素摂取能の改善と世界記録の更新には，高所トレーニングが大きく貢献してきていることは否定できない事実である．とくに近年のオリンピックや世界選手権での陸上中長距離走におけるケニア（標高2,000m），メキシコ（2,300m）およびエチオピア（2,500m）などの高地でトレーニングを継続してきた選手の活躍には注目すべきものがある．すなわち1992年のバルセロナオリンピックの陸上では，ケニアが12人，メキシコおよびエチオピアが各4人の計20人が入賞を果たしている．また1996年のアトランタオリンピックの陸上では，ケニアが17人，メキシコおよびエチオピアが各4人の計25人が入賞し，とくにケニアは両オリンピックとも400m，800m，3,000m障害からマラソンにいたる種目で8個のメダルを獲得している．さらに2000年のシドニーオリンピックでも1,500m，5,000m，10,000mを含め，エチオピアでは8個，ケニアは7個のメダルを獲得し，このうちエチオピアは金4個，ケニアは金2個の成績を挙げている．またシドニーオリンピックで女子マラソン金メダルを獲得した高橋尚子らの世界的マラソンランナーは，フランク・ショーターなど一流長距離選手が定住してトレーニングしているアメリカ・コロラド州のデンバー市郊外のボルダー（2,300m）やネダーランド（2,600m）を中心として2カ月以上にわたり滞在し，毎日20km以上の走行トレーニングを継続していたのである．そこで高所トレーニングの歴史と生理的意義および最近の高所トレーニングの動向と今後の課題について検討してみたい．

1. 高所トレーニングの発端

エチオピアの首都アジスアベバ（2,500m）の高所でトレーニングに励んでいたアベベ選手は，1960年の第17回ローマオリンピックマラソンレースにおいてハダシで走破し，しかもザトペック選手の記録を8年ぶりに約8分も短縮する2時間15分16秒2の世界最高記録で優勝した．さらに1964年の第18回東京オリンピックでは，自己記録を3分以上も短縮する2時間12分11秒2でオリンピックの連続優勝を飾った．このことは，高所トレーニングが平地での記録向上に貢献する可能性を立証するものとなった．ついで1968年の第19回メキシコオリンピックは，標高2,300mのメキシコシティで開催されることになり，各国は高所での競技力向上のための高所トレーニングに真剣に取り組むことになった．

わが国の高所トレーニング研究は，1961年から1967年にわたる7年間に及ぶ世界でも初めての基礎的研究に着手し，成果を挙げて来ている．すなわち高所トレーニンによる平地での競技成績の向上およびインターバル高所トレーニング方式の有効性の確認を含め，高所への滞在後3～4週間で順化の達成されることを明らかにしている．とくにメキシコオリンピック対策として，これらの成果をもとに大会の約1カ月前に現地に到着して高所順化をはかり，マラソンの君原健二選手は，2時間23分31秒0で銀メダルを獲得することができたのである．

2. わが国の高所トレーニング研究小史

1）霧ヶ峰高所トレーニング研究（1961年８月）

1964 年の東京オリンピックをひかえ，日本体育協会スポーツ科学委員会では朝比奈一男教授を委員長とし，とくに岡部平太氏および立木正純氏の進言をもとに選手強化の一方策として高所トレーニングが検討された．まず 1961 年８月に標高 1,600mの霧ヶ峰高原での陸上中長距離選手の合宿が最初の試みとして実施された[1]．これは世界でも初めての系統的な高所トレーニング研究への取り組みであった．すなわち約１カ月間の高所トレーニングによる影響を，中長距離選手 14 人，マラソン選手 11 人の計 25 人について呼吸循環系機能を中心に検討を行なっている．最大酸素摂取量ではほとんど変化はなかったが，赤血球およびヘモグロビンの増加傾向および最大酸素負債量の増加が明らかにされ，持久性種目のみならず無気的競技種目への有効性が指摘された．また選手は，平地に戻ってから競技が楽にできたと感じ，約半数の 12 人の選手が自己記録を更新したのである．したがって本研究は，平地での対照実験は欠くものの，低酸素環境の影響の無視できないことを改めて確認するものとなり，後の高所トレーニング研究の出発点となった．

2）低圧シミュレーターによる高所トレーニング研究（1963 年２月）

低圧シミュレーターを用い 4,000m相当高度において，１日１回２時間滞在し，この間に 30 分間の休息をはさみ 30 分間のペダリング（3.5kp×50rpm，RMR：2.8〜3.9，HR：120〜140柏／分）を２回継続する運動を，連日２週間にわたり行なうトレーニングを健常成人男子６人について実施している．この結果，トレーニング直後ではトレッドミル走による平地での最大酸素摂取量は平均 14.8 %，最大酸素負債量は 19.4 %，さらに最大換気量は 12.4 %それぞれ増加し，持久走時間も有意に増加している．さらに２週間後の脱順化の影響では，最大酸素摂取量は 6.8 %，最大酸素負債量は 4.3 %，さらに最大換気量は 9.4 %の増加の程度まで低減することが確認されたのである（14 章表 14－１参照）．またヘモグロビン濃度は２週間後でも比較的高値を示すが，赤血球数はトレーニング前値に戻り骨髄での造血機能の脱順化したことが認められている．

3）乗鞍岳高所トレーニング研究（1963 年８月）

1,600mの霧ヶ峰での６日間の合宿後，2,700mの乗鞍岳鶴ケ池周辺の平坦地を利用して，長距離選手 20 人について２週間のトレーニング（午前中４〜５ km，午後 15〜20km走）を行なっている．このうち６人についての測定結果で，トレーニング後に最大酸素摂取量は平均 3.7L /分から 3.8L /分と変化はなかったが，最大酸素負債量は平均 7.4Lから 8.41 へ 13.6 %の増加を示している．しかもトレーニングに参加した 20 人のうち 10 人が下山直後にトレーニング前よりも記録が向上し，このうち２人は自己記録を更新している．さらに数日後の試走では 18 人中 13 人が好記録を出し，このうち 12 人が自己記録を更新した．その後脱順化防止のため下山後２週目より，１日に１回 4,000m相当高度のシミュレーター内で２時間滞在し，30 分間ずつ２回のペダリングもしくは 40 分間の走行運動を行なうことと，１週に１回，13〜14 %低酸素ガスを吸入しながら，15 分休憩を入れた 15 分間走を２時間にわたり反復するトレーニングを約１カ月間継続した．この結果，いったん消失した順化状態が再現し，とくに赤血球，ヘモグロビンではトレーニング直後の高水準を維持し，脱順化防止トレーニングの有効性を確認することができた．このときの試走では 20 人中 18 人がトレーニング前の記録を更新し，このうち 16 人は自己新記録を樹立している．

4）低酸素吸入による高所トレーニング研究（1964 年３月）

大学長距離選手８人のうち４人に 13〜15 %の低酸素吸入（１回，２時間）を週２回で１カ月間継続し，一方他の４人を対照群として比較する研究を行なっている．この結果，血液系では赤血

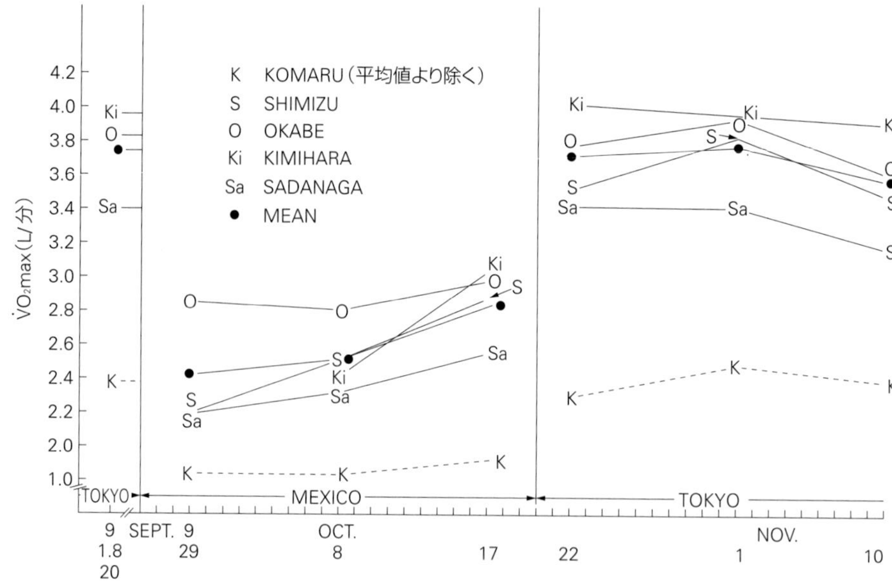

図 1−1　メキシコシティにおける陸上選手の高所トレーニング時の最大酸素摂取量の変化
（日本体育協会スポーツ科学研究委員会：メキシコ対策研究報告書．スポーツ医・科学研究報告書昭和 41 年度版．1966）

球，ヘモグロビンに 3 〜10 %の増加傾向がみられたものの，最大酸素摂取量，最大酸素負債量ともに全く変化が認められなかった．この成果から高地や低圧シミュレーターによるトレーニング効果には，低酸素の因子のみならず低圧因子の関与している点が指摘された．

5）メキシコシティにおける高所トレーニング研究（1965 年 9 月）

1968 年のメキシコオリンピックを目指し，2,300mのメキシコシティに陸上，水泳選手ら 22 人を派遣し 3 週間滞在させトレーニングを行なっている．中等度速度で約 300m疾走後に 1 分間の最大努力走を行ない疾走中の呼気より求めた最大酸素摂取量は，メキシコ滞在 2 日目では 20〜35 %の減少を示すが，滞在中に漸増傾向を示し帰国後はトレーニング前値を上回る傾向にあり 1 分間最大走行距離も増大した（図 1−1）[2]．すなわち，陸上競技男子 4 人の平均では出発前の 3.74L /分が，メキシコ到着後 2.43L /分に低減し，その後 2.88L /分へ漸増して帰国後は 3.71〜3.81L /分と高値を示している．一方，赤血球は，メキシコ入国直後減少するがその後漸増し，2 週間後には約 10 %増加してプラトーに達している．またヘモグロビン，ヘマトクリットも各約 12 %，7 %の増加を示している（図 1−2）[2-4]．

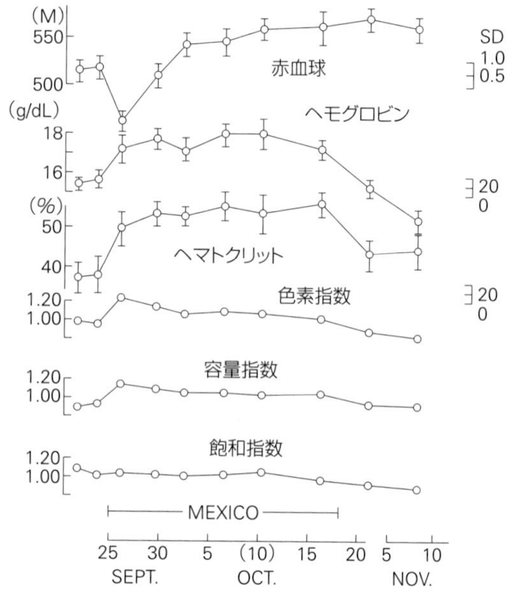

図 1−2　メキシコシティにおける陸上と水泳選手の高所トレーニング時の血液性状の変化
（日本体育協会スポーツ科学研究委員会：メキシコ対策研究報告書．スポーツ医・科学研究報告書昭和 41 年度版．1966）

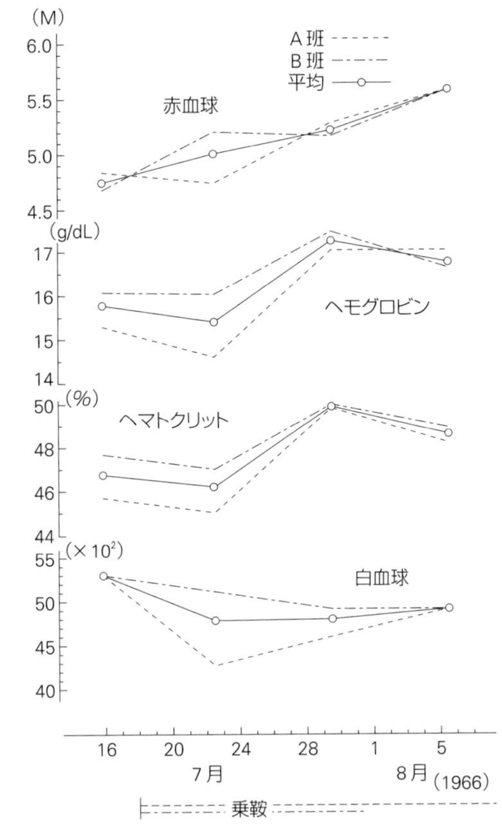

図 1−3　乗鞍岳における陸上長距離選手の高所トレーニング時の血液性状の変化
(日本体育協会スポーツ科学研究委員会：メキシコ対策研究報告書．スポーツ医・科学研究報告書昭和 41 年度版．1966)

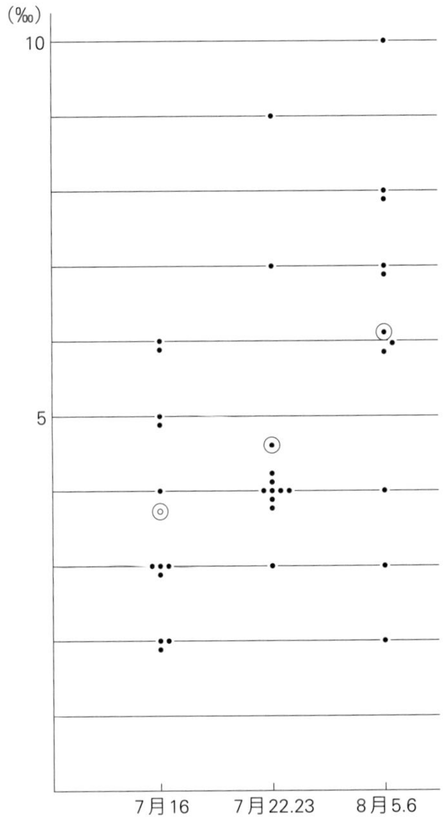

図 1−4　乗鞍岳における陸上長距離選手の高所トレーニング時の網状赤血球の変化
(日本体育協会スポーツ科学研究委員会：メキシコ対策研究報告書．スポーツ医・科学研究報告書昭和 41 年度版．1966)

6）乗鞍岳高所トレーニング研究（1966 年 7 月）

1965 年 12 月のスイス・マクリンゲンでの「中等度高所におけるスポーツ」シンポジウムにおいて，連続的に同一高度の高所でトレーニングするよりも，高所と平地のトレーニングを交互に行なう「インターバル高所トレーニング」方式が順化と競技力向上に有利であろうという提言が Balke[5] によってなされた．この方式の成果を確認するための研究が 2,700m の乗鞍岳高原（550torr）と 600m の高山（700torr）においてトレーニングを交互にして 1 カ月間にわたり行なわれた．

陸上中長距離マラソン選手 18 人のうち，2,700m に 3 週間滞在する A 班（9 人）と滞在 2 週間後に 4 日間 600m に下山してトレーニングし再び 2,700m に戻り 3 日間滞在する B 班（9 人）に分けて検討している．赤血球，ヘモグロビンおよびヘマトクリットなどの血液性状における順化過程は順調に進行し，滞在 2 週間は安定した順化状態（赤血球 15 %増，ヘモグロビン 10 %増，ヘマトクリット 4 %増）に入っている（図 1−3）．この後下山し再登山した B 班と A 班の間には差がなく，2 週間の高所での順化を経ていればその後の多少の高度変化は，血液性状に影響を及ぼさないことが示唆された．また赤芽球から赤血球に変移する直前の幼若赤血球である網状赤血球の数は，骨髄での赤血球産生能の指標とされるが，平地の 3.7 ‰に対し，高所滞在 3 週目では両班ともに 6.5 ‰に増加し，骨髄の造血機能の亢進が示唆されている（図 1−4）．また両班とも有気的作業能に差異が認められなかったが，B 班の再登山時に神経機能の亢進がみられ．下山による心理的解放と意欲の高揚が感じられている点は注目されよ

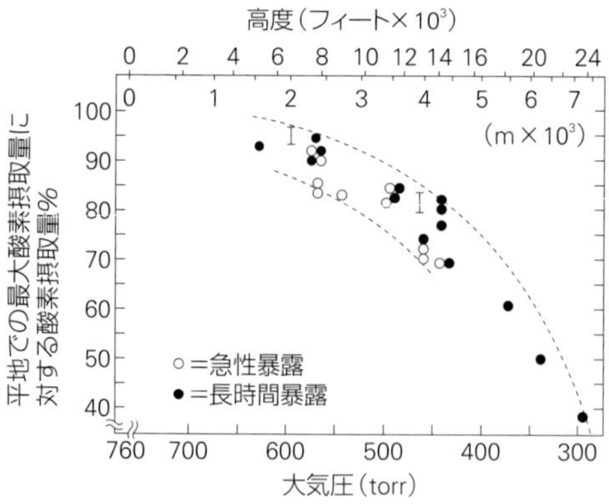

図 1−5　高度上昇に伴う最大酸素摂取量の減少
（浅野勝己：高所トレーニングの生理的意義と最近の動向．臨床スポーツ医学，16: 505−516, 1999）

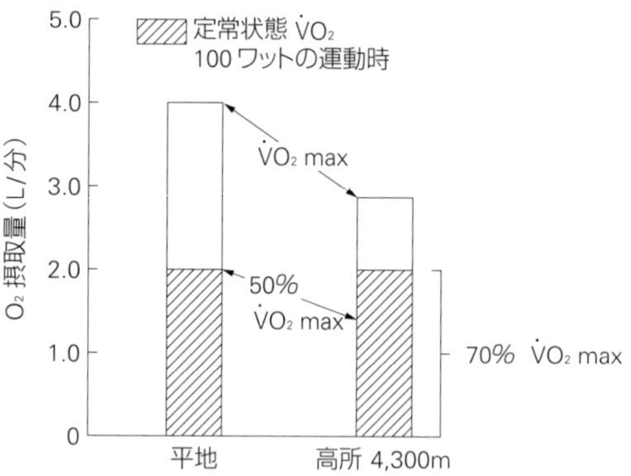

図 1−6　平地および高所（標高 4,300m）における最大下運動（100 ワット）時の最大酸素摂取量（$\dot{V}O_2max$）に対する相対的運動強度の比較
（Maher JT et al.: Effects of high-altitude exposure on submaximal endurance capacity of men. J Appl Physiol, 37: 895−898, 1974）

う．本トレーニング終了後の平地での試走では，全般的に B 班の記録向上が A 班を上回っており，インターバル高所トレーニングの効用が指摘された[6]．

7）高峰高原高所トレーニング研究（1967 年 8 月）

高所での競技者のコンディション調整の指針を得るために 1,900m（600torr）の高峰高原に，ボート，レスリング，ボクシングなどの選手 51 人が約 1 カ月間滞在しトレーニングの影響を検討している．すなわち最大酸素摂取量は滞在直後に平地に対し，7.5 %低減したが，滞在 1 週間では 3 ～ 5 %の低減に回復している．2,300mのメキシコシティでは滞在直後 15～20 %の低減で，順化後に 10～15 %の低減に回復していたことから，1,900mの高所での最大有気的作業能に及ぼす影響は，比較的軽度であると考えられる．血液性状では赤血球，ヘモグロビンは滞在 2 週目に各約 10 %の増加を示している．またトレーニング時の高濃度酸素吸入により疲労回復の効果の大きいことが認められている．

3．高所トレーニングの生理的意義

「高所」あるいは「高地」とは，標高が高く気圧の低い低圧環境を意味している．低圧は大気圧の低下に伴う酸素分圧の減少を生じて，低圧低酸素環境をもたらすことになる．たとえば有森裕子らがトレーニングを行なっているボルダー(2,300m)は，約 0.8 気圧（580torr）であり，平地で約 16 %の低濃度酸素を吸入している状態に相当する．したがって高所での最大運動時の酸素摂取能（最大酸素摂取量）は，高度約 1,500m以上では 1,000m上昇ごとに指数関数的に約 10 %ずつ減少する（図 1−5）[7]．たとえば，メキシコでは約 10 %，富士山では約 20 %，さらに 4,000mでは約 25 %の減少率を示している．このような減少は，肺胞および動脈血酸素含量と動脈血酸素飽和度の低減が，組織への酸素供給量を減少させることに起因している．

つぎに，平地と高所（4,300m）において 2L /分の酸素摂取量の同一運動強度（100W）での運動を行なったときの生体負担度を比較したものである．4,300mでは最大酸素摂取量が平地の毎分 4L であるのに対し，25 %減少し毎分 3L となるため，平地での 50 %$\dot{V}O_2max$ に対し約 70 %$\dot{V}O_2max$ となり，生体負担度は約 20 %増大することになる（図 1−6）[8]．したがって，高所で平地と同じ強度の持久性トレーニングを行なうと，平地に比べて相対的運動強度が高まり，組織への低酸素刺激を増強することになる．したがって，高所トレーニングでは，低酸素環境下で一定期間滞在することによる安静時の呼吸循環系の亢進（受動的効果）に加え，トレーニングによる刺激効果（積極的効

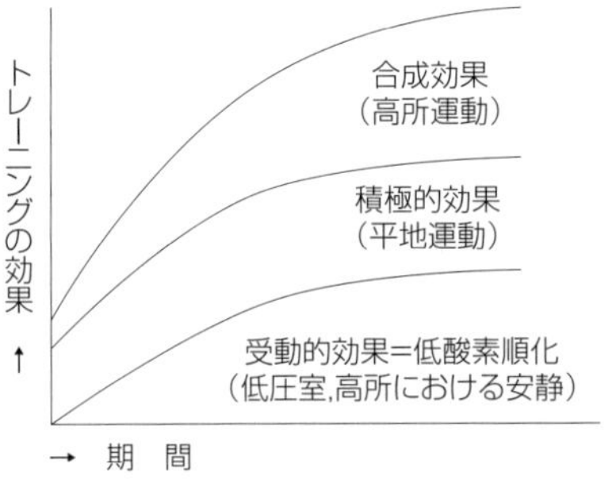

図 1－7　高所トレーニングの原理
（朝比奈一男：高地トレーニングの研究─高地トレーニング研究報告─. 東京オリンピック・スポーツ科学研究報告, pp.1－19, 1965）

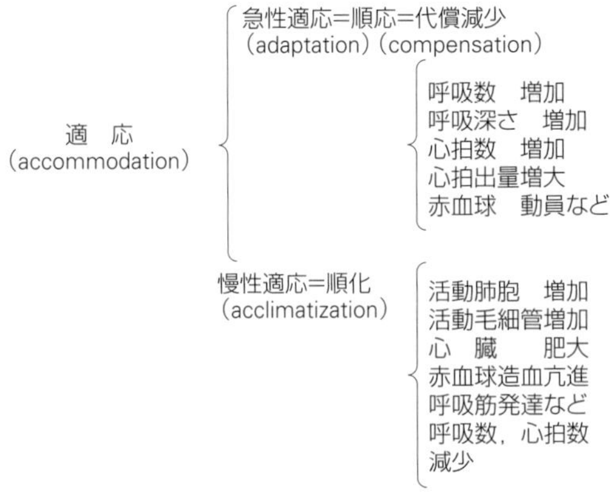

図 1－8　高所における急性および慢性適応
（朝比奈一男：高地トレーニングの研究─高地トレーニング研究報告─. 東京オリンピック・スポーツ科学研究報告, pp.1－19, 1965）

果）も得られることが期待される（図 1－7，1－8）[1]．高所トレーニングを一定期間継続すると，組織への酸素運搬機能は急性適応から慢性適応に移行してくる．

これが高所順化であり，この効果が平地および高所での競技力や作業能力の向上に貢献するものと期待されるわけである（図 1－8）[1]．

4．高所トレーニングの有効性

1）血液の酸素運搬能の向上

日本陸連は一流長距離マラソン選手男女 15 人について 1990 年 3 月より約 1 カ月にわたり中国雲南省昆明（1,886m，600torr）において高所トレーニングを行なった．すなわち，この低圧低酸素環境下で平地とほぼ同程度の毎日平均 20kmの走行トレーニングを実施した．この間の血液性状を男子 7 人についてみると，高所滞在の 4 週目で赤血球数は平地に対し約 17 %の増加，ヘモグロビン（血色素，Hb）は約 8 %の増加，さらにヘマトクリット（血球容積比，Ht）は約 3 %の増加を示している（図 1－9）[9]．赤血球内に含まれる Hb は，1 gの Hb が 1.34mL の O_2 と結合することから，平地での 15g / dL の Hb は 20.1mL / dL の動脈血 O_2 容量となる．一方，この高所トレーニングによって Hb は 8 %増加したことから，1.2g / dL（15g / dL× 8 %）の増加となり，動脈血 O_2 容量は 21.7mL / dL（16.2g×1.34mL）へ増加し，高所トレーニングは動脈血中の O_2 容量を血液 100mLあたり平地よりも 1.6mL増大したことになる．また赤血球内に含まれている 2,3DPG も約 10 %増加している．この増加は酸素解離曲線を右方へ移行させて組織への酸素供給を促進することが知られている．また低酸素刺激により腎臓から分泌されるエリスロポエチン（erythropoietin, EPO）も，高所滞在の 2 ～ 3 日目に急増し，骨髄細胞を刺激して赤血球新生に貢献していると考えられている[10]．

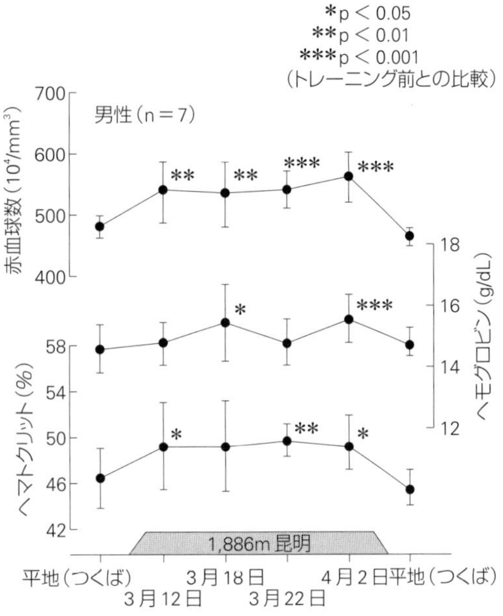

図 1－9　中国昆明における陸上長距離男子選手の高所トレーニング時の血液性状の変化
（Asano K et al.: Effect of altitude training on aerobic work capacity in Japanese athlete. Med Sci Sports Exerc, 23（Suppl）: 128, 1991）

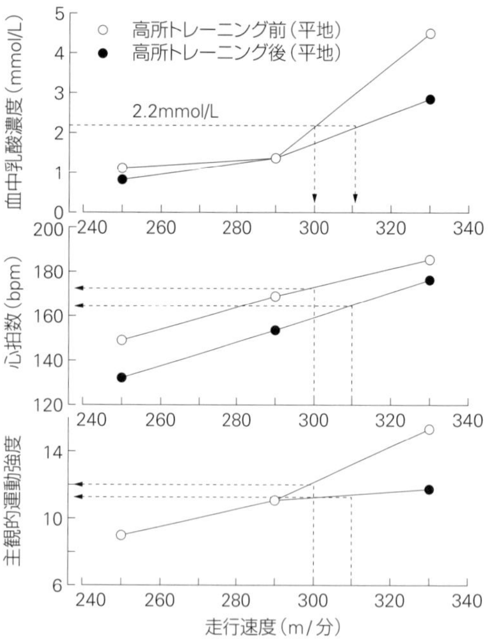

図 1－10　中国昆明における高所トレーニング前後の陸上長距離男子選手 YH についての平地でのトレッドミル走行速度に対する血中乳酸濃度，心拍数および主観的運動強度

（Asano K et al.: Effect of altitude training on aerobic work capacity in Japanese athlete. Med Sci Sports Exerc, 23（Suppl）: 128, 1991）

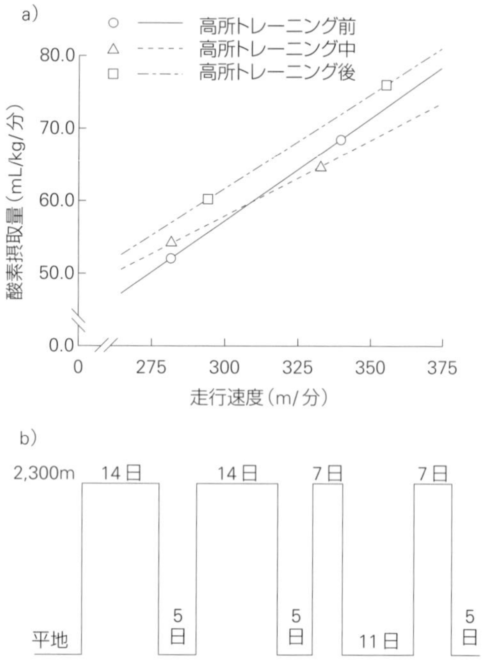

図 1－11　トレーニング前・中・後の走行速度に対する酸素摂取量の変化の比較ⓐおよびインターバル高所トレーニングのプロトコールⓑ

（Daniels J et al.: The effects of alternate exposure to altitude and sea level on world class middle-distance runners. Med Sci Sports, 2: 107－112, 1970）

2）有気的作業能の向上と乳酸生成の抑制

中国昆明の高所トレーニング前後に，3 種の速度での 10 分間トレッドミル走行により最大定常運動時の血中乳酸濃度を測定し，2.2mM時の AT の走行速度を求めた．この結果，平地での AT の速度は，高所トレーニング後に約 60 %の選手に増大が認められた．その中の代表例として YH 選手についてみると，AT －速度はトレーニング後にトレーニング前の 300m /分より 4 %増大して 312m /分に達している．これはトレーニング後に解糖系が抑制され乳酸生成の低減したことを示唆している．また AT 時の心拍数および主観的運動強度（RPE）もトレーニング後に減少している．すなわちトレーニング後では，トレーニング前よりも 10 拍／分低い心拍数（1 回拍出能の増加）でしかも 4 %速い速度で心理的に楽に走れる（RPE の低下）ようになったことになる（図 1－10）[9]．このトレーニング後の帰国後約 1 ～ 6 週間にわたり 15 人のうち 9 人の選手が自己新記録を樹立している．

3）最大有気的作業能と血液量の増大

Daniels ら[11] は，6 人の一流中長距離選手について，5 日間の平地帰還をはさむ 2 回のメキシコシティ（2,300m）滞在 2 週間，さらに 11 日間の平地帰還をはさむ 2 回の 2,300m滞在 1 週間（計 63 日間）のインターバル高所トレーニングを行なった．この結果，平地での最大酸素摂取量はトレーニング後に約 5 %増加していた．しかも，トレーニング前，中（高所），および後の平地における走行速度と酸素摂取量の関係を見ると，最大酸素摂取量と走行速度が明らかに増大していた（図 1－11）．この 6 人の中のジム・ライアン選手は，最大酸素摂取量が 4 %増大（82.0mL / kg / 分）し，1 マイル（約 1.6km）レースにおいて世界新記録を達成した．

表１−１　2,500mに滞在してトレーニングのみ1,300mで行なったグループと滞在とトレーニングをともに1,300mで行なったグループのトレーニング効果の比較

	最大酸素摂取量（mL / kg /分）		5,000m走行タイム（分）		血液量（mL）	
	トレーニング前	トレーニング後	トレーニング前	トレーニング後	トレーニング前	トレーニング後
2,500mに滞在して1,300mでトレーニングしたグループ	64.9±0.6	67.7±1.4*	16.41±0.44	15.99±0.41*	4,387±254	4,882±216*
1,300mに滞在してトレーニングしたグループ	65.1±1.4	65.9±2.1	16.14±0.51	16.10±0.48	4,678±354	4,532±286

＊$p<0.05$
（Levine BD et al.: "Living high-training low": the effect of altitude acclimatization / normoxic training in trained runners. Med Sci Sports Exerc, 23（Suppl）: S25, 1991）

表１−２　2,500mに滞在してトレーニングのみ1,300mで行なったグループと滞在とトレーニングをともに2,500mで行ない1,300mでトレーニングを行なったグループのトレーニング効果の比較

	最大酸素摂取量の増加量（mL / kg／分）	5,000m走行タイムの短縮時間（秒）	血液量の増加量（mL / kg）	換気性閾値の増加量（mL / kg /分）
2,500mに滞在して1,300mでトレーニングしたグループ	2.5±3.7	13±42	1.5±3.4	3.8±7.8
2,500mで滞在とトレーニングを行い，1,300mでトレーニングしたグループ	2.5±1.7	15±29	0.3±2.8	7.2±10.5

（Stray-Gundersen J et al.: "Living high-training low" altitude training improves sea level performance in male and female elite runners. J Appl Physiol, 91：1113-1120, 2001）

つぎにLevineら[12, 13]は，高所では滞在のみとしトレーニングは低地で行なう方式を1991年に提唱し実施した．男子陸上選手について2,500mに滞在し，1,300mの低地でトレーニングする群と，1,300mに滞在してトレーニングする群に分けそれぞれ4週間のトレーニング効果について検討している．この結果，後者の低地滞在トレーニング群では有気的作業能に変化は認められなかったが，前者の高所滞在，低地トレーニング群では最大酸素摂取量および5,000m走行記録は，それぞれ有意な増加（4.3％）および向上（0.42分短縮）を示している・この原因として血液量が約4.4Lから4.9Lへ11％増大したことが考えられるとしている（表１−１）[12]・さらに同じ研究班のStray-Gundersenら[14]は，2,500mでの高所滞在と同時にトレーニングを行ない，さらに1,300mで高強度のトレーニングを行なう群と，2,500mに滞在して1,300mでトレーニングする群について4週間のトレーニング効果を比較している（表１−２）[14]．この結果，両群とも最大酸素摂取量および5,000m走行タイムにほぼ同等の有意な向上が認められたことを明らかにし，2,500m滞在，1,300mトレーニングの有効性を強調している．

4）筋の酸化的代謝能と緩衝能の亢進

1992年アルベールビル冬季オリンピックの日本代表を含むスキー複合選手4人（荻原，河野，三ケ田，児玉）を対象に，前年の11月に低圧シミュレーターによる低温・低圧下の高所トレーニングを行なった．すなわち，温度5℃，2,000m相当高度において，1日2回（1回1時間）のAT水準（140〜170拍／分）のペダリングおよびラン

表 1−3　ケニア（2,000m）での北欧出身ランナーの高所トレーニング前後の外側広筋内緩衝能の変化

	前	後
高所トレーニング群	342±14 318−374	358±18 332−401
平地トレーニング群	346±16 316−368	344±19 312−372

(Saltin B et al: Morphology, euzyme activities and buffer capacity in leg muscles of Kenyan and Scandinavian runners. Scand Med Sci Sports, 5:222−230, 1995)

表 1−4　ケニア出身ランナーと北欧出身ランナーの高所トレーニング前後の筋内乳酸脱水素酵素（LDH アイソフォーム）の変化

	ケニア出身ランナー		北欧出身ランナー			
	外側広筋 n=13	腓腹筋 n=5	腓腹筋 高所トレーニング群；n=6		腓腹筋 平地トレーニング群；n=5	
			前	後	前	後
LDH_{tot}, μmol / g /分	629±42	594±65	610±94	521*±103	663±69	640±29
LDH_{1-2} μmol / g /分	224±12	227±18	194±10	191±11	189±14	186±8
LDH_{1-2} / LDH_{4-5}	55±3	62±5	46±6	58*±11	40±2	40±2

＊$p<0.05$
(Saltin B et al.: Morphology, euzyme activities and buffer capacity in leg muscles of Kenyan and Scandinavian runners. Scand J Med Sci Sports, 5: 222−230, 1995)

ニングを 4 日間連続して実施した[15]．このトレーニング前後に，2,000m相当高度で最大ペダリングを行なって有気的作業能を比較した．その結果，最大運動時間は約 4 %，AT −酸素摂取量は約 5 %の増大傾向を示した．また，NMR（核磁気共鳴）法によりトレーニング前後の筋代謝変化を常圧下の右下肢挙上運動時に比較した．その結果，運動中および回復初期の筋肉の pH 低下抑制，血中の乳酸上昇抑制（解糖系抑制），および PCr / PCr＋Pi（PCr：クレアチンリン酸，Pi：無機リン酸）比の低下抑制など，有意な改善が全選手で認められた（14 章図 14− 6 参照）．PCr / PCr＋Pi 比の低下抑制は，筋の酸化的代謝すなわち ATP の再合成の亢進を示唆している．したがって，低圧シミュレーターによる間欠的低温低圧下での高所トレーニングは，運動時のミトコンドリアの酸化的リン酸化を促進し，ATP-PCr 系のエネルギー供給効率を上昇させると考えられる[14]．これらの生理的効果がアルベールビル（標高約 2,000m）での競技力向上と金メダル獲得に貢献したものと思われる．

つぎに Saltin ら[16]は，ケニア（標高 2,000m）において北欧出身のランナー 6 人について 2 週間の高所トレーニングを行ない，その前後で外側広筋内の緩衝能を測定し平地トレーニング群と比較した．この結果，高所トレーニング群で緩衝能の有意な増大が認められた（表 1−3）．さらに腓腹筋内の乳酸脱水素酵素（LDH）のアイソフォームの LDH1-2 / LDH4-5 比を両群について比較した結果，高所トレーニング群では LDH4-5 の減少により，この比は有意に増大し，ケニア出身ランナーの値に近似する傾向を示した（表 1−4）．これらの成果から2,000mでの高所トレーニングにより筋の酸化的代謝能および緩衝能の亢進のもたらされることが明らかにされた．

5）内分泌系と交感神経応答の抑制

Daniels ら[17] は2,300mで3週間の高所トレーニングを行ない，到着後5日間に尿中ノルアドレナリンが急増し，平地の値に対し約40％増加したが，滞在中に次第に減少し3週間目には平地の値にほぼ近似したことを認めている．また Asano ら[18, 19] も低圧シミュレーターによる間欠的高所トレーニングにより，ストレスホルモンの ACTH（副腎皮質刺激ホルモン）および ADH（抗利尿ホルモン）などの分泌とノルアドレナリンおよびアドレナリンのカテコールアミン分泌の各応答の抑制がもたらされることを明らかにしている．このような高所トレーニングによる内分泌系・交感神経系応答の抑制は，平地および高所における運動時心拍数および血圧などの低減をもたらし，心血行予備力の改善と高山病予防に貢献することが考えられる．

6）健康増進作用の可能性

標高1,000～3,000m程度のチベット・ヒマラヤ，アンデス，およびコーカサスなどの高地民族には長寿者が多く，冠疾患や高血圧の発症率の低いことが報告されている．これには，高所では冠血管が拡張し，血圧上昇が抑制され，基礎代謝が亢進するなどの特異性によるものとされている．また高所トレーニングにより 3-hydroxyacyl-CoA-dehydrogenase（HAD）が増加して遊離脂肪酸の動員と利用が促進され運動時のグリコーゲンの節約をもたらすとともに肥満予防にも貢献する可能性が指摘されている[20]．

浅野ら[20] は，日常的に運動していない健常中年男子について，低圧シミュレーターによる2,000m高度で1回15分のペダリング（運動時心拍数，130～140拍／分）を週2～3回で4週間継続させ，同一強度での常圧下トレーニング群と比較した．高所トレーニング群では有気的作業能は約18％増大したが，対照群では変化が認められなかった（14章図14－11参照）．また，最大下運動時の心拍数および拡張期血圧の低下が高所トレーニング群でみられたことから，運動経験のない中年者においても心血管系や有気的作業能が比較的短期間に改善をもたらすことが示唆された（14章図14－11参照）．このように高所トレーニングは，競技力や作業能力の向上のみならず，一般人の心血管系および有気的作業能の改善による動脈硬化や肥満の予防などの，健康増進に貢献する可能性を秘めているものと思われる．

5．高所トレーニングの変容と発展

従来の高所に滞在して一定期間トレーニングを継続する Living high-Training high（LH-TH）方式では，平地と同様な強度のトレーニングが行なえず，また身体のコンディションを良好に保持できないケースが多い．これらの難点を克服する方法として Balke ら[5] によりインターバル高所トレーニング方式が提唱され，Daniels ら[9] によって実施されてきた．このアイデアを契機として Levine ら[11] は Living high-Training low（LH-TL）方式による高所滞在，低地トレーニングを1991年に提唱し，高所トレーニング後の平地の5,000m走行記録の有意な改善を立証することができた．さらにこの LH-TL 方式を発展させ，Rusko は1993年に低酸素室（altitude house）方式を提唱した．すなわち常圧下で空気中の N_2 を NASA で開発された特殊な膜を用いて吸収し，これを適当量空気中に混合して N_2 組成を高めて相対的に低酸素状態にした低酸素室を設定することができる．この中で一定期間滞在（Living high）し，一方，平地で通常の強度と量のトレーニングを行なう（Training low）方式を一定期間くり返えす方法である．一方，低圧シミュレーターにより1回1～2時間，週に数回低圧低酸素環境下でトレーニングし，その後は平地で生活する Living low-Training high（LL-TH）方式も近年，注目されてきている・このように従来の LH-TH 方式からインターバル方式，低圧シミュレーター法の LL-TH

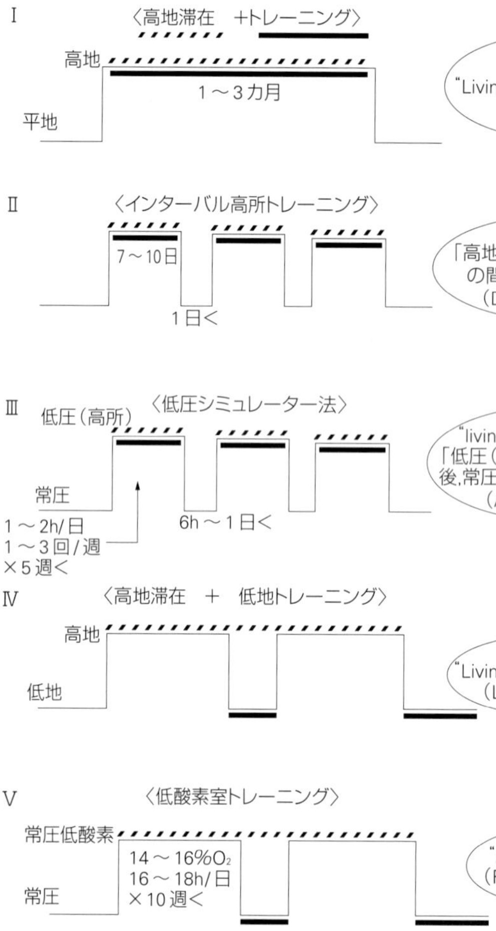

図 1－12　高所トレーニング方式の変容と発展
(浅野勝己：高所トレーニングの生理的意義と最近の動向．臨床スポーツ医学，16: 505－516，1999)

方式，Levine ら[12] の LH-TL 方式，さらにRusko[21] の低酸素室方式の 5 段階にそれぞれ高所トレーニング方式は変容し発展してきている（図 1－12）．そこで低酸素室方式および LH-TL 方式の近年の成果について紹介してみたい．

1）酸素室方式高所トレーニングの成果

Mattila ら[22] は，常圧下で酸素組成を 14.2 %に減少した"低酸素"を用いて，持久性競技選手について高所に出かけない"高所トレーニング"を行なっている．すなわち男子の一流自転車選手 4 人とトライアスロン選手 1 人の計 5 人（平均 24 歳）について，14.2 %O_2（3,000m相当高度）の低酸素室内での 1 日あたり 16～18 時間の滞在を連続 11 日間行ない，同時に毎日2回の平地でのトレーニングを実施し血液性状および有気的作業能力に及ぼす影響について検討している．すなわち安静時の血液性状では，血清 EPO が高所滞在前の平均 19.1mU / mL から高所滞在 5 日目で 28.1mU/mL へ有意に増加し，2-3DPG は同様に平均 4.6mmol / L から 5.5mmol / L へ有意に増加し，さらに網状赤血球は同様に平均 0.9 %から 1.8 %へ倍増を示した．また低酸素室滞在 2 日目，5 日目および 10 日目の低酸素室内での運動時血中乳酸応答では，滞在日数の延長に伴い次第に低減し，とくに，10 日目では 2 日目の値に対して有意に低値を示している（図 1－13a）．さらに被検者 5 人のトレーニング前後の平地で最大のサイクリング速度を比較

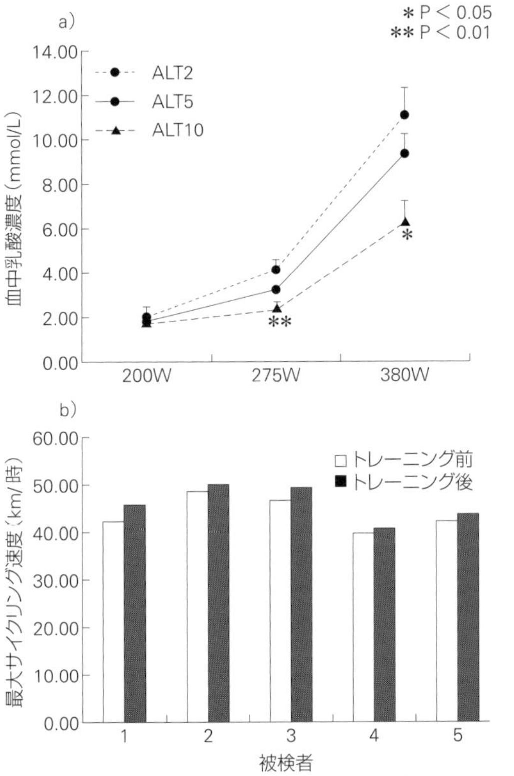

図1－13　低酸素トレーニングによる3,000m相当高度内での運動時血中乳酸濃度のトレーニングに伴う変化ⓐおよび5人の各被検者のトレーニング前後の平地での最大サイクリング速度の比較ⓑ
（Mattila V et al.: Effect of living high and training low on the sea level performance in cyclists. Med Sci Sports Exerc, 28（Suppl）: S156, 1996）

すると，全員がトレーニング後に速度の増加を示している．しかも平均速度でみると，トレーニング前の44.6km /時から46.3km/時へ約4％の有意な増加であった（図1－13b）．

2）LH-TL方式高所トレーニングの成果

2,500mで4週間滞在してトレーニングするLH-TH群，2,500mで4週間滞在し，1,250mでトレーニングするLH-TL群，さらに低地に滞在しトレーニングするLL-TL群の3群について比較検討した（図1－14）．この結果，トレーニング後の平地での最大酸素摂取量はLH-TH群とLH-TL群で有意に増加し，また最大定常酸素摂取量はLH-TL群のみ有意な増加を示した（図1－15）．さらにトレーニング後の平地での5,000m走行記録は男女および男子のみのいずれもLH-TL群でのみLL-TL群に対し有意な改善を示した（図1－16）．

Levineとの共同研究者のStray-Gundersen[14]は，高所滞在と低地トレーニング（LH-TL）は持久性競技者における平地のパフォーマンスを改善することが可能であると指摘している．すなわちLH-TL方式により平地での5,000m走行記録が改善したのは赤血球量増加によるものとしている．4週間にわたり2,500m高度に滞在することにより平均9％の赤血球量が増加し，この結果，最大酸素摂取量は5％増加したという．また前回の大学生ランナーを対象とした研究に対しエリートランナー27人について同様のプロトコールにより4週間，2,500mで生活し1,300mで高強度のトレーニングを行なった結果，3,000mレースの記録は1.2％の改善を示した．これらの結果，持久性競技者の各レベルにおいてLH-TL方式は有効であり，この方式は一般化できるものと強調した．まとめとして鉄貯蔵が十分な持久性競技者であれば，EPOの増加が確実な2,000～3,000m高度で3～4週間滞在すれば赤血球量の有意な増加が期待できる．この増加は最大酸素摂取量を増加させ，平地での競技成績の向上をもたらすとしている．ただし個人差の大きい事実は否定できないとしている．すなわち走行記録の向上者（responder）と非向上者（non-responder）がそれぞれ17人，15人の分布にあり，EPOの増加率においても10～20％の差があり，responderの方が有意に高値を示していることは注目すべきことである（図1－17）．したがって血液性状の適応能力および高所での走行速度持続能力の優劣によってLH-TH，LH-TLあるいはLL-TLのいずれの方式がよいかを個別的に運動処方を決定する必要があろうと指摘している（図1－18a）．いずれにしてもLH-TL方式でのresponderでは，平地の記録を平均約2～4％改善し，一般大学生レベルからエリートランナーに共通して向上が認められ，アメリカ記録に挑む可能性の十分あることが強調されたのである（図1－18b）．

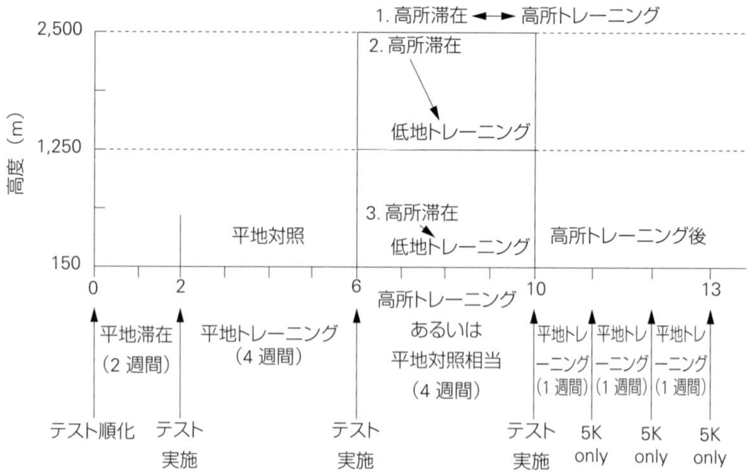

図 1−14　高所滞在・高所トレーニング（LH-TH），高所滞在・低地トレーニング（LH-TL），および低地滞在・低地トレーニング（LL-TL）の概念図
（Levine BD, Stray-Gundersen J: "Living high-training low" : effect of moderate altitude acclimatization with low altitude training on performance. J Appl Physiol, 83: 102−112, 1997）

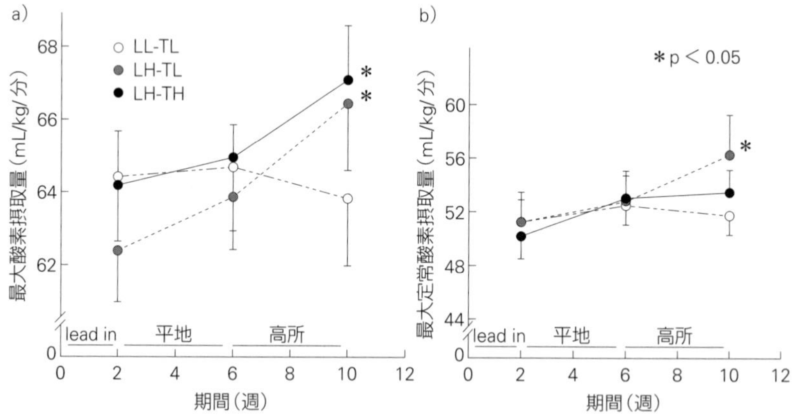

図 1−15　LH-TH，LH-TL，および LL-TL 各群の高所トレーニングによる最大酸素摂取量ⓐおよび最大定常酸素摂取量ⓑの変化
（Levine BD, Stray-Gundersen J: "Living high-training low" : effect of moderate altitude acclimatization with low altitude training on performance. J Appl Physiol, 83: 102−112, 1997）

6. 高所トレーニングの今後の課題

1）高所適性の遺伝子発現からの解明

⑴EPO と HIF

Chapson ら[23]は，Living high-Training low (LH-TL) の選手の中で走行記録の向上群（17 人）と非向上群（15 人）の両群に分かれることを明らかにした．しかも，これが EPO の 10～20 %の増加率の差に対応していることから，前者を responder,後者を non-responder と区別し，個人差の大きいことを指摘している．

近年，Ri-Li ら[24]は，2,800m相当高度でのシミュレーター内に 24 時間滞在後の血漿 EPO は +400 %から −41 %の個人差のあったことを報告している．

このような個人差の原因として Hofer ら[25]は，

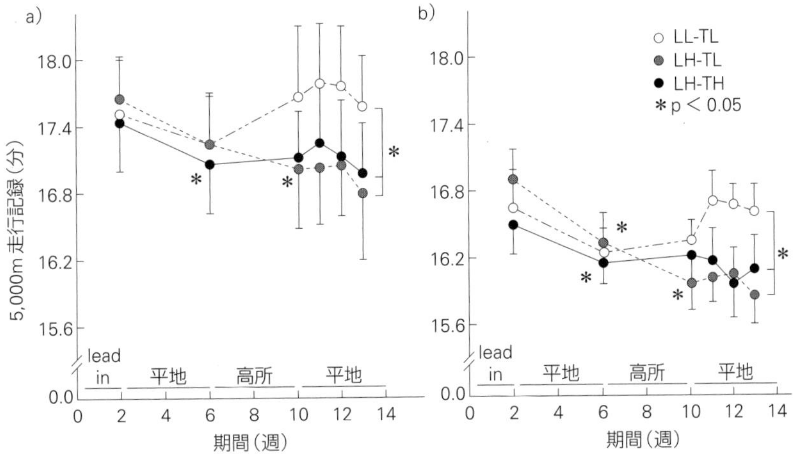

図 1－16　LH-TH，LH-TL，および LL-TL 各群の高所トレーニングによる 5,000m走行記録に及ぼす影響
a）男女 13 人，b）男子 9 人のみ
（Levine BD, Stray-Gundersen J:"Living high-training low": effect of moderate altitude acclimatization with low altitude training on performance. J Appl Physiol, 83: 102－112, 1997）

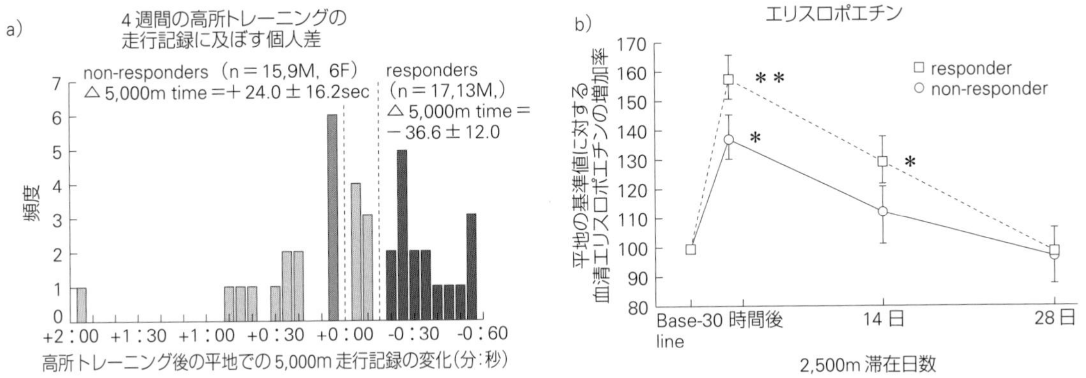

図 1－17　LH-TL 高所トレーニング後の 5,000m走行記録の向上者（responder）および非向上者（non-responder）の分布ⓐおよび両群の 2,500mにおけるエリスロポエチンの応答特性ⓑ
（Stray-Gundersen J et al.: "Living high-training low" altitude training improves sea level performance in male and female elite runners. J Appl Physiol, 91: 1113－1120, 2001）

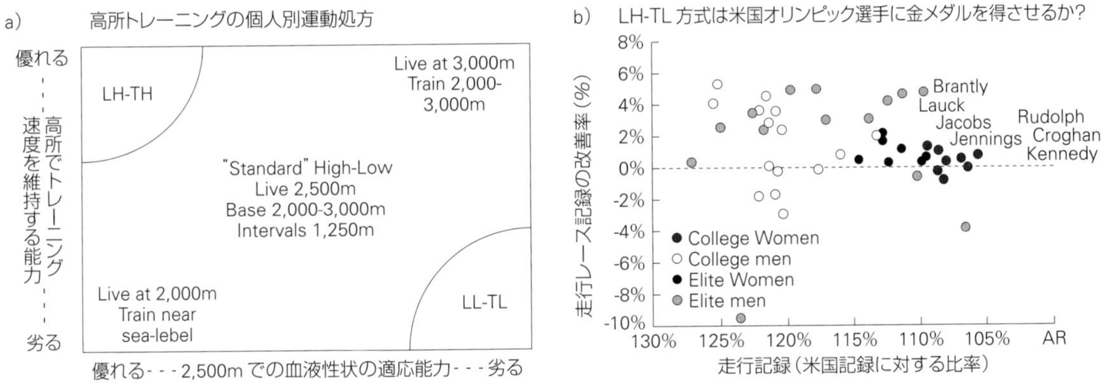

図 1－18　高所での走行速度持続能力および血液性状の適応能力の優劣に応じた高所トレーニングの個人別運動処方ⓐおよび LH-T L方式による競技力向上の可能性ⓑ
（Stray-Gundersen J et al.: "Living high-training low" altitude training improves sea level performance in male and female elite runners. J Appl Physiol, 91: 1113－1120, 2001）

HIF（低酸素誘発性因子）によるEPOの遺伝子発現の違いを指摘し，Semenza[26]は，HIF-1αが低酸素に応答する重要な蛋白であることを明らかにしている．Mounierら[27]は，一流クロスカントリースキー選手について，4,800m相当高度で10分間の最大下運動において白血球のHIF-1αのmRNAが有意に増大したことを明らかにしている．Levineら[13]のLH-TLトレーニングでEPOが増加し，赤血球産生を刺激することを明らかにしたが，継続的な低酸素刺激による赤血球産生については，必ずしも同一の結果は得られていない．

Ashendenら[28]やGoreら[29]は，一定の低酸素刺激によっても総ヘモグロビンや赤血球量の増加は認められなかったとしている．Heinickeら[30]は，たとえ低酸素刺激が継続したとしても，数日後にEPOレベルの低下することから，HIF-1αの安定化を促進するためのある閾値の酸素分圧の存在を指摘している．

⑵ACE遺伝子発現

Montgomeryら[31]は，近年，Nature誌において低酸素耐性を決定する特異的な遺伝子の存在を報告をしている．7,000m峰以上の無酸素登頂者25人についてangiotensin converting enzyme (ACE) の遺伝子タイプを活性の低いI (insertion) 型と活性の高いD (deletion) 型の分類でみると，II型とID型の両者が多く，DD型の少ないことが明らかにされた．このACEは多くの組織内に含まれるレニン―アンギオテンシン系の中でアンギオテンシンIを血管収縮促進のアンギオテンシンIIへ変換する酵素であり，この遺伝子タイプには活性の低い順にII，IDおよびDD型の3種が認められている．したがって，低酸素耐性の高い無酸素登頂者には血管収縮の比較的弱い遺伝子を多く保有していることになる．

この背景としては，II型遺伝子の保有者ではトレーニングによる心血管系や筋毛細血管の発達が著しく，ミトコンドリアやミオグロビンの増殖がDD型よりも比較的促進されていたことが考えられるとしている．

そこで浅野ら[32]は，日本人の一流高峰登山者10人についてACE遺伝子タイプを検討したのが図1−19である．1と3の登山者は，エベレスト峰登頂者であり，9と10は8,000m峰の無酸素登頂者である．すなわち，1はII型，3はID型，9，10はともにII型である．10人中DD型は3人であり，4の登山者は高所順応の困難さを訴えていた．全体的には，II型，ID型が70%を占めている点で，低酸素耐性の特性のひとつになり得る可能性が示唆された．

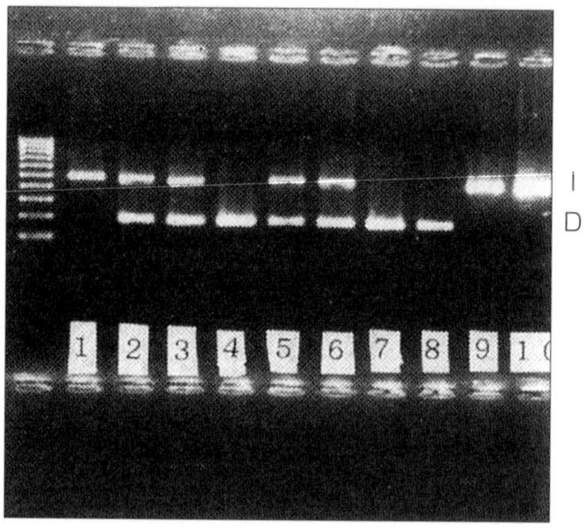

図1−19　日本人高峰登山者のACEの遺伝子タイプ
（浅野勝己，原田勝二：日本人高峰登山者のACE遺伝子タイプ：低酸素環境における運動トレーニング時のエナージェティクス．合同学会大会大阪2000論集，pp.129−135，2000）

次にMontgomery一派のMyersonら[33]は英国のオリンピック級陸上選手91人について短距離（200m以下，20人），中距離（400～3,000m，37人）および長距離（5,000m以上，34人）別のI遺伝子タイプの出現率を比較した（図1−20）．

この結果，相対的I遺伝子タイプの出現率は，対照群の0.49に比較し，短距離0.35，中距離群0.53および長距離群の0.62の各平均値を示し，走行距離の増大とともに有意に高値となったことを報告している．したがって，ACEの遺伝子タイプは一流の持久性競技能力の規定因子のひとつになり得るものと推察している．

この知見によれば，responderは，ACEのI遺伝子保有者である可能性が指摘されるかもしれない．

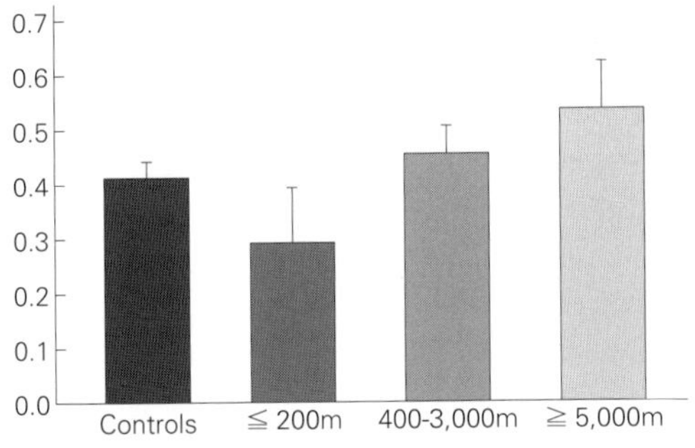

図 1－20　英国のオリンピック級陸上競技選手 91 人の短距離群，中距離群および長距離群の種目別の相対的 I 遺伝子タイプ出現率の対照群（一般人 1,906 人）との比較
（Myerson S et al.:Human angiotensin I-convertining enzyme gene and endurance performance. J Appl Physiol, 87: 1313－1316, 1999）

2）女性の高所トレーニング

従来からの高所滞在，高所トレーニング（LH-TH）方式において女子選手が参加して競技成績の向上を果たした事例について，その生理的背景と女子選手の特性を検討してみたい[34]．

(1)陸上女子マラソン選手の高所トレーニング

1990 年の 3 月の中国昆明（1,886m）での日本陸連による約 1 カ月の高所トレーニングでは 4 人の女子選手が参加し，帰国後に全選手が自己記録を更新した．とくに，浅利純子選手は帰国後 8 日目にハーフマラソンで 14 秒短縮した．高所滞在中は血色素は有意に増大し，帰国後は一定走行速度に対する血中乳酸および心拍数はいずれも低減し，酸素運搬能の改善が認められた．その後のアメリカでの数回の高所トレーニングは，浅利選手の世界選手権女子マラソンの優勝に貢献したと考えられる．さらに，1997 年の鈴木博美選手の世界選手権優勝および 2000 年の高橋尚子選手のシドニーオリンピック優勝に際しては，アメリカ・ボルダーでの数カ月にわたる高所トレーニングの継続のあったことは注目すべきものと思われる．

(2)水泳女子選手の高所トレーニング

シドニーオリンピックでの女子 400m個人メドレーで銀メダルを獲得した田島寧子選手は，大会直前までアメリカ・アリゾナ州フラッグスタッフ(2,300m）で，3 週間の高所トレーニングを 2 回実施していた．この間，一定水泳速度に対する血中乳酸の上昇（左傾化）に一時達成し，その後の右傾化をもたらしている．男女 9 人のうち決勝進出者は女子 4 人全員と男子 1 人の 5 人であった．田島選手の銀メダル獲得の決勝記録（4′35″96）は代表選考会を 3 秒短縮し，短距離系の無気的競技での高所トレーニングの成果が認められている．

(3)高所トレーニングの生理的効果と女子選手の特性

血色素増加による酸素運搬能の改善，一定運動時の血中乳酸および心拍数の低減化（解糖系抑制と循環系改善）さらに無気的運動時の耐乳酸能の向上，などが生理的背景として考えられる．またとくに女子選手の高所適性（耐乳酸能を含む）は比較的高いものと思われる．ただし，高所トレーニングは低酸素と運動の両ストレス下で実施されることから，とくに自律神経系および内分泌系に歪みを誘起しやすいので，生理的心理面（性周期など）を正常に維持できるよう配慮する体制が望まれる．

3）無酸素性エネルギー代謝能への影響の解明

高所トレーニングの有効性については，持久性種目のみならず無気的競技種目への効果がすでに 1961 年の霧ヶ峰の高所トレーニングにおいて報告されている．

その後のオリンピックや世界選手権での陸上および水泳競技の成績においても短距離の無酸素性エネルギー系の種目において，高所トレーニングを積んだ選手の活躍が注目を浴びてきている．

しかし，高所トレーニングの無酸素性エネルギー系に及ぼす影響の研究は極めて少ない状況にある．この要因としては，酸素負債（借）や筋の緩衝能などの測定法に技術と経験を要することなどが指摘されよう．

したがって，高所トレーニング時の筋線維の動員率や乳酸・H^+輸送担体の動態などを中心とする今後のより一層の研究が無酸素性エネルギー代謝能の解明に大きく貢献するものと考えられる[35]．

まとめ

高所トレーニングは，高所滞在により低酸素刺激を受ける受動的効果とトレーニングによる積極的効果を合成した総合的効果が得られることに原理がある．しかし従来の高所に長期間滞在してトレーニングを継続することによるオーバートレーニング，疲労蓄積などの難点が指摘され，この克服策として間欠的に高地と平地滞在を交互に繰り返すインターバル高所トレーニング方式が考案されていた．この方式の考え方をきっかけとして，より合理的，経済的な方法とし Living high-Training low 法，低酸素室法および低圧シミュレーター法が近年，注目を浴びてきている．今後これらの方式を用いるより近代的な“高所トレーニング”が，選手の競技力向上を期すとともに，一般人の健康増進および高峰登山家の高山病予防への貢献をも含め一層発展することが望まれる．

文　献

1) 朝比奈一男：高地トレーニングの研究－高地トレーニング研究班報告―．東京オリンピック・スポーツ科学研究報告，pp.1－19, 1965.
2) 日本体育協会スポーツ科学研究委員会：メキシコ対策研究報告書．スポーツ医・科学研究報告書昭和 41 年度版．1966.
3) Asahina K et al.: A study of acclimatization to altitude in Japanese athletes. Schweiz Z Sportmed, 14: 240－245, 1966.
4) Asahina K et al.: Acclimatization to medium altitude and athletic performance in Mexico City. Report from the Reserch Committee for Altitude Training, The Japanese Amateur Sports Association-Res. Physic Edu, 11: 117－126, 1967.
5) Balke B et al.: Altitude and maximum performance in work and sports activity. J Am Med Assoc, 194: 646－649, 1965.
6) 浅野勝己：高所トレーニングと持久力．石河利寛，竹宮　隆編，持久力の科学．杏林書院，pp.192－233, 1994.
7) 浅野勝己：高所トレーニングの生理的意義と最近の動向．臨床スポーツ医学，16: 505－516, 1999.
8) Maher JT et al.: Effects of high-altitude exposure on submaximal endurance capacity of men. J Appl Physiol, 37: 895—898, 1974.
9) Asano K et al.: Effect of altitude training on aerobic work capacity in Japanese athlete. Med Sci Sports Exerc, 23 (Suppl) : 128, 1991.
10) Berglund B: High-altitude training-aspects of hematological adaptation. Sports Med, 14: 289－303, 1992.
11) Daniels J et al.: The effects of alternate exposure to altitude and sea level on world class middle-distance runners. Med Sci Sports, 2: 107－112, 1970.
12) Levine BD et al.: “Living high-training low”: the effect of altitude acclimatization / normoxic training in trained runners. Med Sci Sports Exerc, 23 (Suppl): S25, 1991.
13) Levine BD, Stray-Gundersen J: “Living high-training low”: effect of moderate altitude acclimatization with low altitude training on performance. J Appl Physiol, 83: 102－112, 1997.
14) Stray-Gundersen J et al.: “Living high-training low”altitude training improves sea level performance in male and female elite runners. J Appl Physiol, 91: 1113－1120, 2001.
15) Asano K et al.: Effects of simulated altitude training on aerobic work capacity and muscle energetics by ^{31}PNMR in Japanese Olympic nordic combined skiers. Med Sci Sports Exerc, 25 (Suppl): S127, 1993.
16) Saltin B et al.: Morphology, euzyme activities and buffer capacity in leg muscles of Kenyan and Scandinavian runners. Scand J Med Sci Sports, 5: 222－230, 1995.
17) Daniels J et al.: Epinephrine and norepinephrine excretion during running training at sea level and altitude. Med Sci Sports Exerc, 4: 219－224, 1972.
18) Asano K: Physiological effects of high altitude training. Nose H et al. Eds, The 1997 Nagano Symposium on Sports Sciences. Cooper Pub U.S.A., pp.220－230, 1998.
19) Asano K et al.: Effects of simulated altitude training on aerobic work capacity in the Himalayan climbers. Ohno H et al. Eds, Progress in Mountain Medicine and High Altitude Physiology. Dogura Kyoto Japan, pp.258－263, 1998.
20) 浅野勝己ほか：一般中年男性の低圧シミュレーターによる高所トレーニングの有気的作業能に及ぼす影響．筑波大学体育科学系紀要，20: 153－

158, 1997.

21) Rusko HR: New aspects of altitude training. Am J Sports Med, 24: S48－52, 1996.

22) Mattila V et al.: Effect of living high and training low on the sea level performance in cyclists. Med Sci Sports Exerc, 28 (Suppl): S156, 1996.

23) Chapman RF et al.: Individual variation in response to altitude training. J Appl Physiol, 85: 1448－1456, 1998.

24) Ri-Li G, et al.: Determinants of erythropoietin release in response to short-term hypobaric hypoxia. J Appl Phyiol, 92: 2361－2367, 2002.

25) Hofer T et al.: Oxygen sensing, HIF-1a stabilization and potential therapeutical strategies. Eur J Appl Physiol, 443: 503－507, 2002.

26) Semenza GL: Hypoxia-inducible factor 1: master regulator of O_2 homeostasis. Curr Opin Genet Dev, 8: 588－594, 1998.

27) Mounier R et al.: Hypoxia inducible factor-1 alpha (HIF-1α) mRNA expression in human muscle and leucocytes. 9th Annual Congress of ECSS., Book of Ahstracts p5, July4, 2004.

28) Ashenden MJ et al: "Live high, train low" does not change the total haemoglobin mass of male endurance athletes sleeping at a simulated altitude of 3000 m for 23 nights. Eur J Appl Physiol, 80: 479－484, 1999.

29) Gore CJ et al.: Altitude training at 2690m does not increase total hemoglobin mass or sea level $\dot{V}O_2max$ in world champion tracks cyclists. J Sci Med Sport, 1: 156－170, 1998.

30) Heiniche K et al.: Long-term exposure to intermittent hypoxia results in increased hemoglobin mass, reduced plasma volume and elevatated erythropoietin plasma levels in man. Eur J Appl Physiol, 88: 535－543, 2003.

31) Montgomery HE: Human gene for physical performance. Nature, 393: 221－222, 1998.

32) 浅野勝己，原田勝二：日本人高峰登山者の ACE 遺伝子タイプ：低酸素環境における運動トレーニング時のエナージェティクス．合同学会大会大阪 2000 論集，pp.129－135, 2000.

33) Myerson S et al.:Human angiotensin I-convertining enzyme gene and endurance performance. J Appl Physiol, 87: 1313－1316, 1999.

34) 浅野勝己：女性の高所トレーニング．体力科学，51: 353, 2002.

35) Robert AD et al.: Changes in performance maximal oxygen uptake and maximal accumulated oxygen deficit after 5,10 and 15 days of live high: train low altitude exposure. Eur J Appl Physiol, 88: 390－395, 2003.

［浅野　勝己］

2 章　高所トレーニングと筋緩衝能

はじめに

1977 年，3 年連続 6 度目の大学駅伝三冠王を目指す日本体育大学駅伝チームが 2 週間に及ぶ高所トレーニングを実施した．当時大学院生であった著者は，選手の健康モニター係として同行した体験を持つ[1)]．チームの一員として駅伝選手と寝起きをともにする中で，選手の実感として高所でのトレーニングを積み上げた後は，ラストスパート時の「最後のひと頑張りができるようになる」ことが話題となっていることを知った．この時にはあまり気にも留めなかったこの駅伝選手たちの実感が，後年，運動生理学における最先端の科学的知見を得る糸口となった．

1984 年，コペンハーゲン大学留学 4 年目を迎えた著者は，デンマークの一流クロスカントリースキー選手の高所トレーニングの研究プロジェクトに参加する機会に恵まれた．ニードル筋生検法により摘出されたヒト骨格筋検体（写真 2－1）を組織化学的・生化学的に分析する研究手法を取得していたので，日本の駅伝ランナーの実感をもとに無酸素性エネルギー代謝能の指標であり，筋細胞内の pH を一定に保つ化学的作用力である筋緩衝能の測定を実施した．分析の結果，2 週間の高所トレーニングの効果として，筋緩衝能は有意に上昇し，増加の割合の高いスキー選手ほど，平地での短時間・高強度の運動成績の伸び率が高いという相関関係が明らかにされた[2)]．

高所トレーニングに関するそれまでの多くの先行研究は，有酸素性エネルギー代謝能の亢進による持久力の向上が可能かを検討することに集中していた．ラストスパートで急激に生産された乳酸に対して，筋細胞内の pH の低下をいかに最小限に抑えるかという無酸素性エネルギー代謝能の一面における高所トレーニングの効果は，見逃されていた領域であった．駅伝ランナーの“実感”を手掛かりにして高所トレーニングの効果に関する“実体”を究明したこの研究は，ケニアと北欧エリート中・長距離ランナーの筋緩衝能の評価へと受け継がれた[3)]．また，低圧・低酸素環境下での短時間・高強度運動トレーニングが無酸素性エネルギー代謝能と身体作業能へ及ぼす効果に関する

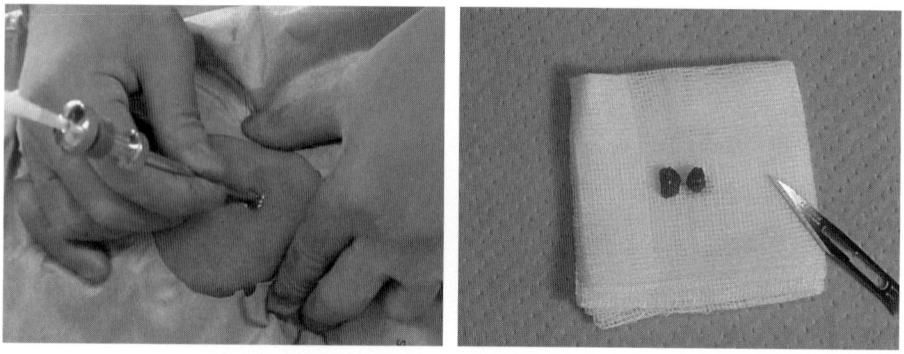

写真 2－1　ニードル筋生検法による健常被験者での大腿外側広筋からの筋検体の摘出
筑波大学芳賀脩光教授との共同研究において東京医科大学勝村俊仁教授による施術．

研究が発展的に積み上げられてきている[4-7]．一方，高所滞在下での運動トレーニングが誘因と考えられる筋緩衝能の亢進のメカニズムについては，未解明な点が多い[8]．

本章では，まず，高所トレーニングが及ぼす筋緩衝能への効果に関するこれまでの研究成果をまとめて，平地トレーニングが及ぼす効果との比較を行なう．次に，筋緩衝能の構成因子を概説した上で，高所トレーニングによる筋緩衝能の亢進のメカニズム解明を困難にしている要因を取り上げる．そして，筋緩衝能メカニズム解明への糸口を提案して，今後の研究の方向性を提言したい．

1．筋緩衝能のトレーニング効果

1）筋緩衝能とは

短時間で疲労困憊に至るような高強度の身体運動に対する骨格筋の応答として，無酸素性解糖系エネルギー代謝の亢進に伴う筋細胞内の乳酸濃度の上昇と，筋内pHの低下とが生じる．長時間継続できる最大下の運動であっても，例えばラストスパート時のように，運動強度が急激に上昇した状況においても，同様な応答が起こる．

筋緩衝能とは，激しい身体運動の結果，筋細胞内での乳酸の蓄積が起こり，水素イオン（H^+）濃度が上昇した時に筋細胞内pHの低下をどの程度抑制することができるか，という指標である．筋緩衝能の単位は，1ユニットpHの変化に必要とされる筋重量あたりのH^+濃度で表されており（μmol/g/pHまたはmmol/kg/pH），あるいは，定義提唱者van Slykeの名前に由来して「Slyke」とも表される[9]．

運動生理学の領域において，ヒト骨格筋の緩衝能が注目されはじめたのは，ニードル筋生検法により検体を摘出して筋細胞pHの測定が可能となった1970年代の後半以降である[10]．摘出検体における筋緩衝能の測定法には，筋検体ホモジネイトの滴定法と乳酸濃度／pH・算出法の2つの異なる測定法が用いられてきている．

滴定法は，安静時において筋検体を1度だけ摘出して，ホモジネイト後に希釈された塩酸を使用して滴定することにより緩衝能の測定を行なう方法である．筋緩衝能は，ホモジネイトの滴定に必要とされたH^+濃度をpHの変化量で割ることで求められる．

算出法では，安静時と運動終了直後において，筋検体を最低でも2度摘出して，ホモジネイト後に筋内pHと生化学的分析法による筋中乳酸濃度の測定が必要である．筋緩衝能は，安静時と運動終了時における筋中乳酸濃度の変化量を筋pHの変化量で割ることにより計算される．

算出法は，運動負荷前後においてニードル筋生検を数回繰り返すという不利な点がある．したがって，特にエリート選手を対象とした筋緩衝能へ及ぼす高所トレーニングの効果に関する研究においては，侵襲度が比較的低い滴定法がこれまでの研究では多く用いられてきている．

2）高所における持久的トレーニングが筋緩衝能へ及ぼす効果

高所（低圧・低酸素）における一過性の身体運動では，動脈血中の酸素分圧の低下が生じることにより，平地運動時と比較すると，最大下の運動においても無酸素性エネルギー代謝がより多く利用されると考えられている．同等な運動負荷に対する血中乳酸濃度の応答は，平地運動時と比較して高所運動時において高い値を示す[11]．この理由として，高所運動時では無酸素性解糖系エネルギー代謝がより亢進すること，また，速筋線維が遅筋線維より優先して選択的に動員されることが推察されている[12]．この生体が示す高所環境への応答がトレーニングとして継続されたとき，特に持久的トレーニングの結果，筋緩衝能は亢進することが報告されている．

高所トレーニングに先立ち，平地トレーニングを5カ月間にわたり十分に積んだ，デンマークのエリート・クロスカントリースキー選手8名において，2週間の高所滞在（標高2,100m）と持久的トレーニング（標高2,700m）の結果，上腕三頭筋と腓腹筋外側頭の筋緩衝能はそれぞれ6％の有意な上昇が認められた[2]．また，無酸素性エネ

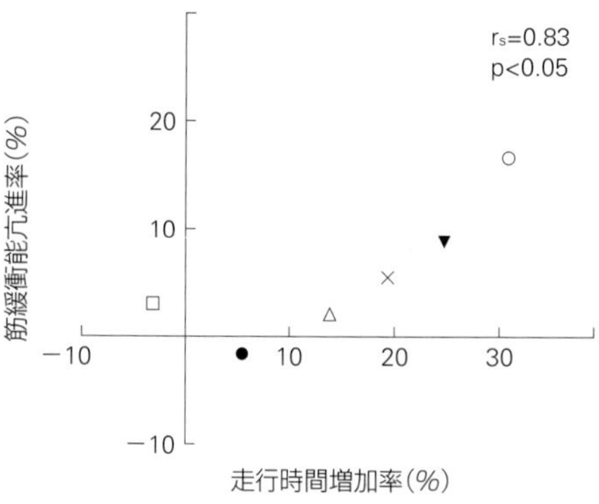

図2−1　高所トレーニング後のクロスカントリースキー選手腓腹筋外側頭における筋緩衝能の亢進率とトレッドミル走行時間の増加率との関係

(Mizuno M et al.: Limb skeletal muscle adaptation in athletes after training at altitude. J Appl Physiol, 68: 496−502, 1990)

ルギー代謝能の指標である短時間・高強度運動時の最大酸素借は29%の増大を示した．さらに重要な知見は，図2−1に示したように，高所トレーニング前後での腓腹筋外側頭における筋緩衝能の増加率と，トレッドミル走における疲労困憊までのランニング走行時間の亢進率との間に，正の相関関係が認められたことである．

この研究における高所でのトレーニングは，持久的運動（最高心拍数の80%相当）が主体で，短時間・高強度な運動が集中的に実施された内容ではなかったにもかかわらず，筋緩衝能の亢進が認められた．このことは，高所トレーニングが平地での短時間・高強度運動における疲労困憊の遅延，あるいは持久的競技における「ラストスパート」の力を増強させる可能性を示唆するものであり，無酸素性エネルギー代謝能へ及ぼす高所トレーニングの効果を示す先駆的な研究となった．

クロスカントリースキー選手の研究における不十分な点として，対照群として平地トレーニングの効果が比較検討されていなかったことがあげられる．この理由により，高所トレーニングと筋緩衝能に関する研究は，北欧の陸上競技選手における高所と平地でのトレーニング効果の比較へと発展することとなった．スウェーデンのエリート中・長距離ランナー12名を対象として，2週間にわたる高所トレーニング（標高約2,000m）と平地トレーニングが及ぼす筋緩衝能への効果に関する研究が実施された[3]．大腿外側広筋における筋緩衝能は，クロスカントリースキー選手と同様に，中・長距離選手6名においても高所トレーニング後に5%有意に亢進したが，一方，平地トレーニング群6名ではこの効果が認められなかった．短時間・高強度ランニング時の最大酸素借は，高所グループにおいて19%の亢進が認められている（平地グループは測定ミスのため未報告）．しかし，このスウェーデンランナーの研究では，高所トレーニングによる無酸素性エネルギー代謝能の亢進は，疲労困憊までの短時間・高強度なランニング走行時間の増加へは反映されなかった．

高所トレーニングと平地トレーニングの効果の違いを同一被験者において明らかにする目的で，オランダのトライアスリート選手16名を対象とした研究が近年報告されている[5, 6]．この研究では，被験者を2グループに分けて，低圧・低酸素下と平圧下で自転車トレーニングをそれぞれ10日間実施した後，翌年にクロスオーバー試験を行なった．筋緩衝能と最大酸素借は測定されていないが，低圧室を用いた標高2,500m相当の模擬高所トレーニングの結果，自転車運動における最大パワー出力，無酸素性平均パワー，ならびに無酸素性ピークパワーが4〜5%有意に増大した．この研究における高所でのトレーニング強度は，デンマーク・クロスカントリースキー選手の研究と同様に，比較的低い最高心拍数の60〜70%程度にもかかわらず，無酸素性作業能に亢進が認められたことは興味深い知見である．

高所における鍛錬競技者の持久的トレーニングは，無酸素性エネルギー代謝の要因である筋緩衝能（滴定法）をわずかではあるが有意に5〜6%亢進させる．同様に，平地における同等運動強度のトレーニングでは期待できない最大酸素借の増加を約10〜30%誘発する．高所および低圧・低酸素環境下での持久的トレーニングは，無酸素性作業能を増大させる傾向が認められるが，その実体とメカニズム解明に向けた研究はいまだ少ないのが現状である．先駆的研究として，著者により報告された筋緩衝能と短時間・高強度運動成績の高所トレーニング効果の相関関係は，その後の研究では十分に追試されていないので，今後の研究による検証が期待される点である．

3）高所における瞬発的トレーニングが筋緩衝能へ及ぼす効果

持久的競技の北欧エリート選手における高所でのトレーニングは，持久的運動が主体で，短時間・高強度な運動が集中的に実施された内容ではなかったにもかかわらず，筋緩衝能は亢進を示した．では，高所において瞬発的な短時間・高強度なトレーニングを実施することにより，筋緩衝能は，持久的トレーニングと比較すると，より大きく亢進するのであろうか？　この質問に答えることができる研究データは，現在まで報告されていない．そこで，平地における瞬発的トレーニングが筋緩衝能へ及ぼす効果を探ってみると，自転車スプリント[13, 14]，片脚膝伸展運動[15, 16]，トレッドミル走[17]を2～16週間継続した研究では，滴定法による筋緩衝能が，平地トレーニングの結果，平均7％上昇することが認められる（図2−2）．この筋緩衝能の上昇率は，平地での持久的トレーニング効果の約2.5倍に相当する[3, 15]．平地トレーニングに関するこれらの研究成果を踏まえて，著者が高所での短時間・高強度トレーニングが滴定法による筋緩衝能へ及ぼす効果を概算してみると，約14％の亢進が期待できると推察される．

高所における持久的トレーニングは筋緩衝能を亢進させるだけではなく，無酸素性エネルギー代謝能の重要な指標である短時間・高強度運動時に測定された最大酸素借を増大させる[2]．この知見に着目して，低圧・低酸素室における瞬発的トレーニングが酸素借および無酸素性作業能へ及ぼす効果についての研究が，日米両国において実施されてきている．日本人学生競泳選手9名を対象として，標高3,000m相当の低圧・低酸素下においてスプリント水泳トレーニングを2週間継続した結果，最大酸素借と疲労困憊までの水泳時間はそれぞれ10％と13％で，有意な増加を認めた[4]．この研究成果を検証するために，米国グループはエリート競泳選手16名を対象として，標高2,500mに相当する低酸素吸入法によるトレーニング群と常圧酸素トレーニング群との比較検討を行なった[7]．5週間のトレーニングの結果，両群とも水泳パフォーマンスは同等に向上したものの，最大酸素借については両群ともにトレーニングの効果が認められず，低酸素トレーニングによる付加的な効果は認められないと結論付けられた．しかし，日本の低圧低酸素下トレーニングは米国の低酸素吸入によるトレーニングと比較すると，被験者が低酸素環境下に曝露される時間が長いと考えられる．したがって，米国の研究において，実質的な高所環境下でのトレーニング効果の評価が可能であったかどうかが疑問な点である．

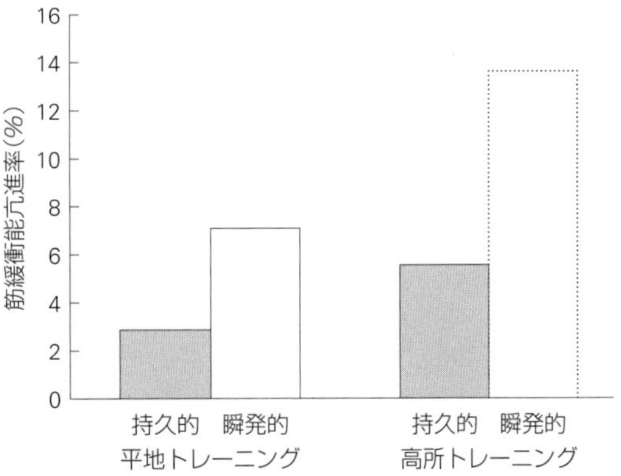

図2−2　高所における短時間・高強度な瞬発的トレーニングが筋緩衝能へ及ぼす効果の推定

平地トレーニング：持久的[2, 15]，瞬発的[13−17]，高所トレーニング：持久的[2, 3]，瞬発的（著者算出による推定値）．

無酸素性エネルギー代謝へ及ぼす高所トレーニングの効果を評価した研究は，まだ歴史が浅い．しかし，限られた先行研究をまとめると，実施されるトレーニング内容が持久的であるか，または短時間・高強度運動であるかを問わず，標高2,000～3,000m相当の高所（低圧・低酸素環境下）における2週間程度のトレーニングにより筋緩衝能と最大酸素借は，最低5～10％亢進することが明確である．高所トレーニングによるこの無酸素

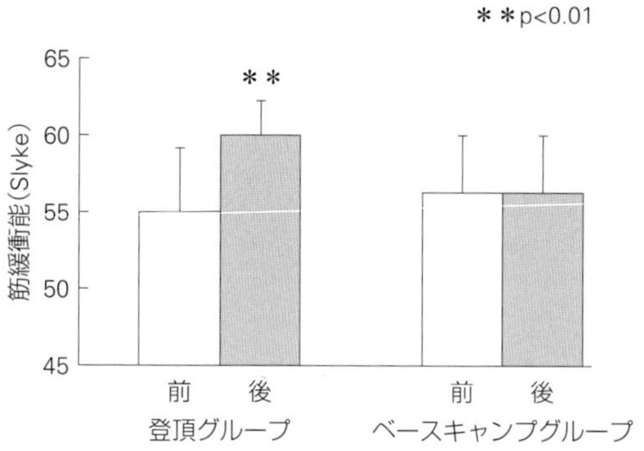

図 2－3　ヒマラヤ登山隊員における大腿外側広筋の筋緩衝能の変化

（Mizuno M and Juel C: Increased skeletal muscle buffer capacity after prolonged sojourn at extreme altitude. Can J Sport Sci, 13: 25, 1988）

性エネルギー代謝能の亢進が，平地における身体パフォーマンスにどのような影響を及ぼすのかについての究明とそのメカニズムの解明に向けて，研究の進展が期待される．

4）高所滞在か高所トレーニングか

高所トレーニング後における筋緩衝能の亢進は，単に低圧・低酸素環境曝露下における生活によるものではなく，身体運動という刺激が要因であることが，スウェーデン・ヒマラヤ登山隊を対象とした著者らの研究により示唆されている[18]．約 11 週間にわたる高所滞在が大腿外側広筋の筋緩衝能へ及ぼす影響について，登山隊メンバー 12 人を登頂グループ（活動的：6,400m 以上）とベースキャンプグループ（非活動的：5,250m）とに分けて比較した結果を図 2－3 に示した．ヒマラヤ登山開始直前の平地滞在中と登頂終了直後のベースキャンプにて摘出された筋検体において測定された筋緩衝能は，全身の力を振り絞った登頂グループにおいて 9 %の亢進を示した．一方，身体活動水準が比較的低かったベースキャンプグループにおいては，筋緩衝能の変化は認められなかった．

しかしながら，この研究結果は，これまでの他の研究成果とは合致していない．20 年以上にわたり 2,000m 級の高所において生活し，トレーニングを積み上げてきたケニアのエリート中・長距離ランナーの筋緩衝能は，北欧エリートランナーと比較すると，逆に，約 14%低い値が認められている[3]．一方，オーストラリアの持久的競技者を対象として，高所滞在・平地トレーニング群とコントロール群（平地滞在・平地トレーニング）について，約 3 週間のトレーニング効果を比較検討した研究では，就寝時における標高 3,000m 相当の低酸素曝露により，筋緩衝能が 18%亢進することが報告されている[19]．さらに，同グループは熟練ロード自転車競技者を対象とした研究の結果，最大酸素借と最大パワー出力は，平地滞在・平地トレーニング方式では変化が認められなかったのに対して，高所滞在・平地トレーニング方式では 10%と 4 %で，それぞれ有意に亢進した[20]．同様なトレーニング方式の比較を行なったフィンランドの研究グループは，2 年間におよぶクロスオーバー実験の結果，400m 走の記録が，高所滞在・平地トレーニング方式により有意に亢進したことを報告している[21]．

筋緩衝能の亢進を誘発する因子は，高所滞在か高所トレーニングかについては，先行研究では一定の見解が認められないが，トレーニング方式を問わず生体が低圧・低酸素環境下に曝露されることで，無酸素性エネルギー代謝能と短時間・高強度運動成績の亢進が期待できると考えられる．この生体適応の実体が筋緩衝能の亢進に起因するかどうかについては，筋緩衝能の構成因子を考慮した上で考察する必要がある．

2．高所トレーニングに対する筋緩衝能の適応メカニズムの解明への糸口

1）筋緩衝能の構成因子

スポーツ競技者を対象としたニードル筋生検法を用いた筋緩衝能の測定は，安静時に 1 度だけ筋サンプルを摘出する滴定法が用いられてきている（「本章 1.1）筋緩衝能とは」参照）．この理由は，運動負荷前後において最低 2 回は筋サンプルを摘出する必要がある算出法と比較すると，滴定法は侵襲の度合いがより少ないからである．しかしな

表2−1　健常非鍛錬者において短時間・高強度運動により筋細胞内pHが7.0から6.4まで低下した時の筋緩衝能の各因子の推定値とその割合

筋緩衝作用系		推定値 (Slyke)	割合 (%)
1．細胞性物理的・化学的緩衝作用系		26	38
筋タンパク質	15		
無機リン酸	9		
カーノシン，ヒスチジン	2		
2．代謝性受容・供与的緩衝作用系		30	44
クレアチンリン酸　$PCr + ADP + H^+ \rightarrow Cr + ATP$	26		
グルタミン酸 $+ NH_3 + H^+ \rightarrow$ グルタミン	8		
その他の H^+ 放出	−4		
3．拡散・輸送担体性緩衝作用系		12	18
重炭酸塩　$HCO_3^- + H^+ \rightarrow H_2O + CO_2$	12		
乳酸・H^+ 輸送担体	?		
Na^+・H^+ 交換輸送	?		
筋緩衝能		68	100

(Sahlin K: Intracellular pH and energy metabolism in skeletal muscle of man. With special reference to exercise. Acta Physiol Scand Suppl, 455: 1−56, 1978. より引用改変)

がら，この測定法の違いが筋緩衝能の異なる構成因子を反映していることが，トレーニングの効果を評価する上で極めて重要になる．

筋緩衝能を構成する主な因子は，表2−1に示したように，緩衝作用の特徴から3区分される[8, 10]．まず，①筋タンパク質，無機リン酸，カーノシン，ヒスチジンなどが有する細胞性物理的・化学的緩衝作用系，次に，②骨格筋の収縮により亢進されたエネルギー代謝における H^+ の受容・供与過程での代謝性緩衝作用系，そして，③細胞膜を介した CO_2 拡散，乳酸・H^+ 共輸送担体などの働きによる H^+ 置換における拡散・共輸送担体性緩衝作用系である．

Sahlin[10] は，短時間・高強度運動時における筋緩衝能について，各種の実験データを利用して各分画の主要因子ごとの推定値を算出した上で，ヒト骨格筋の総合的な緩衝能を推定している（表2−1）．この結果から，全緩衝能に対する各分画の割合は，第一分画の細胞性と第二分画の代謝性緩衝作用系がそれぞれ40%ずつを占めており，また残りの20%が第三分画の拡散・輸送担体性緩衝作用系であることがわかる．

推定された筋緩衝能が3分画のどの構成因子を反映しているかは，滴定法と算出法のどちらかの分析法を用いたかにより異なる．両方の測定法を同一被験者に用いて，大腿外側広筋の筋緩衝能を測定した研究の成果を表2−2にまとめた[16, 17, 22−24]．各分画における推定値の割合分布が示すように，滴定法による筋緩衝能は，第三分画の拡散・輸送担体性緩衝作用系を反映していないため，非重炭酸塩系緩衝作用である．これまでの研究により，滴定法を用いた筋緩衝能の平均値は，総合的緩衝作用を反映している算出法による平均値の8割であり，推定値の割合分布と一致している．

では，筋緩衝能の測定法の違いが，トレーニング効果を評価する上で，どのような影響を与えているのであろうか？　平地と高所における瞬発的および持久的運動トレーニング後の筋緩衝能の変化率について，これまでの研究報告を滴定法と算出法に分けて表2−3に示した[2, 3, 13, 15−17, 25, 26]．滴定法を用いて平地におけるトレーニング効果を評価した6編中4編の研究では，筋緩衝能について運動トレーニング後の有意な変化は認められない．しかしながら，算出法を用いた研究では運動負荷

表 2－2　健常非鍛錬者の大腿外側広筋からニードル筋生検法により摘出された筋検体において測定された筋緩衝能

推定値割合分布	滴定法	算出法
1．細胞性物理的・化学的緩衝作用系	＋＋	＋＋
2．代謝性受容・供与的緩衝作用系	＋＋	＋＋
3．拡散・共輸送担体緩衝作用系	－	＋
実測値（単位：slyke）		
Nevill et al.（1989）[17]	68	88
Mannion et al.（1993）[22]	39	43
Mannion et al.（1995）[23]	40	48
Linossier et al.（1997）[24]	36	36
Pilegaard et al.（1999）[16]	46	69
平均値	46	57

＋　当該緩衝作用を反映している：　－　当該緩衝作用を反映していない

表 2－3　平地および高所トレーニング後の大腿外側広筋における筋緩衝能の変化率

トレーニング内容	滴定法(%)	算出法(%)	出典
平地トレーニング			
片足自転車スプリント 7 週間	＋16*	－	Bell and Wenger（1988）[13]
片足膝伸展運動 16 週間	＋4		Mannion et al.（1994）[15]
ランニング 2 週間	－1	－	Saltin et al.（1995）[3]
自転車スプリント 4 週間	＋16*	－	Weston et al.（1997）[25]
自転車スプリント 6 週間	－	＋37*	Sharp et al.（1986）[26]
トレッドミル走 8 週間	＋5	＋44	Nevill et al.（1989）[17]
片脚膝伸展運動 8 週間	－2	＋37*	Pilegaard et al.（1999）[16]
高所トレーニング			
クロスカントリースキー 2 週間	＋6*	－	Mizuno et al.（1990）[2]
ランニング 2 週間	＋5*	－	Saltin et al.（1995）[3]

＊トレーニング前と比較してトレーニング後に有意に上昇（$p<0.05$）
クロスカントリースキーのみ腓腹筋外側頭における測定結果

法の違いとは無関係に，トレーニング後の筋緩衝能は約 40%の上昇（傾向）を示した．一見矛盾するこれらの研究成果は，平地における身体トレーニングの効果として，細胞性および代謝性構成因子である非重炭酸塩緩衝作用に適応が生じるのではなく，拡散・輸送担体性緩衝作用系に亢進が起こることを示唆している．

高所における持久的運動トレーニングの効果として，滴定法による筋緩衝能はわずかではあるが有意な上昇（5 ～ 6 %）が認められる（表 2－3）．このことは，平地における運動トレーニングではあまり期待できない細胞性および代謝性緩衝作用系に適応が起こっている可能性が高い．

一方，持久的または瞬発的運動を問わず，高所トレーニングが第三分画の拡散・輸送担体性緩衝作用系へ及ぼす効果に関しては，極めて未解明な領域である．ケニアと北欧エリート中・長距離ランナーを比較した研究では，滴定法による筋緩衝能はケニアランナーにおいて低く[3]，高強度ランニング後の血中乳酸濃度のピーク値には 2 グループ間で差が認められないにもかかわらず，最大下ランニング時の血中乳酸濃度はケニアランナーにおいて有意に低いことが報告されている[27, 28]．

この知見は，滴定法では反映されていない筋緩衝能の拡散・輸送担体性緩衝作用系が，ケニアランナーにおいて亢進していることを予想させるものであり，またこの緩衝作用系が高所トレーニングの効果における主要因子である可能性を秘めていると考えられる．高所滞在・平地トレーニング方式では，滴定法による筋緩衝能は増大することが報告されているので[19]，各構成因子に焦点を当てた仮説の設定と，実験的検証による今後の研究の発展が期待される．

2）高所運動時の筋線維タイプ動員型の解明

高所における持久的トレーニングが，細胞性および代謝性筋緩衝能の亢進を引き起こすことは，平地における同等のトレーニングでは認められていないので，低圧・低酸素環境下での身体運動に対する骨格筋の特異的な適応であるといえる．

この適応を誘発する原因として，平地におけるトレーニングでは十分に“鍛錬”されていない速筋線維を，高所環境下でのトレーニングでは遅筋線維より優先的に動員しているという仮説があげられる．

下半身のみの加圧により血流低下を伴う酸素供給の減少下における自転車運動は，常圧環境下と比較すると，運動終了時にグリコーゲンが枯渇している筋線維は速筋タイプにおいて有意に増加することが明らかとなっている[12]．

また，300m スプリント走直後における筋中クレアチンリン酸の分解は，平地と比較すると，高所において増大していることが報告されている[29]．これらの研究は，高所における身体運動は速筋線維を平地での運動時より多く動員するという仮説を支持する結果である．しかしながら，高所（低圧・低酸素）環境下での一過性の運動において，あるいはトレーニング前後において筋線維タイプまたは運動単位タイプの動員型を解明した報告は見当たらない．

総合的な筋緩衝能の約５割を占めている構成因子は，筋タンパク質（細胞性）とクレアチンリン酸（代謝性）である（表２−１）．遅筋線維と比較すると速筋線維は筋線維が太く，クレアチンリン酸の含有量が多いが，逆にミオグロビン含有量は少ない[2, 30]．また，細胞性緩衝作用を有するカーノシン含有量は，速筋線維に多いことが認められており，無酸素性作業能との正の相関関係が示されている[31]．高所でのトレーニングにおいて速筋線維がより頻繁に動員されているとすると，細胞性・代謝性筋緩衝能の亢進は，速筋線維において選択的に起こっている可能性が高い．高所トレーニングが骨格筋のミオグロビン含有量[32, 33]ならびにクレアチンリン酸[34, 35]へ及ぼす効果についての先行研究は，それぞれ相反する結果を報告している．高所トレーニングが筋緩衝能へ及ぼす効果についての実体を見出すためには，摘出された筋検体のホモジネイトによる測定だけではなく，異なる筋線維に着目して，速筋線維に焦点をあてた解析が今後の重要な研究課題であると考えられる．

3）高所トレーニングによる乳酸・H^+輸送担体の適応の検証

筋緩衝能を構成する各因子において未解明であり，とても興味深い領域は，高所トレーニングが乳酸・H^+輸送担体へ及ぼす効果である．短時間に疲労困憊を引き起こす高強度運動の能力を高めるためには，無酸素性エネルギー代謝により産生・蓄積された乳酸を敏速に筋細胞内から筋細胞外に処理することが重要となる．一方，骨格筋（および心筋）の特徴として，乳酸は有酸素性エネルギー代謝であるミトコンドリアにおける酸化リン酸化過程のエネルギー源として利用されている．この代謝経路にとっては，筋細胞外から筋細胞内への乳酸の取り込みが必要となる．筋細胞膜をはさんでの乳酸の細胞内外への能動的輸送を司るのは，プロトン結合モノカルボキシレート輸送担体（proton-linked monocarboxylate transporter, MCT）であり，MCT1 と MCT4 が骨格筋において主要である[30, 36]．MCT1はミトコンドリアでの酸化過程においてエネルギー源として乳酸を細胞内へ取り込む役割を担い，一方，MCT4 は解糖系エネルギー代謝産物である乳酸を筋細胞外へ放出する役割を持つと考えられている．

平地における短時間・高強度な膝伸展運動のトレーニングは，大腿外側広筋における MCT1 と MCT4 量を有意に増加させる[16]．この結果，筋細胞内での代謝と筋細胞外への放出との両面から乳酸の除去能を高め，短時間・高強度運動における疲労困憊の遅延に貢献する．また軽強度な持久的トレーニングにおいても，MCT1 量が増加して乳酸の除去能が改善されることが判明している[37]．しかしながら，高所（低圧・低酸素）環境での運動・トレーニングが，平地でのトレーニング以上に乳酸・H^+輸送担体のタンパク質量を増加させるのかどうか，また短時間・高強度な身体作業能の亢進を誘発するかどうかについてを明らかにした研究は現在まで報告されていない．

近年，分子生物学的分析手法のめざましい発展に伴い，身体運動・トレーニングに対する生理学的応答・適応のメカニズムについて遺伝子レベルでの解明が進んでいる[38]．一過性の運動に対する数時間の経時変化における遺伝子発現を評価することにより，当該細胞または組織の特異的な応答を解明することが可能となっている．

高所（低圧・低酸素）環境下での一過性の運動負荷が有酸素性エネルギー代謝に関与する因子，例えば毛細血管新生の促進・調節因子，ミオグロビン，ミトコンドリア系酵素などに焦点をあてた分子生物学的研究は，ヒト骨格筋レベルで精力的に取り組まれてきている[34, 39, 40]．高所トレーニングが無酸素性エネルギー代謝へ及ぼす効果について，低圧・低酸素環境での一過性短時間高強度運動に対する乳酸・H^+輸送担体応答が分子生物学的手法を応用することにより，遺伝子発現のレベルで今後検証されることが期待されている．

まとめ

第 56 回日本体力医学会仙台大会（2001 年 9 月）において「高所トレーニングから低酸素環境へ」と題したシンポジウムに聴衆として出席した著者は，エリートスピードスケート選手における競技成績向上を目指しての低酸素トレーニングが日本において実践されていることを知った．一方，高所（低圧・低酸素）環境でのトレーニング効果に対する期待は，持久的競技種目において高いことがいまだに主流であることを実感した．翌年（2002 年 7 月）第 10 回日本運動生理学会筑波大会が開催された際，芳賀脩光大会長の発案によりシンポジウム「低圧・低酸素下（高地）トレーニングと無気的エネルギー代謝－基礎的研究から実践的応用まで－」が開催され，シンポジストとして参加する機会を頂いた．デンマーク・クロスカントリー選手の高所トレーニングの効果として，無酸素性エネルギー代謝能の一面である筋緩衝能をなぜ測定したのかについて，論文には記述されていない“駅伝ランナーの実感”をはじめて報告することができた．

高所トレーニングが無酸素性エネルギー代謝能へ及ぼす効果として，最大下での持久的トレーニングにおいても筋緩衝能の亢進が認められる．この亢進は，筋緩衝能を構成する主要因子の中の細胞性物理的・化学的および代謝性受容・供与的緩衝作用系におけるトレーニング応答であると予想されるが，この適応のメカニズムについては未解明である．

適応機序の解明のための糸口として，高所（低圧・低酸素下）環境における一過性運動時の筋線維タイプおよび運動単位タイプ動員型の評価が重要であると提言できる．

高所トレーニングが拡散・輸送担体性緩衝作用系，特に乳酸・H^+輸送担体へ及ぼす効果については，持久的か瞬発的トレーニングのいずれかを問わず研究報告が見当たらない．一方，平地におけるトレーニング効果として，この緩衝作用機構の亢進は認められているので，各構成因子に焦点をあてた仮説の設定，最新の分子生物学的手法を含む分析法の選定，そして仮説の実験的検証によって高所トレーニングが及ぼす筋緩衝能への効果が解明されることが期待される．

文　献

1) 岡野　章：効果あった「高所トレーニング」．陸上競技，12，206－207，1978.
2) Mizuno M et al.: Limb skeletal muscle adaptation in athletes after training at altitude. J Appl Physiol, 68: 496－502, 1990.
3) Saltin B et al.: Morphology, enzyme activities and buffer capacity in leg muscles of Kenyan

and Scandinavian runners. Scand J Med Sci Sports, 5: 222－230, 1995.
4) Ogita F and Tabata I: The effect of high-intensity intermittent training under a hypobaric hypoxic condition on anaerobic capacity and maximal oxygen uptake. Keskinen et al Eds, Biomechanics and Medicine in Swimming Ⅷ. Gummerus Printing, pp.423－428, 1998.
5) Meeuwsen T et al.: Training-induced increases in sea-level performance are enhanced by acute intermittent hypobaric hypoxia. Eur J Appl Physiol, 84: 283－290, 2001.
6) Hendriksen IJ and Meeuwsen T: The effect of intermittent training in hypobaric hypoxia on sea-level exercise: a cross-over study in humans. Eur J Appl Physiol, 88: 396－403, 2003.
7) Truijens MJ et al.: Effect of high-intensity hypoxic training on sea-level swimming performances. J Appl Physiol, 94: 733－743, 2003.
8) 水野眞佐夫：筋緩衝能．宮村実晴編，新運動生理学上巻．真興交易（株）医書出版部，pp.251－259, 2001.
9) van Slyke DD: On the measurements of buffer values and on the relationship of buffer value to the dissociation constant of the buffer and the concentration and reaction of the buffer solution. J Biol Chem, 52: 525－570, 1922.
10) Sahlin K: Intracellular pH and energy metabolism in skeletal muscle of man. With special reference to exercise. Acta Physiol Scand Suppl, 455: 1－56, 1978.
11) Åstrand P-O and Rodahl K: Textbook of Work Physiology. MacGraw-Hill Book Company, 1977.
12) Sundberg CJ: Exercise and training during graded leg ischaemia in healthy man with special reference to effects on skeletal muscle. Acta Physiol Scand, Suppl, 615: 1－50, 1994.
13) Bell GJ and Wenger HA: The effect of one-legged sprint training on intramuscular pH and nonbicarbonate buffering capacity. Eur J Appl Physiol Occup Physiol, 58: 158－164, 1988.
14) Weston AR et al.: Skeletal muscle buffering capacity and endurance performance after high-intensity interval training by well-trained cyclists. Eur J Appl Physiol Occup Physiol, 75: 7－13, 1997.
15) Mannion AF et al.: Effects of isokinetic training of the knee extensors on high-intensity exercise performance and skeletal muscle buffering. Eur J Appl Physiol Occup Physiol, 68: 356－361, 1994.
16) Pilegaard H et al.: Effect of high-intensity exercise training on lactate/H^+ transport capacity in human skeletal muscle. Am J Physiol, 276: E255－E261, 1999.
17) Nevill ME et al.: Effect of training on muscle metabolism during treadmill sprinting. J Appl Physiol, 67: 2376－2382, 1989.
18) Mizuno M and Juel C: Increased skeletal muscle buffer capacity after prolonged sojourn at extreme altitude. Can J Sport Sci, 13: 25, 1988.
19) Gore CJ et al.: Live high: train low increases muscle buffer capacity and submaximal cycling efficiency. Acta Physiol Scand, 173: 275－286, 2001.
20) Roberts AD et al.: Changes in performance, maximal oxygen uptake and maximal accumulated oxygen deficit after 5, 10 and 15 days of live high:train low altitude exposure. Eur J Appl Physiol, 88: 390－395, 2003.
21) Nummela A and Rusko H: Acclimatization to altitude and normoxic training improve 400-m running performance at sea level. J Sports Sci, 18: 411－419, 2000.
22) Mannion AF et al.: Determination of human skeletal muscle buffer value by homogenate technique: methods of measurement. J Appl Physiol, 75: 1412－1418, 1993.
23) Mannion AF et al.: Skeletal muscle buffer value, fibre type distribution and high intensity exercise performance in man. Exp Physiol, 80: 89－101, 1995.
24) Linossier MT et al.: Effect of sodium citrate on performance and metabolism of human skeletal muscle during supramaximal cycling exercise. Eur J Appl Physiol Occup Physiol, 76: 48－54, 1997.
25) Weston AR et al.: Skeletal muscle buffering capacity and endurance performance after high-intensity interval training by well-trained cyclists. Eur J Appl Physiol Occup Physiol , 75: 7－13, 1997.
26) Sharp RL et al.: Effects of eight weeks of bicycle ergometer sprint training on human muscle buffer capacity. Int J Sports Med, 7: 13－17, 1986.
27) Svedenhag J et al.: Aerobic and anaerobic exercise capacities of elite middle-distance

runners after two weeks of training at moderate altitude. Scand J Med Sci Sports, 1: 205－214, 1991.

28) Saltin B et al.: Aerobic exercise capacity at sea level and at altitude in Kenyan boys, junior and senior runners compared with Scandinavian runners. Scand J Med Sci Sports, 5: 209－221, 1995.

29) Karvonen J et al.: Lactate and phosphagen levels in muscle immediately after a maximum 300m run at sea level. Res Q Exerc Sport, 61: 108－110, 1990.

30) Juel C and Halestrap AP: Lactate transport in skeletal muscle-role and regulation of the monocarboxylate transporter. J Physiol, 517: 633－642, 1999.

31) Bonen A et al.: Short-term training increases human muscle MCT1 and femoral venous lactate in relation to muscle lactate. Am J Physiol, 274: E102－E107, 1998.

32) Terrados N et al.: Is hypoxia a stimulus for synthesis of oxidative enzymes and myoglobin? J Appl Physiol, 68: 2369－2372, 1990.

33) Gustafsson T et al.: Exercise-induced expression of angiogenesis-related transcription and growth factors in human skeletal muscle. Am J Physiol, 276: H679－H685, 1999.

34) Richardson RS et al.: Human VEGF gene expression in skeletal muscle: effect of acute normoxic and hypoxic exercise. Am J Physiol, 277: H2247－H2252, 1999.

35) Vogt M et al.: Molecular adaptations in human skeletal muscle to endurance training under simulated hypoxic conditions. J Appl Physiol, 91: 173－182, 2001.

36) 八田秀雄：乳酸の代謝．宮村実晴編，新運動生理学下巻．真興交易（株）医書出版部，pp.219－226, 2001.

37) Bonen A et al.: Short-term training increases human muscle MCT1 and femoral venous lactate in relation to muscle lactate. Am J Physiol, 274: E102－E107, 1998.

38) 大野秀樹ほか編：Q&A 運動と遺伝．大修館書店，2001.

39) Gustafsson T et al.: Exercise-induced expression of angiogenesis-related transcription and growth factors in human skeletal muscle. Am J Physiol, 276: H679－H685, 1999.

40) Vogt M et al.: Molecular adaptations in human skeletal muscle to endurance training under simulated hypoxic conditions. J Appl Physiol, 91: 173－182, 2001.

［水野眞佐夫］

3章　高所トレーニングの研究史

1. 高所トレーニング研究の胎動（～1960年）

古代ギリシャ時代（紀元前4世紀）の哲学者アリストテレスは，当時オリンパス山の頂上（標高3,300m）に登った時「頭が少しぼんやりした」と述懐している．後にイギリスのボイル（Boyle R, 1640）やフランスのベルツ（Bert P, 1878）がその事実を確かめたのが，高所の人体への影響に関する研究の最初とされている[1]．

近代の高所科学に関する研究は，20世紀初頭にはじまったと考えてよい．そのひとつは飛行機の開発・発達に伴う航空医学の分野から，もうひとつはエベレストをめざした登山家のための登山医学からのアプローチであった．後者の高所トレーニングに関する道を切り開いたのは登山医学の研究者達であった．例えば，近代の運動生理学の基礎を築いたホールデン（Haldane JS）やダグラス（Dauglas CG）らは，1911年にアメリカのPike's Peak山（標高4,300m）に実際に登って，高所の人体への影響に関する研究を行ない（写真3−1），"高山病を引き起こすメカニズムに関する研究"を報告している[2]．また，当時臨床医のオエーテル（Oertel MJ）は高地に病院を建設し，呼吸・循環機能障害患者および肥満者を対象に，毎日地図を片手に山野を歩く，"高所歩行療法"を行なっている[3]．

写真3−1　1911年，Pike's Peak（4,300m）での実験風景
左からHenderson Y, Schneider EC, Haldane JS, Douglas CG.
（Jokl E: International Research in Sport and Physical Education. Thowas, 1964）

スポーツ界で高所トレーニングが話題になりはじめたのは，それからずっと後の1954年であった．それは，ボリビアの陸上競技選手がラパス高地に滞在した後，低地のアリカで開催された競技会に出場したところ，持久性を競うトラック種目に好記録が続出したという報告である[1]．続いてKarpovich[4]は1955年メキシコシティ（標高2,300m）で開催された，パン・アメリカンスポーツ大会の成績をつぶさに観察した結果，陸上競技の短距離や跳躍種目では影響が少なかったが，陸上長距離種目や水泳の記録が著しく低下したことを公表した．これらの報告によって世界のスポーツ界で，スポーツの成績と高所における低圧低酸素環境との関係に興味が持たれるようになった．

2. 高所トレーニング研究の創世期（1960～1969年）

1960年にローマで開催されたオリンピック大会マラソンに，当時まったくの無名選手であったアベベ（エチオピア）が世界最高記録で優勝した．さらに世界を驚かせたのは，ゴール直後のインタビューで，「自分が住むアジスアベバの高地では私のような選手が沢山いる」と話したことである．

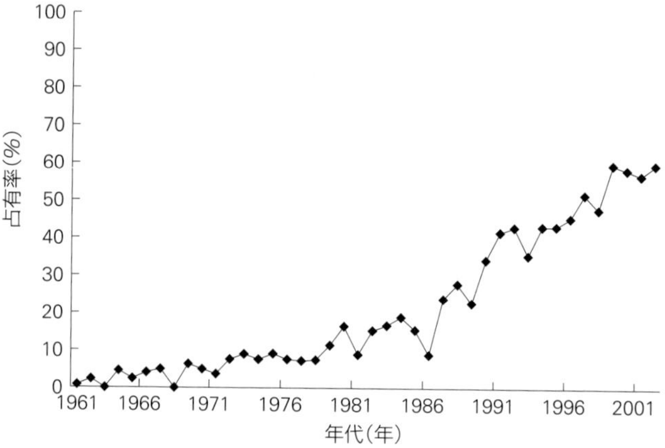

図3−1　高地民族（エチオピア，ケニア，タンザニア，メキシコ）が年次ごとの1,500m，5,000m，10,000mおよびマラソンの世界20傑に占める割合

さらに高所トレーニングに拍車をかけたのは東京オリンピック（1964年）の前年に，次期オリンピック（1968年）がメキシコシティに決定したことである．さらに，アベベの言葉を実証するかのように，陸上中・長距離・マラソン界で高地民族（エチオピア，ケニア，タンザニア）の選手の活躍が目立ちはじめた（図3−1）．当時わが国の高所トレーニング科学に関する研究は，1964年開催の東京オリンピックを控え，それまでの経験と実績が重んじられたスポーツ界にスポーツ科学の重要性がようやく認知されはじめた時でもあり，研究者，指導者そして選手の三者が一体となって取り組んだところに特色があった．例えば1966年には体協スポーツ科学研究委員会が中心となって，日本を代表する陸上長距離・マラソン選手18名を対象に1カ月余りの長期にわたって乗鞍岳頂上付近（標高約2,700m）で高所トレーニングに関する研究を行なっている．それらの成果は毎年刊行されている「スポーツ科学研究報告書」に公表され，その内容は，今日のわが国の高所トレーニングの基礎を築いたといっても過言ではない．

当時のわが国の高所トレーニングに関する研究は，わが国独自なものではあったが，それらの研究は国際会議で世界の研究者と意見を交換しながら行なわれたものであった．したがって，その研究は世界の高所トレーニング科学に大きく貢献するものであったといえる．その当時の世界の高所トレーニングに関する知見は次のようなものであった．

1）メキシコオリンピックではどんな種目に影響を与えるか

Pugh[5]は1955年にメキシコシティで開催されたパン・アメリカンスポーツ大会の競技成績と翌年の1956年に開催されたメルボルンオリンピックにおける陸上トラック種目の1～3位までの記録の比較を行ない，100～400mでは低所と高所の差は認められていないが，800m以上の距離ではレース距離が長くなるにつれて高所の影響が大きくなることを明らかにした．続いて，猪飼[6]はトレッドミルの疾走時間からみた作業能力では，1分以上続く負荷作業から低酸素の影響が現れることを認め，Pugh[5]の報告を支持した．しかし，メキシコオリンピックでは，オーストラリアのドウベル選手が800m走に世界タイ記録で優勝し，高所の影響が約2分まで出ないのではないかという疑問が残された．

2）高所の大会に備えて，高所トレーニングはどの程度の高さでどのくらいの期間が必要か

メキシコオリンピックを控えて，1965年にはメキシコシティで，1966年にはスイスのマグリンゲンで，さらに1967年には，シカゴでそれぞれ“高所における運動能力”に関するシンポジウムが開催された．各国の研究者がデータを持ち寄って審議し，高所でスポーツ大会が開催される場合には，開催地の標高に近い高所でトレーニングすることが望ましく，その期間は最低2～3週間以上が必要であるとした[7]．そして，メキシコオリンピックを翌年に控えたシカゴでのシンポジウムでは，各国の研究者の意見を集約して，「大会が高所で開催される場合，選手が最高のコンディションで大会に臨むためには，高所トレーニングを積極的に行なわなければならない．その期間は最低3週間，可能ならば4～6週間必要である」と結論づけた．

3）インターバル（高・低所交互型）高所トレーニングの推奨

猪飼[6]は，2,700mの高所で3週間滞在してトレーニングを行なうグループよりも，3週間の中3日間を低所（600m）に一度下山して，トレーニングを行なうほうがより有効であるという結果から，同じ高所でトレーニングするよりも，時々高度を変えてトレーニングする方が有効であると考えた．猪飼はこの方法を“インターバル高所トレーニング”と呼び，Balkeら[8]の「2,300mの高所で継続してトレーニングを行なうよりも，トレーニング期間中に1,000～1,500mの低所に一度下山してトレーニングする方が望ましい」という見解を支持した．この考えは，低所でのレースに必要なスピードのある持久性能力を養成するためには，高所に長期滞在してトレーニングするより，一時的に低所に下山してインターバルやレペティション等のスピードのトレーニングを行なう方が，より低所でのレースに効果があることを示唆するものであった．もちろん，そこには生理学的効果だけでなく，気分転換などの心理的効果も相乗されるとみなしている．

さらに，毎年高所トレーニングに関する国際シンポジウムに参加した猪飼[9]は次のように含畜のある感想を述べている．「アメリカ，旧ソ連，スイスの研究者たちの研究では，『高所トレーニングは反復した方がより効果がある』というのである．すなわち，高所トレーニングの効果は下山後になくなるようにみえるが，その効果の一部が体内に何らかの変化を起こしていて，次回の高所トレーニングでは順化が容易になるというのである．旧ソ連代表のジムキン博士はこれを『身体は高所を記憶する』といった」．1960年代の高所トレーニングに関する研究は一口にいえばメキシコオリンピック対策であった．しかし，世界の多くの研究者はすでに，高所トレーニングが低所での大会に備えたトレーニング手段としても有効ではないか，との思いを強めていた．

3．高所トレーニング研究の成長期（1970～1989年）

この期間は，高所トレーニングが低所でのレースの作業成績を高めるか否か，すなわち“高所トレーニングの是非論”が最も話題になった時期である．そのことを考慮すると“混迷期”と“低迷期”という言葉が最もふさわしいかも知れないが，著者はむしろ，高所トレーニングが競技力向上に不可欠なものであることを実証し，1990年以降の“高所トレーニングの開花”の基盤を築いた20年間であったと考え，成長期と呼ぶことにした．この期間に明らかになったのは次の点である．

1）高・低所交互型高所トレーニングの有効性の実証

1960年代にBalkeら[8]や猪飼[6]が推奨した“インターバル（高・低所交互型）高所トレーニング”の優位性を，Danielsら[10]が追認した．この研究は，アメリカのエリート中距離ランナー6人を対象にした実験で，最初，標高2,300mの高所で7～14日間トレーニングを行ない，その後下山して低所（海面レベル）で5～11日間トレーニン

グするというものであった．その結果，$\dot{V}O_2max$ が5.0％改善し，下山後のレースで，トータル 14 個の自己新記録を樹立した．特にこの被験者の中に，当時アメリカの中距離界のスーパースターであったジム・ライアン選手が含まれていたことから，このトレーニング方法の優位性がより強調される結果となった．しかし，アメリカやヨーロッパのように就労しながらトレーニングしなければならない選手にとって，このトレーニング方法は実際に実施するのは困難であったことから，十分普及するまでには至らなかった．

この高・低所交互型のトレーニング方法の基本的な考え方は，高所では低所のレースに必要なスピードの能力を養成することが困難ではないかという，Saltin[11] と Pugh[5] の意見を考慮し，高所と低所を交互に移動しながらトレーニングを行なうことによって，スタミナとスピードの両者の能力を養成できるのではないかというものであった．その後も多くの研究者が，高所（2,000～2,500m）でのスピード・トレーニングが著しく回復時間を要するため，レースに必要なトレーニング強度の不足が余儀なくされることを指摘した．例えば Robinson[12] は標高 2,000m でインターバル・トレーニングを行なうと，トレーニング強度は低所に比べて約 15％低下せざるを得ず，さらにインターバル・トレーニングによる疲労を回復させるには，低所に比べ約 4 倍の日数を要するとみなした．したがって，高所でのトレーニングの最大の問題点は，低所でのレースに必要な強度（スピード）をいかに確保するかであった．この難点を克服したのが高・低所交互型であり，1990 年アメリカのスポーツ医学会で Levine[13] が報告した，高所（2,500m）で住み，低所（標高 1,250m）でトレーニングを行なう“Living high-Training low（LH-TL）式高所トレーニング”への発案となって発展するのである．

2）標高（気圧）と最大酸素摂取量（$\dot{V}O_2max$）の逓減率

低酸素環境が $\dot{V}O_2max$ に与える影響に関する研究として，1937 年に Cerretelli ら[14] はイタリアにある Kanjust Sar 山（標高 7,760m）の登山に参加した 5 人の登山家を対象に，また翌年には Pugh[15] が Makaku 山（標高 8,481m）の登山に同行し，標高 7,400m の高所でそれぞれ $\dot{V}O_2max$ を測定している．また Buskirk（1966）は，標高 1,500～1,600m 以上では 305m 上昇するにつれて $\dot{V}O_2max$ が3.2％減少するとみなした．以後多くの研究者は，気圧と $\dot{V}O_2max$ の逓減率（％）は 1 気圧（760torr）を 100％とすると，気圧の低下とともに指数関数的に低下する，とみなした（図 3－2）．しかし，図 3－2 でも明らかなように，たとえ気圧が同じであっても $\dot{V}O_2max$ の逓減率は個人によって大きく異なる．その要因はいくつか考えられる．例えば，男性の $\dot{V}O_2max$ の逓減率は女性に比べ大きく[17]，大人は子どもよりも大きく[18]，鍛錬者は非鍛錬者よりも大きい[19] 等である．

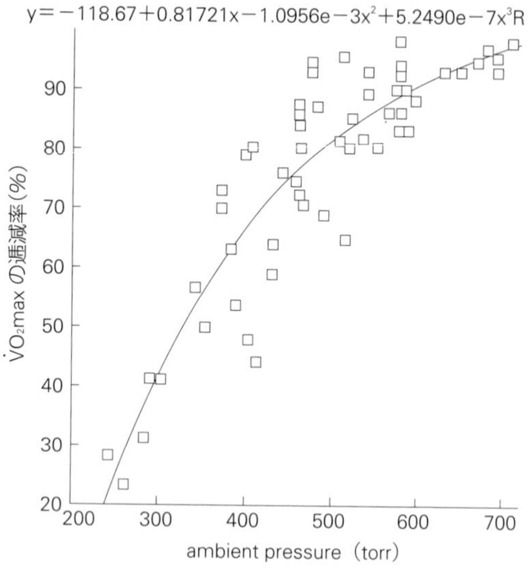

図 3－2　大気圧（ambient pressure）の低下に伴う $\dot{V}O_2max$ の逓減率
（山地啓司：高所トレーニングの至適な標高はいくらか．ランニング学研究，11: 1−8, 2000）

もうひとつの視点は，$\dot{V}O_2max$ が標高何 m から影響を受けるかということ，見方を変えれば高所トレーニングは標高何 m から効果があるかを明らかにしようとするものである．しかし，先に述べたように，被験者によって若干の個人差があり，研究者の意見もまちまちである．例えばオースト

表 3－1　世界の高所トレーニング基地

Year-round only		May-October		Local athletes only	
Mexico City	2,200 m	South Lake Tahoe	2,200 m	Ethiopia	2,200 m
Johannesburg	1,800 m	Los Alamos	2,200 m	Romania	2,000 m
Nairobi	1,500 m	Belmekan	2,100 m	Morocco	1,900 m
Thompson Falls	2,800 m	St. Moritz	2,100 m	Tsakadzor	1,700 m
Colombia	2,000 m	Font Romeu	1,800 m	Algiers	2,200 m
Stelenbosch	2,000 m	sestrière	1,800 m		2,000 m
		Davos	1,750 m		1,900 m
		Cortina Del Paso	1,700 m		1,700 m
		Alamosa	1,500 m		1,700 m
		Crater Lake	1,500 m	(Atlas Mountains)	
		Boulder	1,500 m		
		Albuquerque	1,500 m		

(Dick FW: Training at altitude in practice. Int J Sports Med, 13: S203－S205, 1992)

ラリアからの報告[20]では，標高 580m でエリート自転車選手に6.9%，非鍛錬者に4.6%の $\dot{V}O_2max$ の逓減率を認めている．これらの報告は，標高 580m でも高所トレーニングとして有効であることを示唆している．

3）高所トレーニングの至適な高さ

高所トレーニングは他のトレーニング方法と異なって，高所という場所ならトレーニング内容のいかんにかかわらず高所トレーニングと呼ばれることから，とりわけ高さというものが重要である．高所トレーニングの至適な高さについては，これまで3つの視点から調べられている．

第1の視点は現在活躍している高地民族の居住地の標高である．現在世界のスポーツ界で活躍している高地民族はケニア，エチオピア，メキシコ等の標高 2,000～2,500m に住み，トレーニングを行なっている人達である．

第2の視点は世界のスポーツ選手が高所トレーニングを行なっている標高である．Dick[21]は指導者の立場から現在陸上競技選手が利用している高所トレーニング基地をあげ（表 3－1），高所トレーニングの標高として 2,000m 以上が必要であるが，特定すると約 2,200m が至適な標高とみなした．ちなみにわが国では，高所トレーニングの目的だけでなく，夏季の高温多湿を避け涼を求めて高所に出かける場合も少なくないため，標高 800～2,700m と比較的幅が広い．

第3の視点は，高所トレーニングの結果から推察された至適な標高である．これまで実に多くの研究者がそれぞれの研究成果をもとに至適な標高を推察しているが，それらは 1,700～3,500m の範囲にある．これらの報告のすべてにあてはまる標高は 2,200～2,500m である．このことから研究者がみる至適な高所トレーニングの高さは 2,200～2,500m となる[22]．

これらの3つの視点から結論すると 2,000～2,500m の標高が低所の大会開催に備えた高所トレーニングの至適な高さといえよう．

4．高所トレーニング研究の開花期（1990 年～）

1990 年に入ると高所トレーニング研究は活気づいた．その理由のひとつは，酸素借への好影響についての見直しであり，もうひとつは，アメリカのダラス市にある運動と環境医学研究所の Levine ら[13]の研究グループによる，“Living high-Training low（LH-TL）”式高所トレーニング方法の発表である．さらにわが国では，1990 年からはじまった日本陸連の高所トレーニングの再開や，筑波大学の低圧シミュレーターを利用した海外登山隊の事前の高所順応トレーニング等の話題が，高所トレーニング研究のムードを一層高めた．

1）無酸素運動への影響

日本体育協会が組織したメキシコ対策委員会の研究報告の中で，もうひとつ特筆すべきことは，当時すでに1日1時間，2週間の低圧室(4,000m)での自転車駆動トレーニングによって，$\dot{V}O_2max$ の14.8％増だけでなく，最大酸素負債量にも19.4％の増加を認めたこと[6]，また別の実験では，1週間の霧ケ峰（標高1,600m）とそれに続く1週間の乗鞍岳（標高2,400～2,800m）の高所トレーニングで最大酸素借が13.5％増加したことを報告していることである．これは，メキシコシティ（標高2,300m）での競技成績に低下が現れるのが1分以上続く競技であることを考えると当然の結果であった．続いて，Bason ら[23]は高所トレーニングが超最大作業（最大酸素摂取量が出現しないほどの強い運動）に有効であることを，また Banister ら[24]が，自転車駆動による無酸素パワー（anaerobic power）の改善を明らかにすることによって，その事実を追認した．

その後，しばらく高所トレーニングの無酸素的運動能への影響に関する研究報告は見当たらない．ところが，1990年代に入ると，Mizuno ら[25]は，筋細胞内での乳酸産生に伴う水素イオン（H^+）濃度の上昇による pH の低下をどの程度抑制したかを示す筋緩衝能が，高所トレーニングを行なうことによって亢進すると発表した．すなわち，筋緩衝能の亢進は，例えば，低所での短時間の厳しい運動時や持久的競技のラストスパートの際，無酸素的エネルギー供給量の増加に結びつくとみなした．その後，高所トレーニングが，乳酸性エネルギー供給機能に有効であることが次々に発表された（表3−2）．そして，標高が高くなり絶対的な運動強度がたとえ低下しても，最大酸素借(maximal O_2 deficit，総酸素需要量と総酸素摂取量の差の最大値）には変動がないから，どのような低酸素環境下においても無酸素的エネルギー供給機構に十分刺激を与えうると推論した．しかし，無酸素的能力のもうひとつのエネルギー供給機構である非乳酸性エネルギー供給（ATP や CP の分解によるエネルギー供給．最大努力では約7～8秒しかエネルギー供給ができない）にも有効であるか否かについては，否定的な報告[26]はあるものの肯定的な報告はまだ見当たらない．

2）LH-TL 式高所トレーニングの台頭

従来の高所に滞在して高所でトレーニングする“Living high-Training high”式高所トレーニングや，低圧室や低酸素室を用いた“Living low-Training high（LL-TH）”式高所トレーニングに対して，Levine ら[13]は高所に住むことによって得られる高所順化の効果と低所でのこれまでと同じトレーニング効果とを加味した“Living high-Training low（LH-TL）”式高所トレーニングを発表した．この LH-TL 式高所トレーニングは，低所での競技会に見合った質の高いトレーニングの不足をいかに解決し，しかも高所における血液動態への適応能をいかに有効に生かすかの具体的な方法として考え出されたものである．

Levine ら[13]は高所（標高2,500m）に滞在しながら低所（標高1,250m）でトレーニングを行なう4週間の LH-TL 式トレーニングによって，5,000m のレース記録が約30秒，$\dot{V}O_2max$ は5％改善することを明らかにした．さらに2年後の1992年に Levine ら[27]は，記録がほぼプラトーに達した競技者が高所トレーニングにおいて最も大きな利益を得るためには，高所（2,500～3,000m）に住み，規則的に強度の高いインターバル・トレーニングが可能な1,500m 以下の低所でトレーニングすることが望ましいとした．そして，1997年には Levine ら[27]は，彼らの研究グループの一連の LH-TL 式高所トレーニングの成果を総説した．その報告では，39人のランナーを12人ずつ3グループに分け，4週間のトレーニングを行なった．第1グループは LH（2,500m）-TL（1,250m），第2グループは LH（2,500m）-TH（2,500），第3グループは低所に住み，低所でトレーニングする LL-TL であった．その結果，第1と第2グループの両者に，$\dot{V}O_2max$ に約5％，赤血球数には9％の増加が生じたが，5km のレース記録に改善が認められたのは第1グループのみ

表3－2　高所トレーニングやLH-TL式トレーニングの無酸素的能力への影響

Authors (yr) ＼ Items	Subjects (Numbers)	Training Mode	Altitude	Training Period	Testing Mode or Measuring Items	Results
Boutellier et al. (1984)		LH-TH	3,000mと4,500m	3 週間	maximal anaerobic alactic energy pro-duction	NS
Ward et al. (1989)		LH-TH	5,200m	3 週間	standing high jump	NS
McLellan et al. (1990)	一般人（12人）	LL-TH	10.8%O_2の曝露		30秒と45秒のWingate Test	NS
Mizuno et al. (1990)	クロスカントリースキー（10人）	LH-TH	2,100m＋2,700m	2 週間	・short term running performance ・maximal O_2 deficit	Δ＋17%　$p<0.05$ Δ＋29%　$p<0.05$
Ferretti et al. (1990)	一般人（6人）	LH-TH	5,000m以上	3 週間	standing high jump	Δ－10－15%　$p<0.05$
Martino et al. (1996)	競泳選手（20人）	LH-TH	2,800m	3 週間	100m　水泳のレースタイム	Δ－2.4sec
Rusko et al. (1996)	クロスカントリースキーとバイアスロンの選手（14人）	LH-TH	1,600～1,800m	18～28日	無酸素的パワー（20秒間）	低下　$p<0.05$
Nummela et al. (1996)	400mランナー（6人）	LH-TL	2,000m＋低地	10日	400m走のレースタイム	Δ－0.49sec　$p<0.05$
Ogita et al. (1999)	競泳選手（9人）	LL-TH	3,000m	2 週間	$\dot{V}O_2max$	NS
Meeuwsen et al. (2000)	トライアスリート（8人）	LL-TH	2,500m	10日以上	$\dot{V}O_2max$ anaerobic power anaerobic capacity	Δ2.9%　NS Δ4.6%　$p<0.01$ Δ4.0%　$p<0.01$
	コントロール（8人）	LL-TL	低地	10日以上	$\dot{V}O_2max$ anaerobic power anaerobic capacity	Δ1.9%　NS Δ1.3%　NS Δ0.7%　NS
Roberts et al. (2000)	持久性競技者（12人）	LH-TL	2,650～3,000m（8～10時間／日）	12日	$\dot{V}O_2max$ maximal O_2 deficit	Δ0.00%　NS Δ17.2%　$p<0.01$
	コントロール（12人）	LL-TL	610m	12日	$\dot{V}O_2max$ maximal O_2 deficit	Δ0.00%　NS Δ0.0%　NS
山地（2003）	短距離ランナー（7人）	2,500m＋低地		7日	anaerobic power（10秒間）とaerobic capacity	NS

LH-TH: Living high-Training high, LH-TL: Living high-Training low, LL-TH: Living low-Training high, LL-TL: Living low-Training low

（山地啓司：短距離選手の低酸素室を用いたLiving High-Training Low（LH-TL）式トレーニングにみられる生理学的応答，ランニング学研究，14:11－20, 2003）

表3−3　わが国で建設された低圧・低酸素装置

NO	年度	設置場所	使用目的	仕様	特色	備考
1	1961	名古屋大学環境医学研究所	宇宙医学，高所医学	低圧（1,000m 相当），温度，湿度		廃棄
2	1971	九州芸術工科大学	人間工学	高圧，低圧（1,000m 相当），温度，湿度		廃棄
3	1972	信州大学医学部	高地医学	低圧（1,000m 相当），温度，湿度	円筒形	
4	1977	筑波大学体育科学系	環境生理	低圧（1,000m 相当），温度，湿度	箱型，トレッドミル	
5	1977	産業医科大学	環境生理	高圧，低圧（1,000m 相当），温度，湿度	楕円形	
6	1979	国立相模病院	アレルギー性疾患	低圧（1,810m 相当），温度，湿度	箱型	
7	1980	名古屋大学環境医学研究所	宇宙医学，高所医学	低圧（1,500m 相当），温度，湿度	箱型	
8	〃	防衛医科大学	宇宙医学，高所医学	低圧（1,000m 相当），温度，湿度		廃棄
9		レッツ・スポーツ	高地順化	低圧（6,000m 相当）		休止
10		鹿屋体育大学			流水プール	
11	1988	国立小児病院	アレルギー性疾患	高圧，低圧（1,000m 相当），温度，湿度		休止
12	1993	岐阜県神岡鉱山	高地トレーニングおよび研究	低圧（3,000m 相当）	坑道	休止
13	1995	NASDA	宇宙医学，トレーニング			
14	〃	東海大学スポーツ医学研究所	高地トレーニングおよび研究	低圧（4,000m 相当），温度，湿度	箱型	
15	1996	専修大学社会体育研究所	高地トレーニングおよび研究（実験室）	低酸素（2,500m 相当）	既設人工気象室	
16	1998	D 社陸上競技部	高地トレーニング	低酸素（3,000m 相当），高酸素	既設トレーニング室を改造	
17	〃	文部省登山研修所	高地順化	低酸素（6,000m 相当）	既設宿泊室を改造，2 室	
18	〃	鹿屋体育大学	高地トレーニングおよび研究	低酸素（6,000m 相当），高酸素	新設人工気象室	
19	〃	高知リハビリテーション学院	高地トレーニングおよび研究（実験室）	低酸素（3,000m 相当），高酸素	新設人工気象室	
20	〃	東京大学	高地トレーニングおよび研究（実験室）	低酸素（3,000m 相当）	テント式 30m 走路	
21	1999	日本体育大学	高地トレーニングおよび研究	低酸素（3,000m 相当）	既設人工気象室	
22	2000	筑波大学体育科学系	高地トレーニングおよび研究	低酸素（3,000m 相当）	既設研究室を改造	
23	〃	名古屋工業大学	高地トレーニングおよび研究	低酸素（3,000m 相当）	移動型	
24	〃	国立スポーツ科学センター	高地トレーニングおよび研究	低圧（4,000m 相当），温度，湿度	新設人工気象室	
25	〃	国立スポーツ科学センター	高地トレーニングおよび研究	低酸素（3,000m 相当）	宿泊施設	
26	〃	国立スポーツ科学センター	高地トレーニングおよび研究	低酸素（3,500m 相当）	トレッドミル	
27	〃	稲毛 ITC	高地トレーニング（会員制スポーツクラブ）	低酸素（3,000m 相当）	テント式	
28	〃	九州芸術工科大学	人間工学	高圧，低圧，低酸素，高酸素，温度，湿度	新設人工気象室	
29	2001	G 社陸上競技部	高地トレーニング	低酸素（3,000m 相当）	新築	
30	〃	順天堂大学スポーツ健康科学部	高地トレーニングおよび研究	低酸素（3,000m 相当）	既設研究室を改造	
31	〃	順天堂大学スポーツ健康科学部	高地トレーニングおよび研究	低酸素（3,000m 相当）	既設研究室を改造	
32	〃	順天堂大学スポーツ健康科学部	高地トレーニングおよび研究	高地トレーニングおよび研究	移動型	
33	〃	大阪市立大学		低酸素（米国製）		
34	〃	アチーブメント	高地トレーニング（会員制スポーツクラブ）	低酸素（3,500m 相当）	トレッドミル，二酸化炭素吸収	
35	〃	アミューズトラベル	高地順化（高地ツアー会社）	低酸素（4,000m 相当）	移動型	
36	〃	岡山県柵原町	高地トレーニングおよび研究	低酸素（3,000m 相当）	坑道	
37	2002	同志社大学	高地トレーニングおよび研究	低酸素（4,000m 相当），高酸素	既設研究室を改造，ベット	
38	〃	G 社陸上競技部	高地トレーニング	低酸素（3,500m 相当），高酸素	既設宿泊室を改造	
39	〃	アミューズトラベル	高地順化	低酸素（4,000m 相当）	移動型	
40	〃	アミューズトラベル	高地順化	低酸素（4,000m 相当）	移動型	
41	〃	アチーブメント	高地トレーニング	低酸素（3,500m 相当）	トレッドミル，二酸化炭素吸収	
42	〃	岡山県柵原町	高地トレーニングおよび研究	低酸素（3,000m 相当）	坑道，30m 走路	

（2003 年 4 月 23 日現在：Y．K．S．作成）

注）1．自衛隊の低圧室は不明

2．小型低酸素装置は除いている

3．他社で抜けているものもあると思われる。

であった．すなわち，第1グループのLH-TLでは5kmのレース記録と$\dot{V}O_2max$に改善を認め，第2グループのLH-THでは$\dot{V}O_2max$にのみ伸びを認めたものの，第3グループのLL-TLではいずれにも改善は認められなかった．さらに，LH-TL式高所トレーニングを行なった39人中，5,000mのレース記録に改善が認められた17人（43.6%）と認められなかった15人（38.5%）を生理学的視点から比較したところ，前者は後者に比べて血液中のエリスロポエチン（erythropoietin, EPO）や全赤血球数の顕著な増加が認められた．

続いてフィンランドのRoskammら[28]の研究グループや北欧の研究者は，低酸素室を用いたLH-TL式高所トレーニングを行ない，その結果，骨髄の造血作用を促進する血清EPO，網状赤血球（reticulocyte，RC）および組織でのへモグロビンから酸素の解離を促進する赤血球2, 3ジホスホグリセリン（2, 3-DPG）等の改善を報告した．わが国でも山地[29]が低酸素室を用いてLH-TL式高所トレーニングの結果を報告しているが，有意な効果を認めるまでに致っていない．Levineらが行なった一連のLH-TL式高所トレーニングと，低酸素室を用いた北欧やわが国のLH-TL式高所トレーニングの研究報告の基本的相違は，①前者のトレーニングが標高1,250mまで下山して行なわれたのに対し，後者ではほぼ海面レベルで行なわれたこと，②トレーニング期間が前者は約4週間であったが，後者は5～14日間と短期間であったこと，等である．

また，これまでのLH-TL式高所トレーニングのテスト前後に行なわれる作業成績の比較は，約1～15分までのスポーツ種目に限定されているのに対して，従来の高所で行なわれたLH-TH式高所トレーニングは約1分からマラソンまでの幅広いスポーツ種目に改善を認めているところに顕著な差が認められる．この点については今後の研究課題である．

3）低酸素室の開発

Levineら[27]の研究グループによるLH-TL式高所トレーニングの発表は，また，一方では低酸素室の開発に拍車をかけることになった．アメリカのように格好の高所に恵まれていない北欧諸国やわが国では，従来の低圧室では建設費が高価であり，また安全性や操作上の問題を考慮すると低酸素室の開発が不可欠であった．わが国の前嶋[30]はエスペック社の協力を得て世界に先駆けて簡易式低酸素室（altitude house）を開発した．今日オランダやドイツなどヨーロッパ諸国でも，この種の簡易式低酸素室が広くトレーニングに利用されている．わが国では本格的な低酸素室が1998年に文部科学省登山研修所に建設された後全国で次々に建設され，高所トレーニング研究がより容易になった（表3−3）．

世界で最初に報告された低圧室を用いた研究はBert[31]のものである．旧ソ連では1960年代の初期にすでに研究やトレーニングに低圧室が用いられ，旧東ドイツでは1969年頃から積極的に低圧室内でのトレーニングが行なわれた．モントリオールとモスクワのオリンピックマラソンで2連覇したチルピンスキー選手も利用した一人である．わが国でも1960年頃には立川にあった航空自衛隊に低圧室が作られ各種の高所トレーニング実験が行なわれ，その後いくつかの大学や研究所に低圧室が建設されたが，現在ではその多くが姿を消している．低圧室と低酸素室の人体への影響に関する比較研究はわずか大村らの報告[32]にみられるのみで，この点についてもさらに検討する必要があろう．

まとめ

これまでの高所トレーニングの研究は，ひとつの大きな原則を生み出した．それは低所に住む選手が高所で開催される大会でよりよい成績を出すためには，“大会が開催される標高の地で4～6週間のトレーニングが必要である”ということである．それはメキシコオリンピック開催のために各国研究者の意見をまとめた結論である．その原則は2002年アメリカのソルトレークシティで開催された冬季オリンピックで遺憾なく発揮された．

例えば，地元アメリカ代表チームのクロスカントリースキー選手やスケート選手は大会の1年も前からソルトレークシティ近郊（標高1,200～1,300m）に住み，大会（標高1,500～1,800m）に備え徹底した高所トレーニングを行なっている．その成果はアメリカチームの圧勝によって証明されている．

今日わが国では，従来のLH-TH式あるいは低圧室や低酸素室を用いたLL-TH式，および海面レベルの低酸素室内で生活し，外でトレーニングするLH-TL式の3種が用いられている．スポーツ種目も少なくとも1分以上競技が続くすべてのスポーツ種目に効果があると思われるし，トレーニング期間も最も短いものでは3泊4日でも効果が認められる．標高も500～600m以上の高さで効果が期待できそうである．また，高所トレーニングの経験はからだにも記憶されるようである．しかし高所に対する選手個人の適応能力はさまざまである．

このような中で，科学的に一人一人に適した高所トレーニング法を導き出すことは至難の技である．特に最近の科学はある限られた条件下での結果である．ところが競技成績や記録はからだや心，技術あるいはその時の環境条件等の総合された能力の結果である．したがって，選手は科学的研究から生まれた知識を基礎に，高所トレーニングを試行錯誤的に実施し，競技成績や記録，また選手個々人の実際の生活条件や環境からみて，無理のない方法を見つけ出すことが大切である．

その第一歩は，蒸し暑い夏季に涼しさを求め高所でトレーニングすることからはじまる．

文　献

1）猪飼道夫：スポーツと外部環境．児玉俊夫ほか著，スポーツ医学入門．南山堂，pp.173－178, 1965.
2）Douglas CG et al.: Physiological observations made on Pike's Peak, Colorado, with special reference to adaptation to low barometric pressure. Phil Trans Roy Soc London Sel, B203: 185－318, 1913.
3）Jokl E: International Research in Sport and Physical Education. Thowas, 1964.
4）Karpovich PV: Physiology of Muscular Activity. W. B. Saunders, pp.117－118, 1959.
5）Pugh LGCE: Altitude and athletic performance. Nature, 207: 1397－1398, 1965.
6）猪飼道夫：高所トレーニング．医学のあゆみ，64: 551－556, 1968.
7）Dill DB: Physiological adjustments to altitude changes. JAMA, 205: 747－753, 1968.
8）Balke B et al.: Maximum performance capacity at sea level and at moderate altitude before and after training at altitude. Schweiz Z Sportmed, 14: 106－116, 1966.
9）猪飼道夫：高所トレーニング五話．体育科教育，14: 54－57, 1966.
10）Daniels J and Oldridge N: The effects of alternate exposure to altitude and sea level on world-class middle-distance runners. Med Sci Sports Exerc, 2: 107－112, 1970.
11）Saltin B: Aerobic and anaerobic work capacity at 2300 meters. Med Thorac, 24: 205－210, 1967.
12）Robinson PM et al.: Training intensity of elite male distance runners. Med Sci Sports Exerc, 23: 1078－1082, 1991.
13）Levine BD et al.: High altitude endurance training: effect on aerobic capacity and work performance. Med Sci Sports Exerc, 22: Abstract 209, 1990.
14）Cerretelli P and Margaria R: Maximum oxygen consumption at altitude. Int Z Angew Physiol, 18: 460－464, 1961.
15）Pugh LGCE: Physiological and medical aspects of the Himalayan scientific and mountaineering expedition. Brit Med J, 2: 621－627, 1962.
16）Buskirk ER et al.: Maximal performance at altitude and on return from altitude on conditioned runners. J Appl Physiol, 23: 259－266, 1967.
17）Wagner JA et al.: Maximal work capacity women during acute hypoxia. J Appl Physiol, 47: 1223－1227, 1979.
18）Springer C et al.: Oxygen uptake and heart rate response during hypoxic exercise in children and adults. Med Sci Sports Exerc, 23: 71－79, 1991.
19）Martin D and O'kroy J: Effects of acute hypoxia on the $\dot{V}O_2$max of trained and subjects. J Sports Sci, 11: 37－42, 1993.
20）Terrados N et al.: Effects of training at simulated altitude on performance and muscle metabolic capacity in competitive road cyclists.

Eur J Appl Physiol, 57: 203－209, 1988.
21) Dick FW: Training at altitude in practice. Int J Sports Med, 13: S203－S205, 1992.
22) 山地啓司：高所トレーニングの至適な標高はいくらか．ランニング学研究，11: 1－8, 2000.
23) Bason R et al.: Energy sources during muscular work under normoxic and hypoxic conditions. J Appl Physiol, 31: 392－396, 1971.
24) Banister EW and Woo W: Effects of simulated altitude training on aerobic and anaerobic power. Eur J Appl Physiol, 38: 55－69, 1978.
25) Mizuno M et al.: Limb skeletal muscle adaptation in athletes after training at altitude. J Appl Physiol, 68: 496－502, 1990.
26) 山地啓司：短距離選手の低酸素室を用いたLiving High-Training Low（LH-TL）式トレーニングにみられる生理学的応答．ランニング学研究，14: 11－20, 2003.
27) Levine BD and Stray-Gundersen J: A practical approach to altitude training: Where to live and train for optimal performance enhancement. Int J Sport Med, 13: S209－S212, 1992.
28) Roskamm H et al.: Effects of a standardized elgometer training program at three different altitudes. J Appl Physiol, 27: 840－847, 1969.
29) 山地啓司ほか：低酸素室を用いたLiving High-Training Low式トレーニングの試み．富山大学教育学部紀要，56: 79－87, 2002.
30) 前嶋　孝：スピードスケート競技における低酸素トレーニングの実際－低酸素室の試作とトレーニングの有効性－．J J Sports Sci, 15: 339－345, 1996.
31) Bert P: La pression barométric. Masson: Paris, 1878.
32) 大村靖夫ほか：低圧酸素下と常圧酸素下における運動時の生理応答の比較．第3回高所トレーニング国際シンポジウム，1997.
33) Montgomery HE et al.: Human gene for physical performance. Nature, 393: 221－222, 1998.
34) Christensen EM: Sauerstoffaufnahme and respiratorische Functionen in grossen Höhen. Skand Arch Physiol, 76: 88－100, 1937.

［山地　啓司］

第Ⅱ部

自然環境下の高所トレーニング

4章　陸上長距離選手について
—中国昆明より飛騨御嶽へ—

5章　順天堂大学長距離選手に対するメキシコシティ
および横手山におけるトレーニング

6章　大学水泳選手について
—中国昆明での継年的トレーニング—

7章　水泳日本代表選手について
—米国北アリゾナ大学フラッグスタッフでの
トレーニングと医・科学サポート—

8章　スキー・ノルディック複合選手について
—オーストリア山岳地方でのトレーニング—

9章　ジュニア選手ついて
—蔵王坊平での準高所トレーニング—

4 章　陸上長距離選手について
—中国昆明より飛騨御嶽へ—

はじめに

1990 年から日本陸上競技連盟では本格的に高所トレーニングに取り組むことになった．その背景として，当時，世界の一流ランナーは例外なく高所トレーニングに積極的に取り組んでおり，マラソンの一線級ランナーを擁しながら高所トレーニングに取り組んでいないのは日本だけであったこと，および選手のトレーニング量の多さについては世界トップ水準にあるが，トレーニング量を増加させることには限界がみえてきたということがあった．日本陸上競技連盟は，科学委員会を中心として高所トレーニングに対する医科学サポート体制を組み，高所トレーニングの成果を世界陸上選手権大会やオリンピックの成績に結び付けることを意図した．

日本陸連の高所トレーニング合同合宿は，1990 年春に中国雲南省昆明，夏には米国コロラド州で開始され，1992 年バルセロナオリンピックまで継続された．その後各実業団や陸上競技グループによって，さまざまなかたちで高所トレーニングが展開され今日に至っている．

高所トレーニングについて，アメリカコロラド州アダムス州立大学のジョー・ヴィーヒル教授の助言をうけ，標高 2,300m，期間 3 ～ 8 週間が適切であるとされて実施されたが，選手のコンディションチェックを進めるうちに，この標高に滞在し，強い負荷のトレーニングを行なった場合には，体調を崩しやすいことが判明した．そこで 1993 年には長期滞在の高所トレーニングを行なう場合には，標高が 1,500～2,000m を滞在地とすることが適切であるという日本陸連科学委員会としての指針を示した．国内に高所トレーニング場を開発するにあたって，1997～2000 年には科学委員会委員長であった著者の発案により，3 泊 4 日の極めて短期間の高所トレーニングも効果的であることが，富山県立山地区や岐阜県飛騨御嶽など国内の高所トレーニング自然環境を利用した実験研究によって実証された．今日ではこれらの国内高所トレーニング環境を利用した短期間高所トレーニングも多くの実業団や大学，高校チームによって広く支持され，盛んに利用されている．

3 週間以上の高所トレーニングでは，最初の 1 週間は体慣らしの期間と捉えて激しい練習は控え，2 週目から徐々に本格的なトレーニングへと移行していくことが大切である．最初の 1 週間は元気なので張り切って練習しすぎると，3 週目に入る頃から疲労が蓄積し，トレーニングができなくなってしまうことが多い．一方，短期間の高所トレーニングでは，体慣らしに必要な期間は 1 日程度にしてトレーニングに入り，疲労が蓄積する頃には平地に帰って回復を図るという方法をとる．短期間の高所トレーニングを繰り返すことによって，高地で初日から本格的なトレーニングをすることも可能となる．

これまで日本陸連科学委員会や東京大学を中心としたプロジェクト研究チームが高所トレーニング研究を実施した場所および高所トレーニングが実施可能な場所について図 4−1 に示した．

表 4−1 にトレーニングを行なう対象別に，高所トレーニングの期間と適切な標高の目安を示した．一般に高所トレーニングの効果を期待する場合には標高 1,300～2,000m でのトレーニングが理想的である．エリートランナーでは標高 1,300～

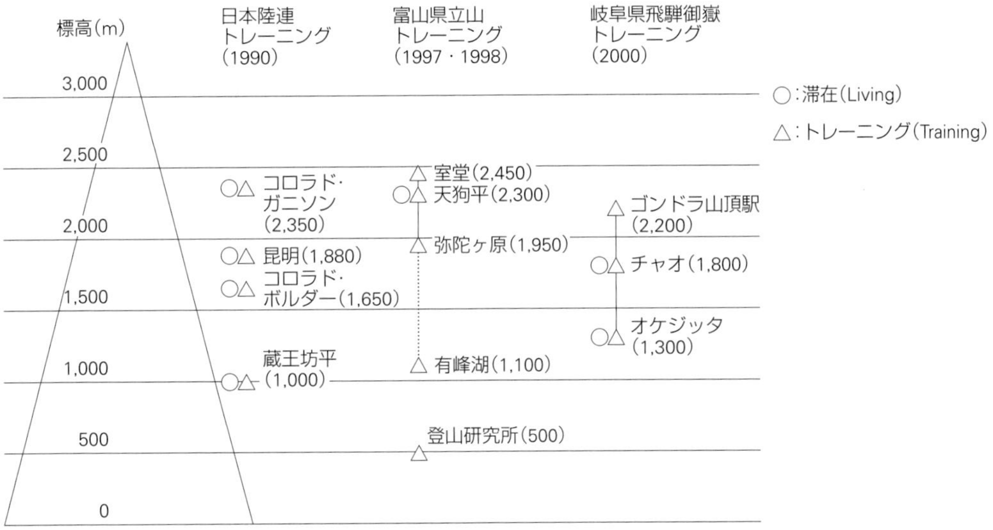

図 4−1　高所トレーニングの研究を行なった場所
(小林寛道：陸上競技．高地トレーニング〜ガイドラインとそのスポーツ医科学的背景，pp.26−35，日本体育協会，2002)

表 4−1　高所トレーニングを行なう対象別にみた期間，トレーニング標高の目安

対　象	期　間	トレーニング標高
エリートランナー	短・中・長	1,300〜2,500m
女子エリートランナー	短・中・長	1,300〜2,500m
ジュニアエリート選手	短・中	1,000〜2,000m
大学選手	短・中	1,300〜2,000m
中学・高校生選手	短	1,000〜2,000m
一般ランナー	短	1,000〜2,000m
健康増進対象者	短	1,300〜2,500m

2,500m でのトレーニングが効果的である．また，中・高校生や一般ランナーでは標高 1,000m 程度でも初期効果が得られる．表 4−2 に長期間の高所トレーニングを行なう場合の標高の目安を示した．標高 3,000m 以上では日本人選手にとってコンディション調整が難しく，滞在を伴わないトレーニングに利用することがよい．近年の研究では標高 2,500m に滞在し，トレーニングは標高 1,200〜2,300m で行なう「高地滞在低地トレーニング」の考え方が提示されている．標高 2,300〜2,450m では滞在してトレーニングすることが可能である．日本陸連の初期の高所トレーニングは，標高 2,300m および 2,350m に滞在し，トレーニングを実施したが，長期滞在によるコンディション調整に難しい面があることがわかった．

短期的高所トレーニングでは，高地で短期間のトレーニングを行ない，疲労の蓄積を平地で回復させることが意図されていることから，さまざまな標高で変化に富む練習が可能である．トレーニング内容として標高 2,500m 以上では，スピードがあまり高くないジョッグが中心となるが，標高 1,800〜2,200m ではクロスカントリー走，持久走，緩急走，ペース走，などができ，1,500〜1,600m ではスピード練習を充実させることも可能である（表 4−3）．

身近な高所トレーニング場の標高とトレーニング内容について，表 4−4 にまとめた．国内の高所トレーニング施設としては，岐阜県の飛騨御嶽

表 4－2　長期間の高所トレーニングを行なう場合の標高と滞在およびトレーニングの適性

1．3,000m 以上	：滞在▲，TR△
2．2,500m	：(滞在＋TR) △ (滞在＋低地 TR) ◎
3．2,300～2,450m	：(滞在＋TR) ○△
4．1,800～2,200m	：滞在◎＋TR◎
5．1,500～1,650m	：滞在◎＋TR◎
6．1,300～1,450m	：滞在○＋TR◎
7．1,000～1,200m	：滞在△＋TR○

◎：適，○：やや適，△：やや不適，▲：不適
TR：トレーニング

表 4－3　短期間の高所トレーニングを行なう場合の標高とトレーニング内容の適性

1．3,000m 以上	：TR△，ジョッグ△
2．2,500m	：TR△，ジョッグ○
3．2,300～2,450m	：TR○，持久走　○
4．1,800～2,200m	：TR◎，持久走　◎
5．1,500～1,650m	：TR◎，スピード◎
6．1,300～1,450m	：TR◎，スピード◎
7．1,000～1,200m	：TR○，スピード◎

◎：適，○：やや適，△：やや不適，TR：トレーニング

表 4－4　標高とトレーニング内容

標高（m）	国内	国外	トレーニング内容
3,200		ボルダー郊外	jog，持続走
3,000		青海湖	
2,800	飛騨御嶽山頂		jog，持続走
2,700	乗鞍岳		jog，持続走，ペース走
2,600			
2,500	立山室堂		jog，持続走，ペース走，山岳コース
2,400		ガニソン，メキシコシティ	
2,300	立山天狗平	アラモサ，シェラネバ，多邑	jog，持続走，ペース走，山岳コース
2,200	飛騨チャオ山頂駅		jog，ペース走，緩急走，山岳コース
2,100			
2,000			jog，クロカン，持続走，ペース走，インターバル
1,900		昆明	
1.800	飛騨チャオ	コロラドスプリングス	jog，クロカン，持続走，ペース走，インターバル，スピード
1,700			
1,650	霧ヶ峰高原	ボルダー	jog，クロカン，インターバル，スピード，持続走
1,500			
1,300	菅平，飛騨オケジッタ		jog，インターバル，スピード，持続走
1,200			
1,000	各地高原，蔵王坊平		jog，クロカン，インターバル，スピード，持続走

高原高地トレーニングエリアに標高 1,800m のランニングロード（高橋尚子ボルダーロード）や 400m トラック，ウッドチップ走路，林間走路などが設備され，標高 1,300m に全天候陸上競技場，標高 2,000～2,200m にもウッドチップのクロカン走路などが作られている．

表 4－5 に高所トレーニング効果が期待される内容をトレーニングする対象別に示した．高所トレーニングによって有酸素能力の指標である最大酸素摂取量の増大が期待されることが多いが，年齢的に若い選手の場合にその効果が期待できる．乳酸閾値は高所トレーニングで最も効果を捉えやすい項目である．長期間トレーニングでも短期間トレーニングでも，乳酸閾値の向上がみられる．代謝系では脂質代謝の亢進が起こり，脂質をより有効に運動のエネルギーとして利用できるようになる．高所トレーニングの効果として持久力の改善が顕著であるが，これには末梢循環の改善が大きく関与している．筋や組織に対する酸素取り込みの能力も高まり，酵素活性の向上もみられる．そして酸素濃度の薄い空気を呼吸することから肺の換気能力が高まる．また，筋の無気的代謝の向上や筋緩衝能力の改善が期待される．

これらの高所トレーニングに関する指針の根拠

表 4−5　対象別にみた高所トレーニングによって期待される効果

対象	VO_2max	LT	脂質代謝	末梢循環	酵素活性	換気能力	筋緩衝能	無気的代謝
エリートランナー	△	◎	◎	◎	◎	○	◎	◎
女子エリートランナー	△	◎	◎	◎	◎	◎	◎	○
ジュニアエリート選手	◎	◎	○	○	○	◎	○	◎
大学選手	○	◎	○	◎	◎	◎	○	◎
中学・高校生選手	◎	◎	○	○	○	◎	○	◎
一般ランナー	○	◎	◎	◎	○	◎	○	○
健康増進対象者	○	◎	◎	◎	○	◎	○	○

◎：効果大，○：効果あり，△：効果少

となるものは，日本陸連医科学サポートのかたちで日本人選手を対象にした長期的高所トレーニングの研究結果[1]や，立山方式[2]と命名された短期的トレーニング研究や飛騨御嶽高地トレーニング研究[3]に基づいた結果から導き出されている．これらの研究の流れを捉えてみることにする．

1．昆明での高所トレーニング

第 1 回の高所トレーニングは，1990 年 3 月 7 日から 4 月 3 日まで男子選手 11 名，女子選手 4 名が参加し，中国雲南省昆明市海埂体育訓練基地（標高 1,886m）で行なわれた．

各選手は個人ファイルに毎日次の項目の記入をし，自己コンディションチェックを行なった．

行動：前日の就寝時間，睡眠時間，起床時脈拍，起床時血圧，起床時体温（舌下温），起床時体重（精密体重計 10g 単位で計測），本練習前後の体重，練習内容，走行距離，自己評価項目（練習時主観，練習意欲，全身の疲労，筋疲労，筋肉痛，頭痛，立ちくらみ，不眠，食欲不振，食事，生理，便通，全般的体調），痛み，その他の自覚症状

医学・科学担当者は，現地で次の業務を行なった．

①選手との面接と健康チェックおよび健康管理・指導—起床時脈拍，血圧測定，検尿検査を毎朝食時にコーチに報告，心理・コンディション調査（POMS）を 1 週間間隔で実施し，問題例についての対策をコーチと検討
②本練習前後の体重，本練習後の検尿検査を毎夕食時にコーチに報告
③選手を 3 班に分け，自転車エルゴメータで最大負荷 3 段階の生体反応をチェック
④血液検査（10 日ごとに実施）などの検査結果についての解説やセミナーの開催
⑤心電図記録と判定
⑥練習時ビデオの撮影とビデオ説明

栄養担当者は，厨房に入り，現地の料理担当者と共同して選手への食事提供を行ない，栄養指導および生活上の相談相手としての役割を担った．

この合宿後の選手の成績を表 4−6 に示した．

このような医・科学サポート体制の中で実施したトレーニングでは，身体コンディションの変化がかなり明確に現れてくる．このことが，極めて困難とされていた「高所トレーニングのコンディショニング」の科学的研究や実践面での応用に，有効な資料を提供してくれることになった．

2．高所トレーニングの展開

中国雲南省昆明での第 1 回高所トレーニングは，標高 1,886m ということであり，高所トレーニングと銘打つにはやや高さが足りないのではないか，という当初持たれた懸念をよそに，実に多くの選手が好成績を記録した．高所トレーニングの効果は平地に戻って約 2 週間程度しか持続しない，というそれまでの通説とは異なり，帰国後しばらくたってもなお，自己記録を更新する選手が目立った．高所トレーニングは少なくとも好記録を生み出すための引き金役を果たしたことは確かである．

この成果に勢いづいて，1990 年 6 月 19 日から 8 月 19 日の 2 カ月間にわたって米国コロラド州で行なわれた第 2 回高所トレーニングには男子 15

表 4−6　第 1 期− 1 高所トレーニング（中国昆明）後の競技成績

帰国日	選手名	試合日	帰国後の日数	種　目	競技成績	備　考
1990 年						
3/4	浅利純子	4/1	8	ハーフマラソン	1°13′27″	自己新・14 秒短縮
3/28	秋山幸恵	4/1	4	ハーフマラソン	1°14′02″	予定より 3 分良好
	〃	5/13	46	10,000m	33′30″	自己新
	篠原　太	4/1	4	ハーフマラソン	1°03′25″	予定より 1 分良好
	〃	4/16	(19)	マラソン	2°14′10″	(ボストンマラソン)
	橋本　康	4/1	4	ハーフマラソン	1°04′23″	自己新
4/3	武田裕明	4/9	6	5,000m	14′15″	自己新
	〃	5/13	40	5,000m	13′52″	自己新
	幸保雅信	4/20	17	10,000m	28′54″	自己新・28 秒短縮
	早田俊幸	4/29	26	10,000m	28′55″	自己新・ 2 秒短縮
	〃	5/6	33	5,000m	14′02″	自己新・ 4 秒短縮
	〃	5/13	40	5,000m	13′54″	再自己新・ 8 秒短縮
	深井　剛	4/26	26	10,000m	29′23″	自己新・ 8 秒短縮
	〃	5/13	40	5,000m	14′05″	自己新
	鈴木尚人	5/13	40	5,000m	13′50″	自己新・15 秒短縮

（小林寛道：陸上競技，高地トレーニング〜ガイドラインとそのスポーツ医科学的背景，日本体育協会，pp.26−35，2002.）

名，女子 13 名が参加した．最初の 6 日間は，身体慣らしの意味でコロラドスプリングス（標高 1,500m）に滞在し，その後，男子はアラモサ（標高 2,300m），女子はガニソン（標高 2,350m）で男女別々の合宿となった．

医科学サポートは，最も練習のきつい期間について，昆明よりやや簡略化したかたちで実施された．合宿は長期間にわたると，心身面でさまざまな影響が生じやすい．医科学サポートスタッフは，医科学・栄養面でのサポートを行なうとともに，いろいろな問題の緩衝剤の役割も果たすことによって，より深いレベルで選手やコーチの方々とかかわりを持った．

コロラド合宿が 8 月 19 日に終了し，選手は帰国し，このうち男女 5 名が 1990 年 8 月 26 日に札幌で行なわれた北海道マラソンに出場した．この大会は，'91 世界陸上選手権大会のマラソン代表選考会として行なわれ，国内の有力選手が勢揃いした．高所トレーニングを積んだ篠原太選手は，先行するジョーンズ選手を抜き，さらに猛烈なラストスパートで 40km を過ぎて先行する渋谷選手を捕らえ，2 時間 15 分 32 秒で優勝した．

女子では高所トレーニングから帰国した山下佐知子選手が，ワイデンバック選手（アメリカ）には及ばなかったが，2 時間 35 分 41 秒で 2 位に入賞した．吉田光代選手が 5 位，峯岸里江選手も 6 位に入り，高所トレーニングに参加した 5 選手が夏のマラソンで全員好成績を収めた．

北海道マラソンに出場した選手以外にも，多くの選手が自己記録を更新したり，好記録を出すことに成功した．好記録は，高所トレーニングの終了直後ばかりでなくその後も出現し，長期間にわたりその影響が長続きする様子がみられた．

コロラド高所トレーニング第 2 期は，1991 年 5 月 28 日から 8 月 7 日までの正味 70 日間にわたって実施された．最も長期間合宿したのは，荒木久美選手の 71 日間であるが，他の選手は 42〜59 日間の合宿で，男子 20 名，女子 8 名，それにコーチ・監督 16 名，トレーナー 4 名（交代）という大世帯の男女合同合宿となった．この年は，第 3 回陸上競技選手権大会（'91 世界陸上東京大会）が 8 月 24 日から 9 月 1 日まで行なわれた．

8 月 24 日には女子マラソン，9 月 1 日には男子マラソンが行なわれ，女子は山下佐知子選手 2 位，有森裕子選手 4 位，荒木久美選手 9 位，男子マラソンでは谷口浩美選手 1 位，篠原太選手 5 位という好成績を収めた．マラソンの好成績には，高所トレーニングばかりでなく科学委員会の取り組んだ暑さ対策の効果も大きかった．

バルセロナオリンピックの年である 1992 年には，コロラド州ガニソンで山下佐知子選手が練習パートナーとともに 5 月 14 日から 7 月 2 日までの 60 日間，およびマラソンの補欠選手である篠原太選手，谷川真理選手とそれぞれの練習パートナーが 40 日間の高所トレーニング合宿を行なった．有森裕子選手はコロラド州ボルダー，小鴨由水選手は練習パートナーの浅利純子選手とともにニューメキシコ州グランツ他で高所トレーニングを行なった．

日本陸連の高所トレーニングは，1990 年の昆明以来，1992 年バルセロナオリンピック直前のコロラド合宿に至る 4 回をもって一応の区切りとし，1993 年から新しい段階の高所トレーニングが開始された．1993 年の高所トレーニングには，38 名の選手（実業団を中心）が参加して，ボルダー（標高 1,650m）を本拠地にして実施された．この合宿に，日本陸連科学委員会は，完全体制での医科学サポートを組み，選手，監督，コーチとも一体となって，一層研究の内容を充実させた高所トレーニングをすすめた．

医科学スタッフが研究的な内容の活動を行なえば，選手は「自分達はモルモットか」と不快感をもつことが数年前までの雰囲気であった．ところが不思議なことに，バルセロナオリンピックを終えてみると，選手やコーチ・監督の皆は，「科学的な研究を大いに進めて下さい．自分達は進んで協力します．研究成果は自分達に大いに役立つので助かります」というように変化してきた．現場の第一線の人々が，科学の有効性を積極的に利用する態度となってきたのである．

3．コンディションチェックの基本

1990～1993 年に実施した高所トレーニングの実際の中から，コンディショニングに関連する基本事項についてみると，次のとおりである．

1）睡　眠

睡眠は心身の疲労を回復させ，翌日の活動力を蓄えるうえで非常に大切である．日常のトレーニングにおいても疲労が蓄積すると不眠症状が出たりするが，高所トレーニングでは低圧低酸素の影響によって不眠になりやすい．1990 年 3 月に実施した中国雲南省昆明の高所トレーニングでは，標高 1,880m であったので，いわゆる高山病的な不眠症状が生じるということはなかった．

毎日の睡眠時間と睡眠の深さの程度を日誌でチェックしてみると，毎日 7 ～ 8 時間ぐっすりと眠っている人と，同じ時間ベッドに入っていながら，あまりよく眠れない日が頻繁に生じる人とがみられた．

よく眠れない日が連続すると，当然のことながら体調不良になりやすい．睡眠時間（床についている時間）が十分とれずに睡眠不足となることと，床についている時間があるにもかかわらず眠れない，ということでは同じ睡眠不足でも内容が異なる．

スポーツを行なう人は，運動量が増加するほど十分な睡眠をとる必要がある．アダムス州立大学ジョー・ヴィーヒル教授は，高所トレーニングでは疲労が激しくなるので，通常より余計に睡眠をとる必要があると指摘している．上手に睡眠をとり，よい眠りをつくることはスポーツでよい成果をあげる第一歩であるといえる．

2）起床時脈拍

脈拍は運動しているときばかりでなく，安静時においてもわずかに変動していることが普通である．睡眠中には脈拍数は低くなるが，これらには自律神経系（交感神経・副交感神経）のコントロールが働いている．昆明での高所トレーニング時における起床時脈拍の男子選手の平均値の推移を示した（図 4－2）．本来個人値の推移がより大切であるが，平均値で表した場合でも，大きな変動があることがわかる．脈拍は，高所到着時は高いが，4 日目まで徐々に低下し，7 日目にかけて上昇し，以後変動を繰り返している．

脈拍は前日の練習の疲れや体調の変化を現し，前日にパーティをやって夜更かししたり，ビール

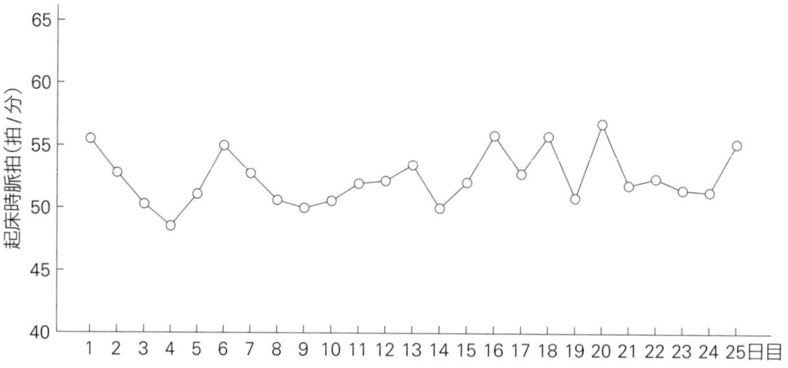

図 4－2　'90 昆明高所トレーニング起床時の平均脈拍数の推移

を飲んだりすると翌朝高くなる．このように，脈拍は実に正直なもので，コンディションチェックの上でよいバロメータとなる．

3）尿チェック

コンディションチェックには，尿検査が有効な手段となる．マラソンや長距離トレーニングでは，オーバーワークに陥ることを未然に防ぐ手だてとなる．表 4－7 は，昆明の高所トレーニングで実施した尿チェックのうち，早朝尿と練習後の検査結果を示したもので，特にタンパクと潜血について表示してある．この表にみられるように，タンパクや潜血が非常に多く現れてくるのは，高所トレーニングがかなり身体に高い負荷の刺激となっていることを証明している．

練習後にタンパクが生じるのは普通のことであると理解されるが，その影響が翌朝まで残って，それが数日持続するとなると，コンディションチェックの上で要注意となる．そして，タンパクが出現するか否かについては，自覚症状がない場合がほとんどであるが，起床時脈拍の項で述べた内容を参考にしながら表 4－7 の内容をみると，おのずと各選手の身体の状態がみえてくる．

例えば，FAJ 選手の場合，11 日目（3 月 19 日）と 15 日目にタンパクが練習後にマーク 4 とマーク 3 になったが，11 日目は総走行距離が 3km であるが，「2,000m × 3 本」が主練習，15 日目は「1,000m × 5 本」といったスピードを伴ったものとなっている．FAJ 選手はマラソン選手なので，スピード練習を行なった時の方が，長距離ジョッグを行なった時よりタンパクが尿中に出現しやすい．14 日目早朝，尿タンパクがマーク 2 となったが，この日は起床時脈拍も 74 拍/分と高く，体調も「不調」を感じる日であった．前日 16km 走を行ない，総走行距離は 36km であった．

4）血液チェック

高所トレーニングを行なうとヘモグロビンが増加し，ヘモグロビン濃度が高いうちに平地で試合を行なうと好成績が収められる，ということが 30 年ほど前からいわれてきている．そして，約 2 週間経過するとヘモグロビン濃度は元の状態に戻り，高所トレーニングの効果は消失するといわれてきた．

「高所トレーニングを行なえばヘモグロビンが増加し，ヘモグロビン濃度が高いうちに平地で試合を行なうと好成績が収められる」ということは，極めて単純化された図式であり，実際には，こうした単純な図式で物事が進行しないことが見出された．なぜならば，選手が高所トレーニングを行なっている途中で貧血になってしまうことがみられたからである．高所トレーニングでは，ヘモグロビンが増加するどころか，むしろ低下してしまう選手も生じて，医科学サポートでは，医師によって鉄剤投与などの対応策がとられた．

5）POMSについて

1990年の中国昆明で行なわれた高所トレーニングにおいて，選手の心身のコンディションを客観的に把握することを目的として，心理テスト（POMS）を導入した．その結果，選手の心理状態やコーチも気づかなかったような問題点もみつけられるようになり，アドバイスや指導を行なう上で非常に有力な手法であることがわかった．

それは，単に心理状態を理解する，ということではなく，身体の疲労の状態やコンディションの良し悪しを検査する項目と照らし合わせた結果と，非常に関連性がある，という事実が認められたからである．以後，科学委員会がサポートする高所トレーニングでは，POMSを10日間隔程度で実施し，その結果を有効に利用した．

4．乳酸性作業閾値からみた高所トレーニングの効果

男子7名，女子4名について，昆明の高所トレーニング出発前と帰国後1週間以内に乳酸閾値の測定を実施した．走速度に対する血液乳酸濃度の様子をみると，MHY選手の場合，高所トレーニング前では，海面レベル（標高0 m）で300m/分が乳酸性作業閾値となっているが，高所トレーニング後では312m/分で乳酸性作業閾値となっている．すなわち，分速では4％の改善がみられたことになる．

高所トレーニング後に運動中心拍数は，乳酸性作業閾値附近で高所トレーニング前の185拍/分から17拍/分も少ない168拍/分となっている．高所トレーニング後の乳酸性作業閾値の測定で，よい結果を出した選手ほど，早期に自己記録を更新した．

5．コロラドでの高所トレーニング

1990年夏のコロラド合宿は，6月19日から8月20日にかけて行なわれた．

第1週目は，張り切りすぎないことである．想像していたより，自分の身体が自由に動き，「高所もたいしたことはない」と軽く考えて距離を多く走ったりすると，その報いは必ず翌週か，翌々週にやってくる．最初の1～2週は，週間走行距離が120km程度とし，3週目に入ると，高所順化も進行するので，徐々に練習の質と量を高めていき，4週間目に一応のトレーニングのピークを作る．5週目は，休養をかねてゆったりとしたものにし，6週目に再び第2のピークを作る．7週目は前半休養，後半強いトレーニングをして，8週目は後半に疲れをとり，平地での試合に向けて準備を整えていくという基本的な方針の下にトレーニングが進められた．

高所から平地におりて，何日目で試合に臨むのがよいか，という点については，個人差や高所でのコンディショニングのやり方で異なるが，およそ7～12日が目安となる．高所での疲労や，移動，時差による影響からの回復を3～4日とし，平地への順化もある程度考慮すると7～12日の線が出てくる．

コロラドでの選手の日課の内容は，中国昆明の場合とほぼ同じである．各個人の医科学ファイルには，中国昆明の時と同様の形式で毎日の練習内容とコンディションを記入することとした．

6．個人別にみた血液性状の変化

血液性状の変化は，全体の基本的な変動の様子を捉えた上で，個人値の推移を注意深くみていかなければならない．

図4−3は，1990年夏コロラド高所トレーニングにおける女子選手のヘモグロビン濃度の個人値の推移である．基本的な変動パターンを素直に描きながらヘモグロビン濃度の上昇を示している選手では，身体の循環器系のコンディションもよく，トレーニングの負荷も過剰でないということになる．

トレーニング期間中に最も高い値で推移したのはMIN選手で，5週目（30日目）に15.6g/dLと出発前の13.2g/dLより18.2％大きな値となっている．MIN選手には鉄剤投与は行なわなかったので，高所トレーニングによる効果ということができる．

表 4－7　1990 年中国昆明での高所トレーニングにおける尿タンパク・潜血の出現

		1990/3/9		10		11		12		13		14		15		16		17		18		19	
		午前	午後	午前	午後	午前	午後	午前	午後	午前	午後	午前	午後	午前	午後	午前	午後	午前	午後	午前	午後	午前	午後
1. FIM	タンパク					*		*	*	**	*	*	*			*	*	*		*	*	*	***
	潜血		†††				†††		†††		††		††				††††						†††
2. FAJ	タンパク				**	*	*			*	*		**	*		*	*	*		*	*	*	****
	潜血																						
3. FYM	タンパク		**	**	**	*		*	*	*				*		*	*	*				*	**
	潜血																						††
4. FAY	タンパク				**	*		*	**	**		*	***			*	*	**		**	*	*	*
	潜血								††††				††				††††						
5. MWT	タンパク				**	*				*		*	*		*		*	*		*	*		
	潜血																						
6. MSN	タンパク				**	*															**	*	**
	潜血																						
7. MFT	タンパク				**	*	*		*	*			*	*				*					***
	潜血																††††						††
8. MSS	タンパク				**	*			**	*								*			*		**
	潜血								†††														
9. MHT	タンパク				**	*			**	*	**		**		*			*			**	*	**
	潜血																				†		
10. MTH	タンパク		**	**	**	*	**		*	*			**	*				*		*	*		****
	潜血																						††
11. MMD	タンパク	**			**	*		*		*			**					*		*	*		***
	潜血												††										††
12. MKM	タンパク					*			**	*		*		*							*	*	****
	潜血						††††	※	††††		††††	†		†									††
13. MSF	タンパク					*	*											*		*		*	**
	潜血																						
14. MHT	タンパク					*						*		*				*		*	**	*	***
	潜血																						
15. MUH	タンパク																			*	**	*	*
	潜血																						

※肉眼

MIN 選手は，この合宿終了 7 日後の 8 月 26 日に行なわれた北海道マラソンで，2 時間 41 分 51 秒という好記録で 6 位に入賞している．この時の北海道マラソンは，気温 27～30℃という暑さの中で行なわれ，女子はワイデンバック選手が 2 時間 31 分 29 秒で優勝している．

MIN 選手に次いで順調にヘモグロビン濃度の上昇がみられたのが ARI 選手である．やはり 5 週目あたりから 14.7～15.0g/dL の高水準を示した．また，ARA 選手の値も比較的高水準である．しかし，ヘモグロビン濃度にあまり上昇がみられていない選手もみられ，YOS 選手では，7 週目（44 日目）に 13.0g/dL と，本人にとっての高値を示しているが，2～6 週目にかけては，全体として下降傾向を示し，6 週目（37 日目）では，11.9g/dL という低値を示した．YOS 選手では，高地到着 2 日目での血液濃縮の状態も著しかったことが，2 日目のヘモグロビン変動の大きさからも推察できる．YOS 選手は，8 月 26 日の北海道マラソンで 2 時間 40 分 46 秒で 5 位に入賞した．YAM 選手も，ヘモグロビン濃度はあまり高い水準ではなかったが，3 週目以降は，わずかながらも上昇傾向を保った．しかし他の選手と比較して，特に 3～5 週目にかけての上昇が少ないことが特徴的である．

このようなヘモグロビン濃度の変化には，トレーニングの内容が影響しているといえよう．この年の高所での走行距離は全体としてあまり多くはないが，YAM 選手は合宿期間中に 1,295km を走り，参加選手の中で 2 番目に多かった．そして走行距離も前半に比較的多かったことが，血液性状に反映されているのではないかと考えられる．

20		21		22		23		24		25		26		27		28		29		30		10/1		2		3	
午前	午後	午前	午後	午前	午後	午前	午後	午前	午後	午前	午後	午前	午後	午前	午後	午前	午後	午前	午後	午前	午後	午前	午後	午前	午後	午前	午後
		*	** ††††	*			*** ††††	*		※	** ††††				** ††††												
*	**		**	**	*		***																				
*	*		*	**		*	*																				
*	*	*	*** ††	*	**		**** ††	*		*	***	*		**	**												
			*	*		*	*				*		午後休養（温泉）		** †	*			**		* †	**			**		
			*	*	*						***			*			*		**		*	*	*	*	**		
*			** †††	*	* †		*	休養（観光）			**				**	**		* †	**	*				*	*		
			**	*	**					*	**		***		**	*	*		***		**		*		**		
			**	*	*						***		**		** †		*	*	**			**		*			
**	*		*	*	*** †††	* ※	**** ††††					*		**	**	**	**	**	***	**	**	**		**	***		
*			** ††	*	*	*	** ††††					*		*	*** †††	*	*		* †		*** ††††	**	*		*		
			*		***			*			***		**		**	**	***		***	**	*	*			*** †		
*	**		**				** †				***			*	***												
*	***						** †††			*	***				*** †												
*	*		*			*										**	*					*		**		*	

※ヘモグロビン尿

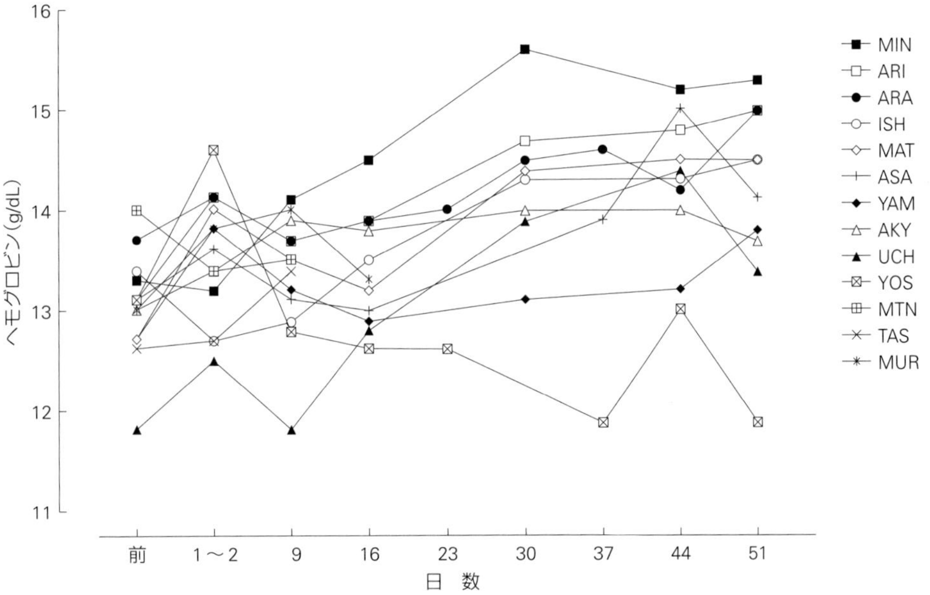

図 4−3　'90 マラソン高所トレーニング（コロラド）ヘモグロビンの推移（女子）
（小林寛道：陸上競技．高地トレーニング～ガイドラインとそのスポーツ医科学的背景，日本体育協会，pp.26−35，2002）

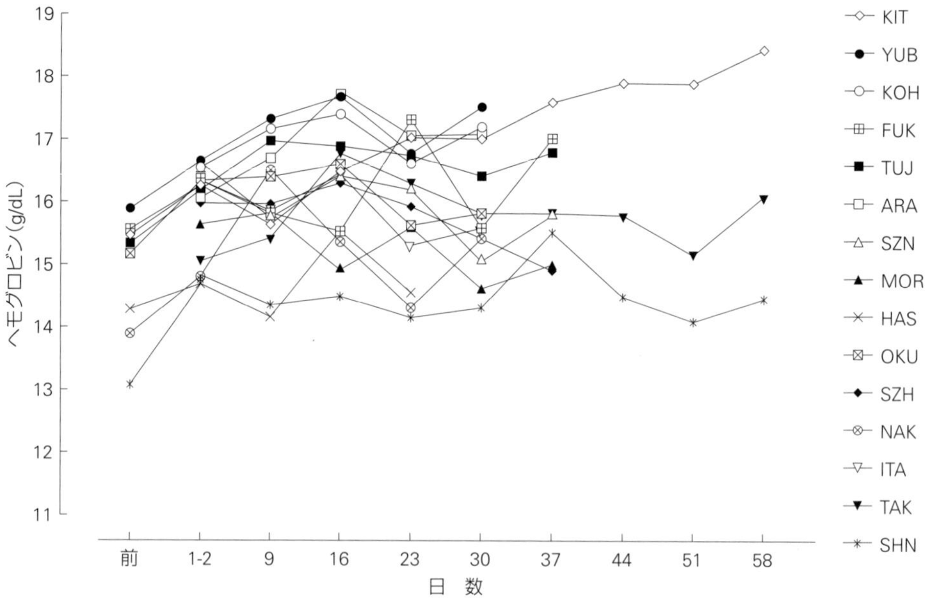

図 4－4　'90 マラソン高所トレーニング（コロラド）ヘモグロビンの推移（男子）

1990 年夏のコロラド高所トレーニング合宿に参加した男子選手のヘモグロビン濃度の推移を図 4－4 に示した．男子の場合も，滞在期間が長くなるにつれて徐々にヘモグロビン濃度が上昇する選手とほぼ一定水準を示す選手，途中でヘモグロビン濃度が低下してしまう選手とまちまちである．1992 年のバルセロナオリンピックで銀メダルを獲得した MOR 選手では，トレーニング前平地値の 13.9g/dL から 7 週間の高所トレーニング期間では全体として上昇（トレーニング 38 日目で 15.8g/dL）がみられているが，31 日目では 15.0g/dL とやや低い値に下降している．このような変動にはトレーニングの内容が深くかかわっている．

7．高所トレーニングの積み重ね

1992 年夏のコロラド州ガニソン合宿は，バルセロナ・オリンピックマラソン代表選手，補欠選手およびその練習パートナーに限ったものとなった．1990 年，1991 年，1992 年の高所トレーニングに参加した FYS 選手（女子）について，3 年間の血液チェックの結果を踏まえ，高所でのコンディショニングについて捉えてみた．

図 4－5 の(a)は，ヘモグロビン濃度の変化を示したもので，初年度（1990 年）では，出発前の値に比較し，高所到着後のみかけの増加の割合が大きく，3 週目以後やや低い値となり 8 週目で急激に上昇している．初年度の高所におけるヘモグロビン濃度の平均値（第 1 週目の値を除いて算出）は 13.24g/dL であった．

2 年度（1991 年）は，5 週目まで比較的高い値を保ったが，6 ～ 8 週目では低値となっている．2 年度の平均値は 13.21g/dL であった．3 年度（1992 年）では，前年度で合宿後半のヘモグロビン濃度が低下してしまった反省を踏まえて，できるだけ高い水準が維持できるような医学的トリートメント（鉄剤投与）を行ないながらトレーニングが実施された．その結果，ヘモグロビン濃度は 3 週目以後，高水準を保った．3 年度の平均値は 13.78g/dL で，初年度より4.1%，2 年度より4.3%高い水準であった．また，3 年度では，1 週目のみかけのヘモグロビン濃度の上昇が小さくなっており，こうしたことにも高所環境への適応能力が高まっている様子がみられる．

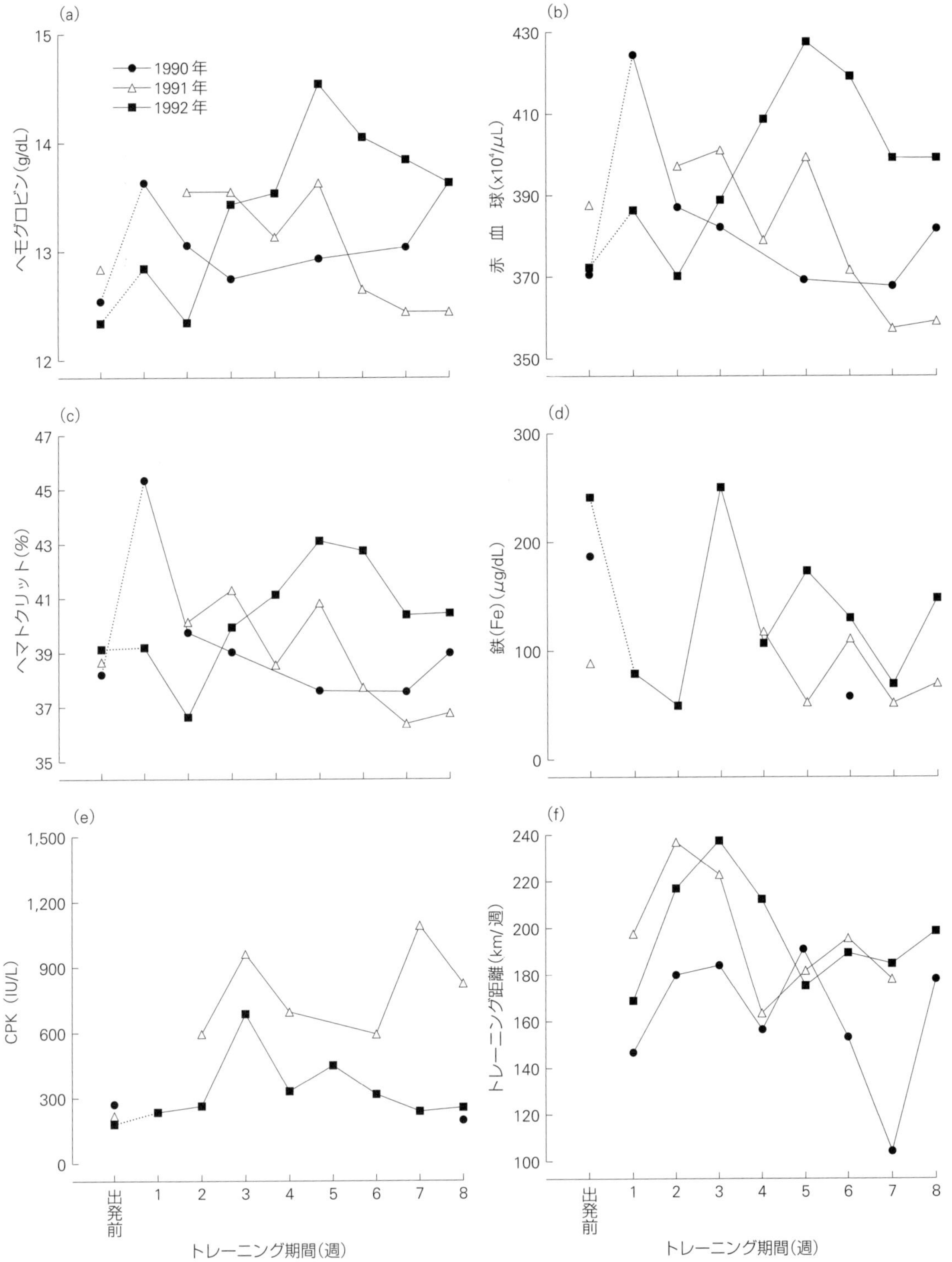

図4−5　3年度連続の高所トレーニング期間におけるヘモグロビン(a)，赤血球(b)，ヘマトクリット(c)，鉄(d)，CPK(e)，トレーニング距離(f)の比較（FYS選手の場合）

図 4−5 の(b)は赤血球の変化，(c)にはヘマトクリットの変化の様子を示した．赤血球数の変化は，基本的にヘモグロビン濃度の変化と類似であるが，3 年度では赤血球数の盛んな増加の様子がみられる．このことが，3 年度ではヘマトクリットの高い値と関連している．高所での 2 〜 8 週目までの赤血球数の平均値は初年度 378万/μL，2 年度 381万/μL，3 年度 402 万/μL であり，ヘマトクリットは初年度 38.6 %，2 年度 38.8 %，3 年度 40.7 %であった．これらの血液性状の変化は，単に高所環境への適応を示すばかりでなく，トレーニングの内容と密接な関係をもっている．FYS 選手の 3 年間の高所トレーニングにおける 1 週間単位のトレーニング距離の変化を図 4−5 の(f)に示した．初年度（1990 年）では，はじめての高所トレーニングであったことから，慎重にトレーニングがすすめられた．1 週目はコロラドスプリングスで軽い身体慣らしを行ない，2 週目からはアラモサでのトレーニングが開始された．この年に参加した女子選手の中では FYS 選手の走行距離が多く，合宿中の 1 週間あたりの平均走行距離は 162km/週であった．この年の最高距離は 5 〜 6 週目にかけての 191km/週であった．2 年目と 3 年目では，2 週目および 3 週目に 230km/週以上のトレーニングが実施されたが，4 週後以後では 200km/週以下の範囲で推移した．FYS 選手は初年度より 2 年度，2 年度より 3 年度において，より充実したトレーニングが実施できたと述べている．そうした自覚的状況は，図 4−5 の(d)に示した血清鉄の水準や，(a)に示した CPK の推移によっても確かめることができる．3 年度（1992 年）では，初年度や 2 年度に比較して血清鉄の水準が高い．また，筋疲労の指標となる CPK の水準も，3 年度では初年度よりもトレーニング距離が増加しているにもかかわらず 8 週目では同じ水準であり，トレーニング距離が 3 年度と同様に多かった 2 年度に比較しても，低い水準で推移している様子があらわれている．

これらの生理的指標から，高所トレーニングでは体調管理とトレーニングの兼ね合いが極めて大切であることがみえてくる．バルセロナオリンピック女子マラソンで FYS 選手は 4 位に入賞した．

8. 富山県立山での短期的トレーニング

バルセロナ，アトランタ，シドニーのオリンピックでいずれも高所トレーニングを積んだ日本選手が大活躍した．世界選手権大会のマラソンでも輝かしい活躍を収めてきた．アメリカのジョー・ヴィーヒル教授は多くの外国選手を指導してきたが，日本の陸連科学委員会のスタッフほど真剣に高所トレーニングに関する実際的な医科学研究を行なった例を知らないといって，心からの驚きをあらわしていた．日本選手の高所トレーニングについては，それまで常識とされてきた多くの考え方に捉われず，医科学的な裏づけを持ちながら独自の方法によって実際的な成果をあげてきたといえる．

国内の高地環境を利用して短期間の高所トレーニングを実施するという考え方も独創的である．外国で長期間の高所トレーニング合宿が可能な選手はおのずと限られてしまう．しかし高所トレーニングは若いうちに経験することのメリットが大きい．そこで，何とか国内に高所トレーニング場を開発することができないものかと考えられた．日本ではそのような環境は極めて限られた山岳地域にしかなく，しかもそこに 3 週間以上滞在しなければ効果がないという考え方にこだわると，国内施設の開発はまず無理である．これまでの長期高所トレーニングの医科学サポート活動の経験から，ある考えが生まれた．それは最初の 1 週間を無駄に過ごさず，高地でいきなりトレーニングを行ない，疲労が蓄積する前に下山してしまう方法である．トレーニング効果が期待される最短期間は医科学的にみて 3 泊 4 日と考えた．短期間の高所トレーニングによる効果を科学的に実証するための研究が 1997 年から開始された．

標高 2,300〜2,450m での高所トレーニングが可能である富山県立山地区の天狗平（標高 2,300m）および室堂トンネル（標高 2,450m）を利用した

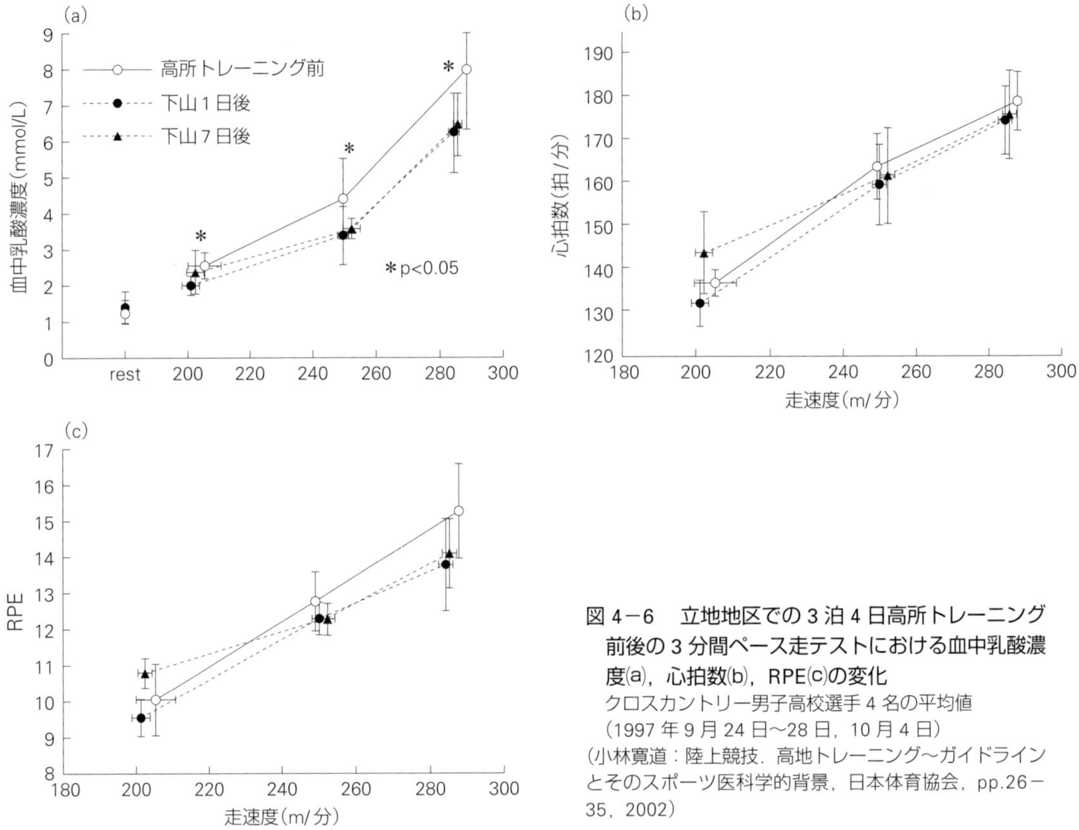

図 4−6　立地地区での 3 泊 4 日高所トレーニング前後の 3 分間ペース走テストにおける血中乳酸濃度(a)，心拍数(b)，RPE(c)の変化

クロスカントリー男子高校選手 4 名の平均値
(1997 年 9 月 24 日～28 日，10 月 4 日)
(小林寛道：陸上競技．高地トレーニング～ガイドラインとそのスポーツ医科学的背景，日本体育協会，pp.26−35，2002)

3 泊 4 日の短期間高所トレーニング調査研究が富山県中沖知事および富山県教育委員会の全面的なバックアップによって実現した．1997 年 7 月（第 1 次調査），9 月（第 2 次調査），1998 年 7 月（第 3 次調査），9 月（第 4 次調査）を実施した．測定対象として実業団陸上長距離選手 6 ～10 名，高校クロスカントリー選手男女 7 ～10 名が参加した．高所トレーニング前後で血液検査，3 分間ペース走テスト（乳酸濃度，心拍数，主観的運動強度 RPE），心理テスト（POMS）を行なった．

その結果，短期間（3 泊 4 日）の高所トレーニング実施前および終了翌日と 7 日後に実施した 3 分間走テストでは，高所トレーニング後では血中乳酸濃度の上昇が各測定速度で低水準となることが認められた（図 4−6）．高所トレーニング後では同速度のランニングにおいて，主観的運動強度（RPE）および走行中心拍数が低くなる傾向がみられた．血液性状には，従来高所トレーニングによる効果として認められるような変化はみられなかった．

これらのことから，短期間の高所トレーニングは，従来トレーニング効果の指標として認められてきたヘモグロビン濃度の上昇などの血液性状には変化がみられないが，実際の持久力向上に有益となる乳酸蓄積反応の改善などの生体反応を生じさせるとともに，長期滞在による生体への負担度も少ないことから，有効なトレーニング方法であると位置づけることができる．

短期的高所トレーニングは，特に高校生や若いスポーツ選手の持久的能力を高めることに有効なトレーニング方法である．高所トレーニングでの効果を高めるためには，トレーニング前がフレッシュな状態であることが必要で，トレーニング前から疲労した状態で高所トレーニングを行なっても効果がないなどの研究結果も得られた．立山地区ではいろいろな標高を自由に組み合わせることができる利点を持っている．

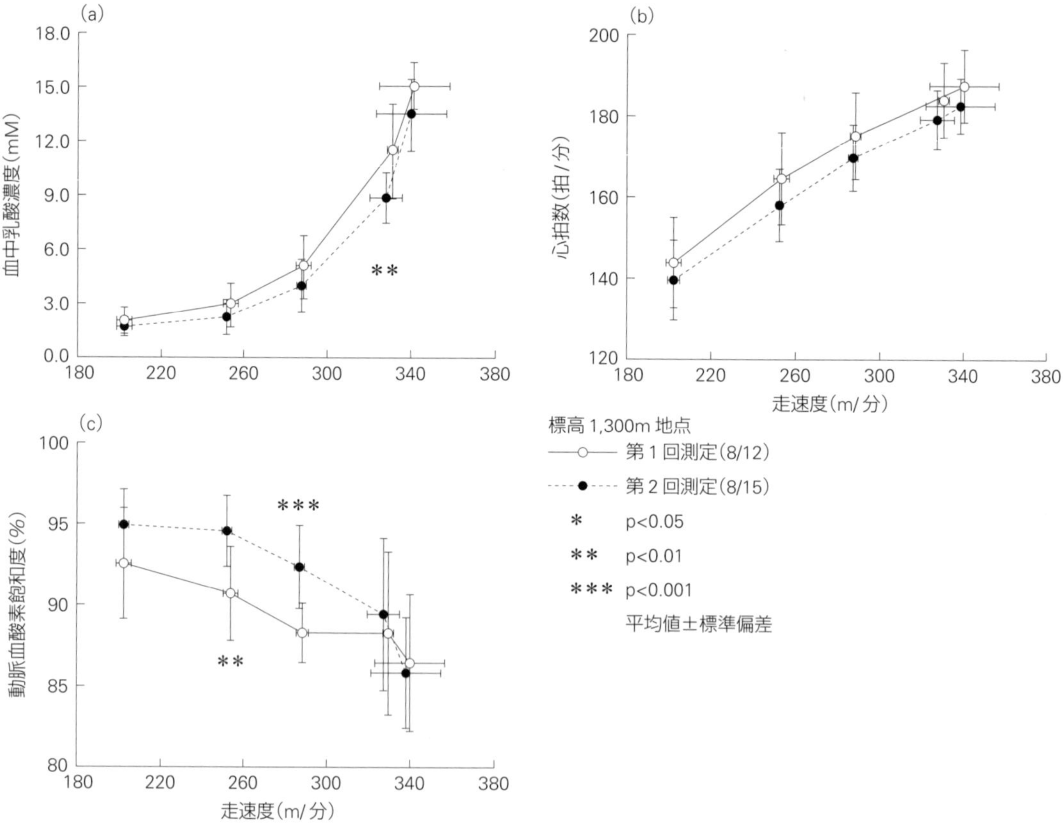

図 4−7　飛騨御獄高地トレーニングエリアにおける短期間（4 日間）トレーニング前後での 3 分間ペース走テストにおける血中乳酸濃度(a)，心拍数(b)，動脈血酸素飽和度(c)の変化
（実業団陸上男子選手 13 名の平均値と標準偏差）
（飛騨御嶽高地トレーニングプロジェクト委員会：3 分間ペース走，滞在の影響．飛騨御嶽高原高地トレーニング研究報告書．（財）岐阜県イベント・スポーツ振興事業団スポーツ科学トレーニングセンター，pp.61−80，2001）

9．飛騨御嶽高原高所トレーニングエリアでのトレーニング

2000 年には，自然環境に恵まれた岐阜県飛騨御嶽高原地域（標高 1,300m，1,800m，2,200m）を利用した短期的高所トレーニングを実施した場合について，高校陸上選手（男子 23 名，女子 9 名）および実業団陸上選手（男子 22 名，女子 9 名）を対象に，標高の影響，順化の影響，トレーニングによる変化，年齢およびトレーニング度の違いによる影響，高所トレーニングに対する個人差の程度など総合的な医科学測定調査を行ない，短期的高所トレーニングの持つ特質や有効性について検討した．

測定の内容はコンディションチェック（血液性状，尿，心拍数，動脈血酸素飽和度 SpO_2，体温，体重，血圧，睡眠，自覚的症状），3 分間ペース走，20m シャトルテストなどである．

標高 1,300m，1,800m，2,200mでは明らかに生体反応やパフォーマンスに標高の違いによる変化がみられた．20m シャトルランテストの運動中最高心拍数は，標高 1,300m で高水準となるが，標高 2,200m では標高 1,300m の場合より約 5 〜10 拍/分程度低水準となる．血中乳酸濃度もピーク値は標高 1,300m で最も高く，標高 2,200m では相対的に低い値となった．しかし，主観的運動強度 RPE は標高が高くなるにつれて高値を示した．動脈血酸素飽和度 SpO_2 は最もよく標高の影響を示し，標高が高いところでの運動ほど低値を示した．3 分間走ペース走についてもこの傾向は変わらず，数日の高地滞在によって運動中の心拍数の低下，血中乳酸濃度の走速度に対する上昇カーブの低下とピーク値の上昇，動脈血酸素飽和度 SpO_2 の水準低下が緩やかになるなどの効果がみられた（図 4－7）．

平地環境では激しい運動を実施してもみられないような動脈血酸素飽和度 SpO_2 の低下が，高地環境では自然に短時間のうちに生じる．動脈血酸素飽和度 SpO_2 の低下は基本的に体内に酸素不足環境に対応する生体機能を活性化させることになり，同時に防衛反応も生じる．防衛反応の最も顕著なものは，血管の収縮であると考えられる．高地環境では，スムーズな血液循環が妨げられるが，トレーニングを行なうことにより，酸素不足の環境においても筋をはじめとする末梢の血液循環がよく機能するような適応能力が高まる．また，生命維持機構に関連して運動に使われるエネルギーの代謝機能にも変化が生じ，その結果として運動に対する適応能力が高まると考えられる．こうした生体の適応効果は，比較的短期間に生じる．このような短期急性的な高地環境刺激を繰り返し実施することにより，激しい運動中に生体内で生じるであろう急性の酸素不足状態に対する予防的，かつ対応的な生体機能が高められると考えられる．このことは，陸上長距離種目に限らず，短距離種目やパワー発揮系種目についても有効なことで，高所トレーニングの可能性はさらに広がっていくものと考えられる．

文　献

1）小林寛道：陸上競技．青木純一郎編：高地トレーニング―ガイドラインとスポーツ医・科学的背景―，日本体育協会，pp.26－35，2002.

2）小林寛道：立山方式高所トレーニングをめざして～短期的高所トレーニングの効果．第 3 回高所トレーニング国際シンポジウム'99 立山　総集編，高所トレーニング環境システム研究会，pp.13－19，1999.

3）飛騨御嶽高地トレーニングプロジェクト委員会：3 分間ペース走，滞在の影響．飛騨御嶽高原高地トレーニング研究報告書．（財）岐阜県イベント・スポーツ振興事業団スポーツ科学トレーニングセンター，pp.61－80，2001.

［小林　寛道］

5章　順天堂大学長距離選手に対するメキシコシティおよび横手山におけるトレーニング

はじめに

1968年，メキシコシティ（標高2,300m）でオリンピックが開催されるのを機に，1963年から日本体育協会科学班による乗鞍岳（標高2,700m）での，高所合宿トレーニングにおける呼吸循環器応答の順化に関する研究が行なわれた．これをきっかけに，競技力向上のための高所トレーニングの有効性が注目され，今日においては多くの一流選手が高所トレーニングを取り入れている．

著者は乗鞍岳の実験合宿と，メキシコオリンピックに選手の立場として参加し，高所トレーニングの効果と海外ライバル選手の高所トレーニングの実態とを比べ，わが国の設定期間の短さに疑問点を実感していた．

本学陸上競技部長距離ブロックにおいては，個人の特性を生かしたトレーニング・プログラムとともに，トレーニング現場への科学の導入を図ってきた．トレッドミル走における最大酸素摂取量の定期的な測定，また，1981年からは運動性貧血などコンディション管理のため定期的な血液検査を導入してきた．

そして，図5−1にあるように，1983年以来，横手山（標高2,300m，トレーニング場2,100m）において，5月下旬から9月上旬にかけて年間2〜3回（それぞれ5泊6日）に分けた高所トレーニングを導入し，1989年からは，メキシコで3〜4月上旬の約4週間の高所合宿を加え，冬季練習からトラック・シーズンへの移行のための重要なトレーニング手段と位置づけ，実施してきた．

図5−2は，高所トレーニングのねらいを示したものである．

第一に，呼吸循環器能の向上を図り，酸素運搬能力の改善を図る．第二に，乳酸耐性の改善を図ることである．また，高所トレーニングのメカニズムを理解させ，このトレーニングを経験することにより，学生諸君のモチベーションを向上させ，動機付けを図ることも意図している．

1．メキシコシティにおけるトレーニング

表5−1にメキシコでの順天堂大学の高所トレーニングの概要を示した．

宿舎は，標高2,300mのメキシコオリンピックトレーニングセンターを利用，トレーニング場所は，標高2,300〜3,000mのさまざまなロケーションを利用して実施した（写真5−1）．

1989年7月，はじめてのメキシコ合宿では，元10,000m世界記録保持者（27′05″07）のアルツーロ・バリオスのコーチで元メキシコナショナルコーチでもあるタデウス・ケンプカ氏の指導の下で実施した．

メキシコシティの環境条件は，①低圧，低酸素による酸素不足と，②高温，低湿度による脱水，というのが特徴である．

言葉もわからず衛生状態も悪いという慣れない環境の中，導入段階で体調を崩す学生が多くみられた．しかし，この期間で高所環境下に順化し，また，スペイン語を理解しはじめ，生活にも徐々に慣れることができた．10日目ぐらいからは，足並みを揃えて充実したトレーニングを消化することができた．

この合宿では，ケンプカコーチが毎日のように頭痛と下痢に注意を払い，高山病の症状や脱水症状で体調を崩すことのないように学生の体調管理

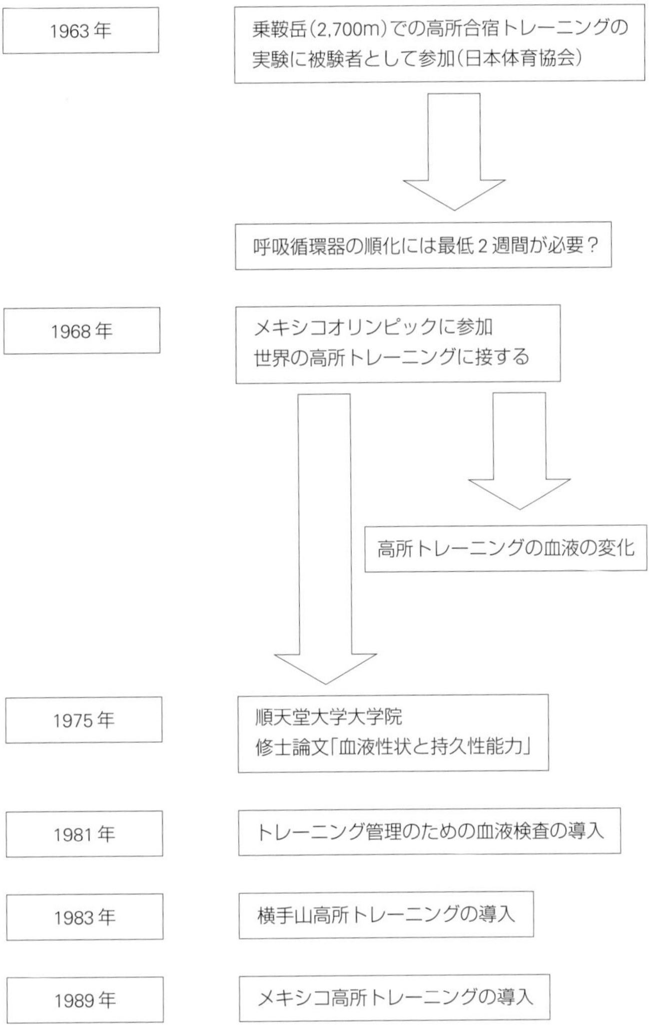

1963年 → 乗鞍岳(2,700m)での高所合宿トレーニングの
         実験に被験者として参加(日本体育協会)
         ↓
         呼吸循環器の順化には最低2週間が必要？

1968年 → メキシコオリンピックに参加
         世界の高所トレーニングに接する
                    ↓
                高所トレーニングの血液の変化
         ↓
1975年 → 順天堂大学大学院
         修士論文「血液性状と持久性能力」

1981年 → トレーニング管理のための血液検査の導入

1983年 → 横手山高所トレーニングの導入

図 5−1　澤木啓祐の高所トレーニングとの出会い

に気を配っていた．

表 5−2 に山田和人，仲村明（大学 4 年次）のメキシコでのトレーニングスケジュールを示した．トレーニングにおいてはトラックでトレーニングをすることは比較的少なく，ほとんどが起伏を用いたコースを利用していた．質の高いトレーニングが不足する高所において，クロスカントリーコースを用いたトレーニングにより，心肺機能だけではなく，筋力，主に脚筋力に重点をおいて強化を図った．

結果としては，1989 年ユニバーシアード・デュースブルグ大会で山田が 3,000mSC において 8 分 38 秒 76 のタイムで 4 位入賞と健闘し，仲村も 1989 年スーパー陸上において，8 分 38 秒 35 の自己記録をマークし成功を収めた．

その後のメキシコ合宿は，1996 年（5 名），1998 年（6 名），2000 年（6 名）に実施したが，この 3 度の合宿においてはケンプカコーチの下ではなく，大学独自で高所トレーニングを実施した．そのメキシコ合宿の一例として，表 5−3 に岩水嘉孝（大学 3 年次）のトレーニングスケジュールを示した．この合宿には 6 名の学生が参加したが，岩水は体調を大幅に崩すことなくトレーニングを消化した．反対に，岩水を除くほとんどの学生が，メキシコ合宿期間中で体調を崩し，また，帰国後 1 カ月程で疲労の蓄積により調子を崩し，

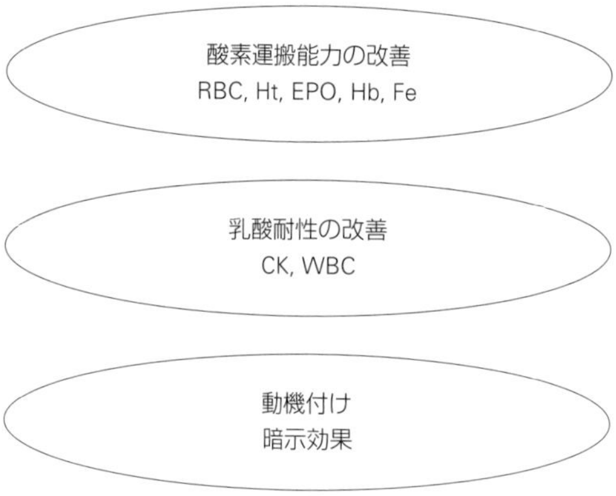

図 5−2　高所トレーニングのねらい

写真 5−1　メキシコ（マルケサ）

表 5−1　メキシコ高所トレーニング概要

1．期間　3～4 週間
2．宿泊施設　標高 2,300m
3．トレーニング場所
　○オリンピックセンター　標高 2,300m
　○チャプルテペック公園　標高 2,300m
　○オコタール　標高 2,600m
　○デジエルト　標高 2,700m
　○マルケサ　標高 3,000m
　○クルスブランカ　標高 3,100m
4．トレーニング内容
　長期的なトレーニングでは，第 1 週は体慣らしの期間としてゆっくり体調を整え，2 週目から少しずつトレーニング量を増加させる．オーバートレーニングは体調を崩す結果となる．
①速歩
②JOG，時間走
③距離走，ペース走
④ファルトレック，クロスカントリー走
⑤ショート・ロングインターバル
⑥水泳
⑦ウェイトトレーニング，調整運動
5．高所トレーニング後の競技会
　下山後 5～6 日目または，それ以降の競技会を目標として調整する．

関東インターカレッジでは十分な成果を上げることができなかった．

一方，岩水は帰国後に自己新記録を連発し，高所におけるトレーニング効果を実証した．2001 年には，ボルダーでのトレーニング後に世界陸上競技選手権大会に出場，また，昆明でのコンディショニング・トレーニング後にユニバーシアード北京大会で 5 位入賞を果たし，学生陸上界を代表する選手に成長した．

高所トレーニングは低圧低酸素環境であり，これまでの平地でのトレーニングとは異なる負担を生体に与え，選手によっては高所トレーニングが必ずしも，競技力向上やコンディショニング・トレーニングとして好結果をもたらすとは限らない例も見受けられた．選手の個人差はもちろん，高所でのトレーニング・プログラムや実施期間，食事などの影響が考えられる．これらの因子の検討は現在においても重要なテーマである．

表5−2　山田和人・仲村明　1989年メキシコ合宿練習スケジュール（ケンプカコーチ）

	早朝練習	午後練習
7月19日		60’JOG（トレーニング・センター）
7月20日	4kmクロカンコース　1周×3（R-5’）（オコタール）	40’JOG＋100m×10（チャプルテペック公園）
7月21日	山田　200m×15（R−200m/31”±1”）（トレーニング・センター） 仲村　発熱・下痢の為　REST	山田・舘　40’JOG　（トレーニング・センター） 仲村　発熱・下痢の為　REST
7月22日	山田・仲村　下痢の為　REST	散歩（トレーニング・センター）
7月23日	山田　下痢の為　REST 仲村　調整運動　（マルケサ）	WALK
7月24日	4kmクロカンコース　4周ペース走　（オコタール）	40’JOG＋100m×20（チャプルテペック公園）
7月25日	10’走（3,100m）×3（R−8’）＋ハードル練習　（トレーニング・センター）	40’JOG（チャプルテペック公園）
7月26日	4kmクロカンコース　3周走＋上り坂100m×10　（オコタール）	2kmクロカンコース　5周（チャプルテペック公園）
7月27日	REST	水泳（トレーニング・センター）
7月28日	山田　1,200m（3’30”）〈R-6’〉＋300m×8（R−300m/45”） 仲村　1,000m×6（R−600m/3’00”ラスト2’50”）　（トレーニング・センター）	2kmクロカンコース　5周（チャプルテペック公園）
7月29日	10km（37’）＋10km（38’）（R−3’）　（クルスブランカ）	散歩
7月30日	100’LSD＋WS×10＋障害物走　（マルケサ）	散歩
7月31日	4kmクロカンコース　4周走　（オコタール）	2kmクロカンコース　5周（チャプルテペック公園）
8月1日	800m×8（R−400m/2’20”ラスト2’15”）＋ハードル練習　（トレーニング・センター）	40’JOG（チャプルテペック公園）
8月2日	60’走＋障害物走（10’）　（マルケサ）	40’JOG（トレーニング・センター）
8月3日	650mクロカンコース5周×2（R−5’）　（オコタール）	散歩
8月4日	1km強×8（R−3’/3’20”）（巽　6本）　（オコタール） （トレーニング・センター）	70’JOG＋水泳（トレーニング・センター）
8月5日	10km（39’）＋10km（38’）（R−3’）　（クルスブランカ）	40’JOG（チャプルテペック公園）
8月6日	1km（上り500m・下り500m）×5（R−3’）　（マルケサ）	散歩
8月7日	山田　帰国 仲村　60’JOG　（オコタール）	40’JOG（チャプルテペック公園）
8月8日	1,600m×1（4’45”）＋300m×10（R−200m/48”）　（トレーニング・センター）	40’JOG（トレーニング・センター）
8月9日	12’間走×3（R−5’）　（マルケサ）	散歩
8月10日	80’走　（オコタール）	速歩
8月11日	200m×3＋400m×8＋200m×3（R−200m/30”−67”−29”）　（トレーニング・センター）	40’JOG（チャプルテペック公園）
8月12日	20km走山岳コース　（マルケサ）	REST
8月13日	上り坂500m×5（R−帰りJOG）＋障害物走（10’）　（マルケサ）	登山（ネバダ・デ・トルーカ標高4,500m）
8月14日	4kmクロカンコース　4周ペース走　（オコタール）	散歩

〈トレーニング環境〉
トレーニング・センター（標高2,300m），マルケサ（標高3,000m），チャプルテペック公園（標高2,300m），クルスブランカ（標高3,100m），オコタール（標高2,600m）

〈血液性状〉

日付	山田　和人	仲村　明
7/24	（白血球　9,600，赤血球　511万，Hb　14.7g/dL）	（白血球　6,100，赤血球　514万，Hb　13.8g/dL）
7/31	（白血球　8,200，赤血球　541万，Hb　17.1g/dL）	（白血球　8,100，赤血球　521万，Hb　15.8g/dL）
8/7		（白血球　6,400，赤血球　540万，Hb　15.6g/dL）

〈帰国後競技会成績〉

	山田　和人	仲村　明
8/28	1989ユニバーシアード・デュースブルグ大会　3,000mSC　8’38”76（4位）	不参加
9/10	四大学対校陸上　1,500m　3’48”48（2位）	四大学対校陸上　1,500m　3’48”47（1位）
9/16	スーパー陸上　3,000mSC　8’35”55（3位）	スーパー陸上　3,000mSC　8’38”35（4位）
9/20	国民体育大会　3,000mSC　8’46”80（1位）	国民体育大会　3,000mSC　8’49”20（2位）

表 5−3　岩水嘉孝メキシコ合宿練習スケジュール

	早朝練習		午前練習（トレーニング·センター）	午後練習（トレーニング·センター）
3月17日	60'JOG＋鉄棒	（トレーニング・センター）	水泳	50'JOG＋水泳
3月18日	50'〜60'JOG	（トレーニング・センター）	−	調整運動＋40'JOG
3月19日	60'時間走（ラスト 15'ペース up）	（トレーニング・センター）	水泳	速歩＋50'JOG
3月20日	(200m×5)×4set(R−200m/set−600m/30"〜31")	（トレーニング・センター）	水泳	50'JOG＋水泳
3月21日	4 kmJOG＋4 kmクロカンコース　1周×3(R−5')	（オコタール）	水泳	40'JOG＋調整運動＋鉄棒
3月22日	60'JOG＋WS	（トレーニング・センター）	速歩	水泳
3月23日	1,000m×8(R−600m/2'59"±1"−ラスト1本ペース up)	（トレーニング・センター）	水泳	40'JOG
3月24日	4 kmクロカンコース　4周 B−up 走＋100m 坂×5〜7	（オコタール）	水泳	50'JOG
3月25日	40'JOG＋400m上り坂×6＋300m平坦×3 ＊腹部〜大腿部にかけて蕁麻疹　2本で終了	（マルケサ）	−	40'JOG
3月26日	速歩〜JOG	（トレーニング・センター）	REST	REST
3月27日	4 kmクロカンコース　4周ペース走＋100m坂×10	（オコタール）	水泳	50'JOG＋鉄棒
3月28日	400m×12（R-400m/65"±1"）	（トレーニング・センター）	水泳	60'JOG
3月29日	60'〜70'JOG	（チャプルテペック公園）	水泳	40'JOG＋調整運動
3月30日	10km（42'）＋10km（38'）（R−3'）	（クルスブランカ）	水泳	速歩＋鉄棒
3月31日	60'JOG	（トレーニング・センター）	水泳	50'JOG
4月 1日	8,000m走(3'40"−3'15")＋800m×5(R−400m/2'20")＋200m×2 ＊終了後，3分後に血中乳酸濃度測定　17.8	(トレーニング·センター)	水泳	40'JOG
4月 2日	100'〜120'LSD	（マルケサ）	−	30'JOG
4月 3日	4 kmクロカンコース　4周 B-up 走 ＊終了後，3分後に血中乳酸濃度測定　3.3mmol	（オコタール）	鉄棒＋水泳	−

〈トレーニング環境〉
トレーニング·センター（標高 2,300m），デシエルト（標高 2,600m），チャプルテペック公園（標高 2,300m），マルケサ（標高 3,000m），オコタール（標高 2,600m），クルスブランカ（標高 3,100m）

〈帰国後競技会成績〉

4/9	鴻巣記録会　5,000m　14'06"64
4/15	四大学対校　10,000m　28'59"38（1位／自己新記録）
4/29	織田記念陸上競技大会　3,000mSC　8'35"92（2位／自己新記録）
5/20	関東 IC　3,000mSC　8'42"35（1位）
5/21	関東 IC　5,000m　13'51"27（3位／自己新記録）

2. 横手山におけるトレーニング

順天堂大学の横手山における高所トレーニングは日本学生陸上競技対校選手権大会（以下全日本IC）の長距離種目を念頭に置いた短期のコンディショニング・トレーニングであり，これまで，多くの優勝者や入賞者を出し，成果をあげてきている．

表 5−4 には，横手山の高所トレーニングを活用してからの，1983 年以降の全日本 IC の結果を示してある．第 52 回大会および第 69 回大会では横手山の高所トレーニング参加者全員が入賞を果たした．

これらの結果を踏まえ，現在では横手山での短期間の高所トレーニングを主として，全日本 IC や日本選手権など重要な競技会のコンディショニングとして活用している．

表 5−5 に横手山での高所トレーニングの概要を示した．

横手山でのトレーニングは，長野県志賀高原にある標高 2,300mの宿舎を活用し，白根火山周辺（標高 2,000m）をベースとしてトレーニングを行なっている（写真 5−2）．

トレーニング期間は，5 〜 6 泊で，競技会 2 〜

表5−4　日本学生陸上競技対校選手権大会結果（高所コンディショニング）

第52回大会 （1983年）	1,500m	優勝	第2位	（参加者全員入賞）
	5,000m	優勝	第2位	
	10,000m	第2位		
	30km	第3位		
	3,000mSC	第5位		

6位入賞時代

第52回〜第56回		優勝	第2位	第3位	入賞
（1983〜1987年）	1,500m	1	2	0	4
	5,000m	2	1	2	2
	10,000m	0	2	0	2
	30km，ハーフ	0	0	1	1
	3,000mSC	1	0	0	5

8位入賞時代

第57回〜第71回		優勝	第2位	第3位	入賞
（1988〜2000年）	1,500m	1	2	2	11
	5,000m	1	7	0	9
	10,000m	1	4	2	11
	30km，ハーフ	1	1	3	7
	3,000mSC	6	4	3	6

第69回大会 （2000年）	1,500m	第2位		（参加者全員入賞）
	5,000m	第4位	第8位	
	10,000m	第5位	第6位	
	ハーフマラソン	第3位	第7位	
	3,000mSC	優勝	第2位	

表5−5　横手山高所トレーニング概要

1．期間　　5泊6日

2．標高　　宿泊施設　　2,300m
　　　　　トレーニング場所
　　　　　　　渋峠 2,100m
　　　　　　　弓池 2,000m

3．短期的なトレーニングでは，2日目以降でトレーニング量を消化しても，1週間で平地に戻るので体調が大きく崩れる例は少ない．そのため2日目から，積極的にトレーニングを行なう．

4．横手山でのトレーニングスケジュール

〈横手山でのトレーニング例〉

	朝練習	〈初期〉1980年台	〈現在〉1990年台以降
1日目		到着後40'〜60'JOG	到着後40'〜60'JOG
2日目	20'速歩＋40'JOG	200mインターバル	200m×20
3日目	20'速歩＋40'JOG	15km距離走（片道7.5km） アップダウンのきついコース	60'〜70'JOG
4日目	30'〜40'JOG リング投げ	60'〜70'JOG	12〜14km距離走* 平坦な片道1kmコース
5日目	30'〜40'JOG	400mインターバル	1km×3〜4 （下山後と競技会の日数と種目差により本数を変更）
6日目	30'〜40'JOG	下山	下山

＊4日目の距離走に関しては，個人のコンディションにより入れ替えもあり

5．高所トレーニング後の競技会
　①日本学生陸上競技対校選手権大会
　②日本選手権やユニバーシアード大会
　競技会2〜3日前に下山し，調整する．

写真 5－2　横手山（弓池）

4 日前に下山し，レースに臨んでいる．

トレーニング内容は，横手山高所トレーニング導入当時，200mのインターバル・トレーニングと起伏のあるコースでの 15kmの距離走，最終的には 400mのインターバル・トレーニングで仕上げていた．1980 年台前半，当時学生陸上界を代表する岩佐吉章に対し，酸素の運搬能力の改善を図るために 400mでのインターバル・トレーニングを 1kmに切り替え，それに伴い負荷強度の高い起伏のあるコースでの距離走から，比較的平坦なコースでの距離走に変更した．これを期に現在のトレーニング内容として定着され，十分な成果を残している．

現在では，高所 2 日目にショート・インターバルを行ない，3 日目，4 日目は時間走や距離走で疲労回復およびリズム感覚の習得を図る．そして，5 日目に 1kmのインターバル・トレーニングで最終的な刺激を入れている．

トレーニング環境としては，トラックがなく，ロードでのトレーニングが中心となり，脚筋に対する負担が心配されるが，近隣施設の温泉を活用し，疲労の除去に努めている．

横手山でのトレーニングの例として，表 5－6 に三代直樹（大学 4 年次），表 5－7 に岩水（大学 4 年次）のトレーニング内容を示した．

三代は，通常行なっている 200mのインターバル・トレーニングを行なっていないが，高所トレーニング前に質の高いトレーニングを実施していた．そのため合宿前半は疲労の除去に努めた．その結果，ポイントのトレーニングが明確となり，競技会では自分の力を最大限に発揮することができた．

岩水は，表 5－6 に示した通りのトレーニングスケジュールを消化した．目標競技会である全日本 IC は，3 日間で 3 種目に出場し，優勝，2 位，4 位とエースとしての役割を果たした．なお，過去においては山田も同様な高所コンディショニング後，全日本 IC において，10,000m 3 位，5,000m 2 位，3,000mSC 1 位と大成功を収めた．

その後も岩水は，2003 年の横手山の高所トレーニング後に，日本選手権において 8 分 25 秒56（日本歴代 3 位）で優勝し，世界陸上競技選手権大会の代表権を獲得しており，卒業後もこの横手山での高所トレーニングを活用している．

3．高所トレーニング実施についての留意点

順天堂大学では高所トレーニングを行なうにあたり，以下のことに注意し実施している．

・血液生成のために必要な栄養素の摂取
・安静時および運動終了時の心拍数の測定
・水分補給
・背筋（呼吸筋）の疲労の除去

メキシコでの成功例と失敗例，横手山での成功例をみてみると，次の 3 点がキーワードとしてあげられる．

1）トレーニング強度，頻度の設定

1989 年では，メキシコチームに帯同しトレーニングを実施した．地元のロケーションを最大限に活用し，トレーニング頻度は多かったが，負荷強度は低いのが特徴であった．1996 年以降の大学独自のスケジュールは，活用しやすいロケーションに偏り，また，日本で行なっているトレーニング形態を織り交ぜたため，トレーニング強度，頻度が適切でなかった可能性も考えられる．

2）選手のメディカルチェック（体調管理）

高所トレーニングでは，免疫力が低下するため，

表５−６　三代直樹の日本学生陸上競技対校選手権大会（1998年）横手山高所トレーニング

○競技会結果　９月11日　10,000m　28分30秒87（１位）自己新記録
　　　　　　　９月13日　5,000m　13分46秒91（１位）

日付	朝練習	午前練習	午後練習
9/4(金)			60'JOG（渋峠）
9/5(土)	40'JOG	散歩（横手山）	80'JOG（弓池）
9/6(日)	散歩	50'JOG（弓池）	14km距離走（弓池） (km−3'50"〜3'00")
9/7(月)	40'JOG	REST	1km×3(R−2分)（弓池）
9/8(火)	＋リング投げ 速歩	散歩（横手山）	75'JOG（弓池）
9/9(水)	40'JOG		60'JOG（昭和の森）

〈トレーニング場所〉
　横手山（渋峠）（標高2,100m），弓池（標高2,000m）

同競技会においての順天堂大学陸上競技部長距離ブロックの成績（エントリー各２名）
1,500m　　４位，×
5,000m　　１位，×
10,000m　　１位，６位
3,000mSC　３位，８位
ハーフマラソン　22位，途中棄権
（下線は横手山高所合宿不参加者）
※ 1,500mと5,000mについては，エントリー１名

表５−７　岩水嘉孝の日本学生陸上競技対校選手権大会（2001年）横手山高所トレーニング

○競技会結果　９月28日　10,000m　28分48秒52（４位）
　　　　　　　９月29日　3,000mSC　8分40秒23（優勝）
　　　　　　　９月30日　5,000m　13分59秒65（２位）

日付	朝練習（渋峠）	午前練習	午後練習
9/21(金)			50'JOG（弓池）
9/22(土)	40'JOG	散歩（横手山）	200m×20（R−150m）（弓池）
9/23(日)	40'JOG	散歩（横手山）	10km距離走（弓池） (km−3'50"〜3'10")
9/24(月)	リング投げ ＋速歩	60'JOG（弓池）	散歩（草津）
9/25(火)	40'JOG	1km×3（R−2分）（弓池）	散歩（万座）
9/26(水)	40'JOG ＋リング投		60'JOG（昭和の森）

〈トレーニング場所〉　横手山(渋峠)(標高2,100m)，弓池(標高2,000m)，草津(標高1,300m)

同競技会においての順天堂大学陸上競技部長距離ブロックの成績（エントリー各２名）
1,500m　　３位，12位
5,000m　　２位，４位
10,000m　　４位，20位
3,000mSC　１位，２位
ハーフマラソン　３位，９位
（下線は横手山高所合宿不参加者）

体調の維持，管理が難しい．メキシコでは日頃食べ慣れない食物を食べ，衛生状態が悪い環境下の中，体調（下痢・頭痛）を崩す者が多かった．特にはじめてメキシコに行った学生は，ほぼ全員が食中毒や高山病で体調を崩した．

一方，横手山では，まれに頭痛を訴える者がいるが，体調を著しく崩す学生はみられなかった．

3）高所トレーニングにおける医学的諸問題

メキシコ合宿後において，著しく調子を落としている者とそうでない者がいた．メキシコ合宿中，集団でトレーニング（グループ化は図っているが）している中で，疲労の蓄積に差がみられる．特に帰国後の疲労度には個人差があり，トレーニングを立案する上で注意しなければならない．しかし，競技能力の高い学生に関しては，比較的疲労回復が早いようである．

横手山における高所トレーニングにおいては，コンディショニングであることもあり，トレーニングは個人単位で行ない，競技者個々にあったトレーニング強度で実施しているため成功している．

おわりに

2001年ユニバーシアード・北京大会に出場した学生競技者3名に対して，昆明（標高1,886m）での短期間のコンディショニング高所トレーニングを仲村の指導により実施した．藤原正和（中央大学）はハーフマラソンにおいて金メダルを獲得，岩水（順天堂大学）は3,000mSCにおいて5位に入賞，橋ノ口竜一（山梨学院大学）も10,000mにおいて4位に入賞を果たし，1週間の高所コンディショニングトレーニングを行なった3名すべてが結果を残すことができ，短期的な高所トレーニングの有効性が，ここにおいても実証された．

高所への適応能力は大きな個人差があり，順化適応能力の低い者は何度やっても慣れることはない．したがって，誰かれ構わず高所トレーニングをするのではなく，向き不向きを見極めてから実施しなければならない．

近年，専修大学の前嶋教授は，低酸素環境においてトレーニングを実施し，動脈血酸素飽和度を指標に低酸素環境下の適応性を判定してから高所トレーニングを実施する試みもなされている．

順天堂大学では，ランニングフォームおよびランニングリズムに優れているランナーのみを，事前に血液学的，生化学的検査を実施し，高所トレーニングに帯同させ成功している．

［澤木　啓祐，仲村　明］

6章　大学水泳選手について —中国昆明での継年的トレーニング—

1．高所トレーニング導入の経緯

1）競泳における高所トレーニング

競泳における高所トレーニングが注目されはじめたのは，1968年のメキシコオリンピックの頃からであった[1]．当時，非常に期待されていたアメリカのマークスピッツ選手がメキシコオリンピックで不振に終わり，逆に400m自由形で無名のメキシコの選手が活躍したことがきっかけとなり，高所トレーニングの重要性や必要性が世界中で論じられるようになってきた[2]．このような背景をうけ，日本水泳連盟でも1984年のロサンゼルスオリンピック前から，50mプールが整備されている欧米諸国の高所環境にて，定期的に高所トレーニングを取り入れ，競技力向上に取り組んでいる[3]．また，われわれ筑波大学水泳部では1994年より中国の雲南省にある昆明において高所トレーニングに取り組むようになった．

2）中国昆明での高所トレーニングに至った経緯

われわれ筑波大学水泳部は1991年より中国の上海チームと交流を持ちはじめ，当時の中国ナショナルチームの陳ヘッドコーチと出会った．陳コーチは，当時100m自由形男子アジア記録保持者であった沈堅強選手，および1992年バルセロナオリンピック50m自由形女子金メダリストの揚文意選手といった，短距離種目における一流選手のコーチであった．そして，われわれは彼らが短距離選手でありながら，年間数回にわたって高所トレーニングを実施している事実を知り，非常に興味を持った．それまで，高所トレーニングは有酸素能力を改善させる効果があることから，陸上中長距離選手をはじめとし，さまざまな持久性競技種目を対象としたトレーニング法という概念があった．そこで，われわれは実際に中国の水泳チームはどのような目的，方法で短距離選手を対象として高所トレーニングを行なっているのか詳しく話を聞き，中国昆明での高所トレーニングを実施するに至った．

3）中国ナショナルチームの実際

われわれが高所トレーニングに取り組もうとしている頃，前述した沈堅強選手が現役引退後われわれの研究室で水泳のトレーニング科学について勉強するため，筑波大学大学院体育研究科に入学した．彼は1983年に中国のナショナルチーム入りして以来，合計10回を越える昆明での高所トレーニングを選手として経験していたため，彼の経験から具体的なアドバイスをもらうことができた．そして，中国のナショナルチームが行なっている高所トレーニングに関して以下のような特徴を聞くことができ，われわれのトレーニング計画立案に非常に参考になった[4]．

・年間3～5回，1回の滞在期間が3～4週間で行なわれる．
・高所滞在前に十分な有酸素トレーニングを行なっておく．
・高所滞在期間中，筋力トレーニングを多く行なうことで筋力低下を防ぐ．
・高所滞在期間中にトレーニングの質・量ともに高所滞在前の平地と同等のレベルまで上昇させる．
・オーバートレーニングに十分注意をする．
・平地に比べて，特に水分補充や栄養状態に留意する．

4）中国昆明について（図 6－1）

昆明は，中国雲南省の省都であり，標高は 1,886m，年間平均気温が 14.5℃で，冬場でも平均 10℃程度と 1 年中温暖であることから，「春の町」と称されている．現在，日本からは関西空港から直通便がでており，4 ～ 5 時間程度で移動することができる．また日本との時差が 1 時間のため，時差ボケの心配がいらないこともトレーニングを行なううえで魅力的である．昆明の郊外に「昆明体育訓練基地」（写真 6－1）という総面積約 40 万km^2もあるトレーニングセンターがつくられており，50m屋内プールだけでなく，16 面のサッカー場をはじめ，テニス，野球，陸上，バスケットボール，バレーボールなどの競技場や体育館，そして大人数収容可能な宿泊施設や食堂，そして専用の病院が施設内に設置されており，中国のさまざまなスポーツ種目において高所トレーニングの拠点となっている．

図 6－1　中国雲南省昆明

写真 6－1　昆明体育訓練基地

2．継年的な高所トレーニングの概要

1）われわれが実施した日程および概要

表 6－1 にわれわれが実施してきた高所トレーニングの概要を示した[5]．

前述したように，中国ナショナルチームの陳ヘッドコーチや沈堅強選手の実質的なアドバイスをもとに，以下のようなトレーニング計画を立て，トレーニングを行なった．

すべての期間に共通して，高所滞在前 3 ～ 5 週間は有酸素トレーニングを中心とした高所トレーニングのための準備期とした．また，高所滞在 3 ～ 4 日間は高所環境への適応期間とし，トレーニングの質・量ともに徐々に向上させた．適応期間終了後，その時期の目的に合わせ 2 週間程度の鍛練期間とし，本格的なトレーニングを行なった．そして，高所滞在最後の 3 ～ 4 日間は下山後の環境の変化を考慮して回復期間とし，トレーニングを減少させた．このように回復期間を設けることで下山後の環境変化によって体調を崩すことなく，速やかに適応することができた．

高所トレーニングでは，高所滞在期間中のトレーニングだけでなく，高所滞在前そして下山後のトレーニング内容も高所トレーニングを成功させるため非常に重要な要素のひとつである．

2）目的に応じた高所トレーニング

高所トレーニングを実施するうえで，まず「どのような時期に」「どのような目的で」ということを考えなくてはならない．

シーズン初～中期の一般的持久期あるいは専門的持久期における有酸素能力改善を主目的としたトレーニングなのか，あるいはシーズン後期の試合準備期に無酸素能力改善を主目的としたトレーニングなのかに大きく分類できるであろう．

図 6－2 にそれぞれの目的に応じたトレーニングカテゴリー別のトレーニング距離を示した．い

表 6－1　継年的高所トレーニングの概要

実施時期	1994 年 3 月	1994 年 12 月	1995 年 3 月	1995 年 12 月	1996 年 3 月
目的	有酸素能力改善	有酸素能力改善	無酸素能力改善	有酸素能力改善	無酸素能力改善
期間（日）	14	21	19	23	20
参加人数（人）	20	8	7	6	4
練習回数（回）	20	29	26	31	29
平均練習距離（m）	5,433	5,552	4,369	4,772	4,500

（萬久博敏，野村武男：競泳選手の高所トレーニング―昆明：1,886m の場合―．体育の科学，46: 569–574，1996）

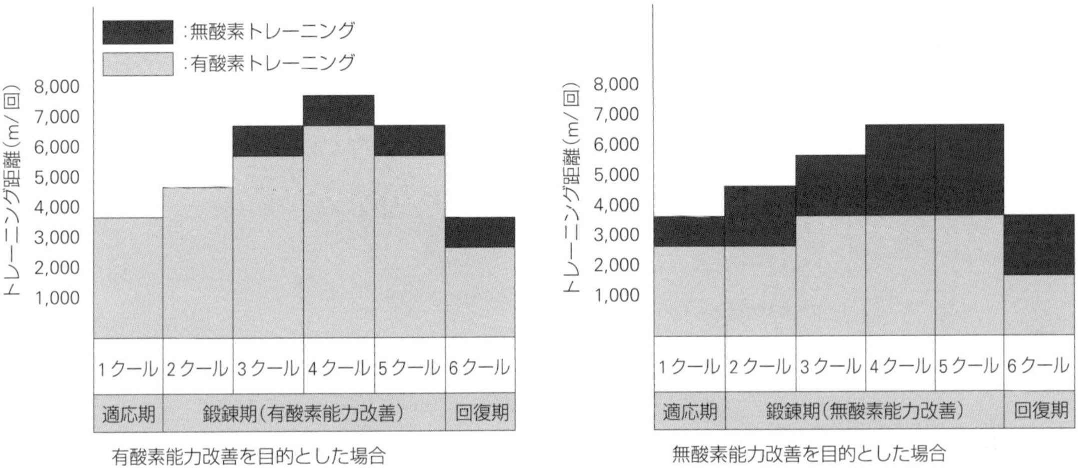

図 6－2　それぞれの目的に応じた高所トレーニング期間中におけるカテゴリー別のトレーニング距離

ずれの目的のトレーニングでも，高所滞在中における第 1 クールの 3 ～ 4 日間は高所適応期間を設け，高所滞在第 6 クールの 3 ～ 4 日間は回復期にあて，第 2 ～ 5 クールの 2 ～ 3 週間はそれぞれの目的に応じて有酸素能力改善，あるいは無酸素能力改善のための鍛練期とする．高所滞在最後の 3 ～ 4 日間は合宿の締めくくりのため厳しいトレーニングを付加したくなるものであるが，この期間に追い込みすぎると体調を崩しやすくなるため，試合まで数週間という試合準備期の場合は特に注意が必要である．

図 6－3 に試合に向けた高所トレーニングのモデルを示した．平地での準備期間として約 3 週間十分な有酸素トレーニングを行ない，有酸素能力の土台を作り上げ，高所環境に備える．そして，高所に登ってから，最初の適応期間（第 1 クール）は，比較的ゆっくりとしたスピードで，負荷強度を抑えながらトレーニングを行なうことが大切である．この時期にトレーニング中の泳速度や心拍数，あるいは血液テストなどから平地での値と比較することによって，高所への適応状態を判断する必要がある．適応期間終了後，第 2 ～ 5 クール（2 ～ 3 週間）の鍛練期におけるトレーニングは，有酸素系の場合は質・量ともに平地と同等まで上げ，無酸素系の場合は泳速度を平地と同等まで上げることが目標となる．この時期に平地と同等レベルのトレーニングができれば，下山後のパフォーマンス改善が期待できるであろう．そして，第 6 クールの回復期には，疲労回復をはかるため，トレーニング負荷を減少させ，そして技術トレーニングを多くすることで下山後の試合に向けた調整に繋げることが重要である．われわれの経験では，下山後，試合までの期間は約 3 週間が最もベストパフォーマンスを期待できる長さであると推測しているが，この長さに関しては多種多様な意見があり，今後，さらなる実践的な検討

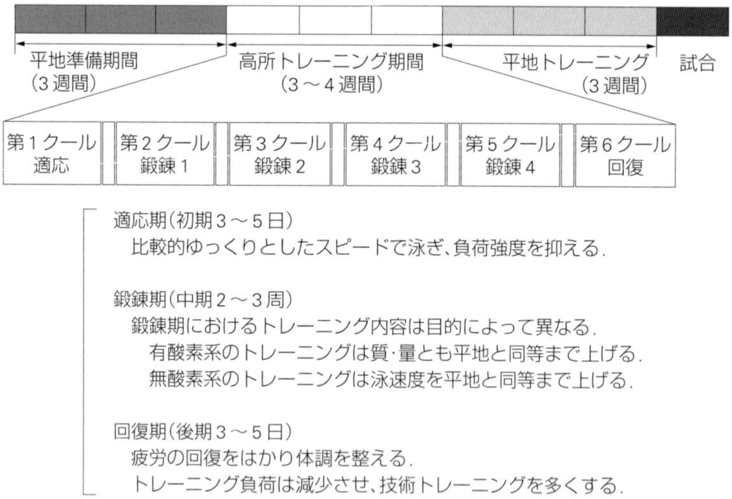

平地準備期間
（3週間）
高所トレーニング期間
（3～4週間）
平地トレーニング
（3週間）
試合
第1クール
適応
第2クール
鍛錬1
第3クール
鍛錬2
第4クール
鍛錬3
第5クール
鍛錬4
第6クール
回復
適応期（初期3～5日）
比較的ゆっくりとしたスピードで泳ぎ、負荷強度を抑える.
鍛錬期（中期2～3周）
鍛錬期におけるトレーニング内容は目的によって異なる.
有酸素系のトレーニングは質・量とも平地と同等まで上げる.
無酸素系のトレーニングは泳速度を平地と同等まで上げる.
回復期（後期3～5日）
疲労の回復をはかり体調を整える.
トレーニング負荷は減少させ、技術トレーニングを多くする.

図6−3　試合に向けた高所トレーニングのモデル

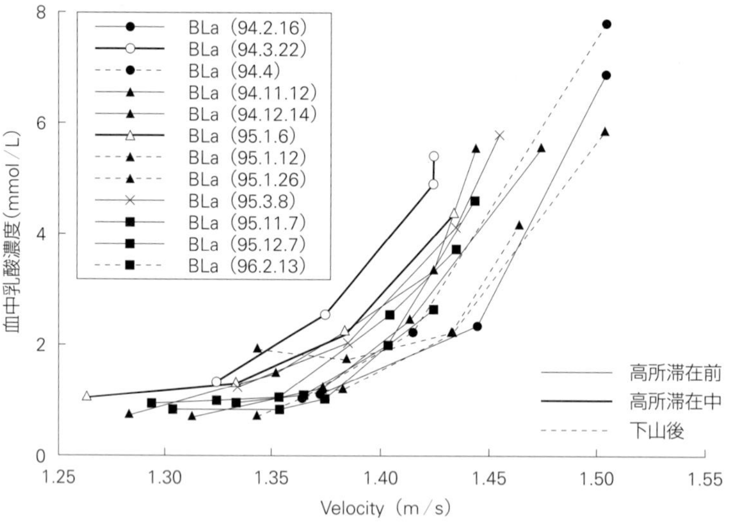

図6−4　O選手の漸増負荷テストにおける乳酸カーブの変化
（野村武男，萬久博敏：水泳競技選手の高所トレーニング．臨床スポーツ医学，16: 549−553，1999）

が期待される．

また，2002年12月にわれわれが行なった昆明での高所トレーニングにおいて，はじめて高所トレーニングを経験した選手よりも何度も経験した選手のほうが，高所滞在中最初の数日間の低酸素環境への適応期間が明らかに短いことを実感した．科学的なデータは不足しているが，トレーニング中のタイムや心拍数，選手の表情や言葉などから判断しても，明らかにこの差は顕著であったと思われる．はじめての選手は高所初体験ということで多少の緊張や不安があったということも考えられるが，この現象はコーチおよび選手ともに感じており，高所トレーニングを何度も繰り返すことによって，高所滞在後の低酸素環境への適応期間が短くなっていくのではないかと考えられる．今後，この現象に関してさらなる検証が望まれる．

3．有酸素性能力および無酸素性能力の変化

図6−4にすべての高所トレーニングに参加したO選手における有酸素能力の変化を推定するた

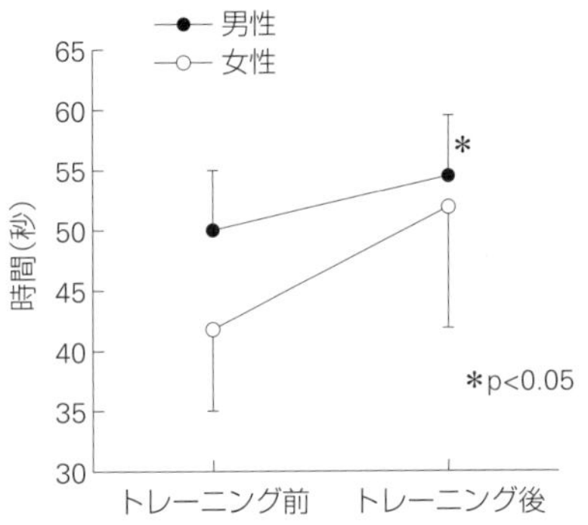

図 6－5　高所トレーニング前後における回流水槽を用いたテストの泳継続時間
（野村武男，萬久博敏：水泳競技選手の高所トレーニング．臨床スポーツ医学，16：549－553，1999）

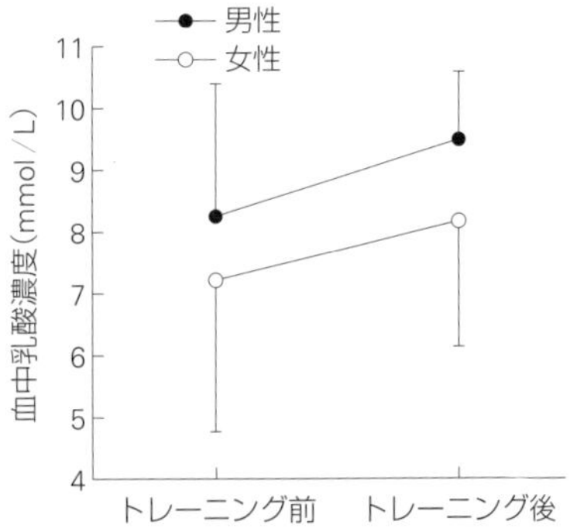

図 6－6　高所トレーニング前後における回流水槽を用いたテスト後の血中乳酸濃度
（野村武男，萬久博敏：水泳競技選手の高所トレーニング．臨床スポーツ医学，16：549－553，1999）

め，2 年間にわたる計 12 回の漸増負荷テストにおける乳酸カーブの変化を示した．実線は高所滞在前，太線は高所（昆明）滞在中，点線は下山後の値を示している．当然，高所では平地での値に比べ乳酸カーブが全体的に左にシフトしているが，高所滞在前と下山後を比較してもほとんど変化しておらず，また，2 年間の継年的な変化も顕著ではなかった．これは，上述したように，毎回高所トレーニング前に有酸素能力を改善させるような有酸素トレーニングを十分行なっていたため，すでに有酸素能力がプラトー状態に達していたことが原因として考えられる．

また，無酸素能力を検討するため，回流水槽にて 40～60 秒程度で疲労困憊に至るような泳速度を用い，疲労困憊に至るまでの泳継続時間と試技後の血中乳酸濃度を測定した．図 6－5，6－6 に高所トレーニング前後における泳継続時間および試技後の血中乳酸濃度をそれぞれ示した．その結果，男子において高所トレーニング後に泳継続時間が平均で約 10 %有意に改善し（$p<0.05$），女子では，平均で約 20 %改善したものの，ばらつきが大きかったため有意な変化は示さなかった．試技後の血中乳酸濃度においては，男女ともに増加傾向を示したものの，個人差が大きかったため有意な変化ではなかった．高所トレーニングによって酸素不足状態におけるトレーニングが解糖系のエネルギー代謝の負荷を促し，筋中の緩衝能

写真 6－2　高所滞在中の筋力トレーニングの様子

を改善させるという報告がなされている[6]．これらのことから，われわれが得た結果は解糖系エネルギーによる無酸素能力改善を示唆しているものと考えられる．また，われわれは前述した中国ナショナルチームの陳コーチおよび沈堅強選手のアドバイスをもとに，高所滞在中，水泳のトレーニングだけでなく，筋力トレーニングにもかなり取り組んできた（写真 6－2）．そして，高所滞在前にかなりの有酸素トレーニングを行なってきたこともあり，特に試合準備期における高所トレーニングでは，高所滞在中，耐乳酸トレーニングなど無酸素性能力を改善させるトレーニングを多く取り入れていたことが，このような結果の主な要因であると考えられる．

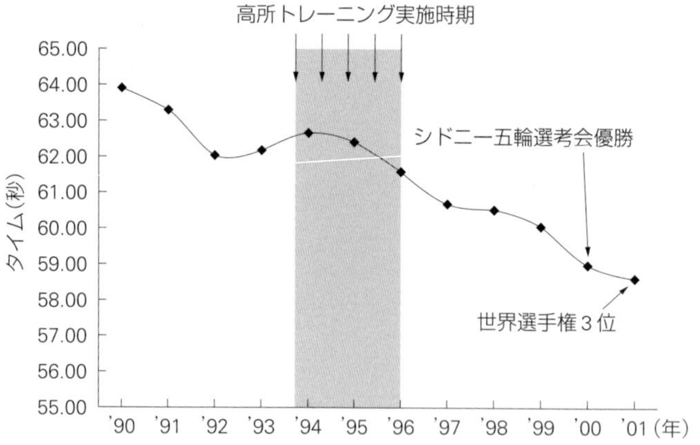

図 6−7　O 選手の 100m バタフライにおける記録の変化

4. パフォーマンスの変化

図 6−7 にすべての高所トレーニングに参加した O 選手の数年間における 100m バタフライの自己ベスト記録の変化を示した．彼女は高所トレーニング前は，日本ランキング 3 〜 6 位程度には入っていたものの，日本代表選手にまでは届かない選手であった．また，前述したように漸増負荷テストから判断した有酸素能力は 2 年間にわたる高所トレーニングによってほとんど変化がなかったことを示していた選手である．しかし，図からもわかる通り，彼女は継年的な高所トレーニングを経て競技記録が伸び続け，大学卒業後もトレーニングを継続し，2000 年シドニーオリンピックの代表選手となり，そして，2001 年世界選手権では 100m バタフライで銅メダルを獲得した．実際，高所トレーニングを行ないはじめてから，徐々にトレーニング中のいわゆる「痛み」に対する耐性が改善し，また，高所トレーニング後もその効果は続いていたように思われる．「高所はその刺激を神経系が記憶する」という語り伝えがあるが，この現象はまさに的を得た言葉と言えるだろう．

5. 血液性状

血液性状については高所トレーニング第 1 回目（1994 年 3 月）に得られた結果について述べる．採血は，高所トレーニング前に平地にて 1 回，高所滞在中に 4 回，下山後に 2 回の計 7 回，早朝安静時に前腕部正中静脈より採血を行なった．

図 6−8 に赤血球（RBC），血液へモグロビン濃度（Hb）値の推移を示した．RBC 値において男女ともに高所滞在中第 3 期に最高値を示し，高所トレーニング前と比較し第 3，4 期において有意に高い値を示した．Hb 値について，男女ともに高所第 1 期終了後から増加傾向を示し，高所トレーニング前と比較して高値を示していたが，いずれも有意な増加ではなかった．高所環境における RBC，Hb 値の増加は低酸素環境による身体への刺激に対する適応の変化であり，これらの適応は高所における酸素運搬能力の改善をもたらしたと考えられる[5]．

図 6−9 に造血因子であるエリスロポエチン（EPO）と網状赤血球値の変化を示した．EPO は男子において，高所第 1 期および 2 期終了時に有意な増加を示したが，第 3 期に高所トレーニング前と同値まで低下し，その後の変化はほとんどみられなかった．高所に曝露された 2 〜 3 日後に EPO の値は一過性に増加するが，その後，徐々に平地の値に低下するという報告が，Klausen ら[7]，Berglund ら[8] によってされており，われわれも同様の結果を得た．網状赤血球の値は，高所滞在中には測定できなかったが，高所トレーニング前と下山後で測定し比較した結果，下山後に有意に増加した．これらの結果から，EPO の一過性の変化が起因して造血作用が促進され網状赤血球が下

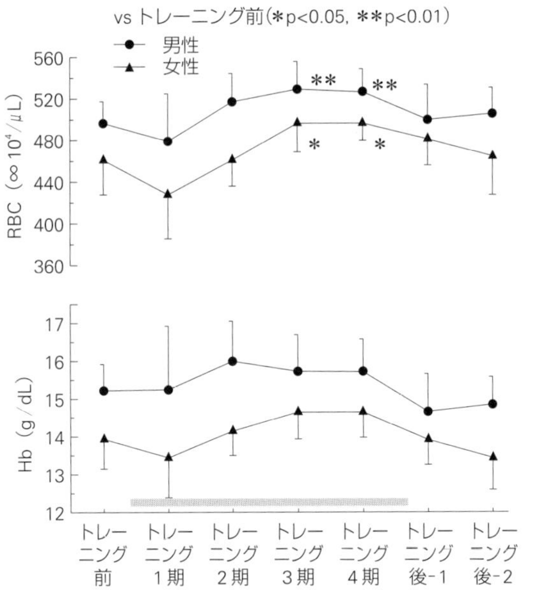

図6－8　第1回高所トレーニングにおけるRBC，Hbの変化
（野村武男ほか：高所トレーニングがエリスロポエチン（EPO）およびその他の血液性状におよぼす影響．登山医学，14: 93－98, 1994）

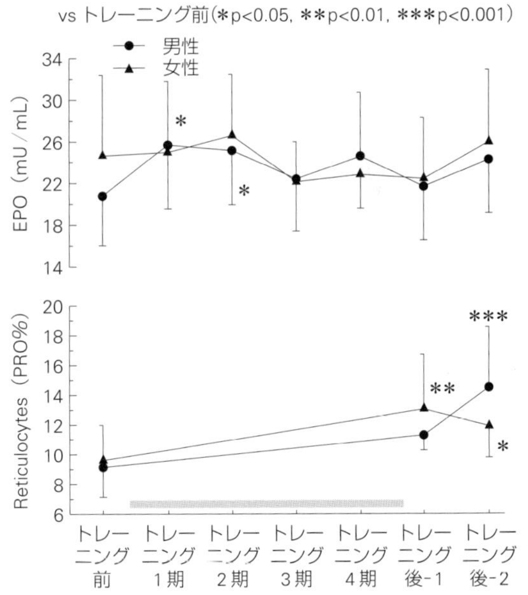

図6－9　第1回高所トレーニングにおけるEPO，網状赤血球の変化
（野村武男ほか：高所トレーニングがエリスロポエチン（EPO）およびその他の血液性状におよぼす影響．登山医学，14: 93－98, 1994）

山後に増加したものと推測される[9, 10]．

6．継年的な高所トレーニングのガイドライン

われわれが行なってきた継年的な高所トレーニング，および中国ナショナルチームからの情報から以下のように，「トレーニング」「栄養」「休養」という3つの面から簡単にまとめてみた．

1）トレーニング（写真6－3）

・高所トレーニングは有酸素能力改善だけでなく，耐乳酸能力や乳酸の緩衝能力を高めるような無酸素能力改善にも貢献できる．
・高所トレーニングを行なう上で，その時期が有酸素能力改善が目的なのか，無酸素能力改善が目的なのかを明確にして実施すべきである．
・いずれの目的の場合においても，高所滞在前に必ず，平地にて十分な有酸素トレーニングを行ない，高所環境に備えることが重要である．
・高所滞在後最初の3～4日間は環境適応期間とし，トレーニングの質・量ともに徐々に向上させる．

写真6－3　トレーニング風景（昆明体育訓練基地）

・高所滞在最後の3～4日間は下山後の環境の変化を考慮し，回復期間としてトレーニングの質・量ともに減少させる．
・高所環境における筋力低下を防ぐために，筋力トレーニングを積極的に行なう．
・高所では，平地では得られないさらに高い負荷が得られ，何度か繰り返すことによってより大

写真 6－4　食事風景（昆明体育訓練基地）

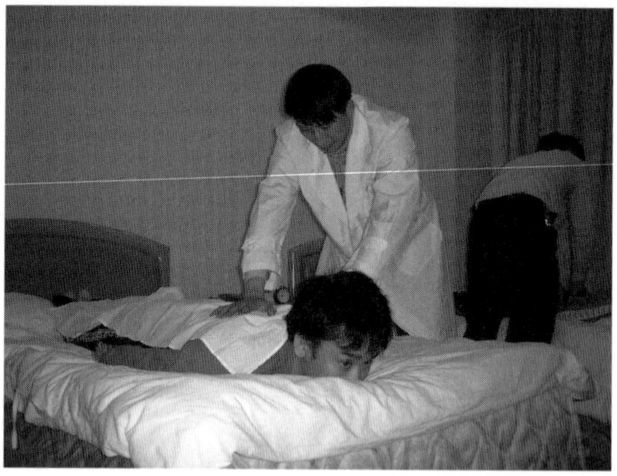

写真 6－5　マッサージ風景（昆明体育訓練基地）

きな効果を生むと考えられる．

・何度か繰り返された高所トレーニングによって，その刺激を体が記憶することで高所トレーニングを中止した後もその耐性はなお持続し，より高い効果を期待できる．

2）栄　養（写真 6－4）

日本国内では水泳の高所トレーニングを行なうことは非常に困難であるため，どうしても海外での合宿になる．また高所滞在中は，平地に比べてより高い負荷がかかるため，予想以上に胃や腸などの消化器系の内臓に負担がかかりやすくなる．そのため，食事については，できる限り内臓に負担のかかりにくいものを摂取するよう心がけることが大切である．しかし，そうは言っても中国などはどうしても油の多い食事になるため，その具体的な対策として食事のときにお茶をたくさん飲むことや消化剤を常備し，内臓への負担をできる限り少なくすることがまずは最も重要であろう．また，栄養のバランスを考え，近くの市場やマーケットなどでフルーツ等の補食を購入したり，あるいは日本からサプリメントなどを持っていくなどの対策も必要である．また，高所環境は乾燥しているため水分摂取には十分な注意が必要である．

3）休養・マッサージ（写真 6－5）

高所滞在中のトレーニングは，非常に高い負荷がかかり，また，筋力トレーニングも平地と同様に行なうため，十分な休養が必要不可欠である．われわれは現地にてスポーツマッサージができるマッサージャーを雇い，選手の疲労回復につとめた．物価も非常に安いため費用も日本よりも安くすむことが大きな利点であろう．

また，オーバートレーニングのため，体調を崩してしまう選手もでてくる可能性が高くなる．そういったことを考慮し，日本からの常備薬や現地での病院，そして通訳なども事前にチェックしておくことが重要であろう．

文　献

1） Balke B et al.: Altitude and maximum performance in work and sports activity. J Amer Med Assoc, 194: 646－649, 1965.

2） 野村武男，萬久博敏：水泳競技選手の高所トレーニング．臨床スポーツ医学，16: 549－553, 1999.

3） 日本水泳連盟編：水泳コーチ教本．大修館書店，1993.

4） 沈堅強：中国競泳選手の高所トレーニングに関する研究．筑波大学大学院体育研究科修士論文，1996.

5） 萬久博敏，野村武男：競泳選手の高所トレーニング—昆明：1,886mの場合—．体育の科学，46: 569－574, 1996.

6） Mizuno M et al.: Limb skeletal muscle adaptation in athletes after training at altitude: J Appl Physiol, 68: 496－502, 1990.

7） Klausen T et al.: Maximal oxygen uptake and erythropoietic responses after training at moderate altutudes. Eur J Appl Physiol, 62: 376－379, 1991.

8) Berglund B: High-Altitude Training-Aspects of Haematological Adaptation-. Sports Med, 14: 289－303, 1992.
9) 野村武男ほか：高所トレーニングがエリスロポエチン（EPO）およびその他の血液性状におよぼす影響．登山医学，14: 93－98, 1994.
10) 金岡恒治ほか：高所トレーニングにおける血液像の変化—エリスロポエチン値を中心として—．臨床スポーツ医学，13: 55－60, 1996.

［野村　武男・下山　好充］

7章　水泳日本代表選手について　—米国北アリゾナ大学フラッグスタッフでのトレーニングと医・科学サポート—

1．水泳と高所トレーニング

水泳の競技種目には，現在，最も距離の短い50mから最も距離の長い1,500mまで存在し，競技時間は，世界的レベルの競技会でみると約22秒から約15分の範囲となる．レースの距離別に，総エネルギー消費に対する有酸素性エネルギー消費の割合をみると，50mレースでは20%，100mレースでは40～50%，200mレースでは60～70%，そして400mレースでは80～85%と報告されている[1]．このことからも，水泳競技における有酸素的な運動能力は，競技成績に影響する重要な因子であることがわかる．Sutton[2]は，高所における身体反応として，まず，換気量の増加，安静時および最大下の強度での運動中の心拍数と心拍出量の増加をあげている．さらに，高所トレーニングの生理的変化として，血中ヘモグロビン濃度の増加，毛細血管の増加，筋中の酸素酵素の活性化，新生赤血球の増加をあげている．結果として，高所トレーニングの効果は，有酸素性エネルギー供給機構から，より多くのエネルギーが利用できることになる．したがって，水泳競技における高所トレーニングの目的は，有酸素的運動能力を高め，競技力の向上を図ることにあるといえよう．また，高所環境に近い条件下で，高強度のインターバルトレーニングを実施した結果，無酸素性エネルギー供給能力の向上がみられたという報告もみられる[3]．近い将来，有酸素的運動能力だけでなく，無酸素的運動能力向上をも目的とした高所トレーニングが実施される可能性は高い．

このような高所トレーニングの利点を競技力向上に生かすため，水泳日本代表チームは，1984年ロサンゼルスオリンピックから，積極的に高所トレーニングを取り入れてきた．その拠点とした合宿地が，米国フラッグスタッフである．著者の7年間にわたる医・科学サポートの経験を踏まえ，水泳競技の高所トレーニングのあり方をまとめた．

2．これまでの高所トレーニングとフラッグスタッフ

水泳競技の高所トレーニングに関する取り組みは，1965年に開催されたメキシコでの国際大会参加がきっかけであった．1982年以降になると，日本代表チームは，継続的にオリンピックや国際大会に向けた高所トレーニングを実施している．これまでのナショナルチームの合宿地は，1984年ロサンゼルスオリンピック直前のメキシコシティ（メキシコ，標高2,300m），ジュニア選手の海外遠征が行なわれたコロラドスプリングス（アメリカ，標高1,600m），1992年バルセロナオリンピック直前のフォントロミュー（フランス，標高1,850m），そして1988年ソウル，1996年アトランタ，2000年シドニーオリンピック直前合宿に使われたフラッグスタッフ（アメリカ，標高2,100m）がある．この中でも，フラッグスタッフでは，過去10年間（1990～2000年）で延べ10回の合宿が行なわれている．これは，同地での高所トレーニングにおける支援体制の充実がひとつの理由としてあげられる．

同地には北アリゾナ大学があり，学内に北アリゾナ高所スポーツトレーニングコンプレックス（Northern Arizona High-Altitude Sports-Training Complex, NAHASTC）という組織を開設している．NAHASTCは，多くのスポーツ種目の高所ト

写真７−１　北アリゾナ大学プール（標高約 2,100m）

写真７−２　北アリゾナ大学温水プール（50m×８コース）

表７−１　高所トレーニング後に記録更新したレース数とその率

シーズン		参加レース数	記録更新したレース数	記録更新率
1986〜1996 年	全体	101 レース	41 レース	41%
	男子	51 レース	24 レース	47%
	女子	50 レース	17 レース	34%
2000 年シドニーオリンピック		10 レース	4 レース	40%
2001 年世界選手権		23 レース	10 レース	44%

レーニングセンターとしての機能を果たすべく，多種多様なサービスを提供している（NAHASTC の HP 参照；http://www4.nau.edu/hastc/）（写真７−１，７−２）．トレーニングや生活環境を整えるためには，事前に，宿泊やトレーニング施設の予約，医療機関での診察の予約（血液検査）などをしなければならないが，これらは NAHASTC が代行してくれる．このような支援組織は，海外にて合宿を行なう際，貴重な存在である．近年では，ヨーロッパや中国など，海外の高所トレーニング施設には，NAHASTC のような支援体制が確立されつつある．

3．これまでの高所トレーニングの成果

表７−１は，フラッグスタッフでの高所トレーニング直後に参加したレースの記録が，高所トレーニング前の記録を更新したレース数と割合を示す[4]．1986〜1996 年のデータは，ジュニア選手を多く含んだナショナルチームの結果である．記録が向上したレースは，男女計 101 レース中 41 レースで 41%，男子が女子に比べてやや高く 47%となった．記録の更新率の高いジュニア選手でも，高所トレーニング後は４割程度となった．一方，シニア選手を多く含むオリンピックや世界選手権ではどうか．2000 年シドニーオリンピックでの高所トレーニング実施に伴う記録更新率（選考会からオリンピックまで２回の高所トレーニングを実施）は 40%であった．なお，400m 個人メドレー２位の田島寧子選手の捻挫後のレースを除くと 50%になる．また2001年世界選手権においての記録更新率は 43%であった[5, 6]．ジュニア選手を一概に比較できないが，同等以上であったことがわかる．

選手は，選考会において最高のコンディションでレースに臨んでいることから，記録も自己ベストやそれに近い，相当高いレベルにある．その記録と，選考会から高所トレーニングを挟んだ数カ月後の大会との記録を比較した結果，約４割以上

の確率で記録を更新したこと，加えて高所トレーニングを実施しなかった選手の記録更新率をみると，シドニーオリンピックでは36%，世界選手権では34%であったことからも，高所トレーニングの有効性が指摘できる．

4．高所トレーニングの標高

これまでの合宿地をみると，標高 1,600～2,300mの範囲で行なわれている．図 7－1 に示す標高 1,600mのプールで実施された血中乳酸カーブテストの結果をみると，高所トレーニング直後の値は，直前の平地でのものと比較するとそのカーブは大きく左側にシフトしていることがわかる[7)]．これは，高所環境下でまだ身体が適応していない段階では，有酸素性エネルギー供給量が不十分であり，速度の低いレベルから無酸素性の解糖系エネルギー供給が必要となって，その結果，乳酸の産生と蓄積が生じたためである．つまり，標高 1,600mにおいても，そのトレーニング効果は十分期待できることを意味している．また，鉱山の廃鉱に建設された実験用減圧室を用いた実験では，自転車エルゴメータによる運動において，標高 2,500m以上になると，平地での最高心拍数の 50%あるいは 75%に相当する強度で，換気量や心拍数が急激に増加すること，そして 3,500mでは最高心拍数の 75%に相当する強度でも最大に近い値を示す被験者がいたと報告されている[8)]．水泳競技は，陸上競技の長距離レースとは異なり，最長で約 15 分，また数分以内に多くの種目が集中していることから，標高 2,500m以上の高地となると，レースに求められるスピードでのトレーニングは不十分となり，技術的レベルの低下を招く恐れがある．これは，技術的要素が競技力に強く反映する水泳競技においては重要な問題となる．したがって，水泳競技の高所トレーニングの場合，呼吸循環機能の能力に効果的な適応が期待でき，なおかつ十分なトレーニングの実施が可能な標高は，1,500～2,300mの範囲となろう．水泳の場合，“プールがあること”が絶対条件となることからも，フラッグスタッフは条件の整った高所トレーニング地であるといえる．

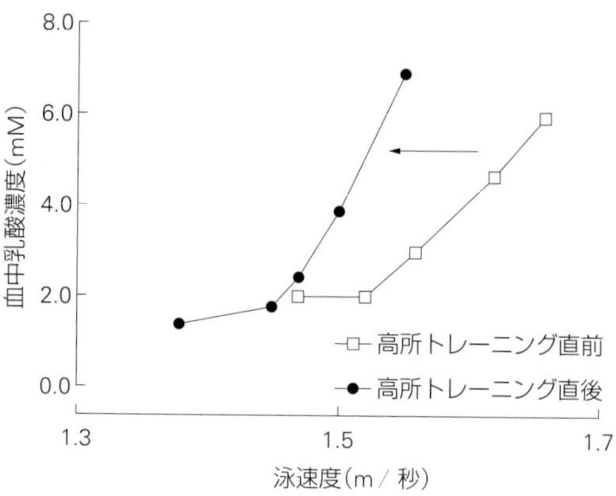

図 7－1　高所トレーニング直前（平地）と直後（標高 1,600m）で実施された血中乳酸カーブテストの比較

5．マクロ・トレーニング計画

高所トレーニングを計画する場合，2 つの重要な要素がある．ひとつは高所トレーニングの実施期間，もうひとつは高所トレーニング後から試合までの調整期間をどう設定するかである．

図 7－2 は，これまでの高所トレーニングのパターンを示す[6)]．パターン A（高所トレーニング 3 週間，平地調整 1 週間）はロサンゼルスオリンピックに，B（高所トレーニング 3 週間，平地調整 3 週間）はアトランタおよびシドニーオリンピック（200m種目以下の選手）に，C（高所トレーニング 4 週間，平地調整 1 週間）はシドニーオリンピック（400m種目以上の選手）および 2001 年世界選手権に向けて実行された計画である．それぞれに長所と短所がある．

パターン C の高所トレーニング 4 週間は，A および B の 3 週間に比べ，期間が長くなるので，心身ともに相当のストレスを与えてしまうことになる．したがって，高所トレーニングをはじめて経験する選手や発育発達期のジュニア選手は，高所トレーニング 3 週間のパターン A や B が望ましい．その A と B では，試合に向けた平地での調整期間が 2 週間違う．A では高所環境に適応した生理的変化があまり低下することなくレースに挑むことができるが，B では A ほど期待できない．

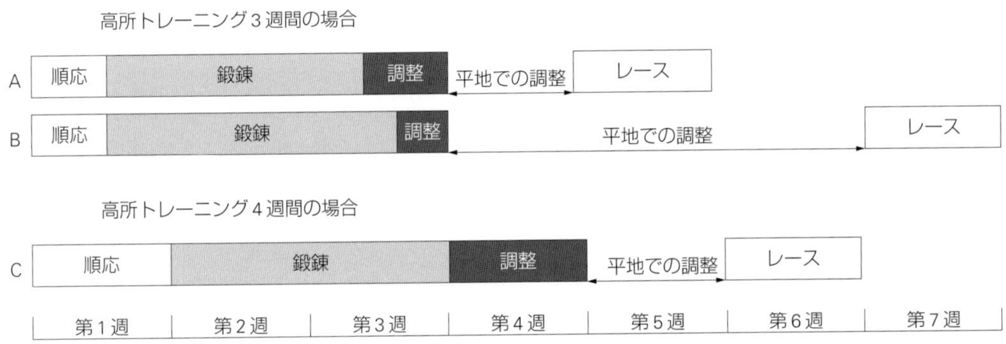

図7−2 高所トレーニング3週間（A，B）または4週間（C）のマクロ・トレーニング計画

しかし，Bでは高所トレーニングによる疲労の回復や時差ボケによる低下したコンディションの修正を図ることができる．さらにBは，平地での調整期間が長いので，Aよりも高所トレーニング期間中，長く鍛錬期間を持つことができる．したがって，AとBそれぞれに長所と短所があるので，選手のタイプや指導者の考え方がそのパターンの選択に反映されることになる．

Cは，シドニーオリンピック以降実施されたにすぎないが，記録更新率は50%近くにも達する．前述した期間の長さによるストレスという問題点を除けば，順応期間として1週間，鍛錬期間として2週間，そして調整期間として1週間と，それぞれが余裕を持って課題に取り組むことができる．また，高所で1週間の調整期間が持たれることから，平地でのその期間は，1週間もあれば十分であろう．

以上を総合すると，高所トレーニング4週間と平地調整1週間で計画されたパターンCが，現在のところ，最も望ましい試合に向けた高所トレーニング・マクロ計画であろう．

表7−2 北島選手と荻原選手が行なった週間トレーニング計画

日付	AM	PM
2001/6/11 月	○	○
2001/6/12 火	○	○ W
2001/6/13 水	○	
2001/6/14 木	○	○ W
2001/6/15 金	○	○
2001/6/16 土	○	
2001/6/17 日		
2001/6/18 月	○	○ W
2001/6/19 火	○	○
2001/6/20 水	○	
2001/6/21 木	○	○ W
2001/6/22 金	○	○
2001/6/23 土	○	
2001/6/24 日		
2001/6/25 月	○ W	○
2001/6/26 火	○	○
2001/6/27 水	○	
2001/6/28 木	○	○
2001/6/29 金	F	F
2001/6/30 土	○	
2001/7/ 1 日		
2001/7/ 2 月	○ W	○
2001/7/ 3 火	○	○
2001/7/ 4 水	F	
2001/7/ 5 木	○	○
2001/7/ 6 金	○	

○＝水中トレーニング，F＝自由練習，W＝筋力トレーニング

6．ミクロ・トレーニング計画

1）週間トレーニング計画

ここでは，図7−2のパターンCである2001年世界選手権の直前合宿を例に，トレーニング内容について解説する（表7−2）．高所滞在中の週間スケジュールは，基本的に午前・午後合わせた計10回の練習が組まれていた．スケジュールの詳細やトレーニング内容は，各選手の担当コーチの計画に基づき，少々の差異がみられた．そこで，高所トレーニングの指導経験豊富なコーチの担当した北島康介選手と萩原智子選手の実践例を取り上げたい．なお，北島選手（200m平泳ぎ）と萩原選手（800mリレー）は3位入賞を果たした．

表7−2中の○は水中トレーニング実施を表す．

写真 7−3　プールサイドでのチューブ引きによる筋力トレーニング（萩原智子選手）

表 7−3　トレーニング内容（カテゴリー）分類

カテゴリー			休息	心拍数
AE	エアロビック	A1	10〜15 秒	〜120
		A2	10〜30 秒	120〜140
EN	エンデュランス	EN1	10〜30 秒	130〜160
		EN2	10〜30 秒	140〜170
		EN3	10〜60 秒	160〜180
AN	アネロビック	AN1	1〜3 分	Max
		AN2	8〜10分	Max
		AN3	30秒〜	Max

表 7−4　各カテゴリー別の練習量

日付	A1	A2	EN1	EN2	EN3	AN1	AN2	AN3	計
6/11 月	2,800	4,300	1,000	0	0	0	0	100	8,200
12 火	2,400	5,800	800	0	0	0	0	300	9,300
13 水	1,400	800	2,600	800	200	0	0	100	5,900
14 木	2,900	6,500	800	400	0	0	0	150	10,750
15 金	2,200	5,100	2,600	0	200	0	0	200	10,300
16 土	2,100	2,500	1,500	0	0	100	0	100	6,300
17 日	0	0	0	0	0	0	0	0	0
18 月	3,000	4,600	800	1,600	1,000	0	0	200	11,200
19 火	4,300	6,100	0	400	800	0	0	200	11,800
20 水	2,000	2,200	0	400	0	400	0	100	5,100
21 木	3,200	3,200	1,400	2,200	200	0	0	200	10,400
22 金	3,100	5,200	0	0	1,200	0	0	100	9,600
23 土	4,600	0	0	0	0	0	300	0	4,900
24 日	0	0	0	0	0	0	0	0	0
25 月	1,800	1,200	2,500	800	400	0	0	100	6,800
26 火	3,900	5,000	200	1,800	400	0	0	100	11,400
27 水	2,200	800	2,800	0	0	0	0	100	5,900
28 木	3,900	3,200	0	1,200	1,100	500	0	300	10,200
29 金	0	0	0	0	0	0	0	0	0
30 土	2,200	1,000	0	400	200	0	200	100	4,100
7/ 1 日	0	0	0	0	0	0	0	0	0
2 月	3,100	2,400	0	800	0	600	0	100	7,000
3 火	2,700	4,800	600	0	1,400	0	0	150	9,650
4 水	0	0	0	0	0	0	0	0	0
5 木	4,300	5,400	0	0	0	700	0	150	10,550
6 金	1,400	2,200	1,600	200	0	0	0	150	5,550

単位：m

また，F は自由練習（水中），W はマシン等を使った筋力トレーニングを表している（写真 7−3）．規則的に休養日（日曜日）がとられ，また水・土曜日の午後もオフであった．高所トレーニングは，平地と比べ，疲労が蓄積しやすく，また回復にも時間がかかる．したがって，休養の取り方には十分な配慮が必要になる．

2）トレーニングの量と質

表 7−3 はトレーニング内容の分類方法を示したものである．トレーニング内容は担当コーチから情報提供を受け，コーチの考えるカテゴリー分類をもとに集計した．

各カテゴリー別に集計された練習量（泳距離）を表 7−4 に示す．自由練習はトレーニング内容

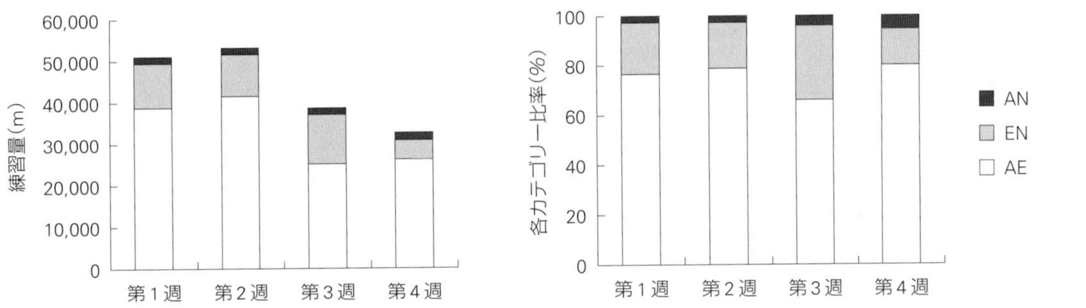

図７−３　週間ごとの各カテゴリー別練習量と比率
AN：アネロビック，EN：エンデュランス，AE：エアロビック

把握が困難なため今回の調査では集計から除く．集計したデータを週ごとにまとめたものが図７−３である．合宿前半では，AE系を主に行なっており，第２週では第１週よりも泳距離が増加していた．第３週では泳距離は減少したもののENやANの練習が占める割合が増加しており，トレーニング強度が高くなっていたことがうかがえる．第４週は，調整に入ったこともあり量・質ともに減少傾向にあった．

つまり，順応，鍛錬および調整期間は，以下のようにまとめることができる．

順応期間である第１週は，いかにうまく高所環境に順応するかを第一優先にすべきで，そして鍛錬期間となる第２，３週のための準備期間と捉えている．２週間にわたる鍛錬期間においても，第２週と第３週では内容が異なり，第２週は量的に負荷を与え，第３週はより強度の高い質を求めたトレーニングとなっている．そして，第４週は，高所環境下において鍛錬期間の回復を図るための調整期間となる．３週間の高所トレーニングでは，調整期間（３～４日間）が十分取れないが，前述の計画では十分な回復が期待でき，高所トレーニング後の平地での調整期間も短期間で済むことになる．

7．トレーニング効果の評価　―血中乳酸カーブテスト―

1）血中乳酸濃度の測定意義

乳酸は，無酸素性エネルギー供給の解糖系から

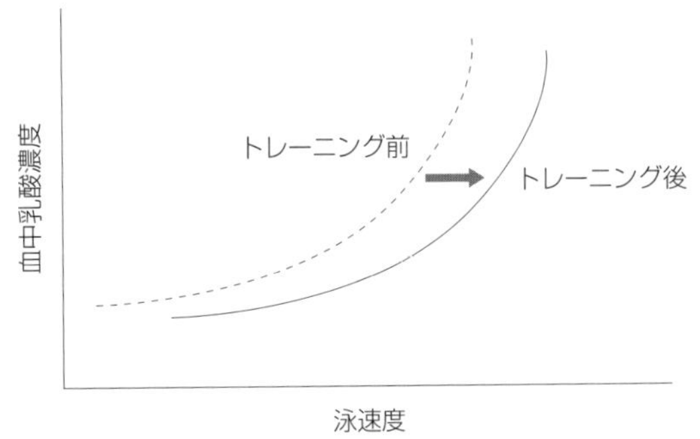

図７−４　血中乳酸カーブテスト
持久力向上に伴い，カーブは右側にシフトする．

ATPがつくられる過程で産生される．これが血液に流れ出たものを血中乳酸という．ある速度で泳いでいる時，有酸素性エネルギー供給量が十分に産生されているならば，解糖系からATPを作り出す必要はないので乳酸は産生されない．また，たとえ乳酸が産生されたとしても，有酸素性運動能力が高ければ酸化的に乳酸をエネルギーの素として使われることになるから，血中乳酸の量は少なくなる．要するに，持久力が向上すれば，同じ速度で泳いでいても血中乳酸濃度は低下する．

図７−４は，泳速度と血中乳酸濃度の関係をグラフにしたものである．それらの関係はカーブとなるので，これを血中乳酸カーブテストという．図中に示すように，持久力トレーニングを施した場合，トレーニング後のカーブは，その前に比べて右側にシフトする．前述したように，高所トレーニングは，有酸素性エネルギー供給量の増加がもたらす持久力の向上を主な目的としていることから，このカーブの変化によってその効果を評価することができる．

表7−5　田島選手の2回の高所トレーニングにおける血中乳酸テストの結果

回数および日付	場所	本数	タイム（秒）	泳速度（m/秒）	乳酸値（mmol/L）	心拍数（拍／分）
1回目 2000/6/2	フラッグスタッフ（高地）	1st	333.56	1.199	1.8	136
		2nd	314.10	1.273	1.8	153
		3rd	302.68	1.322	3.6	164
		4th	291.30	1.373	7.0	177
2回目 2000/6/16	フラッグスタッフ（高地）	1st	334.81	1.195	1.1	122
		2nd	311.16	1.286	1.4	136
		3rd	295.05	1.356	3.3	163
		4th	284.02	1.408	9.0	179
3回目 2000/7/28	北海道（平地）	1st	337.71	1.184	0.8	113
		2nd	307.29	1.302	1.3	128
		3rd	282.99	1.413	2.3	142
		4th	270.13	1.481	10.1	173
4回目 2000/8/10	フラッグスタッフ（高地）	1st	338.65	1.181	1.2	112
		2nd	321.79	1.243	1.8	130
		3rd	290.68	1.376	5.4	168
		4th	282.55	1.416	10.2	176
5回目 2000/8/19	フラッグスタッフ（高地）	1st	332.76	1.202	0.8	117
		2nd	307.16	1.302	1.2	122
		3rd	283.34	1.412	5.3	168
		4th	276.35	1.447	11.7	178
6回目 2000/9/2	フラッグスタッフ（高地）	1st	323.86	1.235	1.3	102
		2nd	300.76	1.330	2.0	115
		3rd	281.68	1.420	6.6	162
		4th	272.73	1.467	12.9	182

50m×8×4　IM　Broken　on　12　min

2）高所トレーニングに伴う血中乳酸カーブテスト

田島寧子選手のデータを用いて説明する（表7−5，図7−5）．田島選手は，シドニーオリンピック前に2回の高所トレーニングを実施（1回目：5/31〜6/20，2回目：8/5〜9/2）し，高所トレーニング中および前後にわたって泳速度と血中乳酸濃度の関係（血中乳酸カーブテスト）および泳速度と心拍数の関係を調査した（写真7−4）．測定方法は，田島選手の場合，400m個人メドレーが専門種目となるため，50mを8回のブロークン形式（50m間の休息時間が5秒のショートインターバル形式）で行なわれた．

1回目の測定は，高所トレーニング開始3日目の6/2に行なわれた．2回目の測定である高所トレーニング2週間後の6/16では，6/2時点での乳酸カーブに比べて右側にシフトしていることがわかる．また，心拍数と泳速度の関係においても，同様に右側にシフトした．これらの結果は，高所環境への適応による有酸素的運動能力の向上を意味している．そして，北海道合宿期間の7/28では，6/16の結果に比べて，乳酸カーブおよび心拍数の結果とも，顕著な右側へのシフトがみられた．最高努力時（ブロークン4本目）の記録をみると，6/2の時点から20秒以上の短縮が図られている．

2回目の高所トレーニングの結果であるが，高所トレーニング6日後の8/10のデータは，7/28に比べ，低い速度では差はみられないものの，高い速度では差が顕著になった．これは，低強度の運動ではエネルギー代謝に差はないものの，速度が増すと，早い時点から無酸素性エネルギー供給が平地に比べ必要になることを示している．しかしながら，高所トレーニングが進むにつれ，乳酸カーブは右側にシフトし，その効果が表れている．最高記録も，高所トレーニング終了直前では，7/28に比べ，わずかに2秒6劣る程度であった．9/3にシドニーに移動し，オリンピックまでアデレードにて調整のための合宿を行なっている．その合宿中，乳酸測定は実施されていないが，同テ

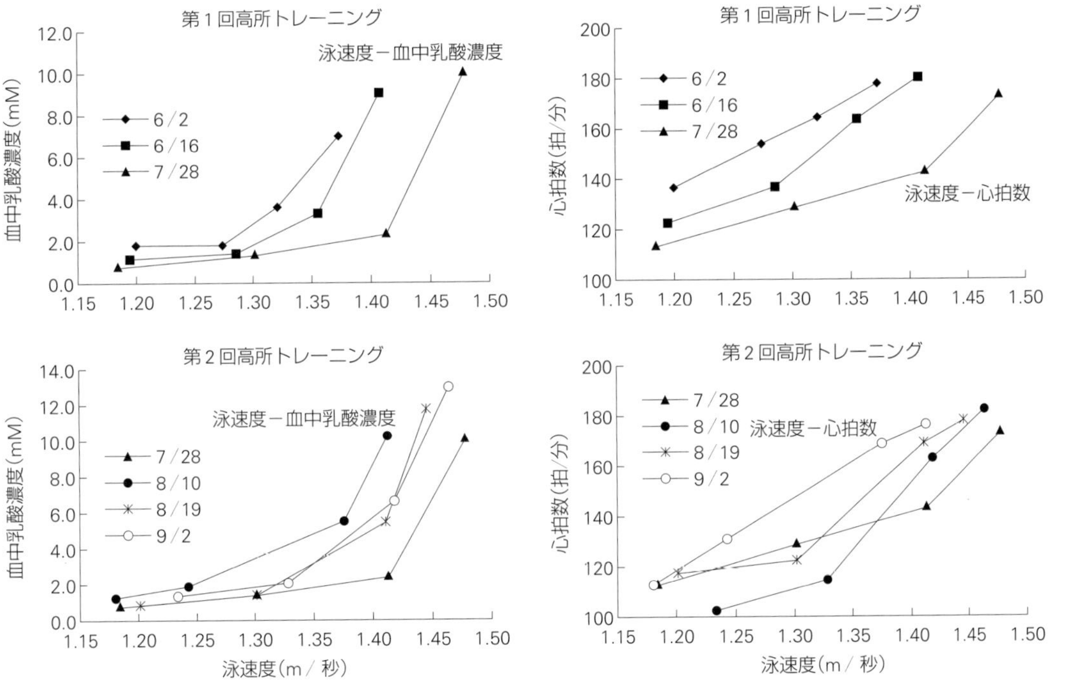

図 7－5　田島選手の第 1 回(上)，および第 2 回高所トレーニング(下)における泳速度と血中乳酸濃度および心拍数の変化

ストで 4 分 28 秒 14 の最高タイムをマークした．これは，3 カ月半の短期間の内に 2 回の高所トレーニングを実施し，高所環境を身体への刺激とその適応による持久的な運動能力の向上に有効活用した成功例といえよう．

200m を専門種目とする選手の場合，本テスト方法は，200m を 4 ～ 6 回とし，サークルタイムは 6 ～ 8 分に設定する．最大努力で泳ぐ前は少々長めに休息を取るとよい．

3）高所トレーニングに伴う乳酸カーブテストの変化

図 7－6 に，高所トレーニング実施に伴うトレーニング目的とそれに応じた理想的な乳酸カーブの変化をまとめた．A は平地での乳酸カーブとすると，順応期間の B では，乳酸カーブは大きく左側にシフトすることになる．また，順応期間であるため，最大努力によるテストを必ずしも含む必要はない．C の鍛錬期間では，左側に大きくシフトした順応期間の乳酸カーブからやや右側にシフトすることになる．これは，高所トレーニング開始後 10 日から 2 週間もあれば十分にみられる変化である．D の調整期になると，乳酸カーブは，A により近づくことになる．そして，E の高所トレーニング後の平地では，乳酸カーブは，高所トレーニング前の A よりも右側にシフトすることが理想的なパターンとなる．

8．コンディション管理

1）血液性状の変化と医事管理

これまでのサポート経験からすると，高所トレーニング期間中，コンディション不良に陥った選手がいる．それは，高所環境の影響であり，睡眠不足，水分摂取の不足，疲労回復の遅延といった症状によるところが大きい．また，高所トレーニングを長期継続すると，体内では異化作用が相当促進されることが予想され，さらに赤血球や筋細胞を破壊する割合が増大することからも，コンディション管理には細心の注意を払わなければならない．そのためには，常日頃から，また高所トレーニング期間中も，定期的に血液検査を実施して，常に血液性状の変化を把握しておく必要があ

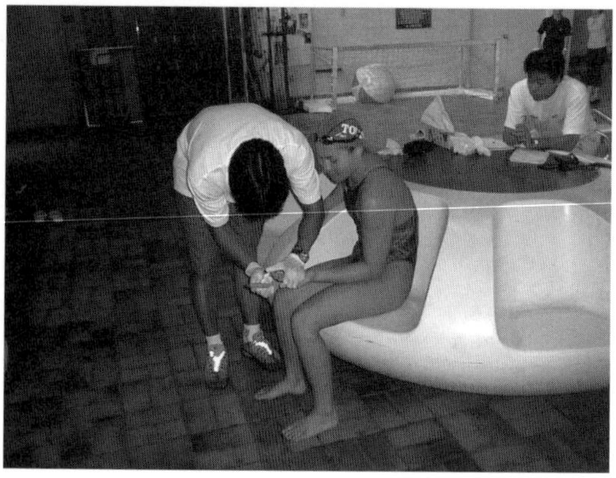

写真 7－4　血中乳酸テストのための採血（田島寧子選手）

写真 7－5　テストデータは即時コーチにフィードバック

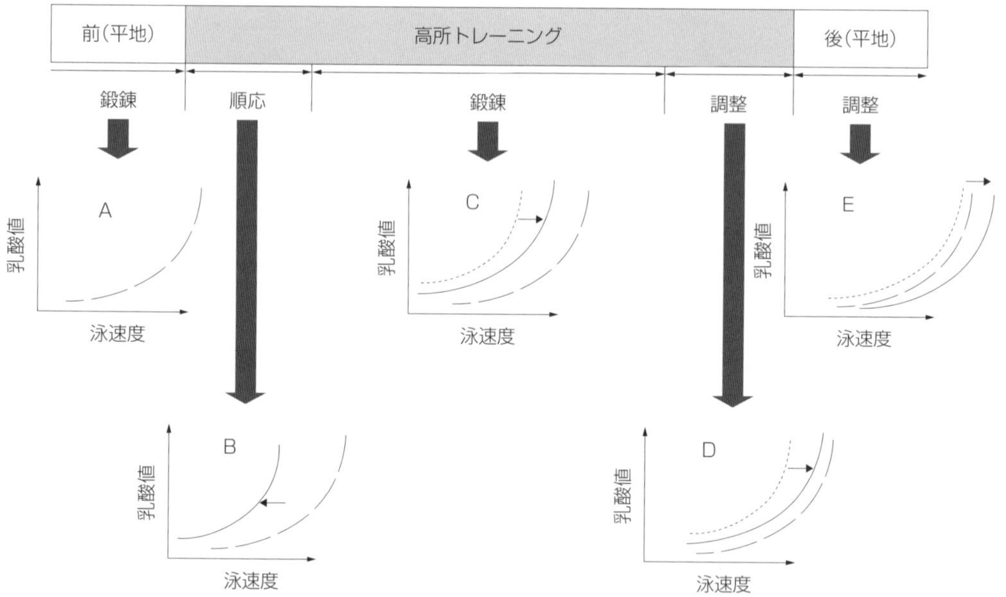

図 7－6　高所トレーニング実施に伴う理想的な血中乳酸カーブの変化

A．平地鍛錬期間：高所トレーニング前にテストをしておく．200m× 4 本で実施．
B．順応期間：開始 2 ～ 3 日後に実施．最大努力でのテストはしない．曲線は左側に大きくシフト．
C．鍛錬期間：中間で実施．10 日～ 2 週間もあれば，変化がみられる．曲線はやや右側にシフト．
D．高地調整期間： 3 ～ 4 週間後には，高所トレーニング前の平地レベルに近づく．
E．平地調整期間：高所トレーニング後には，高所トレーニング前の曲線よりも，右側にシフト．

る（写真 7－5）．高所トレーニング中は，特に，水分の補給，栄養補助食品としての鉄分やビタミン E の摂取を心がけるようにしたい．

図 7－7 は，アトランタオリンピック直前合宿の高所トレーニング前，中および後の血中クレアチンフォスフォキナーゼ（CPK）と血中ヘモグロビン濃度の変動を示す（高所トレーニング：6/10 ～7/1）．CPK はトレーニングに伴う筋の損傷の程度を表していると考えてよい．全員が高所トレーニングの順応期間であるにもかかわらず，1 ～ 4 日目には顕著な増加がみられた．これは，予想以上に高所環境の身体に与える負担が大きいことを示唆している．その後，低下傾向にあるものの，1 名の選手が増加傾向にあった．しかし，その後は全選手とも低下し，7/13 にやや増加を示すものの調整期間が順調に進められたことがわかる．

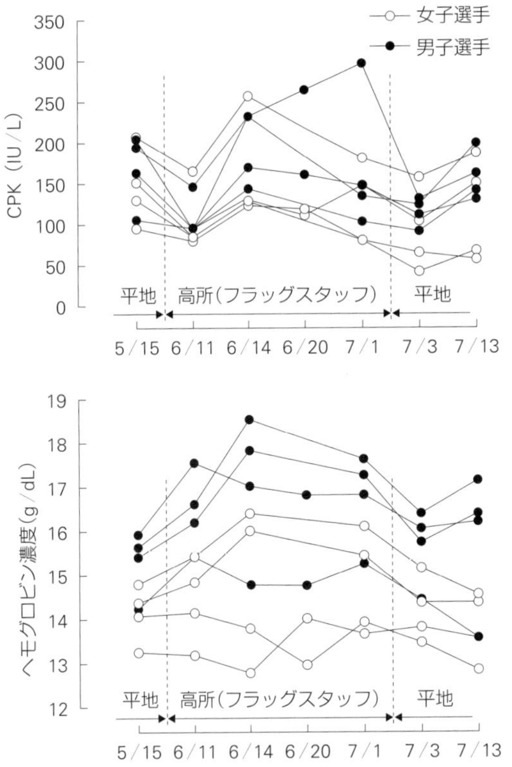

図7−7　高所トレーニング前，中および後のCPK（血中クレアチンフォスフォキナーゼ）と血中ヘモグロビン濃度の変動

一方，血中ヘモグロビン濃度は，一般的に高所トレーニングをすると増加すると認められているが，これまでのデータからすると，それは一概にはいえない．図7−7をみると高所トレーニング前と後で増加した選手は，8名中3名である．また，高所滞在中の初期の頃は増加傾向にあるが，その後は減る傾向にあり，これまでも同様の結果を得ている．したがって，赤血球数やヘモグロビン濃度などの変動に一喜一憂するのではなく，血液検査は，その性状が適切な範囲にあるかどうかを知るためのコンディション管理を目的として活用するべきである．

文　献

1) 荻田　太：水泳中の無酸素性エネルギー供給動態．水泳水中運動科学，2: 47−56, 1999.

2) Sutton JR: Exercise training at high altitude: does it improve endurance performance at sea level? Sports Science Exchange, 45. Gatorade Sports Science Institute, 1993.

3) Ogita F and Tabata I: The effect of high intensity intermittent training under a hypobaric hypoxic condition on anaerobic capacity and maximal oxygen uptake. Biomechanics and Medicine in Swimming Ⅷ, 423−427, 1999.

4) 若吉浩二ほか：競泳選手の高所トレーニング．体育の科学，46: 575−579, 1996.

5) 若吉浩二ほか：水泳競技—シドニーオリンピックに向けて—．JOC高所トレーニング医・科学サポート，10: 91−109, 2001.

6) 若吉浩二ほか：水泳競技の高地トレーニング医・科学サポート．JOC高所トレーニング医・科学サポート，11: 13−22, 2002.

7) 若吉浩二ほか：水泳競技の高所トレーニング医・科学サポート．JOC高所トレーニング医・科学サポート，7: 91−109, 1998.

8) 宮下充正：水泳競技における高所トレーニングを成功させるために考慮すべき要点．JOC高所トレーニング医・科学サポート，6: 17−27, 1997.

［若吉　浩二］

8章　スキー・ノルディック複合選手について —オーストリア山岳地方でのトレーニング—

1．スキーとノルディック複合

スキーは今日のスカンジナビア域，つまりノルディック（ヨーロッパ北方）地方で今から5,000年を遡る当時のバイキング民族の間に発祥し（写真8−1）[1]，民族活動を積雪の大地に拡大した．通信や移動のスキーは野を越え谷をわたるクロスカントリースキーとして，障害を越えるスキーはジャンプとして発展し競技種目化した．アルペンスキーとともに競技スキーの双璧になるノルディックスキーとはこれらの2種目を指し，ノルディックスキー競技ではこれら双方の混合種目として，さらにノルディック複合が加わる．ノルディック地方には高所がないので，ノルディック複合の競技力向上方法に高所トレーニングを適用するのは異環境応用それ自体になる．

アルペンスキーは，この古典スキーが拡がり，ノルディック地方から南下してアルプスに到達し，滑降スキーとして特異化しその技術が種目化した．また，バイアスロンは古典スキーを駆使して民族・国家を越えて，狩猟域を拡大した営みがスポーツ化した（図8−1）．

2．高所トレーニングがノルディック複合の競技力を向上する背景 —その適用への考え方—

適切に行なわれる高所トレーニングは，ノルディック複合の競技力を必ず向上させる．クロスカントリースキーに最重要の基本体力であり同時に最重要の専門体力である持久力を必ず高める（図8−2）．この向上効果は選手にもコーチにも多く知られている．しかし，それがどの程度の向上になるのか，そのためにはどのように行なうのか，等がわからなければ目前の大試合に向けてこの試みに踏み切るのは無理であり，これまでの経験と感覚や勘に頼ったコーチングに留まる選択が優先される．この選択で達成成績を望めると判断されれば，それはその時点での責任に基づくひとつの選択である．それによる成績は結果であり，これをもとに次への向上を目指す．前述したように，高所トレーニングはクロスカントリースキーの基礎的・専門的体力である持久力を必ず向上させる．また，本章で後述するように，高所トレーニングには無酸素性運動能力をも高める効果があることがごく最近わかってきている．この効果はノルディック複合のクロスカントリーのスパート能力を高め，さらにはスプリント形式で行なわれるノルディック複合のためには，その基本体力であるスプリント能力それ自体を向上する．したがって，高所トレーニングはノルディック複合では基礎的および専門的の双方の体力向上の特殊トレーニングに位置付けされ，また実践されるべきである（図8−3）．体力が本当に高まればノルディック複

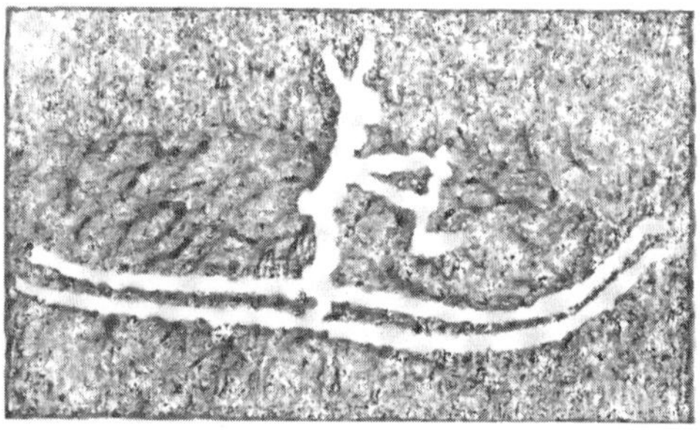

写真8−1　ロドイの洞窟の狩するスキーウサギの壁画
（Lagerstroem Dほか著，川初清典ほか訳：ラングラウフスキーと健康づくり．オーム社，1989）

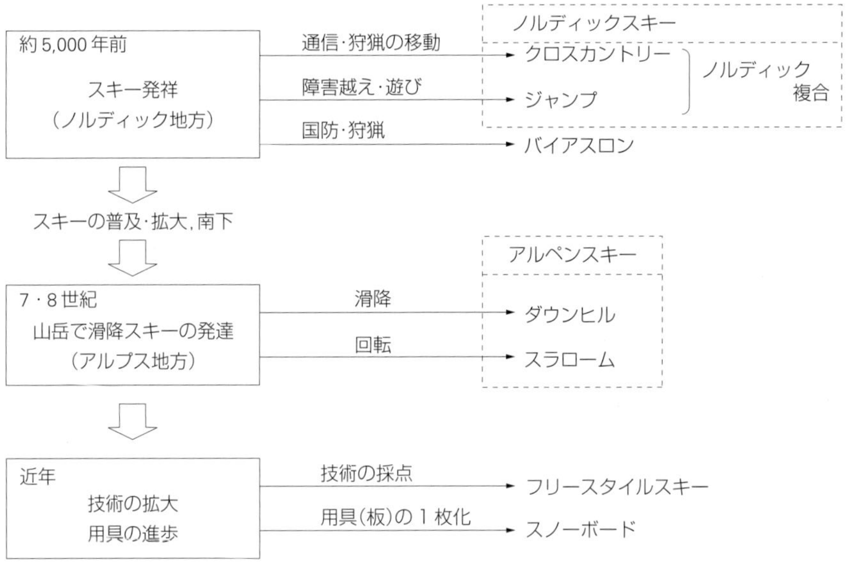

図8−1　スキーの発達

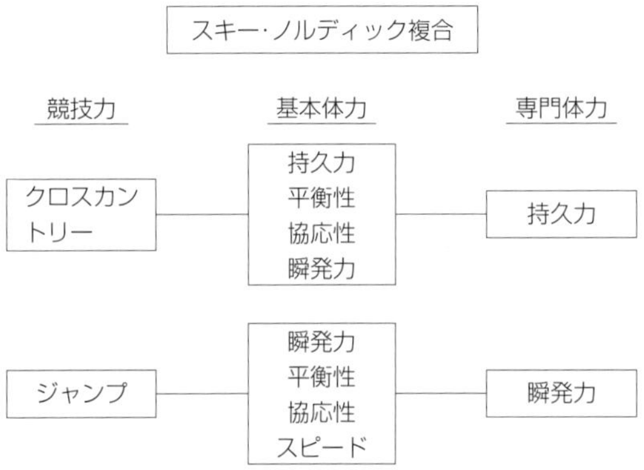

図8−2　ノルディック複合の競技力と体力

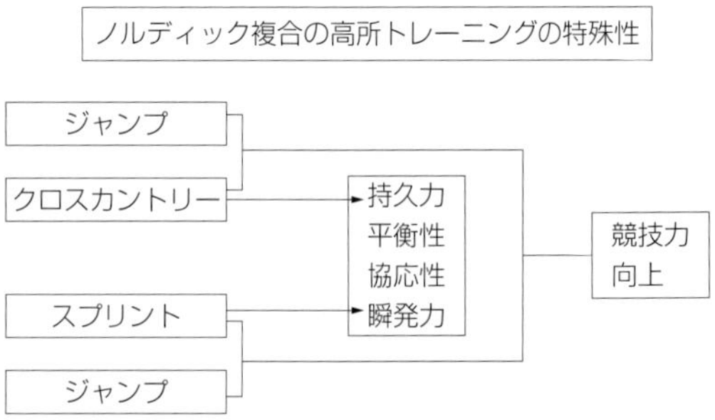

図8−3　ノルディック複合競技力向上への高所トレーニングの特殊性

合の競技力は必ず向上する．体力的にどの程度の向上が得られるのか，どのように実行するのかはその実践的，実験的経験に基づいてこの章に明記する．わが国オリンピック委員会（JOC）が全日本スキー連盟ノルディック複合ナショナルチームを10余年間にわたって医・科学サポートして積み上げられた科学的経験である．

さて，ノルディック複合のもう一方の種目は瞬発力が基礎体力になるスキージャンプである．高所トレーニングがこのジャンプの競技力向上にも効果があるかのテーマも重要である．高所トレーニング自体はもともとアフリカの高地民族が陸上競技のマラソンや長距離走で好成績を収めたのがその取り組みと発展のはじまりであった．オリンピックでマラソン2連勝（1960〜1964年）のエチオピアのアベベ・ビキラ選手にはじまり，同じくマモ・ウオルデ選手（1968年）やケニアから長距離走種目で上位を独占する選手達が続いたからである．したがって，高所トレーニングは持久力向上のために取り組まれてきた．ところが2000年頃から，高所トレーニングが無酸素性運動の能力向上にも有効であるとする科学的報告が続いた[2]．持久力向上への有効性は乳酸の処理能力が高まるために得られている．この乳酸処理能向上が無酸素性運動にも役立つと考えられているのである．それは，先に，スプリント能力向上にも高所トレーニングが有効であると述べたとおりである．さて，ジャンプに重要な瞬発力は無酸素性運動である．しかしジャンプで発揮される瞬発動作は非乳酸性である（図８−３）．この点から，高所トレーニングはジャンプの瞬発力向上にはそれゆえ直接には役立たないと理解すべきである．

３．スポーツ競技力の要素とノルディック複合の高所トレーニング

さて，スポーツ競技力を支えている主な要素は体力ばかりではない．もっと他の要素として，技術力や精神力のことがよくいわれている．また，これらのことは選手にもコーチにも理解され，その強化にも体験的に，あるいは試行錯誤的によく取り組まれている．そこで，この観点からノルディック複合の高所トレーニングとの関連性をここで整理しておく．

わが国には主に武道の領域で多くいわれる「心・技・体」の表現がこれらによく合っており，この表現がわかりやすいと思われる．そこで，この章ではこれらを「スポーツ競技力の３要素」として説明する（図８−４）．図８−４の，「心」は競技遂行に求められる精神・心理面の能力である．スポーツ意欲，スポーツ遂行中の判断力，それをやり遂げる意志力などを意味する．精神や心，強いては魂も，身体との関連では脳との関係が最も深いが，むしろそれらはおそらく身体の外側にあって科学的には今日なお解明されていない．「技」はスポーツ技術である．技は練習を繰り返して高度化される．その時，「感じがつかめた」とか「感覚が戻った」などといい表されることも多い．あるとき急に，自転車に上手に乗れたり，上手に泳げたりするのは技術の向上である．これには感覚系や反射系に基づく平衡能，協応・調整能が主に関係しており，神経系とのかかわりが深い．スポーツマンにはよく「技術練習」と表現される．「体」はいわゆる身体それ自体のことであり，体力を具体的に指す．この向上を目指す過程を「体力トレーニング」と表すことが多い．「体力」は図のように積極的にエネルギーを発揮し，それを制御する「行動体力」と，気候変化や病原菌など外環境からのストレスに対応できる「受動的（防衛）体力」に分類される．ノルディック複合では，高所トレーニングによってこれら双方の体力が高まる．行動体力では先に説明した持久力と，無酸素性運動能力つまりスプリント能力が高まる．行動体力のエネルギー発揮能は別名体力の３次元展開図（図８−５）[3] として世界的によく知られる力（筋力），時間（持久力）およびスピード（速度）をその要素に置く概念であり，その中にノルディック複合の基礎的・専門的体力である「行動体力」と「受動的（防衛）体力」がそのまま該当している．行動体力のもう一方の要素は技術トレーニングと直結するエネルギー制御能である．この要素は高所トレーニングによる直接の向上は望めない．受動体力では，高所トレーニングによって低圧や低温のストレスに対する能力が高まる．クロスカントリーが雪を求めて高所で実施されることが多いため，この能力向上も重視されなくてはならない．

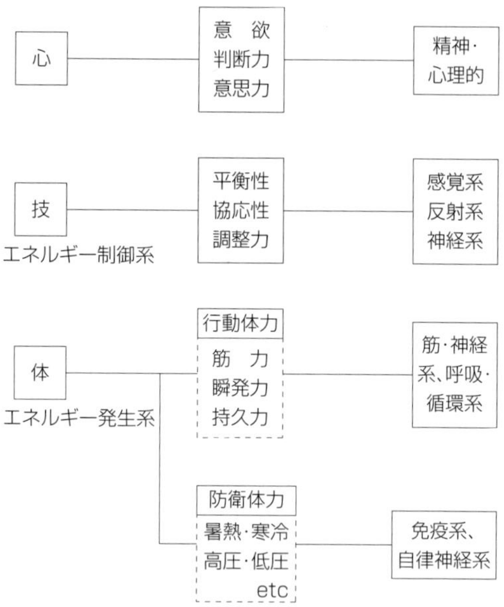

図８−４　スポーツ競技力の３要素

選手は一般的に低地のトレーニングによって強

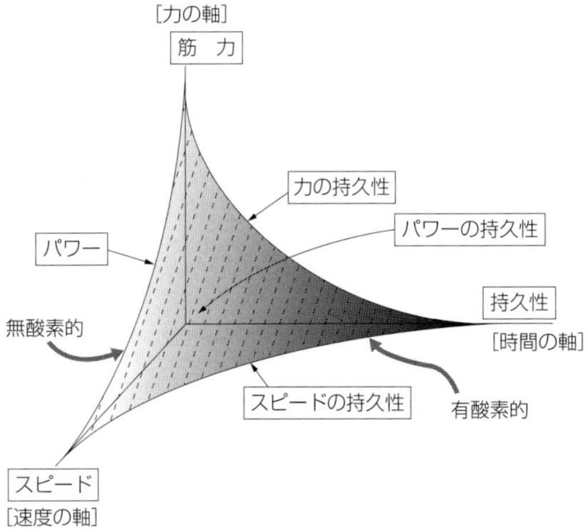

図8−5　体力3次元展開図
（猪飼道夫：生活体の充実．猪飼道夫，須藤春一共著，教育生理学．第一法規，pp.212—222，1968）

表8−1　高所トレーニング手法の2態様

	運動定量型	専門スポーツ型
負荷方式	エルゴメータ系 Ex. トレッドミル 自転車 ボート	スポーツ系 Ex. 陸上走 水泳 スキー・スケート
実施場所	高地環境の室内	競技施設
目　的	高地適応	高地適応 技術向上
条件設定	高精度	現場対応型
効果判定	容易・高精度	総合的・現場対応型 別労作テストの要
競技力向上	間接的	直接的

くなっている．高い標高の低圧にさらされてせっかくの能力が競技で発揮できないようでは，高所トレーニングがとりわけ重要になる．図8−4に「心」と表したいわゆる精神力においても，高所トレーニングの有効性を軽視できない．低圧の環境に対する運動負荷時のストレスの体験それ自体がその環境での競技に効果を発揮し，その克服力まで獲得されているならば，それによる競技力への効果は倍増することになる．もとより，高所で運動すれば低地では体験しなかった特有の苦しさを味わう．この苦しさの体験は低地の競技の時にもそのための精神力を広げ，また強くすることにもなる．

4．ノルディック複合の高所トレーニングの組み立て

1）トレーニング様式

ノルディック複合では，高所トレーニングをクロスカントリースキーで行なうのが最も効果的と考えられる．高所トレーニングには自転車エルゴメータやトレッドミルによって基礎体力を高める方法もある（表8−1）．しかし今日では，特にオーストリア，イタリア，フランス等のアルプス域で山岳氷河にクロスカントリースキーのコースが夏季にも敷設されており，競技それ自体の運動方法によって高所トレーニングが可能である（写真8−2）．国際的競技力を目指しそれに抜きん出ようとすれば，前述のような環境でのトレーニングが望まれる．わが国においても高所トレーニングに適する標高の施設は存在するが，クロスカントリースキーコースの規模の面ではアルプスの施設に大きく劣る．したがって，十分なスキーイングというトレーニング負荷方法の点で，アルプスでの実施は大いに効果が期待される．それによるトレーニングは非常に重視されて取り組まれなくてはならない．

2）ジャンプとクロスカントリー

ノルディック複合ではこの高所トレーニング期間中に，ジャンプ練習をどのように取り扱うかが大切な課題になる．この点は，せっかくの高所環境にありながら，トレーニング時間の半分をジャンプ練習に割いてしまうと，高所トレーニング効果が半減するぐらいの覚悟を持つ．つまり，この観点から高所トレーニング期間のクロスカントリーとジャンプの練習時間を配分し，最も効率的な効果の獲得を目指す．「クロスカントリーばかりでは過労になる」ことはない．クロスカントリースキーヤーは午前も午後も高所でスキートレーニングし，効果を上げている．ノルディック複合選手はクロスカントリースキーヤーがより勝っているところをどのように学び，また取り入れていくかも，一段の飛躍的発展の鍵をなす．低

写真 8－2　アルプス氷河上の高所クロスカントリースキー 10kmコース（2,700～3,000m）

喜び小躍り
ジ烈な3位争いを制す
予想覆す大健闘

日刊スポーツ
木曜日 平成3年(1991年)2月14日

史上初！複合団体
世界ノルディックスキー
日本銅

よくやった三ケ田、児玉、阿部

阿部雅司
三ケ田礼一
児玉和興

◆三ケ田礼一（みかた・れいいち）　1967年（昭42）1月14日、岩手県二戸郡安代町生まれ。田山小4年の時からジャンプを始め、田山中に入ってから複合に。青森・東奥義塾2年の時、インターハイ複合で優勝。明大ではスキー部の主将を務め、4年の時、インカレ純飛躍で初優勝。家族は両親と姉妹。172ｾﾝ、58ｷﾛ。

◆阿部雅司（あべ・まさし）　1965年（昭40）8月13日、北海道留萌市生まれ、25歳。小平中から東海第四高を経て東京美装入社。カルガリー五輪日本代表。87年W杯で7位、6位と2度入賞し注目を集める。家族は両親と兄一人の4人家族。175ｾﾝ、62ｷﾛ。

◆児玉和興（こだま・かずおき）　1965年（昭40）6月8日、長野県山ノ内町生まれ、25歳。長野・中野実―明大。87年ユニバーシアード（チェコ）複合で銀メダル獲得。全日本学生では史上二人目の大会4連覇を成し遂げた。カルガリー五輪代表。175ｾﾝ、68ｷﾛ。

写真 8－3　わが国のノルディック複合史上初の世界のメダル
（日刊スポーツ，平成３年２月14日より）

地のトレーニングでは，ジャンプについてもスペシャルジャンパーに対して同様の視点でそのことがよく試みられている．この機会に今や歴史的ともいえる実体験をここに記す．わが国ノルディック複合ではこの高所トレーニングを1990年に，はじめてスポーツ医・科学的な支援・管理のもとに実施した．この実施では，トレーニングの全日程で午前も午後もクロスカントリーに励み，持久力向上を目指した．その医・科学的測定結果では多くの面で向上が認められた[4]．結果的に，この年の競技シーズンの成績は向上し，世界選手権大会ではわが国ノルディック複合史上初の，またこの年わが国スキー界唯一の世界のメダルが銅ながら獲得された（写真 8−3）．それはいつの競技でも成績低迷の原因となっていたクロスカントリーで「逃げ切れた」からであった．実はこの時わが国ノルディック複合の黄金期がはじまっていた．わが国チームは翌年のフランス・アルベールビルオリンピックで「金」を獲得し，それにはじまりオリンピックと世界選手権大会の世界４連勝を果たした．今日では，すでに高所トレーニング方法もスキーイング自体のトレーニング方法も変遷を遂げ進歩している．先の実例がそのまま今日も通用するとはいい切れないが，競技力で高度の向上を目指すうえでは一考される体験である．

3）期間および時期

スキーに限らず高所トレーニング期間は３週間が好適とする考えが多い．これは持久力向上に効果的という意味である．また，３週間を通した高所滞在が過負荷で無理な場合も多い．したがって，３週間という計画には休養や低地への移動が適宜組み込まれる．

高所トレーニングは，目指す競技会の前に２度実施するのを効果的とする考えが多い．高所トレーニングを重視する個人競技の選手がその大規模な実施のために海外の好環境の地に２～３カ月滞在し続けて，２度の計画をやり遂げた成果の例はその典型である．ノルディック複合はシーズンスポーツなのでシーズン・インとなる 12 月から終了となる３月下旬，年によっては４月上旬までの効果を考えなくてはならない．この観点は長期

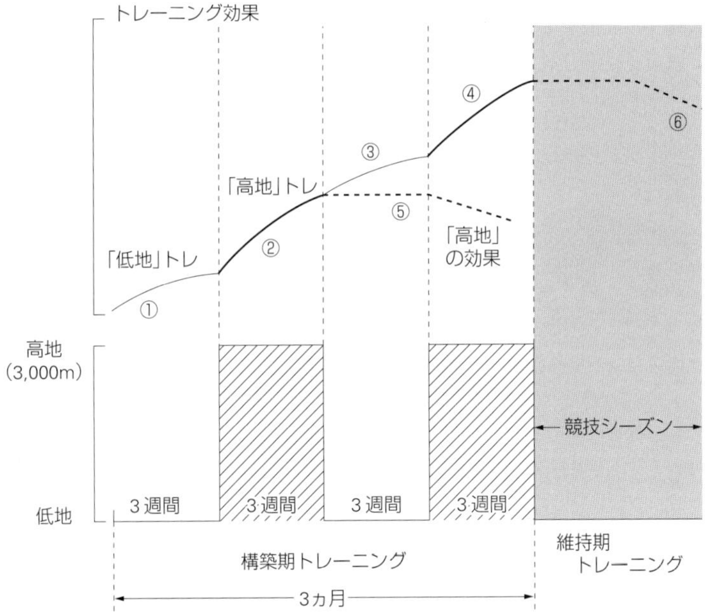

図8−6　競技シーズン前3カ月間のトレーニング模式図（クロスカントリースキー列国の実践）
太い実線②④は高所での，細い実線①③は低地でのトレーニング効果を示す．太い破線⑤⑥は低地滞在における「高地」トレーニング効果の維持・減少．

的計画として構成する．特にナショナルチームに選抜される選手は，シーズン中はワールドカップやその予科戦のインターコンチネンタルカップを中心に，ほぼ全期間にわたって世界各地を転戦し，ほとんどの週末が競技日になる．したがって，この期間，試合を終えると次の試合地へ移動し，体調を整えるのに精一杯なのが実情である．シーズン中には，高所トレーニングはもとより体力増強トレーニングを加えるのが困難である．そのために，シーズンオフ期に高められた持久力はシーズンを終えると例外なく低下している．この低下は，週1回の最大努力による競技ではトレーニングで獲得した効果を維持できないことを示している．そして，競技ではむしろ体力を消耗・低下している可能性への不安も高い．シーズン中の体力低下の克服は非常に重要かつ切実な課題として取り組まれる問題である．

さて，冬季スポーツ，とりわけスキーでは大きなイベント競技が必ず2月に行なわれる．代表的なのはオリンピックと世界選手権大会であり，前者は4年ごとに，後者は隔年で開催され，双方は同一シーズンには重複されない．わが国を代表する選手はこれらの大会に焦点をあてるが，現状はこれに向かって技術や体調を調整するのに精一杯であり，体力増強トレーニングを取り入れるゆとりが得られていない．

シーズンインまでのオフ期トレーニングでは前述の2度の高所トレーニングを図8−6に示した図式によって行なうのが望ましい．また，ほぼ毎年2月に開催される大きな競技会に対しては，この時期に体力低下が確実に生じていると考え，最も有効な実施を求めていかに取り組むかは，今後のわが国ノルディック複合の競技成績水準を左右するであろう．この時に短期的な高所トレーニングを考えるのは勧められる手法である．高所トレーニングの過去歴がある選手では5日間で持久力向上が得られる[5]．

4）標　高

高所トレーニングには適正標高，さらには最適標高がある（図8−7）．一般的に，1,200m以上の高度で効果が得られ，3,000mを越えるにつれて効

図 8−7　クロスカントリースキーの高所トレーニング高度

表 8−2　JOC・日本体育協会高地トレーニング医・科学サポート委員会「標高基準」

競技種目	至適標高
ノルディック複合	2,300〜3,000m
陸上競技	2,300m前後
水泳競技	1,500〜2,300m
スピードスケート	1,300〜2,000m
バイアスロン	1,700m前後

（青木純一郎：高地トレーニング〜ガイドラインとそのスポーツ医科学的背景〜．日本体育協会，巻頭 4−5，2002.）

写真 8−4　ラムソー（オーストリア）のダッハシュタインスキー場の氷河上の 5 kmスキーコース（標高 2,600〜2,700m）

果を失うリスクの方が不安視される[6]．わが国スポーツ界には，3,000m以上の高度でトレーニングに挑んで成功を収めた事例が伝えられるが，その実施強度，時間，頻度，運動様式などについては，競技戦略上の面もあって伝えられておらず，科学的な検討は加えられていない．日本オリンピック委員会と日本体育協会によるスポーツ医・科学専門委員会高地トレーニング医・科学サポート研究班の 11 年間の研究をまとめたガイドラインから，各競技種目が報告した高度を表 8−2 に抜粋した[6]．

5）高所クロスカントリースキーコース

高所トレーニングを目的に置くにせよ，そのトレーニング手段にクロスカントリースキーイングを選択するのが最適と考えるのには論を要しない．ただし，コーチングが技術指導に傾斜し過ぎて，高所トレーニングの負荷強度への注意が忘れられたり薄れてしまわないよう留意する．適切な高所で，そのトレーニングの主な実施期になる夏・秋にクロスカントリーコースが得られるのはアルプスの氷河スキー場である．コースの規模と整備状況においてこの地に勝る施設はおそらく得られない．コース敷設には氷河平原が広く，そこに新雪がある程トレーニングに好適な様式のコース設定が可能になる．したがって，その中流・下流域は広いとはいえず新雪もないので，コースはほとんどが源流・上流域に求められ，その高度はアルプスでは標高 2,300〜3,000m域になる．このような条件のクロスカントリーコースには，オーストリアのダッハシュタイン（写真 8−2，8−4），ならびにキッツシュタインホーン（写真 8−5，カプルーン）が大規模コースとしてあげられる．ダッハシュタインはクロスカントリースキー場が主たる施設であり，その規模において高所クロスカントリースキー場として世界最大であり，そこに集うスキーヤー，そしてトップスキーヤーは最多で

写真8−5　キッツシュタインホーンスキー場クロスカントリーコース

写真8−7　オーストリア連邦（国立）スキーアカデミー（キッツシュタインホーン，カプルーン）

写真8−6　キッツシュタインホーンスキー場と隣り合うカプルーン高所氷河湖
ボートの高所トレーニングが行なわれる．

ある．アルペン系およびバイアスロンの施設も併設される．キッツシュタインホーンはアルペン系スキー場が主体であるが，クロスカントリースキーコースも充実され，さらに標高1,600および1,800m域に2つの氷河人造湖があってボートの高所トレーニングに供されている（写真8−6）．また，この高所にはオーストリア連邦（国立）スキーアカデミーが設立されている（写真8−7）．オーストリアスポーツ界のトレーニングの一大中心であることがわかる．あえて加筆するが，このキッツシュタインホーンスキー場はアルプスの急峻な地形を，軌道ケーブルカーがトンネル走行して氷河上流へ辿り着く．2000年11月にこのトンネル内で不慮の火災が発生し，わが国の若き高校生アルペンスキー選手達も含めて多数のエリートスキーヤーが犠牲になった．この山を見る度に冥福の祈りを新たにするところである．

他に，ノルディック複合によく知られる高所クロスカントリースキーコースとして，アルベールビル（フランス），サン・モリッツ（スイス），ソルトレーク・シティ（アメリカ合衆国）等があげられる．しかし，これらの施設は夏季の利用は不可能であり降雪をみてはじめてスキーイングに供される．したがって，これらの施設はむしろスキー競技のシーズンインをみてから補完的に，あるいは前述の大規模競技会を目指す高所トレーニングの戦略的拠点として利用の価値が高いと考えられる．

6）高所トレーニング期間中のスキーイングのあり方

高所の環境は低地とは異なっているから，そこで行なうトレーニングもそれに合わせて変えた手法で行なう方が効果が上がる．逆に，そこで低地と同じトレーニングがなされれば運動生理学的に不適切を生じる不安が多い．高所ではスピード感を前提に置いたり，それを求めたりしてはならない．したがって，高所では「まず低速ありき」と考える．この低速スキーイングの範囲内にあって

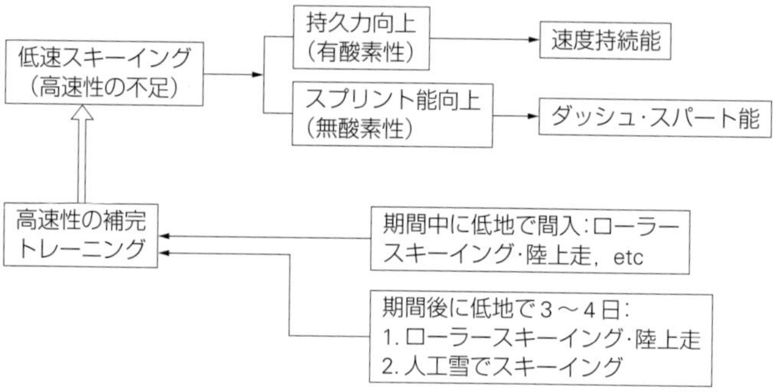

図 8−8　高所トレーニング時のスキーイングのあり方

写真 8−8　スキートンネル内の人工雪のクロスカントリーコース（フィンランド，ボカティスポーツセンター）

すでに無酸素性運動状態まで負荷を高めることができる（図 8−8）．雪上にスキーを着けて立った途端に技術向上の意欲に燃え過ぎて低地のスピード感ばかりが求められると，高所トレーニング効果を望めないばかりか，それに逆行を生じてしまうと考える．目にみえない筋線維損傷のことである．したがって，高所スキーイングでは後述する持久力向上に最適な強度を心掛ける．また，そこで無酸素性運動能向上を求める場合には同様に，後述する方法のスキーイングを行なう．原則的には低速型のスキーイングになる．低速による長い乗り込みや滑走は，他では得難いバランス能向上の格好のチャンスになる．

さて，高所トレーニング期間中に低速スキーイングに徹してばかりいたのでは，選手の筋運動やスキーイングの高速性，いわゆるスピード感やその能力に不足を生ずる．そのためのトレーニングを必ず加える計画を立て，そのトレーニングは必ず低地で行なう．このスピードトレーニングを高所トレーニング期間中に加えるのか，あるいはそれを終えてから，一定期間行なうのかについては今日結論が得られていない．可能な方法としては，コーチングの立場から選手個別的にスピード性が失われる不安をみてとれば高所トレーニング期間中に個別的に加えたり，その不安がなければその期間を終えてから引き続きチーム全体で 3 〜 4 日間行なう等が考えられる．シーズンオフ期の低地では一般的にスキーが可能な雪が得られないので，ローラースキーイングを考えるが，登り道路など適切な環境が得られなければ陸上ランニング等の補完を考える．全選手が好調なまま高所トレーニングを完遂できて，引き続き人工雪による低地スキーコースへ移動でき，スピードトレーニングを加えられるならば，それは今日考えられるクロスカントリースキーの高所トレーニングの理想型である．低地のそのような人工雪スキーコースはフィンランドのボカティにスキートンネル（約 3 km）の名で設備されている（写真 8−8）．

5. ノルディック複合の最適な高所トレーニング方法

1）勝利挑戦への決断

ノルディック複合に限らずスポーツで「世界への挑戦」を考える場合には，目標を高く設定する程それに伴うリスクも高くなる．先の4. 4）で述べた3,000m超級での高所トレーニング成功例は，このリスクに果敢に挑んで成し遂げた典型として，これを積極的に理解することは十分に可能であり，その判断の非を問われる責務はあるものでもない．しかしながら，かつての黄金期を成し遂げたあの世界の王者「日本複合」があえて「リスク」に挑まず，今の力で勝ち取れる成績を確保しておきたいとする判断も期に応じており，これを非難するのもまた許されない．その時の最善の成績を求める決断だからである．したがって，これらの目的では達成水準が異なっているために各々に対して最適な実行方法が存在すると考える．例えば，W杯の個人総合成績を高める目的の場合には低リスクで体力・競技力の底上げ型の計画を立てる．これは，どの種目のどの高所トレーニングにも該当する基本型でもある．

しかし，W杯シーズンの中でオリンピックや世界選手権などの個別大会を目標に据える場合には，その大会に向けた高所トレーニング計画を先の底上げ計画の中に組み込む．この計画には約1カ月をあて，これをシーズン前に定めておくのが望ましい．

オリンピックや世界選手権などのための1カ月には，

①高所トレーニングで過去歴を有し，不調に見舞われなかった選手では5日目頃から効果を表しはじめる，

②この効果は3週間は保たれる，

③シーズンのピーク期なので，低地での雪上スキーイングによるスピードトレーニングが容易に組み立てられる，

④これら①～③に加えてジャンプ練習を狙いどおり行なえる，

等を考えた，いわゆるピーキングが勧められる．この過程で，図8－8のスキー走の観点および図8－4の「心・技・体」の観点を完成化する．

2）心拍数，動脈血酸素飽和度（SpO_2），血中乳酸の測定値に照らして

(1) 測定値とコーチング

今日は科学・技術の時代である．高所という異環境トレーニングに限らず，どのトレーニングでも効果の確認やその把握に基づかない戦いであっては戦略がおぼつかず，当たって砕けるような負担が付きまとう．視覚的観察や運動感覚による効果勘では，科学的過程を基盤において臨んでくるチームや選手に心理的にも劣ってしまう．ノルディック複合に限らず，わが国のスポーツの指導者には少なからず選手の科学測定を喜ばない傾向が今日なお残っている．多くのそれら指導者の言い分は，指導する少数精鋭の選手の目的に向かう集中心を一体化して高めているところでは，科学の言葉が邪魔になるとの考えである．そして，選手の測定値を得たところで，目指す競争相手の値がわからない以上，測定は無意味だとの意見も加わる．

測定結果の最大の意味は，値が競技力に直接的であれ間接的であれ，選手自身の過去の値との比較にある．この比較結果を競技にどのように役立てるのかが，指導者の考えるべきところになる．仮に，好ましい測定値でなかった場合には，その観点からやはり同様にそれを役立てなくてはならないのである．好ましくない測定値ならばそれを知らない方がよかった等と考えるのは，どの観点においてももはや前時代的に過ぎよう．

わが国のノルディック複合では長年のナショナルチーム選手サポート（表8－3）を通して，高所トレーニングの判定・評価マニュアルが作成された．以下はその概要に基づいた説明である．高所トレーニングに先立って表8－4の視点を把握しておく．また，前述した図8－6①の初期の効果にもかかわるが，個人の適合性について表8－5の基準も把握しておく．

表 8−3　全日本スキー連盟ノルディック複合ナショナルチームにおける日本体育協会・日本オリンピック委員会高地トレーニング医・科学サポート事業対象選手および測定項目一覧

1990	'91	'93	'94	'95	'96	'97	'98	'99	'00	'01
n＝5	4	5	8	8	10	11	14	13	8	8
トレッドミル, ホルタ ECG	HR	血液性状 CPK, LA	HR, LA	HR, LA	HR, LA, CPK	HR, SpO_2 LA	HR, SpO_2 LA	HR, SpO_2 LA, StO_2	HR, SpO_2 LA	HR, SpO_2 LA, CPK, U
A 群 ○荻原健司 ○河野孝典 ○阿部雅司 ○児玉和興	○荻原健司 ○河野孝典 ○阿部雅司	○阿部雅司 ○河野孝典 ○荻原健司	荻原貴則	富井　彦	森　　敏 山田和由 ○（荻原健司） ○（荻原次晴）	○荻原健司 ○荻原次晴 坂大　徹 富井　彦 森　　敏	○荻原健司 森　　敏 富井　彦 北村　隆 正木栄二 正木　誠 ○荻原次晴	○（荻原健司） ○（森　　敏） ○（富井　彦） 正木栄二 正木　誠 北村　隆 荻原貴則	荻原貴則 正木　誠 北村　隆	荻原貴則 正木　誠 佐藤　純 正木栄二
B 群			小泉　仁 藤原和行	大竹太志 目時慎一 富井正樹 石田大輔	大竹太志 富井正樹	○大竹太志 富井正樹	○大竹太志 富井正樹 目時慎一	○大竹太志 高橋大斗 目時慎一 畠山陽輔	大竹太志 目時慎一 竹田　元 畠山陽輔	竹田　元
C 群 ○三ヶ田礼一	○三ヶ田礼一	○三ヶ田礼一 古川純一	加藤裕次 安沢　豊 富井竜也 太田武和 黒沢　貢	中村幸志 上野隆志 鈴木幸保	○古川純一 高沢公治 上野隆志 鈴木幸保	古川純一 ○高沢公治 鈴木幸保 上野隆志	高沢公治 上野隆志 鈴木幸保 一戸　剛	高沢公治 一戸　剛	一戸　剛	高沢公治 一戸　剛 竹本和也

A〜C 群区分：ナショナルチーム役員（ヘッドコーチ：1984〜'94，部長：'94〜'98）によるクロスカントリースキーイング能力および持久力の分類
○印：ナショナルチーム A
（　）内の選手は本研究の対象項目では測定値なし
略号：ECG，心電図；CPK，クリアチンキナーゼ；LA，血中乳酸；HR，心拍数；SpO_2 動脈血酸素飽和度；StO_2 組織酸素飽和度；U，血中尿素

表８−４　高所における初期適応の判定・評価に先立つ視点

1．選手の高所トレーニングの過去歴
　a）良好な適応の体験例では初期適応が速やか
　b）適応不良の体験例では運動手法・強度の再考
　c）初体験の例では軽強度から段階的漸増

2．高所トレーニング前血液性状
　a）血液性状良好の例では初期適応が速やか
　b）性状不良の例では軽強度から段階的漸増

表８−５　クロスカントリースキーイングによる高所トレーニングの個人の適合性

A．初期適応が速やか：従来の適合群
　a．開始期に心拍数に対する酸素運搬系およびエネルギー代謝系指標が経時的な改善を示す
　b．開始後，数日間に不安定な愁訴を呈しない
　《トレーニングの展望・指針》
　　AT トレーニング内で負荷強度の増加

B．初期適応が不順：従来の不適合群
　a．開始期に，心拍数に対する酸素運搬系およびエネルギー代謝系指標が経時的に不整または上昇値を示す
　b．開始後，数日間に不安定愁訴を表す
　《トレーニングの展望・指針》
　　効果獲得の遅延，負荷強度軽減，トレーニング時間の延長をみて負荷増強

表８−６　血中乳酸濃度の評価

乳酸濃度（mmol）	評価とトレーニング応用
2	有酸素性負荷として中等度．２時間程度のトレーニングで最適な持久力向上，特に下記４mmol水準の出力向上が期待される．
3	有酸素性負荷としてやや高目の強度．効率の高い持久力向上を目指すには１時間程度のトレーニングが好適．上記２mmolによるトレーニングにバリエーションを加える場合に有効．
4	依然，有酸素性運動であるが，その上限値と考える．レースでは維持走の限界強度．これを超えると無酸素性負荷へ移行するので無酸素性限界という．トレーニング負荷としては強すぎるが，短時間の負荷体験には適切．
≧4.1	４mmolを超えると，蓄積乳酸が運動器官・組織を損傷する．超負荷トレーニングは短時間に完了，速やかな回復処置を講じる．

(2)　心拍数

今日，心拍数は古くて新しい用語である．古くは，心拍数は運動強度の指標として重視された．その後，トレーニング科学的に血中乳酸濃度が運動負荷の状況を優れてよく表す知見が新しく提示され，この乳酸濃度とトレーニング効果の関係が調べられた．今日では表８−６の基準に基づいて乳酸濃度２～３mmolの強度でトレーニングが指導される．この場合に重要なのは持久力の負荷テストによる心拍数―乳酸濃度の関係である．このテスト結果が確固とさえしていれば，基本的に高所トレーニングでは目標とする乳酸水準の心拍数をターゲットに強度を維持すればよい．心拍数はクロスカントリースキー中でも腕時計方式で容易にモニターできるので，その管理も楽である．以上が心拍数の新しいトレーニング応用である．

さらに，高所で測定条件を整えて乳酸値が得られれば，高所トレーニング期間中の体調や効果の状況を判定・評価できる．そのために表８−３の選手が示した高所トレーニングマニュアルはこの分野での優れて高い貢献になる（図８−９）．この図から導き出される高所トレーニングガイドラインは表８−７のようにまとめられる．図８−９および表８−７からスポーツ医科学的背景に基づいた高所トレーニングでは，心拍数が重要な指標をなしていることがわかる．

(3)　血中乳酸

血中乳酸は持久力トレーニングを行なう上でも，その能力を評価する上でも，スポーツ科学的・運動生理学的に要の指標をなす．むしろ，この指標を省みないトレーニングでは，状況把握なき体あたりのトレーニングになる．クロスカントリースキーのトレーニングでは，これによる持久力向上と，これとは別に考えられる技術練習をいかに組み合わせるかが決定的になる．特に，高所トレーニングデータから得られた表８−７の基準はその実践中の活用を考えたガイドラインとなっている．例えば，１回のトレーニングでターゲット心拍数の維持走中に時間を追って乳酸値がよく低下する．これはその場の急性の効果の表れである．この場合，運動強度を幾分高めて効果の最適化を狙う指導が望まれるが，安全性を優先し同一強度を維持させてもよい．乳酸値が増加するようでは強度を

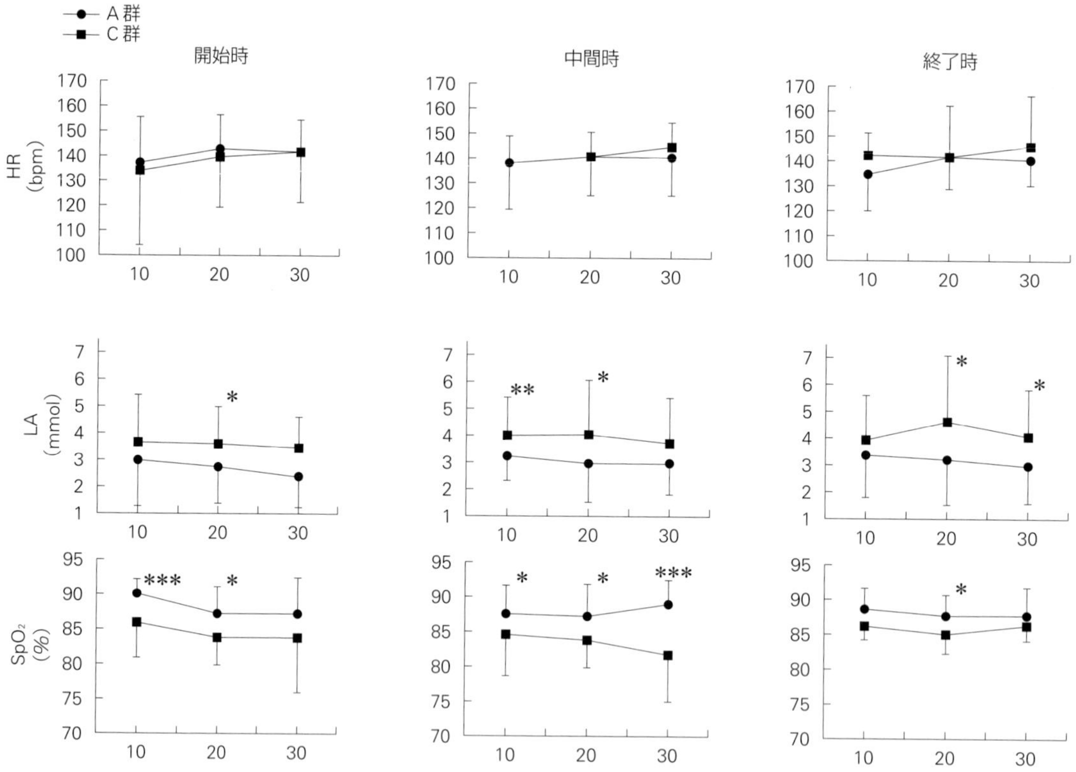

図 8−9　ノルディック複合ナショナルチームの高所トレーニングの長期的実践（表 8−3）におけるスポーツ医科学的結果
開始時（左列），中間時（中），終了時（右）の心拍数（HR），血中乳酸（LA）および動脈血酸素飽和度（SpO_2）

表 8−7　高所トレーニング中のスポーツ医科学的判定・評価基準

	適応群	要改善群
開始期	適応	負荷超過
負荷強度		
┌血中乳酸	2 〜 3 mmol	＞ 4 mmol
└血中酸素（SpO_2）	＞85％	＜84％
対心拍数の経時的変化		
┌血中乳酸	漸減*，定状**	漸増，不整変動
└血中酸素	漸増*，定状** 漸減***	漸減，不整変動
維持期・向上期・終了期		
┌対開始期の心拍数	増加，同値	傾向不整
対心拍数の経時的変化		
┌血中乳酸	漸減*，定状**	漸増，不整変動
└血中酸素	漸増*，定状** 漸減***	漸減，不整変動

＊安定傾向の場合，負荷強度増加
＊＊負荷強度の維持
＊＊＊漸増または定状を経過した後に起こる現象であり，適正負荷として限界域

下げる．

トレーニング期間の経過過程においても，前述の1回のトレーニングと同様の評価をする．こうして，一定の乳酸値に対する心拍数やスキー走速度が高まって，トレーニング効果も具体的に把握される．表8－7の要改善群に示される状況の選手は低負荷からトレーニングを立て直す．

(4)　動脈血酸素飽和度（SpO_2）

SpO_2 は表8－7では血中酸素で表わされている．SpO_2 は指尖部にレーザー光を透過させて，約20秒間で簡単に無侵襲計測される．計測器は安価で入手できる．

この値で，トレーニング中に84％を下回るとすぐに乳酸値が4 mmolを超える．すなわち，運搬酸素量が低下すると乳酸分解が間に合わず乳酸蓄積が起こる．SpO_2 も心拍数に対して相対変化する．この場合，負荷が高まると乳酸とは逆に値は低下する．評価は同様に表8－7に従って行なう．

文　献

1) Lagerstroem D ほか著，川初清典ほか訳：ラングラウフスキーと健康づくり．オーム社，1989.
2) Telford RD：第3回高所トレーニング国際シンポジウム'99立山，総合討論．1999.
3) 猪飼道夫：生活体の充実．猪飼道夫，須藤春一共著，教育生理学．第一法規，pp.212－222, 1968.
4) 川初清典ほか：「高地トレーニング」全日本スキー連盟での取り組み．臨床スポーツ医学，8: 616－620, 1991.
5) Hartmann U and Mader A: Training in high altitude from 1800 to 2000 meters. Coach, 4－6, 1992.
6) 青木純一郎：高地トレーニング―ガイドラインとスポーツ医・科学的背景―．日本体育協会，巻頭4－5, 2002.

［川初　清典］

9章　ジュニア選手について —蔵王坊平での準高所トレーニング—

はじめに

近年，高所トレーニングの効果は個人差があり，記録の向上する者（responder）と低下する者（non-responder）の違いは，高度2,500mにおけるエリスロポエチン（EPO）の増加率に差があり，responderは10～20%と有意に高い[1]．また，高所適応のでき上がっている民族には低酸素誘発遺伝子の存在が明らかになり[2]，高所トレーニングの考え方に変化が生じてきた．つまり，高所トレーニングの可能な人と不可能な人の遺伝子レベルでの差がわかってきたといえよう．

そこでかつて小林[3]は，「日本人には体質的に2,300mという高度は合わない，すなわち失敗例の多くは高度が高すぎたことが主因であり，日本人にはむしろ1,000m程度の高所環境（準高地）が薦められる」と種々の実体験から指摘していた．さらに福永[4]は，走運動を用い簡易的に測定した結果から，高校サッカー選手の最大酸素摂取量が蔵王坊平高原（標高1,000m）において約8％低下したと報告しており，準高地が高所トレーニング施設になり得る可能性を示唆していた．そこで近年，蔵王坊平高原をはじめとし，準高地トレーニングが注目されており，各地にトレーニング施設等の整備が進められている．

そこで本章では，準高地が高所トレーニングの効果をもたらすのに十分な低酸素環境なのかどうかについて明らかにするとともに，ジュニア選手と成人スポーツ選手の運動生理学的応答から，準高地の高所トレーニング施設としての適性について述べることとする．

1．学生陸上競技長距離ランナーの結果[5]

山形大学男子陸上競技中長距離選手における，標高1,000mでの夏合宿前と合宿中の赤血球物質の変化を計測した．血中2,3-DPG濃度は合宿前の2.31±0.36 μmol / mLから2.69±0.56 μmol / mLに有意に増加した（$p<0.05$）（図9－1）．ヘマトクリット値は合宿前が43.0±4.2%で合宿中は40.2±3.7%と有意に減少し（$p<0.01$）（図9－2），ヘモグロビン濃度は合宿前と合宿中で変化しなかった（図9－3）．

このことからから，1,000mの準高地ではヘマトクリット値やヘモグロビン濃度の増加は十分でないが，2,3-DPG濃度の増加に現れ，トップアスリートレベルでないクラスの選手においては，準高地レベルのトレーニングは低酸素曝露の影響を受けていることが示唆される．

2．小学生との比較実験[6]

準高地（約1,000m）でのジュニア選手におけるトレーニングの可能性を調べるため，小学生競技者を対象として，最大運動負荷時の生理的諸反応を比較検討した．対象は準高地（low altitude, LA）に対し，海面レベル（sea level, SL），小学生（boy, B群）に対し，大学生（student, S群）である．その結果，次のことが判明した．

第1にall-out time・最高心拍数・最大酸素摂取量において，S群とB群ともLAとSLで有意差はなかった．

第2に最大運動負荷中の心拍数（HR），主観的運動強度（RPE）において，B群の一部運動負荷時，すなわちHRについては，20・50・60W,

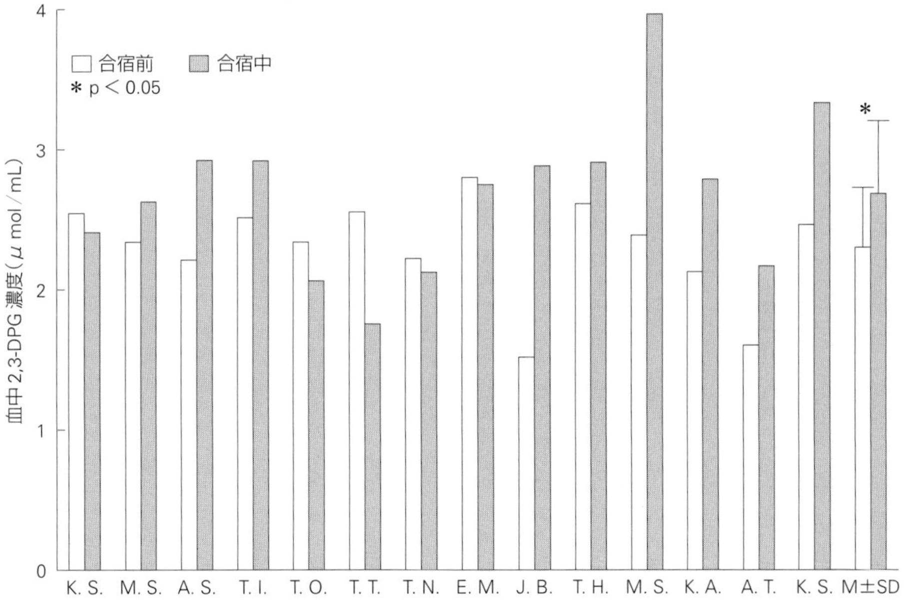

図 9－1　夏期合宿中の個人別 2,3-DPG の変化

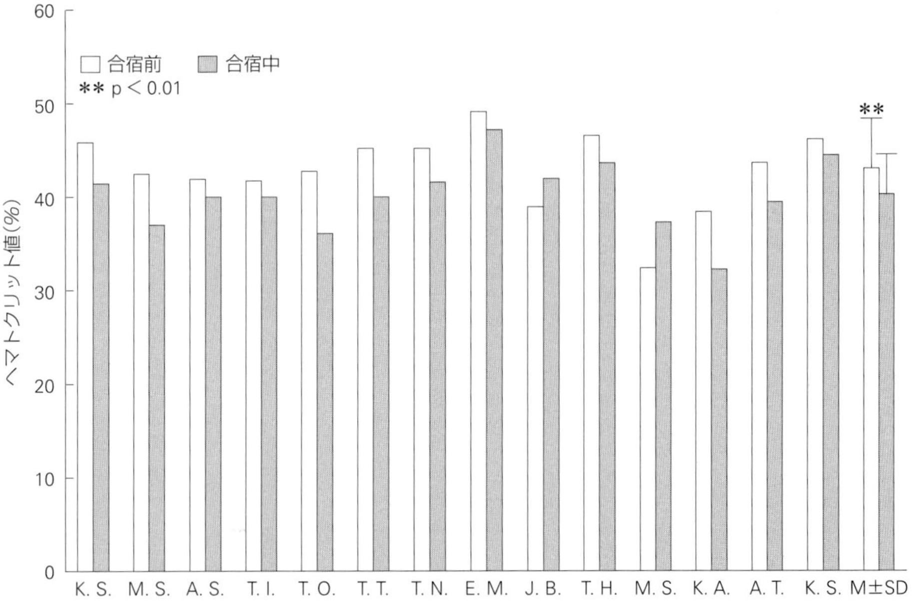

図 9－2　夏期合宿中の個人別ヘマトクリット値の変化

RPE については 110・120W で有意差がみられた．しかし，S 群ではすべての運動負荷時で有意差はみられず，生理的反応として一定傾向を判断するには至らなかった．

第 3 に最大運動負荷中の血中乳酸濃度は両群において有意な差でなかった．しかし，S 群はほぼ SL と LA で同じ値の経過を示したが，B 群においては，各運動強度で SL の方が LA より 0.5～0.9mM の範囲で高く，ほぼ平行して推移した．

第 4 に最大運動負荷中の換気量（$\dot{V}E$）・最大酸素摂取量（$\dot{V}O_2$）・換気当量（$\dot{V}E / \dot{V}O_2$）については，S 群と B 群でそれぞれ異なる反応を示した．

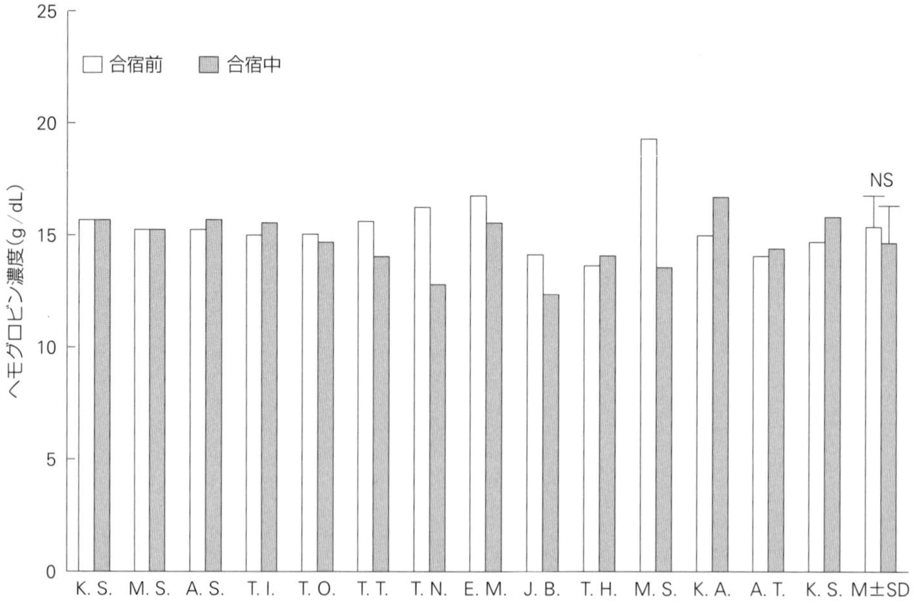

図 9－3　夏期合宿中の個人別ヘモグロビン量の変化

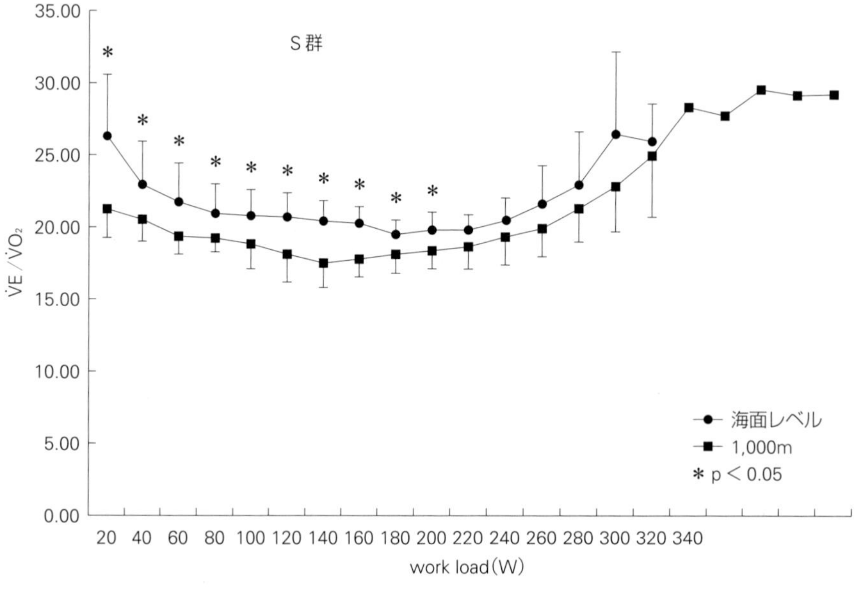

図 9－4　学生（S 群）の海面レベル，準高地における最大運動負荷中の換気当量（$\dot{V}E / \dot{V}O_2$）の変化

図中のデータは平均±標準偏差.

＊海面レベルに比し有意差が確認された運動負荷（$p<0.05$）.

すなわち，S 群の $\dot{V}E$ は 160W より強い負荷で LA が有意に高く，$\dot{V}O_2$ についてもすべての運動負荷で有意に高かった．しかも 100W 以上ではその差が拡大した．しかし，$\dot{V}E / \dot{V}O_2$ では 20～25 の範囲である一定の値を示し，各運動強度とも有意に LA の方が低い値を示した．その差を各運動強度すべてで平均すると 2.4 の下降となり，SL と比較し 11.2%の低下である（図 9－4）.

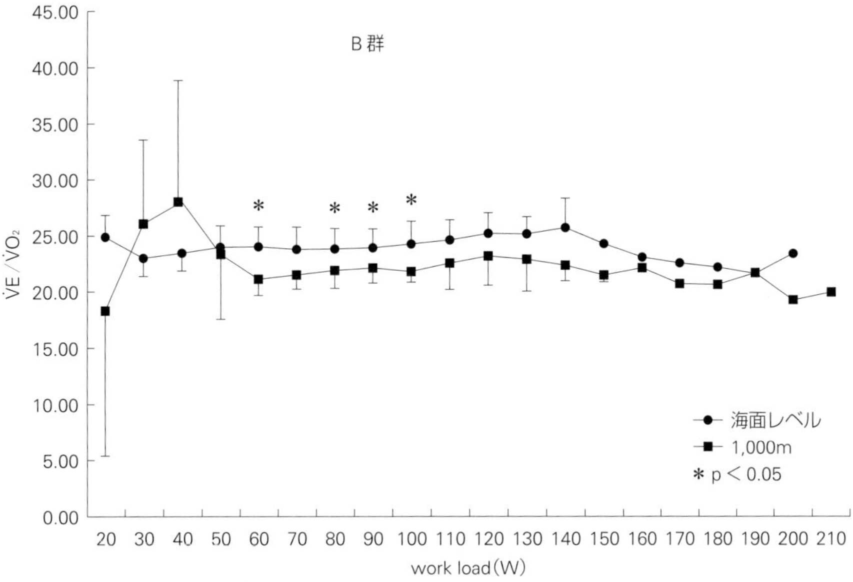

図 9－5　小学生（B 群）の海面レベル，準高地における最大運動負荷中の換気当量（$\dot{V}E/\dot{V}O_2$）の変化

図中のデータは平均±標準偏差．
＊海面レベルに比し有意差が確認された運動負荷（$p < 0.05$）．

一方 B 群では $\dot{V}E$ と $\dot{V}O_2$ は各運動強度で有意差を示さない．しかし $\dot{V}E/\dot{V}O_2$ では 60～100W の中程度の運動負荷時に LA で 1.8～2.9 の範囲で有意な下降となり，SL と比較し 9.4％の低下である（図 9－5）．

以上のことから，準高地では酸素摂取量や換気効率から判断して，明らかにその影響があり，その程度は約 1 割である．しかも，その影響力は成人に比し，小学生の方が少ない．さらに，乳酸の動態は再検討を要するも，SL に比較し LA で少なく，小学生にとって LA の負荷は逆に少ない傾向を示した．このことから準高地も高所トレーニング基地として意味があることを示唆するものである．

文　献

1）Chapman RF et al: Individual variation in response to altitude training. J Appl Physiol, 85: 1448－1456, 1998.
2）Suzuki K et al: Genetic variation in hypoxia-inducible factor 1α and its possible association with high altitude adaptation in Sherpas. Medical Hypotheses, 61（3）: 385－389, 2003.
3）小林寛道：日本陸上競技連盟の医科学サポート高所トレーニング．「高所トレーニングシンポジウム」報告書，pp.120－134，1993.
4）福永哲夫：準高所における運動に対する生理的応答—平地との比較から—．「高所トレーニングシンポジウム」報告書，pp.8－17，1993.
5）Ohnuki Y et al: The influence of low altitude training on collegiate distance runners. Jpn J Biometeor, 37（1）：21－25, 2000.
6）大貫義人，布施智彦：準高地における小学生の生理的反応．ランニング学研究，13（1）：52－53, 2002.

［大貫　義人］

第III部

模擬環境下の高所トレーニング

10章　スピードスケート選手のための低酸素トレーニング

11章　低圧シミュレーター・低酸素室によるスキー・ノルディック複合選手のトレーニング

12章　低圧シミュレーターによる水泳選手のトレーニング

13章　常圧低酸素室を利用した高所登山のためのトレーニング

14章　低圧シミュレーターによる競技選手，高峰登山者および一般人への高所トレーニング

10章　スピードスケート選手のための低酸素トレーニング

1．模擬環境下の高所トレーニング導入の背景

1）スピードスケートの競技特性と高所環境

高所は気圧の低下を伴う．標準状態における空気組成はほとんど変わらないので，気圧の低下に伴って酸素分圧もほぼ同じ比率で低下する．すなわち，自然環境における高所は低圧低酸素環境である．大気中における酸素分圧の低下は肺胞内酸素分圧の低下，および血液中の酸素飽和度を低下させ，組織への酸素供給不足をもたらす．その結果，最大酸素摂取量は低下し，持久的競技種目の記録が低下する．一方，気圧の低下は空気抵抗の減少をもたらし，陸上競技の 100m あるいは跳躍などの競技は平地より記録が向上する．

スピードスケートは，氷とブレードとの摩擦抵抗が小さく，時速 50km を超えるスピードで競われるため，選手のエネルギー出力のほとんどが空気抵抗のために使われる．したがって，スピードスケートは高度が高いほど，より速いスピードが得られる．そして，それは短距離種目においてのみならず，10,000m のような長距離種目であっても，酸素分圧の低いことによるエネルギー出力の低下がもたらすデメリットより，空気抵抗の小さいことによるメリットの方が勝り，標高の高いリンクほどよい記録が得られる．

また，スケーターは，1 周 400m のリンクを短距離種目では 55～60 歩，長距離種目では 40 歩程度で滑走する．したがって，1 歩毎に 7 ～10m を片脚で惰力滑走していることになるが，そのほとんどを，脚をほぼ直角に曲げた状態で身体を支え，そして蹴りだすために持久性筋力に加えて大きな瞬発性筋出力が必要である．この動作は，脚筋の血流を阻止することになり，乳酸の産生と蓄積を生じさせる．そのため，スピードスケートでは，短距離から長距離までのすべての種目において，レース中，脚筋に酸素不足が生じる．

スピードスケートにおける長距離選手の競技成績は，最大酸素摂取量と比較的高い相関関係にあることから，呼吸循環機能に注目されがちであるが，乳酸が組織に蓄積することの重要性も指摘されなければならない[1)]．

2）高所における滑走中の生理的応答とスピード

高所トレーニングの医・科学サポートの一環として，標高 1,530m のダボス（スイス）および標高 650m のインスブルック（オーストリア）において行なわれたスピードスケート・ワールドカップ大会 5,000m レースにおいて，次のような生理的応答がみられている[2)]．

5,000m レース中の心拍数はインスブルックよりもダボスにおいて全体を通して 8 ～10 拍/分低く，レース 3 分後の血中乳酸濃度はインスブルックよりもダボスにおいて顕著に低い値を示した．しかし，5,000m の記録はいずれの選手もインスブルックより標高の高いダボスの方がよい記録であった．

高所トレーニングは，平地では得られない低酸素分圧という負荷によって解糖系代謝[3)] あるいは脂質代謝が更新される[4)] とともに酸素運搬能力が改善され，そのことが，競技力の向上に繋がっているとされている．

しかし，ダボスでの研究結果にみられるように，高所では，高い滑走スピードが得られるが，最高心拍数の低下は身体的出力が最大限に引き出され

ていないことを示している[5].

3）スピードスケートのための高所トレーニング

スピードスケート選手には，その滑走動作の特性から，脚筋の乳酸耐性あるいは緩衝能力を向上させるために，高い強度のトレーニングが必要である．しかし，前述したように低圧低酸素環境では，平地と同じ質の高いトレーニングはできないというデメリットがある．さらに，空気抵抗の違いは滑走技術にも影響する．

近年，高所に滞在しながらトレーニングは低地で行なうこと（Living high-Training low）によって最大酸素摂取量が増加し，陸上 5,000m の記録が向上したという報告[6]がある．スピードスケートにおいて地理的にそのようなことが可能なスケートリンクはソルトレーク・オリンピック・オーバル（ソルトレーク：標高 1,400m，滞在はソルトレークのリンクから車で 1 時間離れた場所にある標高 2,200m のパークシティーを利用）以外には見当たらない．

そこで，平地でトレーニングしながら身近で 1 日の一定時間高所環境を利用することによって，競技力向上のための効果が得られるならば，スケート選手にとって望ましいトレーニング環境といえるであろう．スピードスケート選手のための模擬環境下における高所トレーニングは，前述したダボスにおける高所トレーニング医科学サポート研究において発想された．

2．常圧低酸素室の環境

1）常圧低酸素環境の安全性

高所が人体に及ぼす影響のほとんどは低圧のためではなく低酸素のためである．したがって，常圧のまま酸素濃度を低下させた環境の利用も高所トレーニングとして捉えることができる．

例えば，標高 2,000m における酸素分圧を常圧下（標高 0m）で作り出すための酸素濃度は標準状態では次のようになる．

（標高 2,000m の酸素分圧）（標高 0m の気圧）（酸素濃度%）

125torr　／　760torr　＝　16.4%

ただし，酸素濃度を変化させた分だけ窒素を加えることにより気圧を 760torr に保つ．

著者[7]はスピードスケート選手のための高所トレーニングとして，常圧のまま連続的に低酸素気を供給できる装置を試作した．

試作にあたって，常圧低酸素環境の安全性に関する以下の内容[8]について確認と配慮をした．

(1)窒素が多いことによる影響

低酸素環境のシステムは，分離膜を利用することによって空気中の酸素と窒素を分離し，結果的に酸素を減少させた分だけ窒素の多い空気を作ることになる．窒素は化学的に不活性であるが，潜水を行なったときのように，5 ～ 6 気圧（水深 40～50m）前後の圧力が加わると麻酔作用を有し，窒素酔いを起こす[9]といわれている．標高 2,000m を想定した常圧低酸素環境における窒素分圧は約 640torr であり，常圧下における通常の窒素分圧（約 600torr）の 1.05 倍程度であるので，窒素酔いの心配は回避される．

(2)設定以下の低酸素環境になる危険性

標高 2,000m の低酸素環境における酸素濃度は，分離膜で作る 14～15%の低酸素気と 20.93%の外気との混合で 16.4%に設定される．したがって，万が一装置のどこかに故障が生じたとしても，低酸素室内の酸素濃度は 14%（標高にして約 3,250m 相当）以下にはならない．また，低酸素室を自然排気されるようにしておけば，部屋が密閉されているわけではないので，むしろ，20.93%に近づくことはあっても 14%に低下することはない．もちろん，設定した酸素濃度が安定して供給されるため，あるいは，設定以下になった場合自動的に低酸素発生装置が止まる，などの制御システムを組み込むことは必要である．

(3)低酸素室内の二酸化炭素濃度

試作段階での低酸素室は塩化ビニール製のテントで，その大きさは高さ 1.9m，幅 2m および奥行き 1.9m（7.22m^3）であった．このテント内に 120L / 分の低酸素を送り込み，そこに，1 名が入室すると，安静状態で室内の二酸化炭素濃度は 0.12±0.02%となった．また，実験的に同じテント内に2名が入った場合，テント内の二酸化炭素濃度は0.25±0.06%となったが，実験に参加した被験者には特に自覚症状はなかった．むしろ，7.22m^3 に2名が入ることの窮屈さの方が問題であった．一般に，二酸化炭素自体の健康に基づく値は3,500ppm（カナダの基準）とされている．ビル管理法の基準（日本）における二酸化炭素の設計基準濃度は1,000ppmとされているが，これは，室内の空気汚染の総合的指標としての値であって，二酸化炭素そのものの健康への影響に基づくものではない[10]．したがって，低酸素室内の二酸化炭素濃度は，他の汚染質（例えば，一酸化炭素，浮遊粉塵，アスベストなど）を設計基準以下に抑えることを条件に，3,500ppmすなわち0.35%以下に設定すべきであろう（なお，低酸素発生装置では3重のフィルターと分離膜を通過する際に，ほとんどの汚染質は除去される）．

なお，運動するとヒトの換気量は100L / 分あるいはそれ以上になる．このように運動が激しくなると，前述の換気量では低酸素室内の二酸化炭素濃度は急上昇する．もちろん，低酸素発生装置の出力を大きくすれば問題は解決されるが，低酸素運動は低酸素室外において，低酸素室からの空気をマスクを介して吸入すれば，低酸素発生装置の容量を大きくすることなく低酸素運動ができ，また，二酸化炭素濃度が高まる心配も解消される．

⑷低酸素室内の湿度

酸素と窒素の分離膜から出る低酸素気は除湿されているので，常圧下の空気と混合すると同時に，低酸素室を加湿する必要がある．スピードスケート選手のための一連のトレーニングにおいては，低酸素室内およびマスクから吸入する低酸素気の湿度を50%にセットした．

2）常圧低酸素環境への急激曝露における生理的応答

常圧低酸素室の利用は自然環境と違って，高所環境に急激曝露することになる．低酸素室への入室時あるいは低酸素を吸入しながらの運動時における生理的反応は以下のとおりである．

⑴安静時の応答

高所では標高が高くなるのに伴って心拍数は上昇し，動脈血酸素飽和度（SpO_2）は低下する．そして，低酸素環境における自覚症状はSpO_2と関連している．一般的には，頭痛を訴えるような自覚症状は高度3,000mで，SpO_2が88〜90%のレベルにおいてである．さらに，SpO_2が80〜81%程度になると，眠気，だるさ，目の疲れなどの自覚症状とともに，心拍数および呼吸数が増加し，チアノーゼが認められる[9]．

高所トレーニングとして利用が予想される酸素濃度16.4%（標高2,000m相当）の低酸素室に入室後，SpO_2は，92〜96%，また，酸素濃度15.4%（標高2,500m相当）では89〜96%まで低下する[7, 11]．すなわち，SpO_2の低下には個人差があると同時に，酸素濃度の低下に伴ってその差は大きくなる傾向を示す．また，低酸素室内におけるSpO_2は睡眠中さらに低下する．しかし，酸素濃度15.4%および16.4%の常圧低酸素環境では急激曝露しても安静にしている限り，ただちに自覚症状の差となって現れない．

⑵運動中の応答

SpO_2は疲労あるいは運動強度が高くなることによって低下する．そして，低酸素環境下においてその低下はより顕著となる[12]．自転車エルゴメータ運動中（60rpmにおいて2.5kpから5kpまで4分毎に負荷漸増），平地では負荷の漸増に伴うSpO_2の低下はほとんどみられないが，標高3,500m相当の低酸素環境になると，SpO_2の極端な低下がみられ，4kpの負荷におけるSpO_2値は75%を下回り，頭痛あるいは呼吸の苦しさを訴え，それ以上の負荷において運動を継続することができていない（図10－1）．

また，吸入する酸素濃度の低下に伴い，同一負荷に対する心拍数が増加する．図10－1に示す標高3,500m相当（酸素濃度13.5%）における最大下運動中の心拍数は他のいずれの酸素濃度時よりも高い値を示すが，低いレベルの最高心拍数で運動を持続できなくなっている．

以上のように，常圧低酸素環境における酸素濃

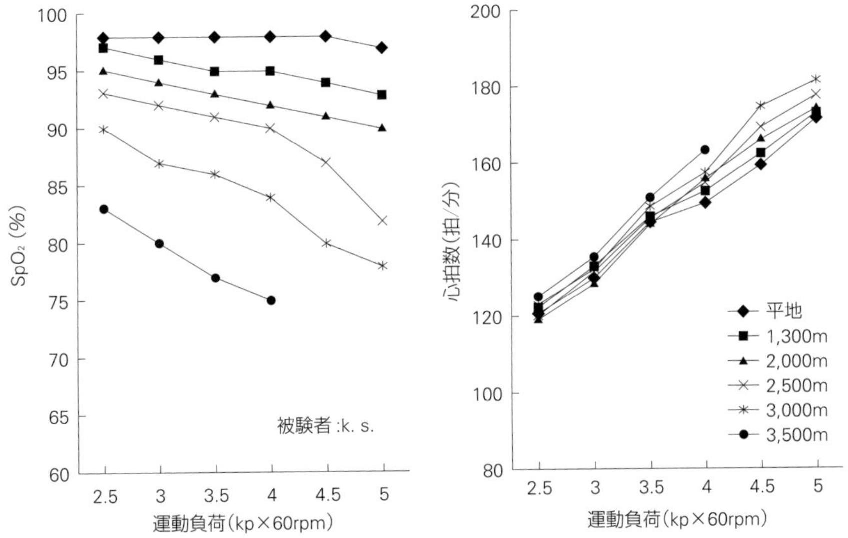

図 10－1　酸素濃度の違いによる自転車エルゴメータ運動中の SpO_2 および心拍数

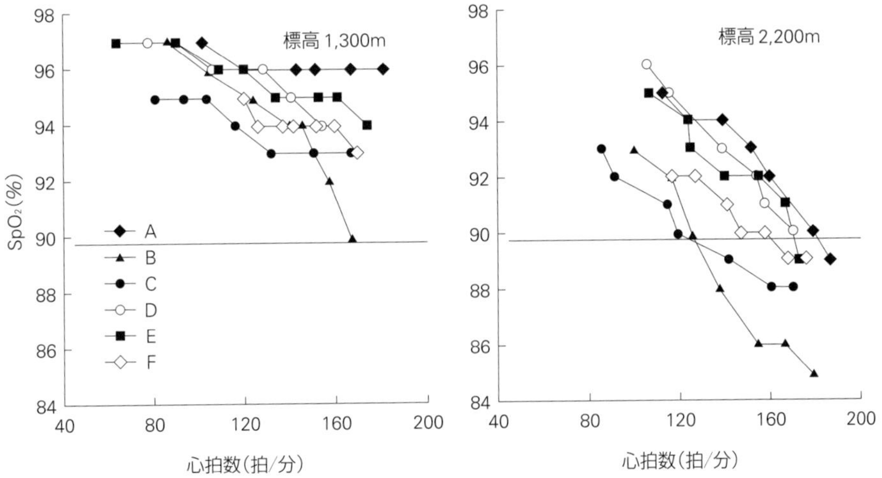

図 10－2　低酸素運動中の心拍数に対する SpO_2 の個人差
（前嶋　孝：低酸素トレーニング．体育の科学，49: 417－423，1999）

度の低下は，パフォーマンスの低下を引き起こすとともに，負荷の増加に伴って，頭痛，眠気，あるいは呼吸の苦しさといった自覚症状が現れる．

また，低酸素運動中の心拍数に対する SpO_2 の変化をみると，標高 1,300m でさえ負荷の増加に伴って，SpO_2 値に 5 %もの個人差があり，標高 2,200m 相当の低酸素環境では，軽負荷時から SpO_2 の大きな個人差が認められる[13]．すなわち，同一低酸素濃度に対する SpO_2 の低下が大きい選手ほど低酸素環境においてパフォーマンスの低下が大きいことを示唆している（図 10－2）．

3．常圧低酸素室を利用したトレーニングの有効性

常圧低酸素室を利用した高所トレーニングは，低酸素室の酸素濃度，1 日の滞在時間，トレーニング期間，あるいは低酸素運動の有無などさまざまな条件設定が可能である．同時に，低酸素環境への急激曝露における個人個人の生理的反応の結果を考慮したトレーニングの実施が求められる．

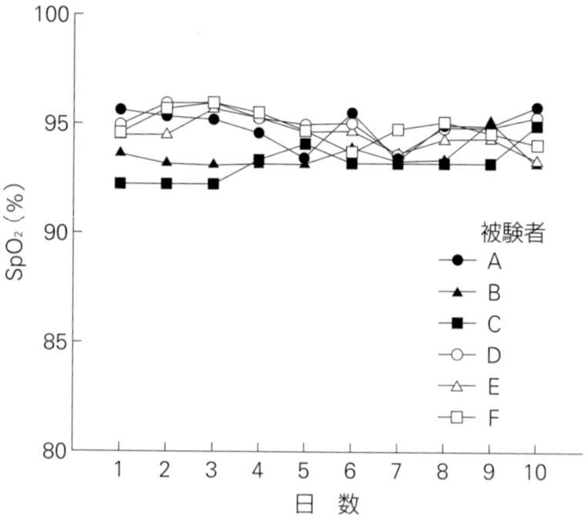

図 10－3　低酸素室 10 時間滞在による安静時 SpO_2 の経日的変化
（前嶋　孝：スピードスケート競技における低酸素トレーニングの実際―低酸素室の試作とトレーニングの有効性―．Jpn J Sports Sci, 15: 339－344, 1996）

以下は，スピードスケート選手のために有効な高所トレーニング法を探すために行なわれた研究の結果である．なお，以下の研究は，スピードスケート・ワールドカップ大会出場有資格者 3 名（この 3 名はオリンピックに出場し，2 名は入賞，1 名は世界選手権総合 2 位）を含む全日本選手権大会出場資格を持つ選手達による結果[7]である．また，同じ被験者が時期を変えて異なった条件のトレーニングを行なったデータが含まれている．

1）低酸素トレーニング 10 日間の変化から

トレーニング効果が期待される高所環境は，経験的に標高 2,000m 前後であるとされている．そこで，低酸素室の酸素濃度を 16.4%（標高 2,000m 相当）に設定し，低酸素室の利用時間が 10 時間（ただし時間帯は夜 9 時から朝 7 時まで．この時間は入室後わずかにくつろぐ時間の他はほとんど睡眠時間）程度でトレーニング効果が得られるならば，スピードスケート選手の平地トレーニングの中に効率的に導入することが可能であろう．

以上の条件のもとで，①低酸素室滞在と低酸素気を吸入しながらの運動を負荷するトレーニング群（4 名），②低酸素室滞在のみのステイ群（3 名），および，③低酸素室の利用なしで同じトレーニングを行なうコントロール群（4 名），が 10 日間のトレーニングを行なった．その結果，以下のことが明らかになった．

低酸素室入室中の安静時 SpO_2 を測定した 6 名（トレーニング群 1 名は測定値なし）中 4 名はほぼ 95%に低下したのに対し，2 名の被験者はそれぞれ 93%および 92%まで低下した（図 10－3）．自然環境における高所トレーニング中，SpO_2 は，体調によって変化し，特に，高い強度のトレーニングを行なった翌日は数%低下する場合がある．

低酸素室利用の実験中，平地でのトレーニングも行なわれていたが，トレーニング経過に伴う低酸素室での安静時 SpO_2 の一定方向への変化は認められなかった．また，トレーニング群とステイ群との差も認められなかった．

一方，トレーニング群の低酸素運動中における生理的反応には以下のような顕著な変化が認められた．

①同一負荷に対する SpO_2 は，1 名を除いてすべての被験者が低酸素トレーニングに伴い明らかに増加する傾向を示し，心拍数および主観的強度（RPE）は減少した．特に顕著な変化を示した被験者の例をみると，運動負荷（235W）中の SpO_2 はトレーニングに伴って 86%から 92%まで上昇し，RPE は 16 から 13 に，そして，心拍数は約 10 拍/分の低下であった（図 10－4）．

②負荷の増加に伴って SpO_2 が 90%を下回り，「頭痛」や「眠気」などの自覚症状を訴える場合があったが，トレーニングの経過に伴って，それらの症状を訴えることはなくなった．もちろん，トレーニングの後半であっても，負荷を増すと SpO_2 が低下し，再び頭痛を訴える．「SpO_2」および「頭痛」は低酸素トレーニングを管理する上で重要な指標であると思われる．

③低酸素トレーニング前後に，平地で実施された自転車エルゴメータテストにおいて，運動 3 分目，6 分目および 30 秒間全力漕ぎ 3 分後の血中乳酸濃度を測定した．その結果，低酸素トレーニング後，血中乳酸濃度は最大下および最

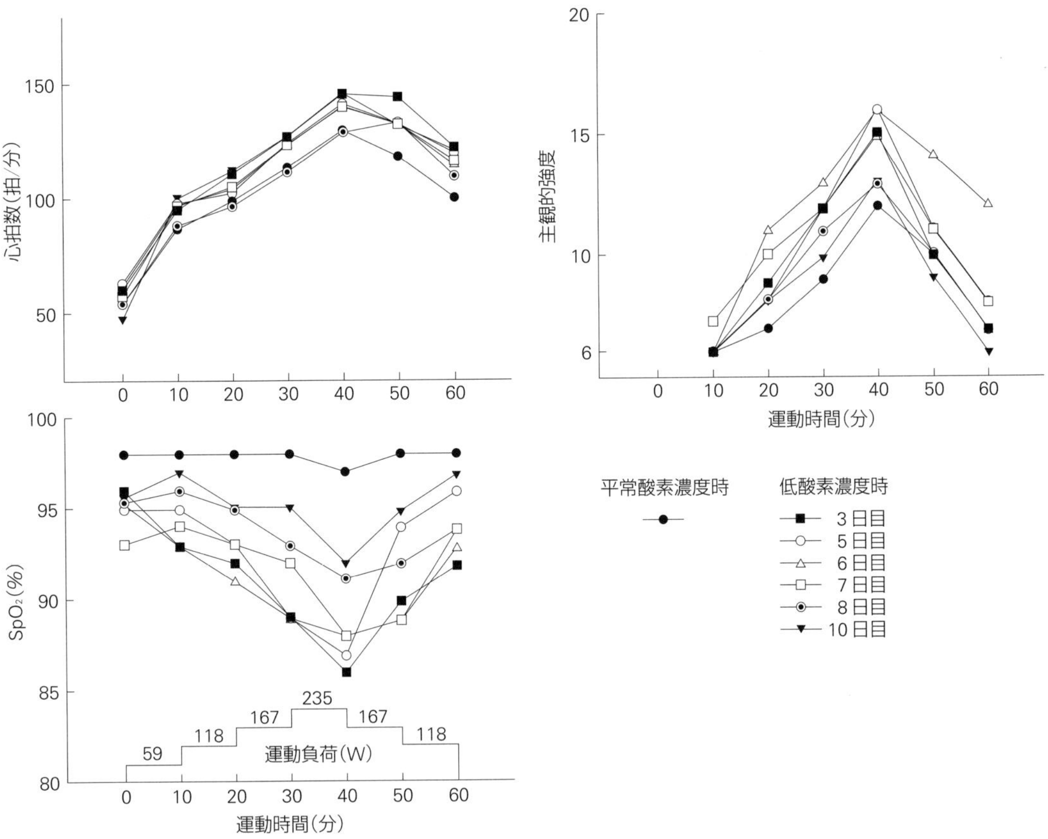

図 10－4　低酸素室 10 時間滞在および 1 時間の低酸素運動を行なった被験者（1 名）の低酸素運動中の心拍数，RPE および SpO_2 の経日的変化

（前嶋　孝：スピードスケート競技における低酸素トレーニングの実際―低酸素室の試作とトレーニングの有効性―．Jpn J Sports Sci, 15: 339－344, 1996）

大努力後のいずれにおいても低下したのに対して，ステイ群，およびコントロール群は減少傾向を示さなかった（図 10－5）．

運動中における乳酸の蓄積は細胞質内の酸化還元反応に依存している．最大下および最大運動後の血中乳酸濃度に低下の傾向を示したことは，低酸素トレーニングによって末梢における代謝系に変化がもたらされたことを示唆している．

④低酸素トレーニングの前後に，平地（酸素濃度：20.93%）において自転車エルゴメータテストを行なった．図 10－6 に低酸素トレーニング前値を 0 としたときのトレーニング後における平均パワー[注1)]を示した．ステイ群およびコントロール群においてはわずかな変化であったのに対して，トレーニング群の中には 30%を超える増加率を示した選手が認められた．以上の実

注 1）自転車エルゴメータを用いたテスト方法は，スピードスケートの 5,000m レース中における主観的強度の変化を自転車エルゴメータにおいて再現するかたちで行なった．すなわち，あらかじめ選手個々の 5,000m レース中におけるスタートから 400m 毎の主観的強度を報告させ，予備実験においてそのレースでの主観的強度と自転車エルゴメータでのそれとが一致するように負荷を決定した．また，運動負荷時間は，被験者達の目標タイム（6 分 42 秒）とした．その結果，運動負荷法は，運動開始から 6 分 12 秒間をランプ負荷とし，その直後から 6 分 12 秒目の負荷において 30 秒間全力漕ぎを行なうという方法である．そして，その 30 秒間全力漕ぎでの平均パワーの変化をパフォーマンスの変化としてみることとした．したがって，ここで示される平均パワーの変化は，無酸素的エネルギー出力も動員された最大努力での仕事量の変化であると同時に，運動開始から 6 分 12 秒間における余裕力の変化であるといえる．この余裕力はもちろん有酸素的エネルギー出力が主体的に関与しているものと考えることができる[7]．

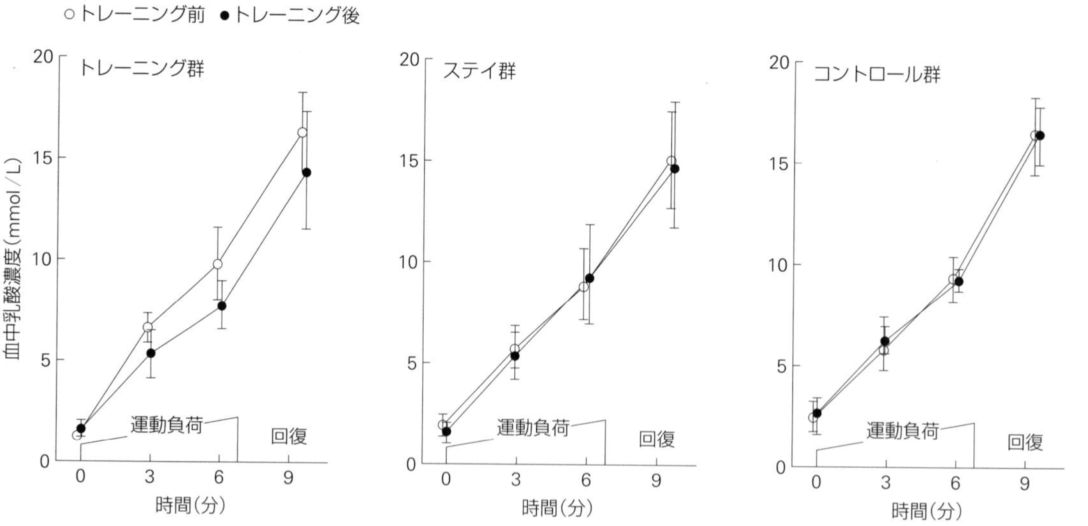

図 10−5　低酸素トレーニング前後における運動中および運動後の血中乳酸濃度の変化
(前嶋　孝：スピードスケート競技における低酸素トレーニングの実際―低酸素室の試作とトレーニングの有効性―. Jpn J Sports Sci, 15: 339−344, 1996)

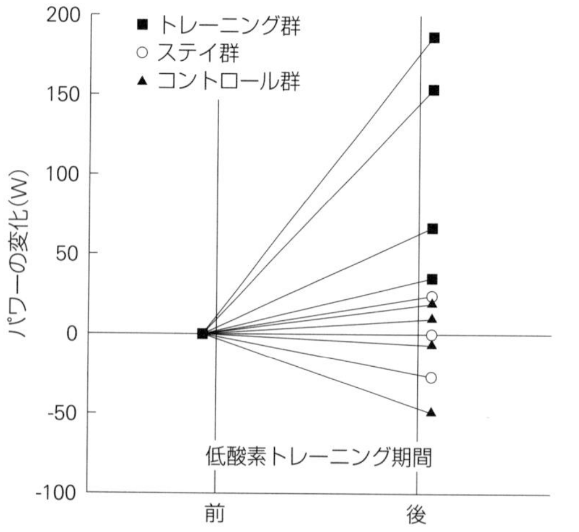

図 10−6　低酸素トレーニング前後における自転車エルゴメータ漕ぎによるパワーの変化
(前嶋　孝：スピードスケート競技における低酸素トレーニングの実際―低酸素室の試作とトレーニングの有効性―. Jpn J Sports Sci, 15: 339−344, 1996)

験結果は，常圧低酸素環境を利用したトレーニングの有効性を示唆している．

2）低酸素トレーニングの繰り返しによる変化から

低酸素トレーニング（低酸素室滞在＋低酸素運動）によって，パフォーマンス（自転車エルゴメータによる平均パワー）の向上が認められたが，その向上の程度には大きなばらつきがあった．このばらつきの要因には，低酸素トレーニングに参加したときの被験者の身体的コンディション，トレーナビリティー，あるいは後述する低酸素環境に対する適応能力の差などが考えられる．低酸素トレーニングの効果を，トレーニング前後の比較だけでなく，低酸素トレーニング前後における複数回の測定結果をみると，低酸素トレーニングの影響がより明確になる．

図 10−7 は，被験者 S.T. の自転車エルゴメータによる平均パワーと同一負荷運動中の血中乳酸濃度を示した．被験者 S.T. の平均パワーは低酸素トレーニングを行なっていない 1996 年には何回測定しても 400W 程度であったが，低酸素トレーニングを導入することによって，何度も高い平均パワーが得られ，1997 年に測定された 5 回目の低酸素トレーニング後には 600W を超えた．また，低酸素トレーニングによって高い平均パワーが得られたときの同一負荷時（運動開始 6 分後）における血中乳酸濃度は低下している．この結果は，低酸素トレーニングによって顕著なパワーの向上がもたらされた一例といえるであろう．

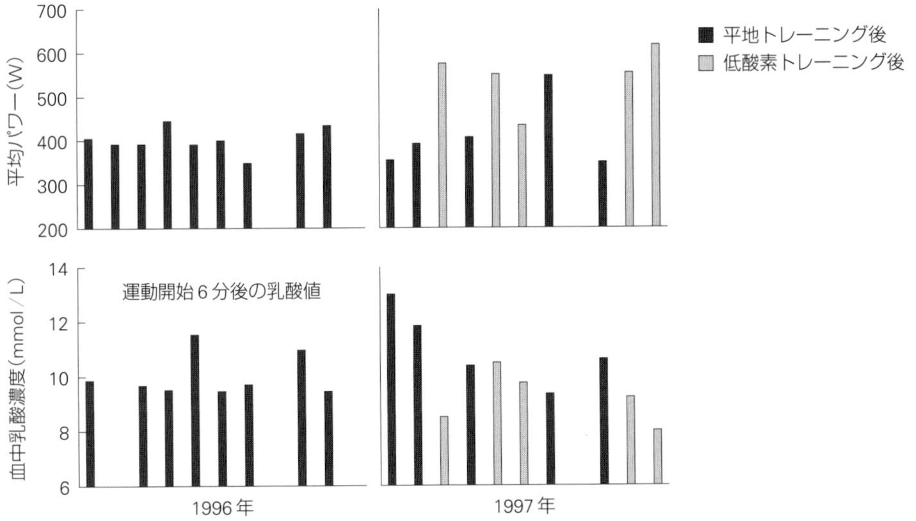

図 10－7　平地トレーニングおよび低酸素トレーニング後における平均パワーおよび血中乳酸濃度

3）低酸素環境におけるトレーニングの有無と酸素濃度

常圧低酸素を利用した高所トレーニングの研究は，朝比奈ら[14]によって 1964 年に行なわれている．この研究では，あらかじめダグラスバッグに入れられた 13～14％の低酸素気（標高 3,400～3,800m 相当）を，マスクを介し，座位安静で吸入するという方法で，低酸素吸入を 1 回に 2 時間，1 週間に 2 回の頻度で 1 カ月間行なったが，最大酸素摂取量，赤血球あるいは血色素などに低酸素気吸入による効果は認められなかった．

その後，常圧低酸素室の開発により，さまざまな低酸素室利用法が試みられている．それらは，低酸素室の酸素濃度が 14.4～16.4％（標高 2,000～3,000m 相当），低酸素室滞在時間が 1 日 8 ～18 時間，およびトレーニング期間が 5 ～30 日間の範囲であり[15−22]，基本的に低酸素室を滞在のために利用し，トレーニングは屋外（平地）において行なわれている（Living high-Training low）．そのような低酸素室の利用によるほぼ半数の研究においてエリスロポエチン（EPO）あるいは網状赤血球の増加が認められている[14, 16, 21, 22]．また Rusko ら[16]によって，標高 2,500m 相当の低酸素室に 1 日 12～16 時間滞在，25 日間のトレーニングによって $\dot{V}O_2max$ が 3 %向上したことが報告され，さらに，内山ら[22]においても，標高 2,500m 相当の低酸素室に 1 日 8 ～12 時間滞在，14 日間のトレーニング 1 週間後に $\dot{V}O_2max$ の有意な増加を認めており，常圧低酸素室に滞在することによって持久的能力が向上することを示唆している．

前述したスピードスケート選手の実験において，酸素濃度 16.4％の低酸素室に 1 日 10 時間滞在することのみでは，パフォーマンス（自転車エルゴメータによるパワー）の向上は認められなかった．しかし，低酸素室滞在に低酸素運動を組み合わせることによって，同一負荷に対する血中乳酸濃度が低下し，パフォーマンスの改善をみた．この結果は，低酸素室は滞在だけでなく，低酸素気を吸入しながら運動を負荷することによる効果を示唆している．

ただし，低酸素室の酸素濃度を 15.4％にすると，低酸素室内における安静時心拍数は平常酸素濃度時のそれより 10～20 拍/分の範囲で増加し，SpO_2 は，8 日間の平均値において高い値を示した被験者が 96.6±1.61％であり，低い値を示した被験者では 89.8±1.80％となり，低酸素室における生理的反応は 16.4％のときより大きな個人差が認められた．そして，このトレーニングに参加した 4 名のうち 2 名は低酸素室での安静時心拍数が，トレーニングの経過とともに増加し，SpO_2 が低下傾向を示し，すべての被験者がトレーニング中，身体のだるさを訴え，低酸素室退室後もその疲労の回復が遅れがちであった[11]．これらの結果は，もちろん，低酸素環境利用中の平地でのトレーニング内容によっても影響していることを考慮しなければならない．

自然環境における高所トレーニングによって体調を崩した例は少なくないといわれている．常圧低酸素トレーニングにおける低酸素室滞在あるいは低酸素運動負荷時の酸素濃度についても，トレーニングの目的に応じて検討されるべきであろう．

4）模擬環境下低酸素トレーニングの応用

⑴競技会前の低酸素トレーニング

SpO_2 や心拍数は低酸素環境における体調判断の指標となる[23]．スピードスケート競技会前の低酸素トレーニングにおいては，それらを指標にしたトレーニング管理が必要である．すなわち，低酸素トレーニング中の生理的変化が，実験において仕事量が増加したときと同じ経過をたどるかどうかを確認することである．

図 10−8 は，A 選手が全日本選手権大会および長野オリンピックのそれぞれ 1 週間前まで低酸素トレーニング（低酸素室 1 日 10 時間滞在−平地での氷上トレーニング+40 分間低酸素運動）を行なったときの，低酸素環境下での自転車エルゴメータ運動中の心拍数および SpO_2 の変化とシーズンオフにおいて自転車パワーが向上したときのそれらの経過を示している．低酸素トレーニング 1 週間後，A 選手はいずれの大会においても 5,000m 種目の国内最高記録を更新するとともに，長野オリンピックでは 7 位の成績を収めた[11]．

このように，大会 1 週間前までの低酸素トレーニングにおいて，低酸素運動中の生理的応答が自転車エルゴメータの平均パワーの向上を示した場合のそれと同じ経過をたどるとき，大会においてもよい結果につながるものと思われる．

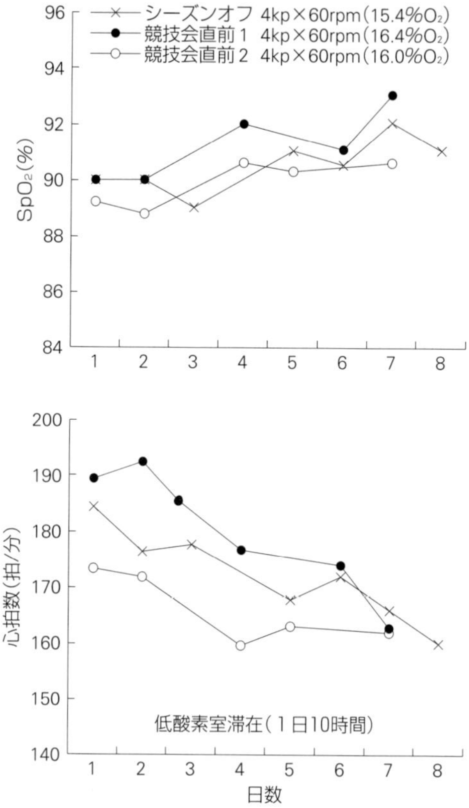

図 10−8　競技会直前の低酸素トレーニングに伴う SpO_2，心拍数および RPE の変化

（前嶋　孝：低酸素トレーニングによるスピードスケート選手へのサポート―長野オリンピック対策―．日本オリンピック委員会スポーツ医・科学研究報告−No.Ⅳ，JOC 高所トレーニング医・科学サポート，7: 44−55，1997 および前嶋　孝：低酸素トレーニング．体育の科学，49: 417−423，1999 を引用改変）

⑵平地滞在−低酸素トレーニング

一般に，自然環境における高所への順化は，標高 2,000m で 2 〜 3 週間とされている．しかし，平地において低酸素室を利用しながら低酸素運動を負荷すると，低酸素トレーニングは 1 週間の継続，あるいは 3 日間でも何回か繰り返すことによってトレーニング効果が得られており[7]，高所トレーニングは，高所に長期間滞在することによって安静レベルにおける血液性状に変化がみられるような高所順化のみではなく，低酸素環境における運動の効果が示唆される．

図 10−9 に，低酸素環境を運動することのみに利用したトレーニング効果の一例を示した．低酸素気を吸入しながら自転車エルゴメータを用いて

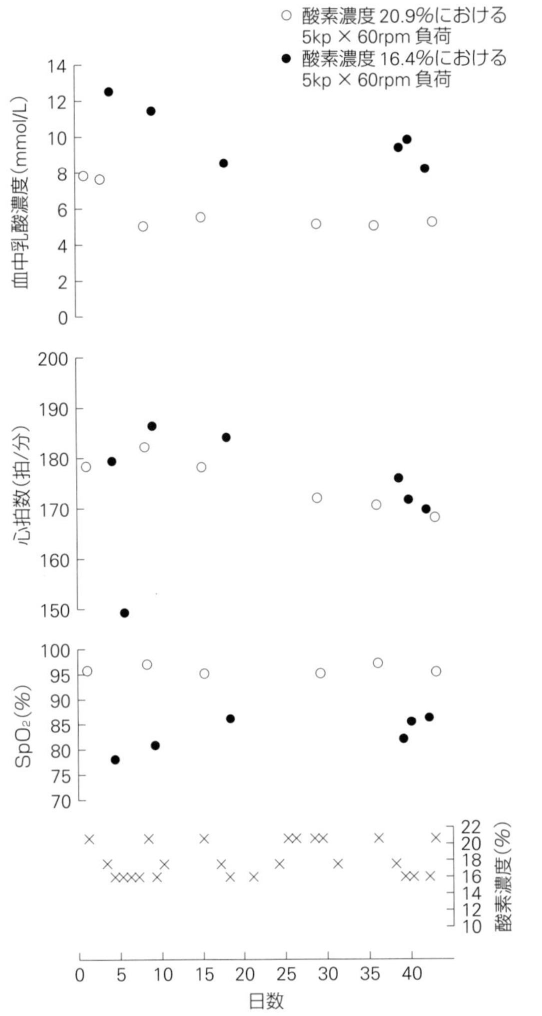

図 10−9　平地滞在—低酸素トレーニングに伴う同一運動負荷中 SpO_2，心拍数および血中乳酸濃度の変化

図中下段の酸素濃度は自転車エルゴメータトレーニング中に吸入した酸素濃度を示す．

（前嶋　孝：常圧低酸素環境の利用．青木純一郎編：高地トレーニング—ガイドラインとその医・科学的背景—．日本体育協会，pp.98−103，2002）

運動すること（6 週間の間に行なわれた 24 回の自転車エルゴメータ運動のうち低酸素運動は 15 回実施）によって，低酸素（16.4%）吸入における同一負荷（5kp：60rpm）運動中の SpO_2 は約 10%増加，心拍数は約 15拍/分減少，血中乳酸濃度は約 4mmol / L 減少している．また，同じ期間中，常圧酸素下(20.93%)での同じ運動負荷中の心拍数および血中乳酸濃度の減少が認められる[24]．この結果は，低酸素トレーニングが低酸素環境下のみならず平地での運動能力をも向上させることを示唆している．

同様のトレーニングが自転車選手においても行なわれ，次のように報告[25]されている．低酸素環境に滞在せず，標高 2,000m相当の低酸素室で運動強度 80〜90%HRmax で 1 回あたり 30分間，週 3 回の頻度で 5 週間継続した結果，OBLA強度付近での血中乳酸濃度が大幅に低下し，このトレーニング直後に行なわれた自転車競技会において各選手とも自己新記録を大幅に更新した．

また，低圧室を利用したトレーニングにおいても，浅野ら[26]が標高 4,000m 相当の低圧室で 1 日 30 分間のトレッドミル走を週 3 回， 10 週間実施することによって OBLA-$\dot{V}O_2$ が 7 %増加し，10,000m 走行記録が 5 %改善したことを報告している．さらに，Asano ら[27]は，標高 3,000m 相当の低圧室においても同様のトレーニングを 8 週間実施し，OBLA 時平均走行速度が 13.6%増加し，10,000m 走行記録が 5.3%の有意な改善を認めている．

以上の研究結果は，平地に滞在していても模擬環境下で低酸素トレーニングを行なうことによって一定の効果が得られることを示している．

(3)複合低酸素トレーニング

高所環境での滞在は，トレーニングによる疲労の回復を遅らせ，身体のだるさを訴える場合が多い[11, 22]．また，平地に滞在しながら低酸素環境を運動することのみに利用したトレーニングでも一定の効果が得られている．そこで，疲労の回復を考慮し，標高の低い準高地に滞在しながらスケートのトレーニングは平地で行ない，さらに，準高地に設置した低酸素装置でトレーニングを行なうという「準高地滞在−(平地＋低酸素）トレーニング」を試みた．

すなわち，菅平（標高1,300m）に滞在しながら氷上トレーニングは長野市のスケートリンク（標高340m）で行ない，菅平に設置した低酸素発生装置を用いて，標高 2,200m に相当する低酸素気を吸入しながら自転車エルゴメータ運動（中等度の負荷で 30 分間）を行なうトレーニングを実施

表10−1　低酸素トレーニングを7年間繰り返した被験者の身体特性と競技成績

被験者	身長 (㎝)	体重 (kg)	最大酸素摂取量 (mL / kg / 分)	ベストタイム 5,000m	10,000m
A	168	68	68.3	6′ 26″ 04	13′ 19″ 92
B	168	68	61.6	6′ 27″ 52	13′ 31″ 96

した[28]．その結果，低酸素発生装置による2,200m相当の低酸素運動を2〜3日のインターバルで5〜6回実施した結果，選手の同一運動負荷中のSpO_2 / HRはトレーニングに伴って徐々に高い値を示した．

さらに，標高1,000mの伊香保リンクで行なわれたスピードスケート全日本選手権大会の2週間前から大会5日前まで，通常の氷上練習（標高1,000m）に加え，標高2,000m相当の低酸素気を吸入しながら中等度の運動を1日30分間実施した選手のうち2名が，全日本選手権大会において5,000mおよび10,000mの両種目に1位および2位となった．これも，準高地において模擬的低酸素環境を利用した例といえる．

小型常圧低酸素発生装置の開発によって，低酸素環境の利用の幅が広がり，目的に応じたさまざまな低酸素トレーニングの導入が考えられる．

4．低酸素環境に対する適応能力とトレーニング効果

低酸素環境における安静時および運動時の生理的応答や運動能力には大きな個人差が認められる．これは，低酸素環境に対する適応能力と関連していると思われるが，前述したような短期的低酸素トレーニングを長年繰り返すことによって，誰でも同じように低酸素環境に対する高い適応能力あるいは高いパフォーマンスが得られるかについては，現時点において研究が不十分といわざるを得ない．

スピードスケート長距離種目において日本を代表する2名の被験者（表10−1：いずれの被験者も3回のオリンピックに出場し，それぞれ1回の入賞経験を持つ）が前述した短期的低酸素トレーニングを年1〜3回の頻度で7年間繰り返した（図10−10，11）[29]．

7年間に実施した低酸素トレーニングには以下の内容が含まれている．

①15.4〜16.4%の低酸素室に1日10時間滞在と30〜40分の低酸素運動を行なう方法で1週間実施する．

②16.4%の低酸素室に1日10時間滞在と30〜40分の低酸素運動を行なう方法で3日間行ない，これを4日の間隔を置いて3回繰り返す．

③16.4%の低酸素気を吸入しながらの運動のみを1日30〜40分間，週3日の頻度で6週間実施する．

この中で②および③の方法でのトレーニングは7年の間にそれぞれ1〜2回程度であり，その他はすべて①の方法で行なった．ただし，この低酸素トレーニング中，いずれの場合においても平行して平地におけるスピードスケートのトレーニングを実施している．

前述の低酸素トレーニングを7年間実施した被験者AおよびBは，シーズン中に行なわれた低酸素トレーニング後の競技会においてそれぞれ好タイムを出した．特に，表10−1の被験者Aは，低酸素トレーニング後1週間目に5,000mの自己の国内記録を3回更新した．そして，被験者Aは，ソルトレークオリンピック10,000mにおいて自己のベストに近いタイムを出し（13分20秒40）4位に入賞した．また，Bはソルトレークオリンピックにおいて自己記録を更新した．

ただし，ソルトレークオリンピック直前は，パークシティー（標高2,200m）に滞在しながら，自転車エルゴメータを用いた高所トレーニングとソルトレーク（標高1,400m）における氷上トレー

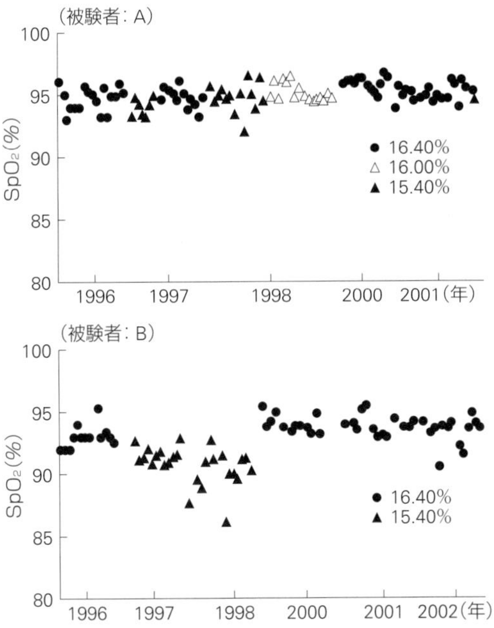

図 10－10　7 年間の低酸素トレーニングの繰り返しによる低酸素室滞在中の安静時 SpO₂
(前嶋　孝：スピードスケート選手における低酸素室を利用したトレーニングの効果：第 6 回高所トレーニング国際シンポジウム東京2002―総集編―．高所トレーニング環境システム研究会，pp.40－43，2002のデータより作成)

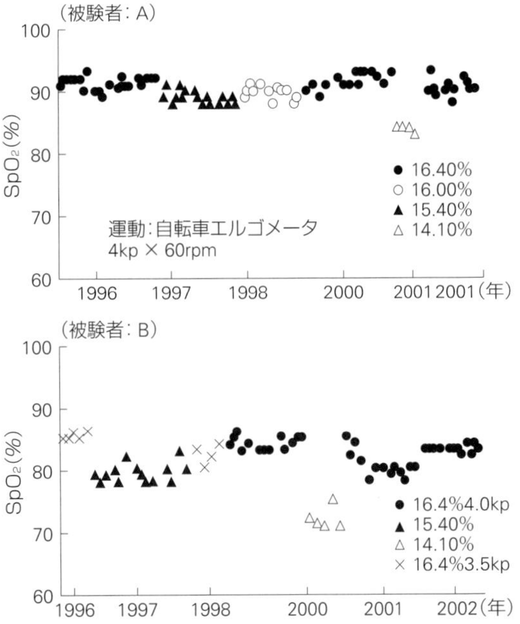

図 10－11　7 年間の低酸素トレーニングの繰り返しによる低酸素運動中の SpO₂
(前嶋　孝：スピードスケート選手における低酸素室を利用したトレーニングの効果：第 6 回高所トレーニング国際シンポジウム東京 2002―総集編―．高所トレーニング環境システム研究会，pp.40－43，2002)

ニングとの組み合わせで行なっており，これは，1 週間の低酸素トレーニング法に準じて行なったものである．

また，シーズンオフにおいては，低酸素トレーニング前後に自転車エルゴメータによるパワー測定を行なったが，多くの場合，低酸素トレーニング後に 4 ～ 5 %の平均パワーの増加が認められた．ただし，シーズン後，ハードトレーニングも低酸素トレーニングも行なわない移行期を経ると，低酸素トレーニングによって高まった平均パワー値はほぼ前年度のトレーニング前のレベルまで低下した．そして，再度低酸素トレーニングを行なうことによって，前年度と同程度のパワーの増加率を得るという傾向を示した．低酸素トレーニングの効果を持続するには，低酸素環境を利用したトレーニングを一定の間隔で繰り返す必要があることを示唆している．

低酸素室滞在中の安静時 SpO₂ は，1 週間の低酸素トレーニング期間中に体調やトレーニング強度の変化によって 2 ～ 4 %程度の個人内変動が認められるが，低酸素トレーニングを 7 年間繰り返しても，この値が全体として高まることはない．また，酸素濃度 16.4%の低酸素室内における 7 年間の平均値をみると，被験者 A は 95.0±0.84%(最高値 96.5%，最低値 93.0%)，B は 94.0±0.61%(最高値 95.4%，最低値 91.3%)であり，被験者 B の低酸素環境における安静時 SpO₂ が A のそれに近づく傾向は認められない(図 10－10)．

また，酸素濃度 15.4%の低酸素室における被験者 A および B の安静時 SpO₂ をみると，それぞれ，94.5±1.1%(最高値 95.4%，最低値 93.3%)および 90.6±1.53%(最高値 92.8%，最低値 87.5%)となり，16.4%から 15.4%への酸素濃度の低下に伴う SpO₂ の低下は，平均値において被験者 A が0.5%であったのに対して B は 3.4%と著しいとともに，このような低酸素トレーニングを何年(あるいは何回)繰り返しても低酸素環境での安静時 SpO₂ は基本的には変わらないことが示唆された.

さらに，7年の間における低酸素室利用期間中，酸素濃度16.4%での同一負荷運動中（4kp×60rpm）のSpO_2の平均値は，それぞれ被験者Aが91.2±1.23%，被験者Bが82.5±2.08%であった．この値は安静時より，被験者Aが4.2%の低下に対してBは10.3%もの低下であり，その差は低酸素トレーニングを何回積み重ねても変わっていない（図10−11）.

低酸素環境に対する適応能力の個人差がトレーニングによって埋められないとすれば，低酸素環境に対する適応能力が低い選手は，どれほど低酸素トレーニングをしたとしても，高所において高いパフォーマンスを得ることは難しい.

以上の結果は，低酸素環境に対する適応能力の違いを考慮したトレーニング管理が必要であることを示唆していると同時に，低酸素トレーニングの効果についても低酸素環境における適応能力の個人差を考慮した評価が必要であることを示している.

文　献

1) Jacobs I: Blood lactate. Implications for training and sports performance. Sports Med, 3: 10−25, 1986.
2) 前嶋　孝ほか：スピードスケート選手の高所トレーニングにおける医・科学サポートのための基礎的研究. —日本オリンピック委員会スポーツ医・科学研究報告—No. Ⅳ, JOC高所トレーニング医・科学サポート，4: 53−69, 1995.
3) Terrados N et al.: Effect of training at simulated altitude on performance and muscle metabolic capacity in competitive road cyclists. Eur J Appl Physiol, 57: 203−209, 1988.
4) Young AJ et al.: Sparing effect of chronic high altitude exposure on muscle glycogen utilization. J Appl Physiol, 52: 857−862, 1982
5) 前嶋　孝ほか：漸増負荷による運動持続時間と最高心拍数の変動. 疲労と休養の科学，10: 83−91, 1995.
6) Levine BD et al.: Living high−training low: The effect of altitude acclimatization / normoxic training in trained runners. Med Sci Sports Exerc, 23 (Suppl) : S25, 1991.
7) 前嶋　孝：スピードスケート競技における低酸素トレーニングの実際—低酸素室の試作とトレーニングの有効性—. Jpn J Sports Sci, 15: 339−344, 1996.
8) 前嶋　孝：低酸素環境を利用したトレーニングの実際. 体育の科学，51: 277−280, 2001.
9) 大島正光：航空宇宙生理学，B，低圧と人体. 吉村寿人ほか編，適応協関の生理学. 医学書院，pp.635−644，1970.
10) 田辺新一：室内化学汚染. 講談社，1998.
11) 前嶋　孝：低酸素トレーニングによるスピードスケート選手へのサポート—長野オリンピック対策—. 日本オリンピック委員会スポーツ医・科学研究報告—No.Ⅳ，JOC高所トレーニング医・科学サポート，7: 44−55, 1997
12) West JB: Climbing Mt. Everest without oxygen: an analysis of maximal exercise during extreme hypoxia. Respir Physiol, 52: 265−279, 1983.
13) 前嶋　孝：低酸素トレーニング. 体育の科学，49: 417−423, 1999.
14) 朝比奈一男ほか：低酸素気トレーニングに関する実験報告. 日本体育協会スポーツ科学研究報告，1−15，1994.
15) Rusko HK et al.: Living High, training low; A New approach to altitude training at sea level in athletes. Med Sci sports Exerc, 27 (Suppl) : S6, 1995.
16) Rusko HK et al.: Effct of living in hypoxia and training in normoxia on sea level $\dot{V}O_2max$ and red sell mass. Med Sci Sports Exerc, 31 (Suppl) : S86, 1999.
17) Piehl Aulin et al.: Short-term intermittent normobaric hypoxia-haematological, physiological and mental effects. Scand J Med Sci Sports, 8: 132−137, 1999.
18) Ashenden MJ et al.: Effects of 12-day "live high, train low" camp on reticulocyte production and haemoglobin mass in elite female road cyclists. Eur J Appl Physiol Occup Physiol, 80: 472−478, 1999.
19) Ashenden MJ et al.: "live high, train low" does not change the total haemoglobin mass of male endurance athletes sleeping at simulated altitude of 3000m for 23 nights. Eur J Appl Physiol Occup Physiol, 80: 479−484, 1999.
20) Ashenden MJ et al.: Simulate altitude elevates serum erythropoietin but does not increase reticulocyte production in well-trained runners. Eur J Appl Physiol, 81: 428−835, 2000.
21) Koistinen PO et al.: EPO, red cell, and serum

transferring receptor in continuous and intermittent hypoxia. Med Sci Sports Exerc, 32: 800－804, 2000.

22) 内山　仁ほか：常圧低酸素ハウスを利用した Living High, Training Low 法の有効性．デサントスポーツ科学，25: 125－133. 2001.

23) 野口いずみ：動脈血酸素飽和度／脈拍比の体調予測の指標としての可能性―イラン・デマバンド山（5,671m）登山における検討―．登山医学，13: 99－106, 1993.

24) 前嶋　孝：常圧低酸素環境の利用．青木純一郎編：高地トレーニング―ガイドラインとスポーツ医・科学的背景―．日本体育協会，pp.98－103, 2002.

25) 山本正嘉：21世紀の高所トレーニングへの提案．J Training Science, 12: 61－68, 2000.

26) 浅野勝己ほか：中長距離走者の高所順応トレーニングの作業能に及ぼす影響に関する研究．筑波大学体育科学研究紀要，9: 195－202, 1986.

27) Asano K et al.: Effects of simulated altitude training on performance and aerobic work capacity in long distance runners. Med Sci Sports Exerc, 24（Suppl）: 101, 1992.

28) 前嶋　孝：スピードスケート選手への高地トレーニング医・科学サポート―複合低酸素トレーニングの試み．日本オリンピック委員会スポーツ医科学研究報告―No.Ⅳ，JOC 高地トレーニング医科学サポート，8: 77－89, 1998.

29) 前嶋　孝：スピードスケート選手における低酸素室を利用したトレーニングの効果：第6回高所トレーニング国際シンポジウム東京 2002―総集編―．高所トレーニング環境システム研究会，pp.40－43, 2002.

［前嶋　孝］

11章　低圧シミュレーター・低酸素室によるスキー・ノルディック複合選手のトレーニング

はじめに

「低酸素トレーニング」の用語は，わが国のスポーツ分野でも今日よく馴染まれ，国立スポーツ科学センターの主要設備としても整備されている．

まず，この分野では「低酸素」とは吸気中の酸素含有率が大気の酸素含有率 20.93%よりも低いこと，そしてそれが呼吸・循環系の反応に影響を及ぼす低さであることを意味する（図 11－1）．この用語を広く解釈して，肺で取り込める酸素量が低くなる環境を意味し，高所トレーニングをも含めて表現される場合もあるが，厳密には両者は図のように区別される．高所の場合は，肺に作用する大気圧が低いのであって吸気自体は 20.93%の酸素を有しているからである．逆に，新分野ゆえにこの用語が未整理なので，「高所トレーニング」の語が高所の条件と「低酸素」の両者を表す実態もある．例えば，日本オリンピック委員会と日本体育協会が 10 余年をかけて組織的に行なった「高所トレーニング医・科学サポート事業」では，この両者が扱われた．このことは，この事業期間中に「低酸素トレーニング」の概念がわが国に伝わった経緯にもよっている．以上を図 11－1 にまず整理した．

1. 低圧シミュレータートレーニングの試み

わが国スキー・ノルディック複合は，世界でかつての黄金期を築く過程で，画期的な低圧シミュレータートレーニングを体験した．8 章に詳述したように，1990 年に科学的高所トレーニングを加えて世界選手権大会の銅メダルを獲得し，その年の秋季には「2 度の高所トレーニング」を勧めたガイドラインに対して，その 2 度目を低圧シミュレーターでトレーニングしたのであった．そして，そのシーズンのアルベールビルオリンピックの団体で金メダルを獲得した．以降，翌年の '93 ファルーン（スウェーデン）世界選手権，'94 リレハンメル（ノルウェー）オリンピック，'95 サンダベイ（カナダ）世界選手権で団体の金メダルが続き，個人種目では '97 トロンハイム（ノル

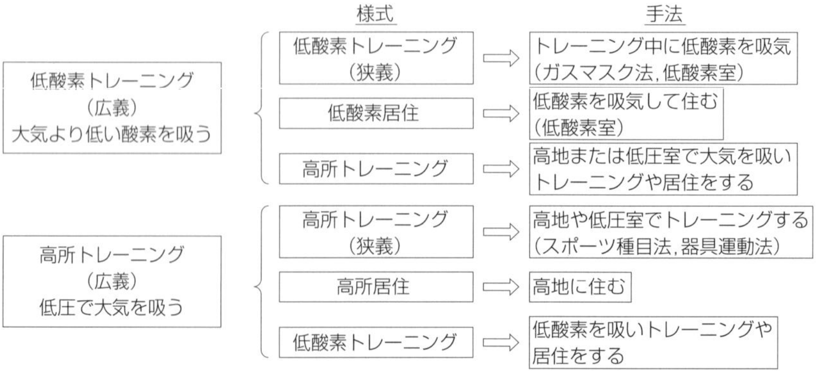

図 11－1　低酸素トレーニングと高所トレーニングの分類

ウェー）世界選手権までわが国スポーツ史上，類をみないほどの高成績が続いた．当時，低圧シミュレーターから得られていたわが国の成果は，基礎的な研究報告と登山に関する支援がほとんどであった．ノルディック複合チームには新規性の高い試みであること，研究施設で受ける実スポーツサポートであること等の点で，動機付けの意義も期待され，結果的には成果が示された．今日，この分野の主流はまったく同じ意義への期待とさらに高い効果を求めてもう一方の低酸素トレーニングへと流れは変わっている．

さて，ここで明記しておかなければならないひとつに，1990 年の東西合併まで続いた旧東ドイツのスポーツの世界を圧していた高成績が，ベルリン郊外のキーンバウムの大規模地下低圧シミュレーターのトレーニングによっていたことがある[1)]．人口 1,700 万人の小国が世界のどのスポーツ競技大会でも当時のアメリカ，ソ連と並び，それに割り込んだ実績はこの低圧室トレーニングが高度な成果をあげたことを裏付ける．もうひとつは，高所トレーニングはその手法が高地法，低圧室法，低酸素法のいずれかであれ，もたらされる生理学的成果と原理は同一と考えることである．したがって，このアプローチで大切なのはどの手法を選択するかではなく，これをいかに遂行するかと考えることになる．以上の視点から，ノルディック複合ナショナルチームが実践した低圧シミュレーターによるトレーニング体験・経過の記録を以下に示して，この分野の将来的発展に期すところとする．この記録はこの実践に参加した選手達が現役であった 2002 年までは選手の個人情報守秘の意味で公表されなかった経過があり，それらの選手が有終後の道を歩んでいる今日，はじめて示される実録でもある．

わが国のノルディック複合チームの低圧シミュレーター・トレーニング医・科学支援の担当は，1991 年当時の浅野勝己研究室（筑波大学）の総勢とその共同研究グループであった．これによるサポート力の強さがモチベーションに与えた効果もここに書き落とせない．支援を受けたナショナルチーム選手は，キャプテン・児玉和興，三ケ田礼一，河野孝典，荻原健司の 4 選手であった（写真 11−1）．児玉，三ケ田の両選手はこの年 2 月の世界選手権のメダリストであった．この低圧下のトレーニングプロトコルは図 11−2 に示される．設定気圧は標高2,000m相当，気温 5 ℃，1 クール 2 時間の室内滞在中に実トレーニング時間 1 時間，6 日間で図中のブロック図のように実施した．トレーニング中は当時では斬新な手法であった心拍数の実時間モニタ（ポーラ社製）によって強度管理がなされた．荻原健司選手のこのトレーニング中の心拍数記録例を図 11−3 に示して，エリート選手養成過程の資料提示に役する．ペダリングでは膝への負荷集中が選手達から訴えられ，図のように室内常設のトレッドミルを 4 選手に時間配分してランニングで強度を高めた．このトレーニング前・後の最大運動能テストは浅野研究室でなされ，報告も出された[2)]．低圧シミュレータートレーニングによってノルディック複合わが国チーム選手はトレーニング前よりも，同一負荷に対して少ない心臓負荷でやり遂げられるように改善された．図 11−4 にはその指標の PRP（血圧と心拍数の二重積）の低下が示されている．また，赤血球数，ヘモグロビン濃度などの血液性状には変化がみられなかったが，エリスロポエチンには増加傾向を認めた（図 11−5）[2)]．さらに，

写真 11−1　低圧シミュレーター・トレーニングの医・科学支援を受けるノルディック複合ナショナルチーム選手（1991）

写真はシミュレーター監視窓から，左より河野孝典，荻原健司，三ヶ田礼一，児玉和興の各選手．

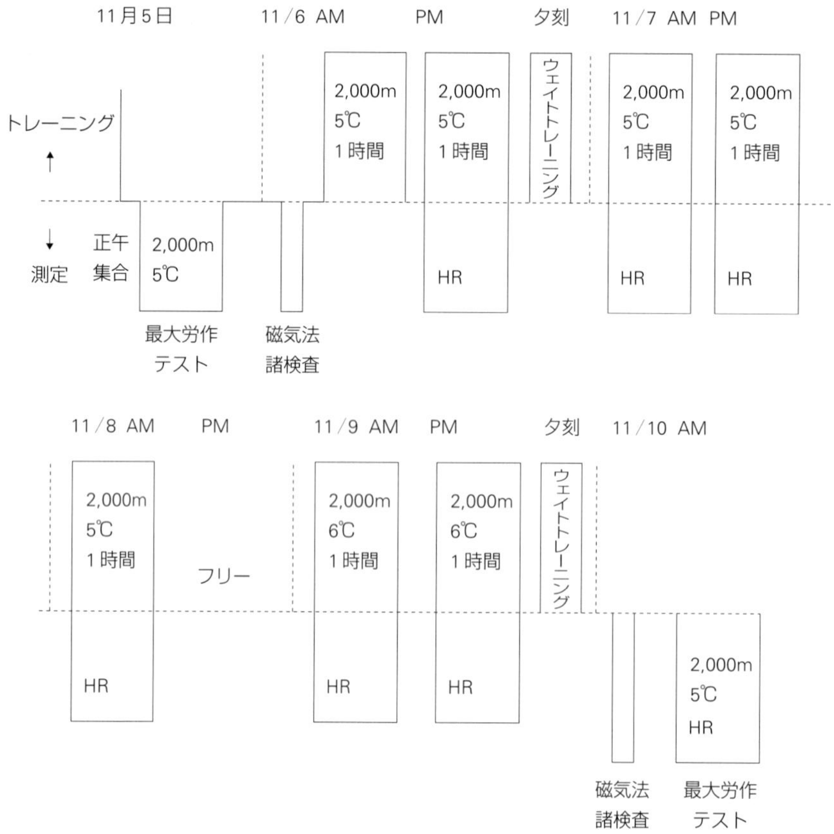

図 11−2　わが国のスキー・ノルディック複合チーム（1991）が実践した低圧シミュレーターによるトレーニングプロトコル

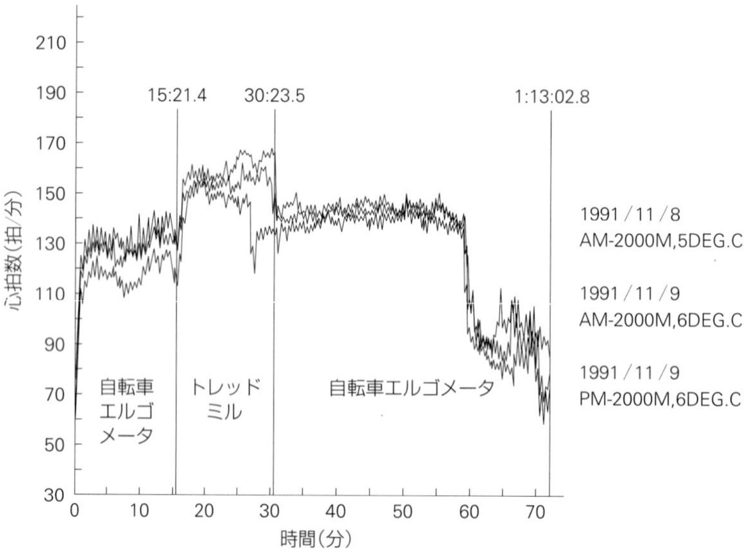

図 11−3　スキー・ノルディック複合選手の低圧シミュレーター・トレーニング中の心拍数管理記録例
被験者は荻原健司選手.

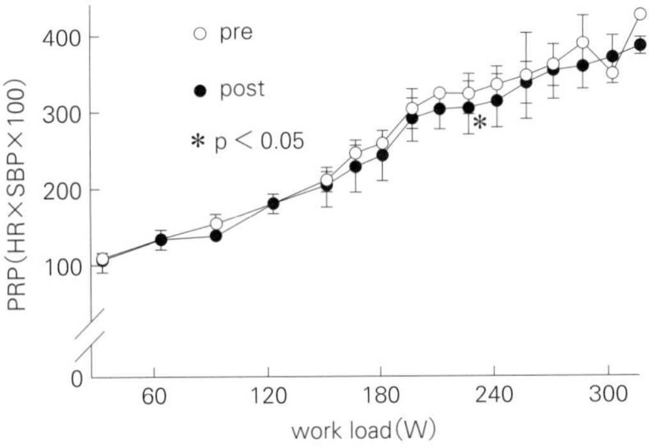

図 11−4　わが国のスキー・ノルディック複合チーム選手（1991）の運動強度（work load）と二重積（心臓負荷：PRP）の関係

低圧シミュレータートレーニング後では心臓負荷が低下している．
（浅野勝己：一流スキー複合選手の間欠的低温・低圧順応トレーニングの有気的作業能に及ぼす影響．JOC 高所トレーニング医・科学サポート，1: 5−13, 1992）

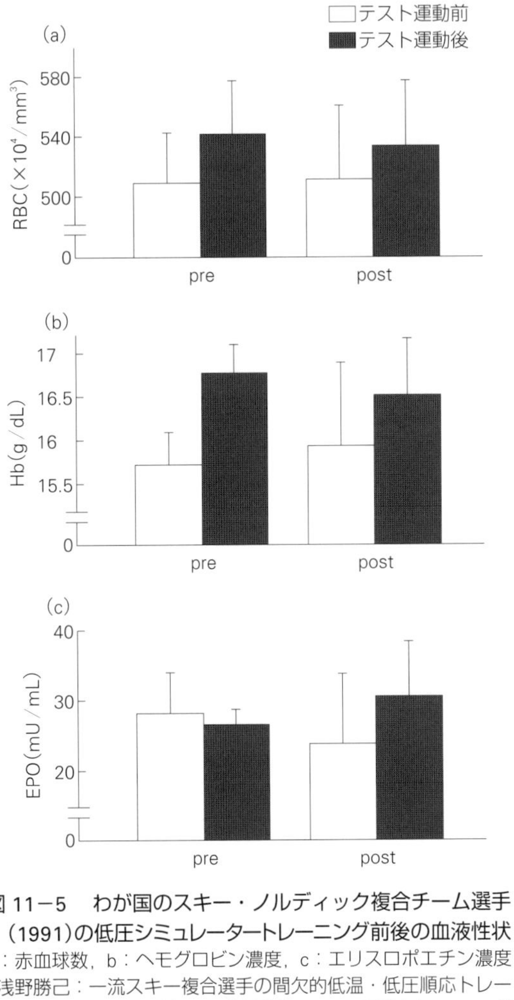

図 11−5　わが国のスキー・ノルディック複合チーム選手（1991）の低圧シミュレータートレーニング前後の血液性状

a：赤血球数，b：ヘモグロビン濃度，c：エリスロポエチン濃度
（浅野勝己：一流スキー複合選手の間欠的低温・低圧順応トレーニングの有気的作業能に及ぼす影響．JOC 高所トレーニング医・科学サポート，1: 5−13, 1992）

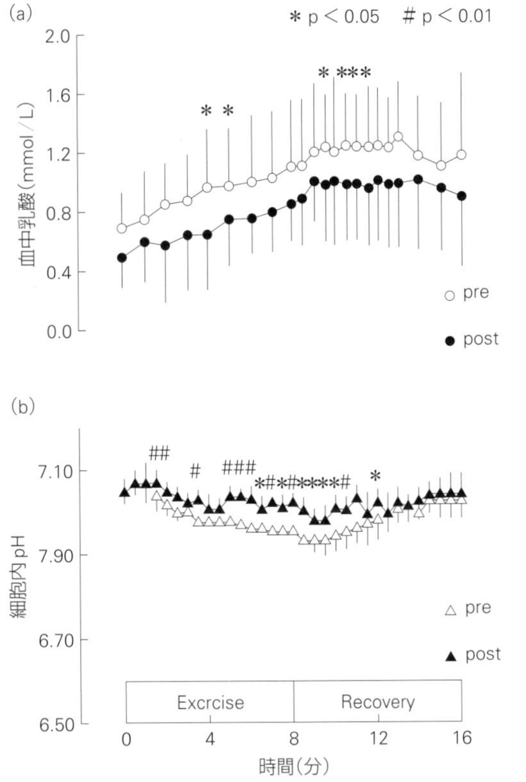

図 11−6　わが国のスキー・ノルディック複合チーム選手（1991）の低圧シミュレータートレーニング前後の運動試験時の血中乳酸と細胞内 pH

乳酸値（a）は低下し pH（b）は高まっている．
（浅野勝己：一流スキー複合選手の間欠的低温・低圧順応トレーニングの有気的作業能に及ぼす影響．JOC 高所トレーニング医・科学サポート，1: 5−13, 1992）

スキー・クロスカントリーの競技力に直結する血中乳酸値の低下，そしてそれを裏付ける細胞内 pH の上昇が明示され（図 11−6）この結果は全選手に共通した．チームには当時，高所トレーニングに乳酸評価法が新規性をもって関心が持たれ，また理解もされていたので，図 11−6 の結果はその時のチームに大いに自信になった．直後にチームは W 杯を順調に滑り，年明けにアルベールビルオリンピックに臨んだ．その国別団体戦ではこのトレーニングに参加した若い三ケ田，河野，荻原（健）が選ばれ，金メダルを獲得した．

2．低酸素棟居住試験

低酸素と運動・トレーニングに関する話題は古

くて新しいテーマである．Hollmannら[3]による組織的研究があげられ，わが国でも前嶋によってスピードスケート応用が試みられていた．日本オリンピック委員会・日本体育協会が高所トレーニング医・科学サポート事業で研究班が具体的に '98 長野オリンピックを目指して活動していた時，このテーマの国際的展開の実態を知らされるところとなった．わが国のスキー界で，ノルディック複合が実践した低圧試験の次元をはるかに超えた低圧居住・トレーニングがフィンランド，ボカティで実践されているとの情報がもたらされた．上記研究班では実情調査を特に青木純一郎委員長に依頼し，全日本スキー連盟から委員となっていた著者が随行することとなった．結果はその報告書に詳しいが[4]，現地調査ではじめて，低圧ではなく低酸素環境の居住施設であること，低酸素は酸素透過膜方式で大気に窒素ガスを混合して得られること，その方式は簡易，安全，安価であること等の知見が得られた．以来，わが国では先にも述べたように，低酸素への関心が高まり，応用化も事業展開も進んでいる．

さて，わが国スキー・ノルディック複合では，長野オリンピックの前年 11 月にわが国選手のスポーツ医・科学支援事業でサポート班がフィンランドへ同行した折，この低酸素施設の効果の確認試験を試みた．当時この地では，スキー・チューブの名称で計画されていた低酸素オールシーズン型クロスカントリースキー用大規模トンネル（写真 8−8， 8 章参照）がほぼ完成していたが，最終的にその施設は低酸素システムを導入しなかった．現地では原因として，財政難説と無効化説が聞かれたが，この計画へのフィンランド・オリンピックスポーツ研究所からの学識経験助言担当者が後者の立場であり，「Living high-Training low」の立場であった．著者も後者の判断を重視し，低酸素下の上記確認試験もその居住試験として実行した．これは，クロスカントリースキーの高所トレーニングが自然環境下ではLiving high-Training high の原則になるのに対し，当時，「低酸素＝Living high」と考え，それによる高所適応を期待し，Training low では高所で不可能なスピードトレーニングや高負荷トレーニングを適用して，さらに優れた効果を目指す前提であった．この試験ではその第一段階として「Living high＝低酸素居住」による適応状況を調べた．

今日の低酸素居住とそのトレーニング研究はわが国でも各機関，各施設で試験が試みられ，この当時よりもその知見はかなり進歩を遂げている．しかしながら，低酸素居住，さらにそのトレーニングの手法のガイドラインは，なお確定的なまでには至っていない現状である．今日，競技力向上を目指すうえで，このテーマは「いかに行なうか」の面から重要な課題であって，わが国ノルディック複合医・科学サポートが得た試験結果もなお将来的に検討し続けられなくてはならない．以下はその試験条件である．

①期間：1997 年 11 月 11〜19 日

②場所：ボカティ（フィンランド）スポーツセンター低酸素棟，およびクロスカントリースキーチューブ

③被験者：

初心者：健常成人男子 3 名（日本人）

選手：フィンランドナショナルチーム（ジュニア）男子 3 名

④低酸素棟居住時間：12〜15 時間/日

⑤低酸素棟環境：常温・常圧・低酸素（15%O_2）

⑥トレーニング：棟外にて，

初心者：健康運動の目標心拍数でクロスカントリースキーを 30分/日

選手：体調維持の強度のスキートレーニングを 1 時間/日

⑦計測項目：仕事量，最大心拍数，最大酸素摂取量，オールアウト時血中乳酸

以上によって，低酸素棟居住前およびその後のトレッドミル最大運動試験の各計測値を図 11−7 に示した．仕事量（work）は体重値が高いフィンランド選手が高値になっている．被験者は低酸素棟居住後に全員体重が低下したので，両群の仕事量増加は実質的にさらに高く評価される．また図から低酸素棟居住後では，最大酸素摂取量には

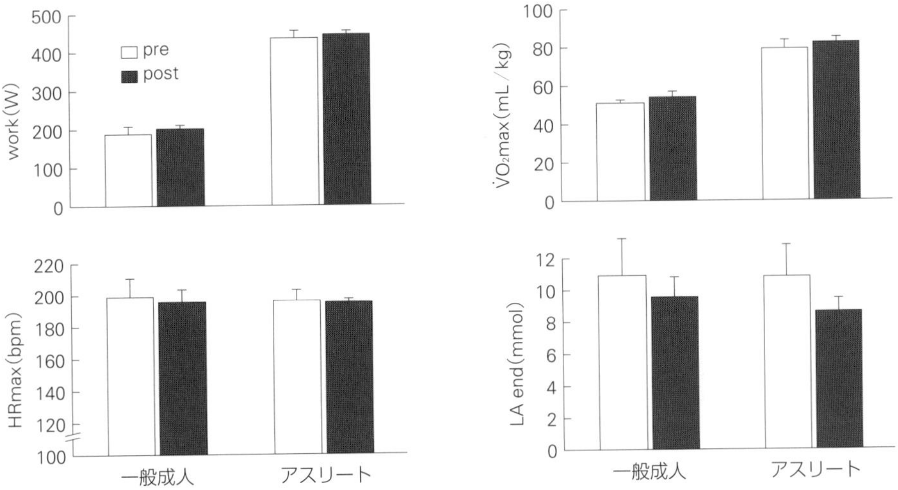

図 11−7　低酸素棟居住前およびその後におけるトレッドミル最大運動能試験結果
work：仕事量，HRmax：最大心拍数，V̇O₂max：最大酸素摂取量，LAend：オールアウト時血中乳酸，
Pre：低酸素棟居住前，Post：低酸素棟居住後

増加の，最大心拍数には低下の，そしてオールアウト時の血中乳酸値には低下の傾向が健常成人群と選手群の双方に示された．被験者数によって有意差が示されないが，これらの結果の傾向は全員に共通していた．試験条件に幾分のトレーニングが加わるものの，この期間は健康運動や体調維持の強度でなされており，これらの結果は主に低酸素棟居住によってもたらされたと判断されるべきである．

さて，持久性スポーツ競技力では無酸素性閾値（AT）や乳酸閾値（OBLA，血中乳酸蓄積開始）が重視される（自転車エルゴメータ法，写真 11−2）．持久性運動の持続可能の上限だからである．この評価では乳酸値の方が直接的指標なので，本項では OBLA の指標によって以下に説明する．OBLA を 4 mmolの乳酸水準とし，低酸素棟居住前の OBLA 時点における各指標とその居住後の同一負荷強度における各指標を比較して図 11−8 に示した．図から，同一負荷における乳酸値（LA）は健常成人群と選手群の双方で低酸素棟居住後に低値であり，仕事量（work）は増加し，特に選手群では著増した．またこの時，両群とも酸素摂取量（$\dot{V}O_2$）は増大し，その時の動脈血酸素分圧（PaO_2）および酸素飽和度（SaO_2）は増加した．

写真 11−2　低酸素棟居住試験時に行なわれた乳酸閾値労作での計測の様子

選手群ではさらに，動脈血二酸化炭素分圧（$PaCO_2$）が低下した．

以上の結果から，低酸素棟居住後には，OBLA

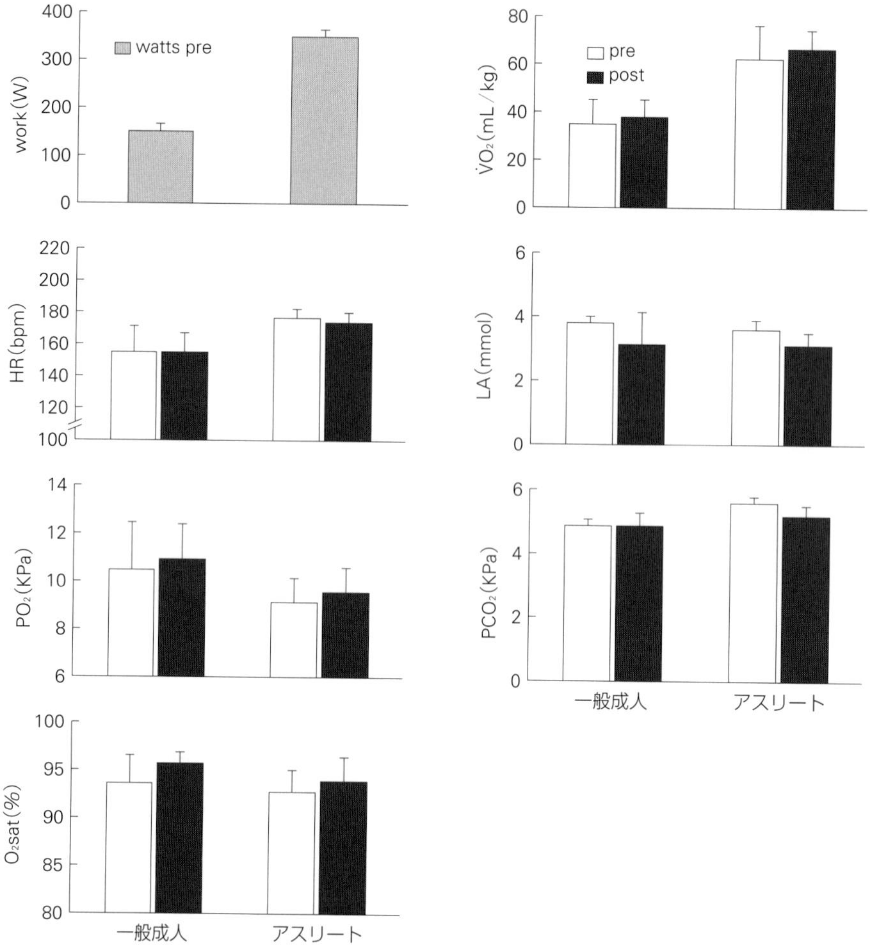

図 11－8　低酸素棟居住前後のOBLA域におけるトレッドミル運動能試験結果

work：仕事量，$\dot{V}O_2$：酸素摂取量，HR：心拍数，LA：血中乳酸，PO_2：動脈血酸素分圧，PCO_2：動脈血二酸化炭素分圧，O_2sat：動脈血酸素飽和度，OBLA：血中乳酸蓄積開始

表 11－1　低酸素棟居住の前，その中間期ならびにその後における血液性状および血清 EPO の変化

	RBC (10e12/L)			Hb (g/L)			Ht (L/L)			MCV (fL)			MCH (pg)			RTC (%)			S-EPO		
	pre	mid	post	pre	mid	post	pre	mid	post	pre	mid	post	pre	mid	post	pre	mid	post	pre	mid	post
一般成人																					
A	5.78	5.60	5.54	166.0	163.0	161.0	0.509	0.497	0.484	88.0	88.7	87.4	28.8	29.1	29.0	1.8	1.5	1.6	23.4	26.5	30.7
B	4.77	4.92	5.01	148.0	154.0	155.0	0.443	0.457	0.467	92.8	93.0	93.3	31.1	31.3	30.9	1.6	1.5	2.1	9.5	13.3	8.8
C	4.83	4.88	4.84	160.0	161.0	159.0	0.466	0.473	0.464	96.5	96.9	95.9	33.2	33.0	32.7	2.2	1.8	2.0	8.0	11.0	12.3
Mean	5.13	5.13	5.13	158.0	159.3	158.3	0.473	0.478	0.472	92.4	92.9	92.2	31.0	31.1	30.9	1.9	1.6	1.9	13.6	16.9	17.3
アスリート																					
D	5.13	5.21	5.35	156.0	161.0	161.0	0.457	0.468	0.484	89.2	89.8	90.5	30.4	30.8	30.2	1.9	2.0	2.3	6.9	10.7	10.2
E	5.39	5.03	5.11	173.0	166.0	166.0	0.510	0.483	0.486	94.7	96.0	95.2	32.2	32.9	32.5	1.7	1.4	1.8	7.6	15.9	16.6
F	4.95	4.84	4.95	156.0	155.0	154.0	0.464	0.457	0.487	93.7	94.3	94.4	31.5	32.1	31.2	1.5	1.4	1.8	9.7	14.5	13.6
Mean	5.16	4.90	5.14	161.7	160.7	160.3	0.477	0.469	0.479	92.5	93.4	93.4	31.4	31.9	31.3	1.7	1.6	2.0	8.1	13.7	13.5

RBC：赤血球，Hb：ヘモグロビン量，Ht：ヘマトクリット量，MCV：平均赤血球容積，
MCH：平均赤血球ヘモグロビン量，RTC：新生赤血球，S-EPO：血清エリスロポエチン

域の等量の負荷に対して心臓の負担が軽減され，それでありながら酸素摂取量が増え，それによって乳酸分解能が改善されていることがわかる．またその時，酸素は多く運搬され，二酸化炭素排出能も改善されていた．

この試験では低酸素棟居住の前，中間時およびその後に血液性状と血清エリスロポエチン（S-EPO）を計測した．この分野の将来的な参考値として表 11−1 に示した．表 11−1 より，低酸素棟居住後に新生赤血球に増加傾向を認め，さらにその増加を促す S-EPO も増加していた．

以上の結果の傾向は，先の低圧室シミュレーター試験で示された結果によく共通していることが注目される．

3. トレーニング応用と発展性

上記の低圧室シミュレーターや低酸素棟における体験的手法をこの分野のトレーニングに一般化できるか，そしてこれらの手法をさらに発展させられるかについて，見通せる範囲で考える．

低圧室シミュレーターの有効性にはもはや疑いの余地がない．旧東ドイツが残した世界のスポーツ成績はそのすべてを裏付けている．わが国ではその手法の最適化や施設の大規模化が課題と考えたい．

低酸素環境下の居住とトレーニングの施設の面ではわが国の場合，公的にもそのマーケティング面でも整備・普及が進んでいる．課題は手法の最適化であり，それは今日，急を要する問題でもある．

文　献

1) Buhl H: Prinzipien und Erfahrungen zum Hoehentraining aus sportmedizinischer Sicht. Progress in High Altitude Training. Ohnuki Y, Kobayashi Eds, The 4th international symposium on High Altitude Training 2000 Kaminoyama. pp.8−38, 2001.
2) 浅野勝己：一流スキー複合選手の間欠的低温・低圧順応トレーニングの有気的作業能に及ぼす影響．JOC 高所トレーニング医・科学サポート，1: 5−13, 1992.
3) Hollmann W et al.: Artifizielle Methoden zur Steigerung der Leistungsfaehigkeit im Spitzensport. Deutsches Arztblatt-Aerztliche Mitteilungen, 75: 1185−1192, 1978.
4) 青木純一郎，川初清典：フィンランドの新型秘密トレーニング施設．JOC 高所トレーニング医・科学サポート，4: 84−90, 1995.

［川初　清典］

12章　低圧シミュレーターによる水泳選手のトレーニング

はじめに

2001年，福岡で開催された世界水泳選手権では，シドニーオリンピックの翌年であったにもかかわらず，数多くの世界新記録が樹立された．また，マスメディアの効果的演出に加え，イアン・ソープ選手というスーパースターの出現により，水泳競技に対する注目度が一気にアップした．さらに，追い風に乗るように，2002年の釜山アジア大会では，北島康介選手が競泳オリンピック種目としては，わが国30年ぶりとなる世界新記録を樹立，大会MVPも獲得し，大きな話題を呼んだ．実に華やかなこれらの舞台裏には，選手・コーチの弛まぬ努力や工夫，まわりの人々の支援・援助，そして地道な科学的サポート活動などが存在する．本章では，その科学的サポートのひとつである「高所トレーニング」を取り上げ，近年得られた知見について紹介する．

1．競泳種目の代謝特性

競泳競技は50mから1,500mまでの距離種目で競われ，トップレベルの選手において約22秒〜15分を要する．競技時間が異なれば，それぞれの種目における運動強度や，主要なエネルギー供給系も異なってくる．したがって，効果的に競技成績を伸ばすためには，専門としている種目の代謝特性，すなわち自分の種目がどの程度の強度で行なわれているか，どのエネルギー供給機構が重要であるのかなどをよく理解し，さらには目的とするエネルギー供給系を向上させるにはどうすれば良いかを知ることが重要といえる．

競泳各種目は，いったいどの程度の運動強度で行なわれているであろうか．図12−1は，水泳運動における運動持続時間と運動強度（%$\dot{V}O_2max$）の関係を表したものである[1, 2]．中央の実線は平均的な強度の変化を，網掛けの太い帯部分は個人差を含めたおおよその範囲である．また時間軸下の距離種目は，自由形においておおむねその時間に相当する種目を示したものだ．この図を基に各距離種目における運動強度をみてみると，50m種目（20数秒〜30秒程度）はおよそ200〜250%$\dot{V}O_2max$，100m種目（50秒〜1分程度）は130〜150%$\dot{V}O_2max$，そして200m種目（1分後半〜2分半程度）はおよそ115〜130%$\dot{V}O_2max$に相当するということがわかる．当然，運動時間が長くなるにつれて強度は漸減し，400m種目（3分後半〜4分半程度）でほぼ100%$\dot{V}O_2max$強度となる．競泳競技では男女合わせて34の個人種目があるが，そのうち26種目が200m以短の種目であることを考えると，ほとんどの種目が最大酸素摂取量レベルより高い超最大強度で行なわれていることとなる．また，無酸素性エネルギーは，2〜3分で疲労困憊に至るような運動（すなわち競泳競技では200m種目）において最大限に供給される（100m種目のような1分程度の運動でも最大無酸素性エネルギー供給量の80〜95%程）[2−6]ことを併せて考えれば，競技成績に無酸素性エネルギー供給能力の優劣が大きく影響することは想像に難くない．したがって，大部分の選手にとって無酸素性エネルギー供給能力を向上させることがトレーニングにおける重要課題となる．

また，図12−2は運動持続時間に対する有酸素性，無酸素性エネルギー供給量の割合の変化を表したものである．これをみると，30秒にも満たな

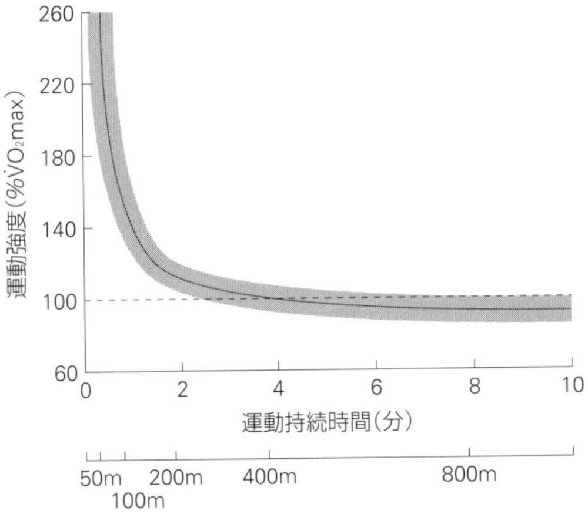

図 12－1　運動持続時間と運動強度（%V̇O₂max）の関係
（文献 1，2 のデータより作成）

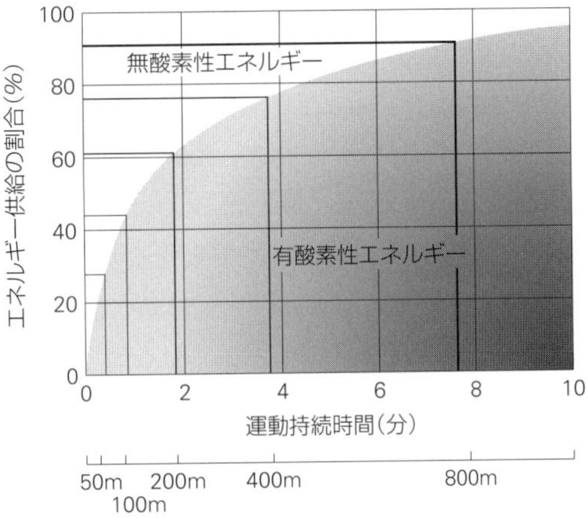

図 12－2　運動持続時間と全エネルギー需要量に対する有酸素性，無酸素性エネルギー供給量の割合の関係
（文献 1－3 のデータより作成）

い 50m 種目における有酸素性エネルギー供給量は全体の 20～30％程度であるが，それが 100m 種目になるとほぼ半分の 45～50％に，さらに無酸素性エネルギーが最大に供給される 200m 種目では 60～70％を占めるようになる[1－3, 6]．これらのことは，一般に無酸素性運動と考えられがちな 100m や 200m 種目においてですら，半分またはそれ以上のエネルギーが有酸素性に供給されていることを意味している．したがって，先ほどは無酸素性エネルギー供給能力を向上させることの重要性を説いたが，100m 以長の種目を専門とする選手においては，有酸素性エネルギー供給能力を向上させることも無視できない課題となる．すなわち，ほとんどの競泳選手は，対極に位置する有酸素性・無酸素性の両エネルギー供給系を同時に向上させなければならないことになる．

2．高地における水泳運動中の代謝応答

トレーニング効果は，トレーニングの強度，時間，頻度，期間等によって影響を受ける．その中でも，エネルギー供給能力に対するトレーニング効果の大きさは，特にトレーニング強度と密接に関係する[7, 8]．これまでの研究においても，特定のエネルギー供給系に対して高い刺激を与えるほど，原則的にそのエネルギー供給能力を大きく向上させられたというデータが報告されている．この原則に従って高所トレーニングで何が期待できるかを考えるならば，高地（低酸素）環境下で運動したとき，どのエネルギー供給系により大きな刺激を与え得るのかを把握する必要がある．そこで，次に低圧低酸素環境下における運動時の有酸素性と無酸素性エネルギー供給動態について検証したい．

1）最大下運動時

高地（低酸素）環境が運動時の酸素摂取量に及ぼす影響については，古くから数多く検討されてきた．一般に，最大下運動中の定常状態時の酸素摂取量は，吸気中の酸素分圧（濃度）の影響を受けずに変わらない．これは，換気量や心拍数，心拍出量を平地よりも増大させることで，酸素分圧の低下に伴う動脈血中酸素含量の低減を代償し，活動筋への酸素運搬量を同程度まで維持できるからである[9－13]．同じ強度で運動しても，高地では平地よりも大きな刺激を与えられるといわれる所以は，この呼吸循環応答の亢進によるものである．

しかしながら，運動開始直後の酸素摂取量をみてみると，高地では平地よりもその立ち上がりが緩やかとなり，定常状態に達するまでの時間が長い[14, 15]．これは，動脈血中の酸素含量や，骨格筋

に蓄えられている酸素の量が平地よりも少ないため，同じ量の酸素を活動筋まで運搬するのに時間がかかってしまうためと考えられている[15]．必然的に，運動開始後の酸素摂取量の遅れ分は，無酸素性エネルギーによって賄われることになる．すなわち，高地では同じ強度で運動を行なっても，平地よりも無酸素性エネルギー供給系により大きな刺激が与えられるということになる．

2）最大運動

一方，高地のような低酸素環境下では，最大酸素摂取量は酸素分圧の低下に依存して減少し，その結果持久的運動能力も低減する．これまでの研究を総合すると，最大酸素摂取量は標高 1,000m 前後から徐々に低下しはじめ，2,000m で 10%前後，3,000m で 20%前後低下することが明らかとなっている（図 12−3）[16]．これは，低酸素環境では，最高心拍数，最大心拍出量が平地とほぼ同じか，むしろ低下してしまう傾向にあるため，最大下運動中のように呼吸循環機能を亢進させることで低下した動脈血酸素含量を代償することができず，結果的に活動筋への酸素運搬が低減されることに起因するものである[9−12]．とするならば，酸素運搬に関与する呼吸，循環系への刺激という点では高地も平地もそれほど大差はないように思われるが，酸素利用に関する活動筋の代謝機能という点では，エネルギーの産生量が少なくなる分，どうしても有酸素性エネルギー供給系への刺激は小さくなってしまう．高所トレーニングは有酸素性エネルギー供給能力の向上を第一の目的として用いられているが，実際，代謝の観点から考えると，有酸素性エネルギー供給系へ十分な刺激を与えられるかどうかに関しては疑問が残る．

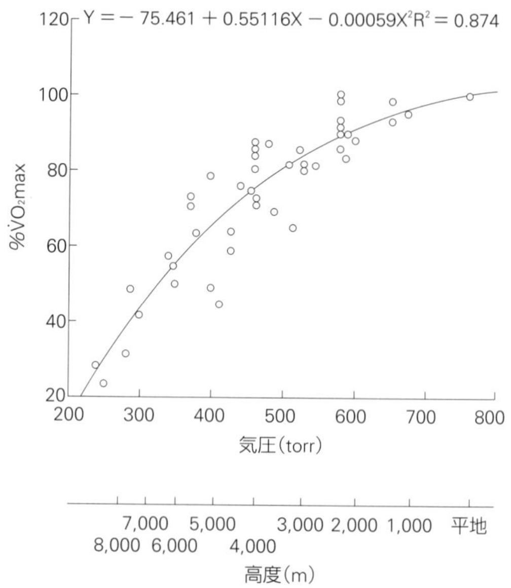

図 12−3　高度と最大酸素摂取量の低下率の関係
（山地啓司：環境条件と$\dot{V}O_2max$．山地啓司：最大酸素摂取量の科学，杏林書院，pp.146−168，1992 より引用改変）

3）超最大運動

前述したように，無酸素性エネルギーは 2 ～ 3 分程度で疲労困憊に至る超最大運動中，最大限に供給されることがわかっている[2−6]．このような無酸素性運動と考えられがちな短時間高強度運動のエネルギー供給動態やパフォーマンスに関して，高地のような低酸素環境がどのように影響するのであろうか．そこで，平地，標高 800m，1,600m，2,400m の大気圧の異なる 4 つの環境下において，2 ～ 3 分程度で疲労困憊に至る超最大強度運動（水泳）を行なったときの代謝特性について検討してみた[17]．

まずはパフォーマンスであるが，運動時間が同じであれば，そのときの絶対的運動強度（泳速）は高度とともに低下している（表12−1）．このことから，このような短時間高強度運動においても，低酸素の影響を受けてパフォーマンスは低下することがわかる．ただし，それぞれの環境で得られた最大酸素摂取量に対する相対的運動強度（$\%\dot{V}O_2max$）として表すと，これには差は認められないことから，相対的には同じ強度で運動できていたことになる．

また図 12−4 は，このときの酸素摂取量と無酸素性エネルギー供給量としての酸素借の変化を 30 秒毎に示したものである．酸素摂取量（a）をみてみると，運動開始から運動終了まで，高度が高くなるほど（酸素分圧が低くなるほど）低下することがわかる．運動開始直後の酸素摂取量の違い

表 12－1　平地，標高 800m，1,600m，2,400m 相当の低圧環境下において 2 ～ 3 分で疲労困憊に至る超最大運動時の代謝特性

		平地	800m	1,600m	2,400m
運動時間	（分）	2.25±0.15	2.23±0.13	2.27±0.14	2.34±0.24
運動強度	（m / 秒）	1.25±0.03	1.23±0.02	1.21±0.02	1.19±0.02
	（%$\dot{V}O_2max$）	110±7	111±3	117±11	115±12
総酸素需要量	（L）	10.67±1.62	10.28±1.97	10.02±1.82	9.73±1.98
総酸素摂取量	（L）	7.30±1.09	7.04±1.11	6.88±1.33	6.56±1.15
総酸素借	（L）	3.36±0.74	3.24±0.92	3.14±0.55	3.17±0.99
総酸素摂取量／総酸素需要量（%）		69±5	69±4	69±2	68±6
総酸素借／総酸素需要量（%）		31±5	31±4	31±2	32±6

（文献 17 のデータより作成）

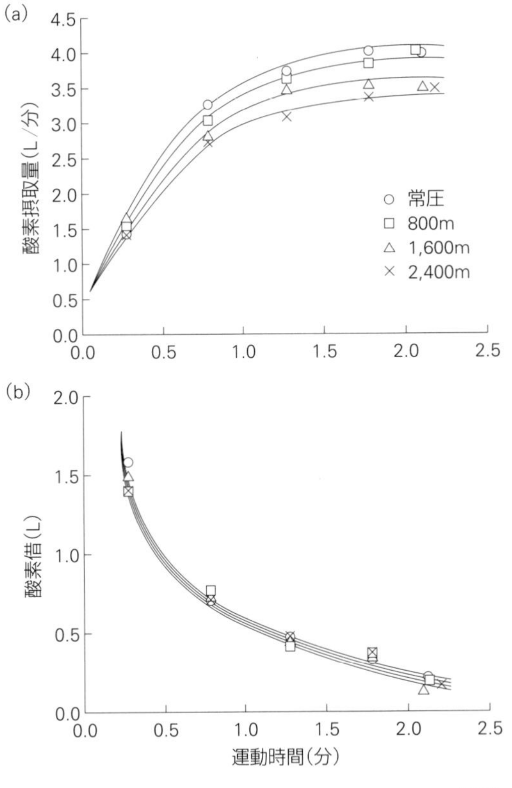

図 12－4　平地，標高 800m，1,600m，2,400m 相当の低圧環境下において 2 ～ 3 分で疲労困憊に至る超最大運動時の 30 秒毎の酸素摂取量（a）と酸素借（b）の経時的変化
（文献 17 のデータより作成）

は，酸素分圧の低下に伴って血液，筋中に貯蔵された酸素量が減少したことに加え，絶対的運動強度が違うために酸素需要量が違ったことにも起因していると考えられる．また，運動終了直前の酸素摂取量の低下率は，各環境で測定された最大酸素摂取量の低下率と類似した割合であり，このような超最大運動においても，有酸素性エネルギー供給は酸素分圧に依存して低下することが伺える．一方，酸素借（b）の経時的な変化をみると，条件間に差は認められない．結果的に，これらを積算した総酸素借（最大酸素借）にも，まったく差は認められなかった（表 12－1）．したがって，このような 2～3 分で疲労困憊に至るような運動の場合，無酸素性エネルギー供給系は，有酸素性エネルギー供給系とは対照的に，低酸素の影響を受けないということになる．すなわち，絶対的運動強度が低くても，無酸素性エネルギー供給系には最大限の刺激を与えられるということになる．

また，Weyand[18] は，通常大気と低酸素ガス（13%O_2）を吸入させた 2 つの条件下において，運動パフォーマンスと酸素摂取量に及ぼす影響を検討しており，1 分以内で疲労困憊に至るような短時間高強度運動においても酸素摂取量は低酸素の影響を受けて低下するが，そのときの走速度は平地の条件と変わらないことを報告している．低酸素吸入そのものがその運動におけるエネルギー需要量を低下させるということは考えにくいので，運動に要したエネルギー量は等しかったはずである．とするならば，酸素摂取量の減少分は，無酸素性エネルギー供給系によって代償されたこととなる．すなわちこの結果は，高地のような低酸素環境では，1 分より短い運動ならば，無酸素性エネルギー供給系へより大きな刺激を与えられることを示唆するものとなる．

4）代謝特性からみた高所トレーニングの可能性

これまで高所トレーニングは，ヘモグロビン濃度の増大に伴う酸素運搬能力の向上を目的とし，最大酸素摂取量の増加，持久的運動パフォーマンスへの向上を期待して，中・長距離選手を対象に行なわれてきた．確かに，低酸素環境に曝露されると，赤血球数やヘモグロビン濃度が増大することで血液中の酸素含量が高まることに加え，酸素の取り込みや活動筋への運搬に寄与する呼吸循環系への刺激も，平地と変わらない．しかしながら，前述したように，実際に活動筋で酸素を用いてエネルギーを作るミトコンドリアへの刺激は，低酸素条件が高まるに伴い小さくなるといわざるを得ない．

一方，無酸素性エネルギー供給動態をみると，低酸素条件下では平地と変わらないか，あるいはむしろ刺激は大きいようである．このことは，高地でのトレーニングが無酸素性エネルギー供給能力を高めるのに適しているという可能性を示唆するものである．事実，1990 年代に入り，高所トレーニングの後，筋の緩衝能力が改善され，無酸素性エネルギー供給能力の指標である酸素借が増大するとともに，高強度運動パフォーマンスも向上したことが報告された[19]．このことは，高所トレーニングが，従来考えられてきたような有酸素性作業能力を反映する長距離種目の選手にとどまらず，乳酸を最大限に蓄積するような短距離種目の選手へも有効である可能性を示唆している．まさに高所トレーニングの新たな展開を予感させるものでもある．そこで，高所トレーニングが有酸素性および無酸素性エネルギー供給能力，および競技成績の向上に対する有効性について検討した実験結果について，以下に紹介する．

3．低圧環境シミュレーターを用いた水泳トレーニングの実際

日本水泳連盟による高所トレーニングは，1968 年に開催されたメキシコオリンピックへの参加を契機にはじめられ，1982 年以降は国際大会に対する競技成績向上を目的として，毎年のように実施されてきた．これまで水泳連盟における高所トレーニングは，コロラドスプリングス（アメリカ，標高 1,800m），フラグスタッフ（アメリカ，標高 2,150m），メキシコシティー（メキシコ，標高 2,300m），フォントロミュー（フランス，標高 1,850m）など，およそ 1,800～2,300m 程度の高地が用いられてきた．しかしながら，実際には適切な高地のレベル，運動強度，滞在期間など，その効果については不明な点が多い．そこで，これらの問題を検討するために，標高 1,600～3,000m 相当の高度（低圧環境）において，2 週間または 3 週間にわたる 2 回の高所トレーニングを行なってみた．

1）標高 3,000m 相当の低圧環境下における高強度トレーニングの影響

この実験には，よく鍛錬された 9 名の男子大学競泳選手が参加した．トレーニングは，加減圧調整可能人工気候室内に内蔵された流水プールにおいて，標高 3,000m 相当の低圧環境下で実施された．選手は，1 回 2 時間，1 日 2 回（午前と午後），週 5 日の頻度で，2 週間にわたって曝露された．1 回 2 時間の曝露としたのは，赤血球の新生に必要なエリスロポエチンが，低酸素環境曝露開始後 2 時間程度で分泌増加される[20, 21]ことから，最低限の時間での赤血球数増加をねらいとしたものである．

トレーニングはクロール泳とし，標高 3,000m 相当の低圧環境下における最大酸素摂取量の約 170％に相当する強度で，20 秒間の運動を 10 秒間の休息をはさみながら 8 セット以上，疲労困憊まで繰り返す間欠的運動とした．この間欠的運動は，有酸素性エネルギー供給系にも無酸素性エネルギー供給系にも最大の刺激を与えられることが証明されている[22]．また，実際この間欠的運動を用いて平地でトレーニングを行なった結果，最大酸素摂取量も最大酸素借も同時に大きく改善されたことも確認されている[23]．したがって，有酸素性および無酸素性両エネルギー供給機構を最大限に動員するようなミドルパワーを反映した水泳競

技には最適なトレーニング法のひとつと考えられる．

結果であるが，トレーニング前後で最大酸素摂取量を比較してみると有意な変化は認められず，その応答も９名中４名は増加，５名では低下と大きな個人差が見られた（表 12－２）[24]．これまでにも高所トレーニングで最大酸素摂取量が改善されなかったという報告は少なくない．それは，赤血球数増加による血液粘性増大が末梢抵抗を増大させ，その結果心拍出量が低下してしまうこと[12]や，比較的厳しい低酸素環境になると，筋内のミトコンドリアの酵素活性が低下することなどが原因として考えられている[25, 26]．また，本トレーニングを行なった選手の最大酸素摂取量が，トレーニング前の時点で60mL / kg / 分近くあり，水泳選手としては比較的高かったことから，２週間のトレーニング期間では短すぎたことなども考えられる．有酸素性能力の改善に対して確実な効果を得るためには，トレーニングを行なう低圧環境やトレーニング期間などを再工夫しなければならないという結果であった．

一方，運動中の最大無酸素性エネルギー供給量である最大酸素借は，全被験者において向上し，約９％の増加が認められた（表 12－２）．これまでに報告されている男子水泳選手の最大酸素借は体重あたり 50～60mL / kg 程度である[1, 2, 27]．これに対し，本選手の値はトレーニング前から 68 mL / kg と約 20％も高い値であった．それにもかかわらず，わずか２週間のトレーニングで 74 mL / kg にまで増加した．一般に最大酸素借の大きさに影響する要因としては，活動筋量[27, 28]や筋の緩衝能力[19, 29, 30]があげられる．本トレーニング期間中，特に筋力トレーニングなどを行なってはいなかったこと，および被験者の体重の増減が認められなかったことなどから，筋量が大きくなったとは考えにくい．したがって，この最大酸素借の増大は，先行研究[19]においても報告されているように，おそらく筋の緩衝能力の増大に起因するものであろう．

また，トレーニング後の最大酸素借の測定は，トレーニング前より高い泳速で行なったにもかかわらず，運動持続時間は延長された．これは，無酸素性エネルギー供給能力の向上が直接競技成績に反映したことを意味するものである．したがって，標高 3,000m 相当の低圧環境下での高強度間欠的運動トレーニングは，最大酸素摂取量が大きく反映するような長距離種目の選手の成績向上に対して効果的であるとは言い難いが，100m や 200m など，ミドルパワーを反映するような無酸素性の作業能力を高めるトレーニングとしては有効であることが示唆された．

表 12－2　トレーニング前後における最大酸素摂取量，最大酸素借，および最大酸素借測定時の運動時間と運動強度

		トレーニング前	トレーニング後
最大酸素摂取量	（L / 分）	3.87±0.45	3.89±0.34
	（mL / kg / 分）	56.8±7.1	57.1±5.5
最大酸素借	（L）	4.43±1.01	4.83±0.95＊
	（mL / kg）	65.1±15.8	71.2±15.8
泳速	（m / 秒）	1.27±0.06	1.29±0.05＊
	（%$\dot{V}O_2$max）	121±5	122±5
運動時間	（分）	2.47±0.31	2.80±0.44＊＊

＊p＜0.05，＊＊p＜0.01
（文献 24 のデータより作成）

2）標高 1,600m と 2,400m 相当の低圧環境における高強度トレーニングの影響

先の実験では，最大酸素借が増大し，ミドルパワーの向上ははかれたが，最大酸素摂取量は増加せず，持久的運動種目への効果的な示唆は与えられなかった．この背景として，高度が高すぎた（低圧環境が厳しすぎた），あるいは期間が短すぎたなどの問題点が考えられたので，２つめの実験ではこれらの条件を変えて行なってみた．また，先の実験では平地群との比較がなかったので，同じトレーニングを行なった場合，どちらの環境がより効果的かという判断ができなかった．そのため，今回は平地群を作ると同時に，実際のレースにおける記録測定も同時に行なった．

この実験に参加した選手は，よく鍛錬された男子大学水泳選手 12 名であり，体力レベルがほぼ

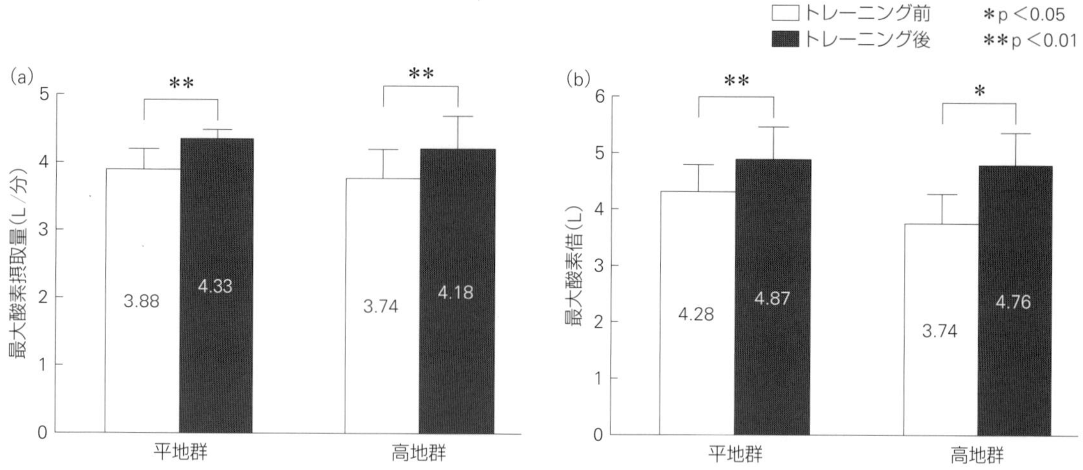

図 12−5　トレーニング前後における平地群と高地群の最大酸素摂取量（a）と最大酸素借（b）
（文献 31 のデータより作成）

均等となるように 2 群（高地群と平地群）に分けられた．

トレーニングは，前回同様クロール泳を用い，加減圧調整可能人工気候室内に内蔵された流水プールで行なわれた．なお，高地群は標高 1,600m または 2,400m 相当の低圧環境下において 1 回 2.5 時間，1 日 2 回，週 5 日の頻度で，今回は 3 週間にわたって曝露された．

前回のトレーニングでは超最大強度における間欠的運動トレーニングのみを採用したが，最大酸素摂取量が増加しなかったことを考慮し，長時間行なえる最大下あるいは最大強度でのトレーニングを付加した．実際に行なった内容は以下のとおりである．

①OBLA 強度における 2 分間泳を 15 秒の休息を挟んで 15 セット繰り返す間欠泳．

②50%V̇O₂max強度における 2 分間泳の後に引き続き 95〜100%V̇O₂max 強度における 3 分間泳，これを 1 セットとし，5 セット繰り返す変速持続泳．

③170%V̇O₂max 強度における 20 秒間泳を 10 秒の休息を挟みながら 8 セット以上，疲労困憊まで繰り返す間欠泳．

①は週 5 回，②は週 2 回，③は週 3 回の頻度で，高地群は，①と②を標高 1,600m 相当，③を標高 2,400m 相当の低圧環境下で行なった．また，低圧環境における OBLA および%V̇O₂max の決定に関しては，①，②では標高 1,600m 相当，③では標高 2,400m 相当の低圧環境下で行なわれた．

結果であるが，トレーニング後の最大酸素摂取量の応答は前回とは異なり，平地トレーニング群においても高地トレーニング群においても有意な増加が認められた（図 12−5 (a)，平地群：55.5→62.2mL / kg / 分，高地群；56.3→62.9mL / kg / 分）[31]．また，わずか 3 週間における両群の最大酸素摂取量の増加率（平地群 12%，高地群 12%）は，これまでに報告されている値と比較しても最も大きな部類に属するものである．しかも，初期値も高く，十分に鍛錬されている被験者において得られた結果であることを考慮すれば，本実験のトレーニング内容は，有酸素性エネルギー供給系の向上に対して非常に効果的であるといえる．ただし，先の実験よりはよい結果ではあるものの，平地群と高地群の増加率の間に差が認められなかったことから，必ずしも高地環境の方が有酸素性エネルギー供給系向上に対して適していることを証明するには至っていない．

また本トレーニングでは，最大酸素借においても大きな増加が認められた（図 12−5 (b)，平地群：61.1→69.7mL / kg，高地群：56.5→71.9mL /

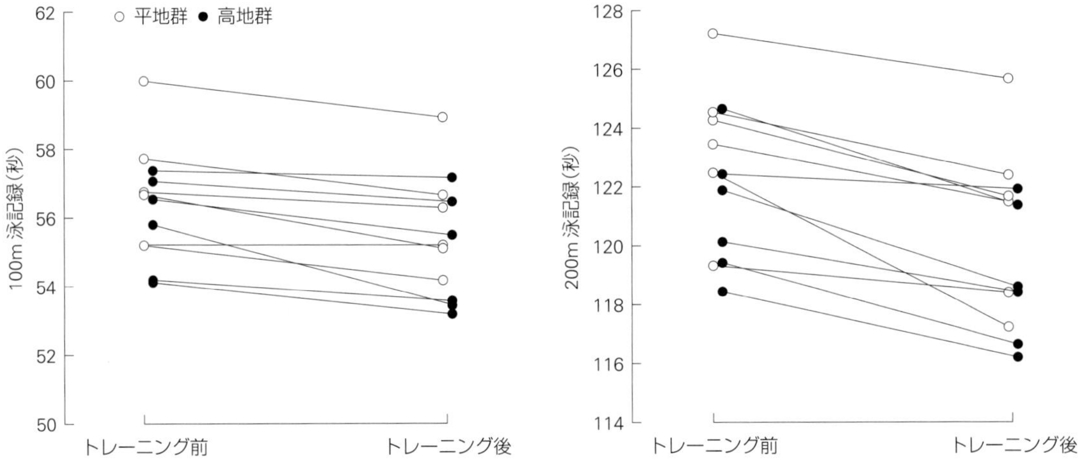

平地群	56.92	→	56.09
高地群	55.86	→	54.92

123.65	→	121.26
121.27	→	118.96

図 12－6　トレーニング前後における平地群と高地群の 100m，200m 泳記録の変化
（文献 31 のデータより作成）

kg）．この両群における増加率は先行実験の増加率よりも高かったことから，超最大強度における間欠的運動トレーニングは，週 3 回の頻度で十分であろうと思われる．著者も実際にこのトレーニングを行なったことがあるが，短い運動時間にもかかわらず非常にきつく，高い動機付けなくしてはなかなか遂行できない．また，オーバートレーニングに陥らないように配慮する意味でも，週 3 回くらいが至適であるように思われる．平地群（14%）と高地群（27%）の増加率を比較した場合，高地群の方が 2 倍近くも高かったことから，今回も高地でのトレーニングが無酸素性エネルギー供給能力を向上させるために効果的であることを支持する結果となっている．

いずれにしろ，本トレーニングにおける最大酸素摂取量と最大酸素借両方の増加率（量）は，われわれが知る限りのトレーニング実験の結果と比較して最も大きな伸び率を示した部類である．定期的にハードなトレーニングをしており，かつ水泳選手としては比較的初期値が高かった選手に対して，わずか 3 週間でこれだけ増加させられたということは，特筆すべきことであろう．

図 12－6 は，トレーニング前後で測定された 100m と 200m のタイムトライアルの結果を示したものである．選手コーチにとって，トレーニングの実質的な目標は競技パフォーマンスを向上させるという点に尽きる．今回の実験では，100m，200m のどちらも全員がトレーニング前より速く泳ぐことができ，大幅に記録が更新された．しかも，100m，200m ともに 9 例のベスト記録が更新された．この結果は，本トレーニングにおいて有酸素性，無酸素性両エネルギー供給能力が向上したことによってもたらされた結果といえる．また，平均泳速の増加率を比較すると両群間に差は認められなかったが，トレーニング前の泳記録が高地群においてやや高かったにもかかわらず，同程度記録が向上した背景には，より大きな無酸素性エネルギー供給能力の向上が貢献したものと推察される．

4．高所トレーニングの可能性とこれからの展望

1）高所トレーニングの可能性

先に紹介した 2 つの実験より，高地における高強度トレーニングは，有酸素性エネルギー供給能

力のみならず，無酸素性エネルギー供給能力の改善にも効果的であることが明らかとなった．近年，同様の結果を示す報告がいくつか見受けられている[32, 33]．これらのことは，高地でのトレーニングが長距離選手のみに応用可能というわけでなく，短・中距離選手へも有効なトレーニング手段となる新たな可能性を示すものである．

また，高地のレベルとしては，有酸素性作業能力の改善には以前より用いられてきた 2,000～2,300m より低いレベルでも良く，3,000m まで高くなるとその適応に個人差が大きくなることが明らかとなった．一方，無酸素性作業能力の改善については，1,600～3,000m のどのレベルでも良いことが示唆されたが，無酸素性エネルギー供給能力を改善させるには，超最大強度に相当する高強度のトレーニングが必要であることから，やはり 1,600～2,000m 程度が適しているかもしれない．

運動強度に関しては，実験２で OBLA，最大酸素摂取量レベル，超最大運動強度を５：２：３の割合で使い分けたが，その方が実験１の短時間高強度の間欠的運動のみの条件よりも好ましい結果が得られた．選手の疲労を考慮しても，超最大強度ばかりのトレーニングではオーバートレーニングに陥る可能性もあるので，最大下強度のトレーニングをうまく組み入れる配慮が重要であろう．

2）これからの展望

加減圧調整可能人工気候室内の流水プールを用いたトレーニングを紹介したが，これにはいくつかの利点があげられる．第１の利点は，多額の費用をかけて高地へ出向く必要がないということである．現実問題として，日本では（特に水泳は）高所トレーニングを行なう施設がほとんどないため，中国やアメリカなど，外国まで出向いて合宿することが一般的である．しかしながら，これは時間的，経済的に大きな負担をもたらす．また，第２の利点としては，トレーニングのみを高地環境下で行なうため，通常の生活は普段と同じ環境で過ごせる点にある．実際，高地への適応能力には個人差が大きく，過呼吸や，頭痛，熟睡できないなどの症状を訴える例は少なくない．また，外国での高地合宿では，食文化の違い，飲料水の問題などから体調を崩すことも多い．これらは高地トレーニングが必ずしも成功しない原因のひとつとなっており，これらのマイナス要因を除去できることは大きい．第３の利点は，今回の実験２のように，選手の移動を伴うことなく，ねらいとしたトレーニング効果を導くための低酸素環境を容易に作り出すことができる点である．

さらに，流水プールにおけるトレーニングは，天候などに左右されることもない．そして，最も重要な運動強度の設定についても，目的とするトレーニングに対して適切な強度を個人毎に正確に設定できる．また，超最大強度のように高い動機づけが必要なトレーニングなどでは，選手の気分に関係なく，強度を維持させることができるため，選手が容易に妥協するようなこともなかった．紹介したトレーニング実験において，大きな効果が得られたことについても，少なからずこの影響はあると考えられる．

近年の研究により，高所トレーニングが無酸素性エネルギー供給能力の改善をもたらすことが明らかになってきた．この点は，今後どんどん取り組むべき新しいテーマである．また，無酸素性エネルギー供給量は筋量と密接に関係していることから，筋量増大を目的としたウェイトトレーニングを併用すれば，さらに高いトレーニング効果も期待できるかもしれない．筋力トレーニングと無酸素性エネルギー供給能力との関連のみならず，流水プールでの技術トレーニング，高度レベルに合致したトレーニング強度，運動時間と休息時間の至適関係など，さらなる検討が待たれる．

文　献

1）荻田　太ほか：超最大強度におけるプル，キック，スイム中の代謝特性．水泳水中運動科学，1: 13－18, 1998.

2）Ogita F et al.: Metabolic profile during exhaustive arm stroke, leg kick, and whole body swimming lasting 15s to 10 min. Biomechanics and Medicine in Swimming Ⅹth : 361－366, 2003.

3) 荻田　太：水泳運動中のエネルギー供給．九州体育・スポーツ学研究，15: 1－13, 2001.
4) Ogita F et al.: Effect of hand paddles on anaerobic energy release during supramaximal swimming. Med Sci Sports Exerc, 31: 729－735, 1999.
5) Medbø JI et al.: Anaerobic capacity determined by maximal accumulated O_2 deficit. J Appl Physiol, 64: 50－60, 1988.
6) Medbø JI and Tabata I: Relative importance of aerobic and anaerobic energy release during short-lasting exhausting bicycle exercise. J Appl Physiol, 67: 1881－1886, 1989.
7) Fox EL et al.: Frequency and duration of interval training programs and changes in aerobic power. J Appl Physiol, 38: 481－484, 1975.
8) Fox EL et al.: Intensity and distance of interval training programs and changes in aerobic power. Med Sci Sports, 5: 18－22, 1973.
9) Stenberg J et al.: Hemodynamic response to work at simulated altitude 4,000m. J Appl Physiol, 21: 1589－1594, 1966.
10) Hartley LH et al.: Central, femoral, and brachial circulation during exercise in hypoxia. J Appl Physiol, 34: 87－90, 1973.
11) Vogel JA et al.: Cardiac output during exercise in sea-level residents at sea level and high altitude. J Appl Physiol, 36: 169－172, 1974.
12) Horstman D et al.: Work capacity during 3-wk sojourn at 4,300m : effects of relative polythemia. J Appl Physiol, 49: 311－318, 1980.
13) Ogita F and Tabata I: Oxygen uptake during swimming under a hypobaric hypoxic environment. Eur J Appl Phyisiol, 65: 192－196, 1992.
14) Knuttgen HG and Saltin B: Oxygen uptake, muscle high-energy phosphates, and lactate in exercise under acute hypoxic conditions in man. Acta Physiol Scand, 87: 368－376, 1973.
15) Linnarsson D et al.: Muscle metabolism and oxygen deficit with exercise in hypoxia and hyperoxia. J Appl Physiol, 36: 399－402, 1974.
16) 山地啓司：環境条件と$\dot{V}O_2max$．山地啓司著：最大酸素摂取量の科学，杏林書院，pp.146－168, 1992.
17) Ogita F and Tabata I: Aerobic and anaerobic energy release during supramaximal swimming at different levels of hypobaric hypoxia. Med Sci Sports Exerc, 32: S336, 2000.
18) Weyand PG et al.: High-speed running performance is largely unaffected by hypoxic reductions in aerobic power. J Appl Physiol, 86: 2059－2064, 1999.
19) Mizuno M et al.: Limb skeletal muscle adaptation in athletes after training at altitude. J Appl Physiol, 68: 496－502, 1990.
20) Cahan C et al.: Assesing the characteristics between length of hypoxic exposure and serum erythropoietin levels. Am J Physiol, 258: R1016－R1021, 1990.
21) Knaupp W et al.: Erythropoietin response to acute normobaric hypoxia in humans. J Appl Physiol, 73: 837－840, 1992.
22) Tabata I et al.: Metabolic profile of high intensity intermittent exercises. Med Sci Sports Exerc, 29: 390－395, 1997.
23) Tabata I et al.: Effects of moderate-endurance and high intensity-intermittent training on anaerobic capacity and $\dot{V}O_2max$. Med Sci Sports Exerc, 28: 1327－1330, 1996.
24) Ogita F and Tabata I: The effect of high intensity intermittent training under a hypobaric hypoxic condition on anaerobic capacity and maximal oxygen uptake. In: Keskinen KL et al. Eds, Biomechanics and Medicine in Swimming Ⅷ. Gummerus Printing, Jyvükylü, pp.423－428, 1999.
25) Young AJ et al.: Skeletal muscle metabolism of sealevel natives following short-term high-altitude residence. Eur J Appl Physiol Occup Physiol, 52: 463－466, 1984.
26) Green HJ et al.: Operation Everest Ⅱ: adaptations in human skeletal muscle. J Appl Physiol, 66: 2454－2461, 1989.
27) Ogita F et al.: Anaerobic capacity and maximal oxygen uptake during arm stroke, leg kicking, and whole body swimming. Acta Physiol Scand, 157: 435－441, 1996.
28) Weyand PG et al.: Peak oxygen deficit during one-and two-legged cycling in men and women. Med Sci Sports Exerc, 25: 584－591, 1993.
29) Sharp RL et al.: Effect of eight weeks of bicycle ergometer sprint training on human muscle buffer capacity. Int J Sports Med, 7: 13－17, 1986.
30) Scott CB et al.: The maximally accumulated oxygen deficit as an indicator of an aerobic capacity. Med Sci Sports Exerc, 23: 618－624, 1991.
31) 荻田　太ほか：低圧環境下における高強度トレーニングがエネルギー供給能力と高強度運動パ

フォーマンスに及ぼす効果．日本体育学会第 53 回大会号，p.338, 2002.

32) Roberts AD et al.: Changes in performance, maximal oxygen uptake and maximal accumulated oxygen deficit after 5, 10 and 15 days of live high: train low altitude exposure. Eur J Appl Physiol, 88: 390−395, 2003.

33) Svedenhag J et al.: Aerobic and anaerobic exercise capacities of elite middle-distance runners after two weeks of training at moderate altitude. Scand J Med Sci Sports, 1: 205−214 , 1991.

［荻田　　太］

13章　常圧低酸素室を利用した高所登山のための順化トレーニング

はじめに

ヒマラヤなどの高所で登山やトレッキングを行なう場合，およそ4,000m付近の高度に達すると顕著な運動能力の低下が起こる．またこの付近では，程度の差はあれほとんどの者に急性高山病が起こり[1, 2]，場合によっては重症の高山病（肺水腫や脳浮腫）に発展して死亡する危険性もある．

これらの障害をもたらす主要因は低酸素である[3]．したがって，4,000m以上の高所に行く者は，事前にこの高度に相当する低酸素環境への順化トレーニングをしておくことが望ましい．ところが，日本国内には4,000m級の自然の高所がないため，それができないという問題がある．

最も単純で有効な解決手段は，実際に現地（ヒマラヤなど）に出かけ，適当な高度を選んでトレーニングをすることである[2, 4]．しかしこの方法は，時間の余裕に乏しい者にとっては実施が難しい．また国内で行なえる方法としては，富士山（3,776m）に何度も登ると効果があることが知られている[4, 5]．しかしこの方法も事実上，近辺の在住者にしか利用できない．また冬季は危険性が高く，一般的な登山者が利用することは難しい．

低所に設置された低酸素室を利用して高所順化トレーニングを行なうという発想は，このような背景から生まれた．低酸素室には低圧低酸素室（低圧室）と常圧低酸素室（低酸素室）の2タイプがある．そして前者は比較的古くから利用され研究も多いが，後者は開発されてから日が浅いため，利用実績，研究ともに少ない．本章では後者に関する研究を紹介する．

1．低圧室と低酸素室

日本では，1980年代の初頭から島岡ら[6]，浅野ら[7]，菊地ら[8]，高橋ら[9]が低圧室を利用した高所順化トレーニングを実施し，その有効性を提唱してきた．また国内に4,000m級の自然の高所を持つ欧米ではこのような研究は少ないが，フランスのRichaletら[10]は，“Everest Turbo”と名付けた実験登山で低圧室の有効性を示唆している．

低圧室の長所は，自然の高所と同じ低圧低酸素環境を再現できることである．しかしその反面，設置・運用コストが高価，安全性に細心の注意が必要，食事や用便等のための出入りが容易ではない（気圧調整が必要なため）といった短所がある．このため，一般の登山者向けに広く普及することは望めず，また長時間あるいは長期間のトレーニングに適しているともいえなかった．

1990年代に入るとフィンランドで，1気圧のままで室内を低酸素状態にできる低酸素室が開発された[11]．低酸素室の場合，気圧に関しては自然の高所を再現しているわけではない．しかし高所が人体に与える影響のかなりの部分は低酸素によるとされるので[3]，これを用いたトレーニングによっても，ある程度の高所順化は得られると予想される．

また低酸素室は，設置・運用コストが安価，安全性が高い，出入りが容易（入室者が自身で自由に出入りできる）など，従来の低圧室の短所がほぼ全面的に解消されている．このため，長時間・長期間のトレーニングにも適している．さらにこの施設は最近，全国に普及しつつあるので，近い将来多くの登山者が利用できるようになると予想

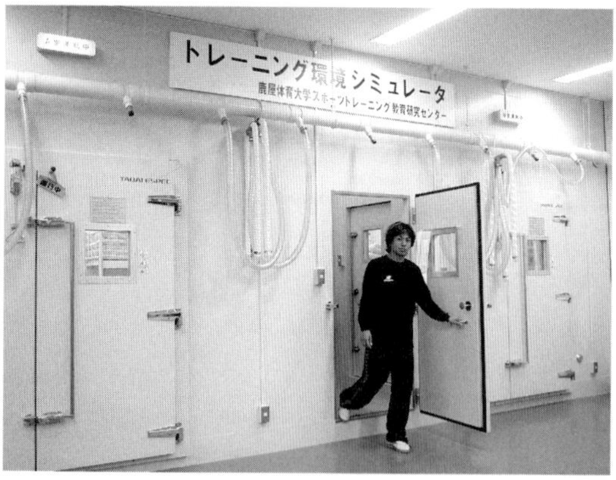

写真 13－1　低酸素室の外観
特殊な高分子膜に空気を通し，一部の酸素を取り除くことにより 1 気圧の低酸素空気を作り，部屋に送り込んでいる．室外との気圧差がないため，利用者自身が自由にドアを開閉し出入りできる．
（山本正嘉：鹿屋体育大学の低酸素環境室．体育の科学，51: 295－298，2001）

される．

歴史が新しいこともあり，これまで低酸素室を用いたトレーニングの研究はほとんど行なわれていない．そこで著者らは 2000 年から，このタイプの低酸素室[12]を用いて 4,000m の高度に順化するためのトレーニング方法を模索してきた（写真 13－１～３）．

低酸素室を利用してトレーニングを行なう場合，その様態として運動，安静，睡眠の 3 つがあり，それらを適宜組み合わせたり，あるいは単独で行なうなど，さまざまな方法が考えられる．著者らはこれまでに，運動＋安静＋睡眠（研究 A[13, 14]），運動＋安静（研究 B[15, 16]），睡眠のみ（研究 C[17]），という 3 種類の高所順化トレーニングを行なった．その結果，いずれも 1 週間以内という短期間のトレーニングであるにもかかわらず，ある程度の効果が得られることがわかった．以下，これらの研究の概要を紹介する．

2．運動＋安静＋睡眠によるトレーニング（研究 A）

被験者は中高年（45～65 歳）の男性登山家 7 名であり，ヒマラヤのチョーオユー峰（8,201m）の登山に出かける直前にトレーニングを行なった．

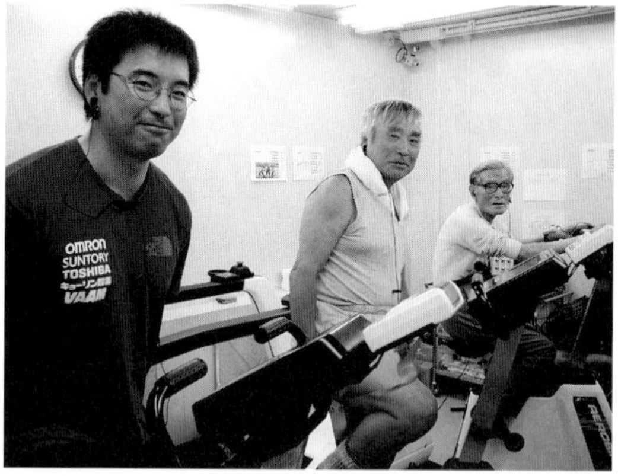

写真 13－2　低酸素室の内部
各種のエルゴメータを持ち込んでさまざまなトレーニングができるほか，ベッドで睡眠をとることもできる．トレーニングをしているのは，70 歳でエベレスト最高齢登頂を果たした三浦雄一郎氏（中央），息子の豪太氏（33 歳，手前），99 歳でアルプスの最高峰・モンブランの氷河を滑降した敬三氏（奥）．

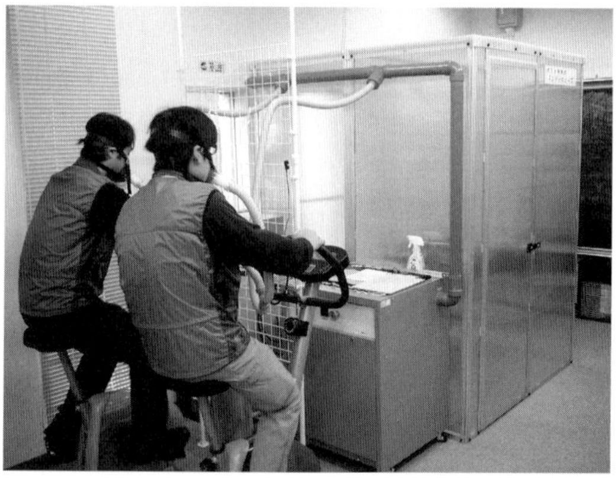

写真 13－3　簡易低酸素室
最近では安価な簡易低酸素室も普及しつつある．奥にみえるのが低酸素室で，安静時はこの中に入る．なお運動時は，室内で行なうと二酸化炭素が過度に上昇するため，低酸素空気をダクトで室外に取り出し，マスクで吸引しながら行なう．図の中央にあるのが低酸素空気発生装置．

図 13－1[18] に示したように，被験者は午前と午後に 60～90 分間ずつ低酸素室に入室し，それぞれ 30～60 分間の軽い運動（自転車エルゴメータのペダリングまたはトレッドミルでのウォーキング，主観的運動強度（RPE）は 11～15 程度）を行なった．また夜間も低酸素室内で 7 時間の睡眠をとった．なお高度は，午後＞午前＞夜間（睡眠時）となるようにした．また低酸素室での 1 日あたりの総滞在時間は合計 9～10 時間で，その他の時間は室外（海面レベル）で休息をとるようにした．

表 13－1[18] は，毎日の設定高度を示したもので

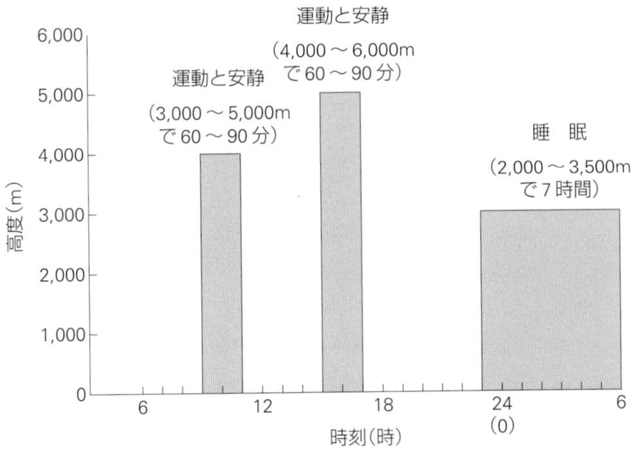

図 13−1　1日のトレーニングスケジュール
"sleeping low, climbing high の原則" に基づいて高度を設定した．
(山本正嘉ほか：常圧低酸素室を用いたヒマラヤ登山のための高所順化トレーニング．登山医学，21: 33−40, 2001)

表 13−1　日数の経過に伴う設定高度の変化

	1日目	2日目	3日目	4日目	5日目	6日目	7日目
午前	−	3,000m	4,000m	4,000m	4,000～5,000m	4,000～5,000m	4,000m
午後	−	4,000m	4,000m	4,000～5,000m	5,000～6,000m	5,000～6,000m	−
睡眠	2,000m	2,500m	3,500m	3,500m	0 m	3,500m	

日が経つにつれて徐々に高度を上げていく．
(山本正嘉ほか：常圧低酸素室を用いたヒマラヤ登山のための高所順化トレーニング．登山医学，21: 33−40, 2001)

ある．トレーニング期間は7日間（ただし2名は時間の都合により5日間で切り上げた）とし，日数の経過に伴い徐々に高度を上げていった．図13−1や表13−1のような高度設定は，実際の高所登山において経験的に用いられている "sleeping low, climbing high の原則"[3] を参考にして設定したものである．なお5日目の夜は，疲労の蓄積状況を考慮して海面レベルで睡眠をとることとした．

図13−2は，トレーニングの前後で，4,000m相当高度（酸素濃度：12.7%）に設定した低酸素室において，安静（1時間）および多段階のペダリング運動を行なったときの動脈血酸素飽和度（SpO_2）と，心拍数（HR）を示したものである．HRには有意な変化はみられなかったが，SpO_2は安静時・運動時ともにトレーニング後に有意に上昇した．

高所（低酸素）環境に行くと，行った当初にはSpO_2は低下し，HRは上昇する．しかし，順化が進むにつれてSpO_2は上昇し，HRは低下する[19−21]．したがって図13−2は，このトレーニングによって高度4,000m相当の低酸素環境に対する順化がある程度（少なくともSpO_2については）得られたことを示唆している．

表13−2は，これらの被験者がヒマラヤに出かけた際に，高度2,500mと3,500mで安静時のSpO_2とHRを測定し，これと低酸素トレーニングの初期に同じ相当高度で測定したSpO_2，HRを比べたものである．どちらの高度でもHRには有意差はみられなかったが，SpO_2はヒマラヤでの方が有意に高値を示した．このことは，低酸素室（常圧低酸素環境）でのトレーニング効果が自然の

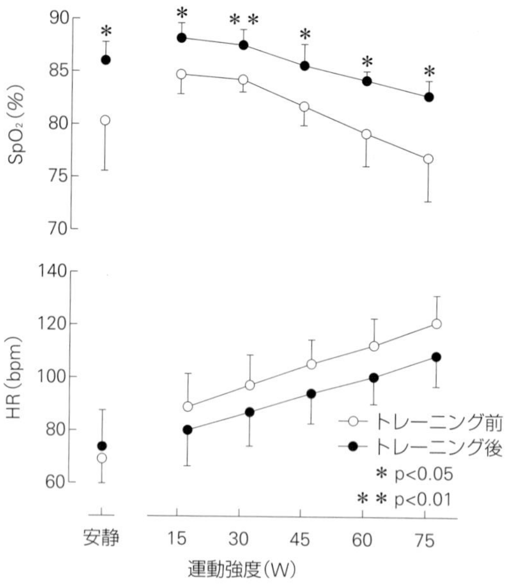

図 13−2　トレーニングの前後における 4,000m 相当高度での安静時および最大下運動時の生理応答

7 名の被験者のうち，7 日間の全トレーニング日程を遂行した 5 名のデータを採用した．
（文献 13，14 のデータをもとに作成）

表 13−2　低酸素トレーニングの初期と，そのトレーニング後にヒマラヤの同一相当高度（2,500m と 3,500m）で測定した安静時の SpO_2 と HR の比較

高度	SpO_2（%）			HR（bpm）		
	a：低酸素室	b：ヒマラヤ	a vs b	a：低酸素室	b：ヒマラヤ	a vs b
2,500m	88.1±4.9 （81〜93）	92.3±1.5 （90〜94）	*	67.1±13.5 （50〜82）	68.7±10.8 （54〜82）	ns
3,500m	77.7±8.0 （65〜87）	86.3±3.4 （80〜91）	*	71.3±12.0 （56〜83）	67.3±11.3 （53〜85）	ns

*：p＜0.05，ns：p≧0.05
値は平均値±標準偏差（最小値〜最大値）を示す．
（Yamamoto M et al.: Effect of pre-acclmatization training by exposure to normobaric hypoxia in middle-aged climbers aiming Himalayan 8000M peak; Part 1. High Alt Med Biol, 2: 104, 2001）

高所（低圧低酸素環境）に対しても有効に作用することを示唆している．

このトレーニングを行なった者は，酸素ボンベを用いてではあるが，7 名中 5 名が登頂に成功した．なお成功した 5 名のうち 3 名は 60 歳代であり，うち 1 名（65 歳）はこのピークの最高齢登頂記録を達成した．彼らが帰国してから現地での状況を尋ねたところ，全員が以前の高所登山と比べて体調が良く，低酸素トレーニングの効果はあったと思うと述べていた．

表13−3 は，別の登山隊（5 名）を対象として，同様の高所順化トレーニング（1 日の入室時間は 14〜16 時間程度で 7 日間）を行なった際の，血液性状の変化をみたものである．赤血球数には有意な変化はみられなかったが，ヘモグロビン，平均赤血球容積，平均赤血球ヘモグロビン量には有意な増加がみられた．

高所で血液に起こる最も典型的な適応とは，単

表 13−3　低酸素トレーニング前後での血液性状の変化

血液性状	トレーニング前	トレーニング後	有意差
赤血球数 (RBC：×10⁴/μL)	446±21 (427〜476)	471±41 (402〜510)	ns
ヘモグロビン量 (Hb：g/dL)	13.3±1.3 (11.9〜15.1)	15.3±1.9 (12.2〜16.8)	*
ヘマトクリット値 (Ht：%)	39.7±3.2 (36.0〜44.3)	42.5±4.8 (34.4〜46.1)	ns
平均赤血球容積 (MCV：fL)	88.8±3.3 (84.0〜93.0)	90.0±2.8 (86.0〜94.0)	*
平均赤血球ヘモグロビン量 (MCH：pg)	29.7±1.5 (27.7〜31.8)	32.5±1.4 (30.3〜34.1)	***
平均赤血球ヘモグロビン濃度 (MCHC：%)	33.5±0.5 (33.0〜34.1)	33.7±5.8 (23.5〜36.5)	ns

*：p<0.05，***：p<0.001，ns：p≧0.05
値は平均値±標準偏差（最小値〜最大値）を示す．
（烏賀陽と山本，未発表資料）

位容積あたりの血液に含まれる赤血球数とヘモグロビン量の増加であり，これにより末梢組織への酸素供給を増やすことができる．そしてこの適応は，高所滞在の初期には血漿量を低下させること（血液濃縮）により，また後期には赤血球やヘモグロビンの量自体を増加させることにより達成される[2]．このトレーニングの場合，期間が1週間と短いことから，表13−3には前者の適応現象が現れているものと考えられる．

3．運動＋安静によるトレーニング（研究B）

被験者は健康な男性17名であり，これを実験群9名と対照群8名とに二分した．実験群は高度4,000m相当に設定した低酸素室で，1日あたり1時間のトレーニングを行なった．図13−3に示したように，前半の30分間は座位安静とし，後半の30分間は多段階のペダリング運動（RPEは9〜16程度）を行なった．このトレーニングは1週間で6回行なうこととし，3日間連続で行なった後に1日の休養日をはさみ，その後再び3日間連続で行なった．一方対照群は，海面レベルでこれと同様のことを行なった．

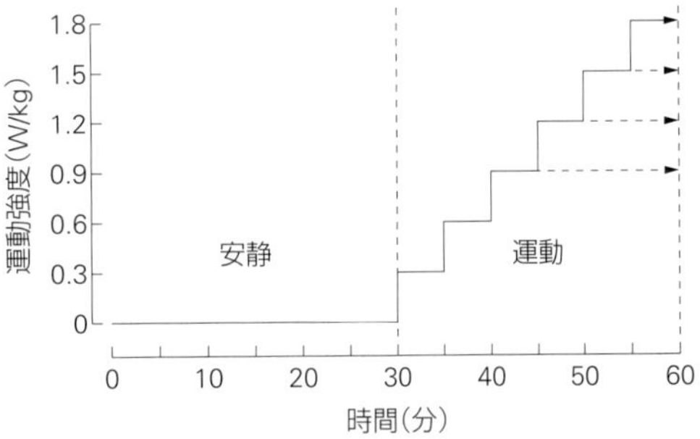

図 13−3　1時間で行なう高所順化トレーニングの方法
30分間の座位安静の後，30分間のペダリング運動を行なう．運動時には多段階負荷方式で徐々に強度を上げていくが（運動強度は被験者の体重に応じて設定する），後半は被験者の体力やその日の体調に応じて，実線または破線の部分を自由に選択する．
（烏賀陽信央，山本正嘉：常圧低酸素室を用いた短期間かつ短時間の高所順化トレーニング法の開発．登山医学，22: 83−90，2002）

図13−4は，このトレーニングの前後で，4,000m相当高度の低酸素室において30分間の安静と30分間の多段階の最大下ペダリング運動を行なったときのSpO_2，HR，RPEを示したものである．実験群では，安静時のSpO_2，および運動時のSpO_2，HR，RPEが有意に改善した．一方対照群でもこれとほぼ同様の改善傾向がみられたが，その改善度は実験群よりも小さかった．

対照群でも順化効果がみられた理由としては，次のような可能性が考えられる．この実験で行なった運動の強度はかなり低く，トレーニング期間も1週間程度と短いことから，運動自体によってもたらされたトレーニング効果とは考えにくい．おそらく，トレーニング前に4,000m相当高度で行なったトレーニング効果を判定するための運動負荷試験が，低酸素トレーニングの役割を果たしたものと考えられる．つまり別の見方をすれば，1回だけの低酸素トレーニングでも，ある程度の順化効果が得られるといえるかもしれない．

なお，従来から低圧室を用いて行なわれてきたトレーニングは，そのほとんどがこの「運動＋安静」タイプである．ただし従来の研究の多くは，本研究よりも長い期間（1～3カ月程度）をかけて行なわれていた[15]．また，1日あたりのトレーニング時間も数時間行なっているものが多い．本研究の結果は，それよりも短期間（1週間程度）かつ短時間（1日あたり1時間）のトレーニングであっても順化効果が得られることを示唆している．

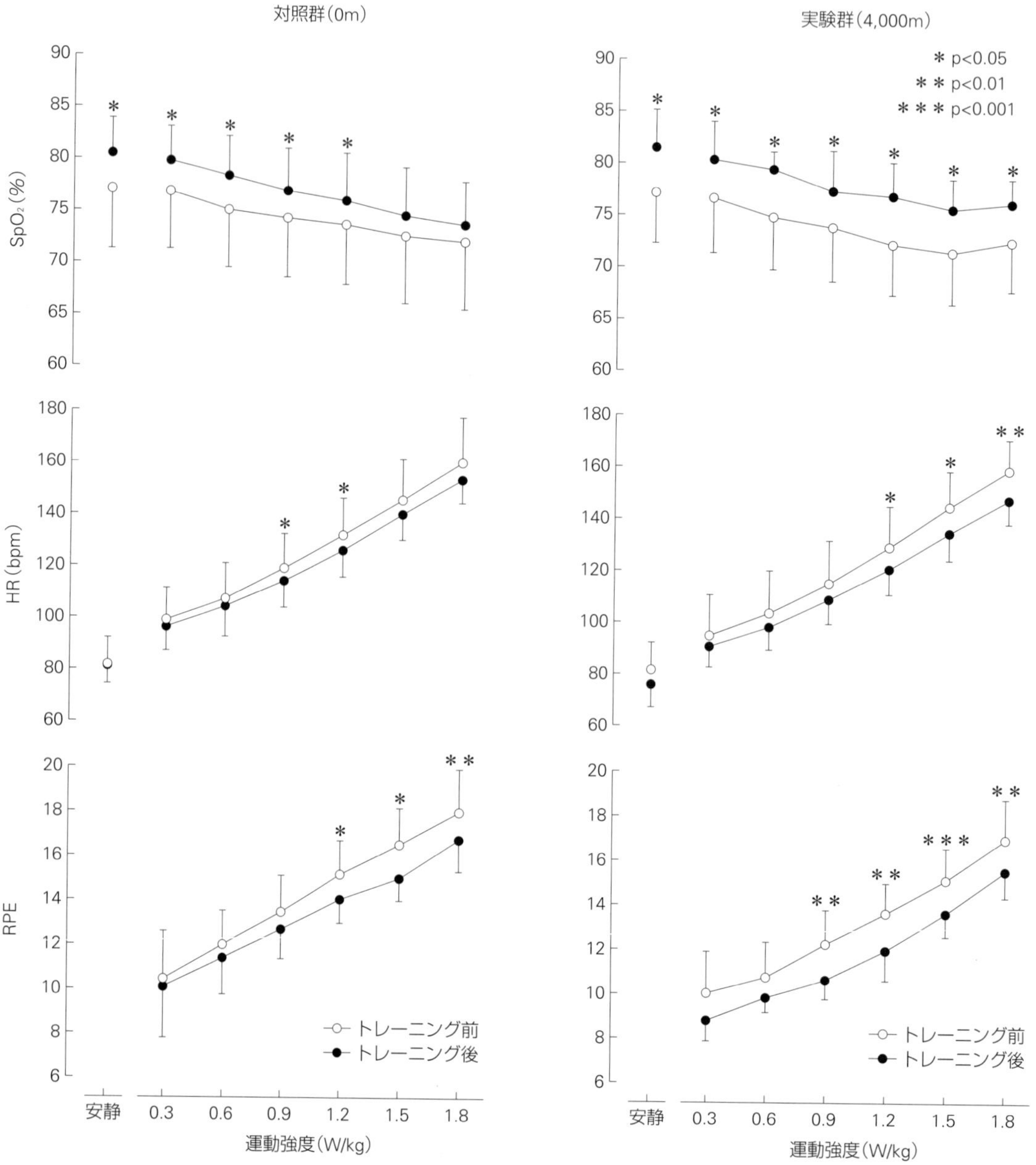

図13－4　トレーニング前後における4,000m相当高度での安静時および最大下運動時の生理応答
（鳥賀陽信央，山本正嘉：常圧低酸素室を用いた短期間かつ短時間の高所順化トレーニング法の開発．登山医学，22: 83－90，2002を一部改変）

4．睡眠のみによるトレーニング（研究 C）

被験者は健康な男性 7 名であった．低酸素室は高度 2,000m 相当（酸素濃度：16.4%）に設定し，その中で 7 時間の睡眠をとるというトレーニングを行なった．低酸素室内での運動は一切行なわなかった．このトレーニングは 5 日間で 4 回行なうこととし，2 日間連続で行なった後に 1 日の休養日をはさみ，その後再び 2 日間連続でトレーニングした．

図 13－5 は，このトレーニングの前後で，4,000m 相当高度の低酸素室で安静（5 分間）と多段階負荷運動を行なったときの SpO_2 と HR を示したものである．SpO_2 は安静時には有意な変化を示さなかったが，運動時には有意な上昇を示した．一方 HR については有意な変化は示さなかった．図 13－6 は，このトレーニングの前後で，4,000m 相当高度の低酸素室で多段階のペダリング運動を疲労困憊に至るまで行なったときの最大酸素摂取量（$\dot{V}O_2max$）と最大作業強度を示したものである．いずれもトレーニング後には全員

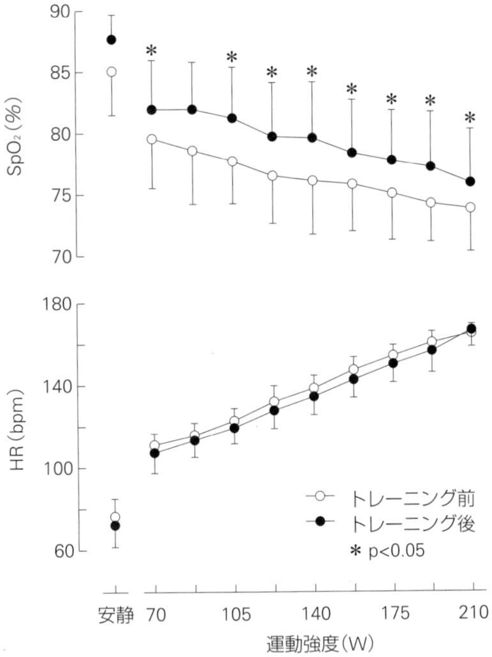

図 13－5　トレーニング前後における 4,000m 相当高度での安静時および最大下運動時の生理応答
（前川剛輝，山本正嘉：高度 2,000m での 4 日間の睡眠時低酸素曝露により 4,000m での最大有酸素性作業能力は改善する．登山医学，21: 25－32，2001）

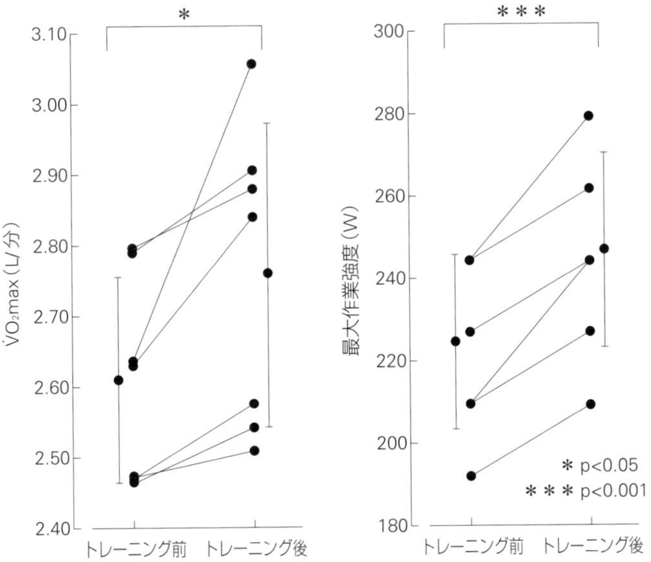

図 13－6　トレーニング前後に 4,000m 相当高度で最大運動を行なった際に得られた $\dot{V}O_2max$ および最大作業強度
（前川剛輝，山本正嘉：高度 2,000m での 4 日間の睡眠時低酸素曝露により 4,000m での最大有酸素性作業能力は改善する．登山医学，21: 25－32，2001）

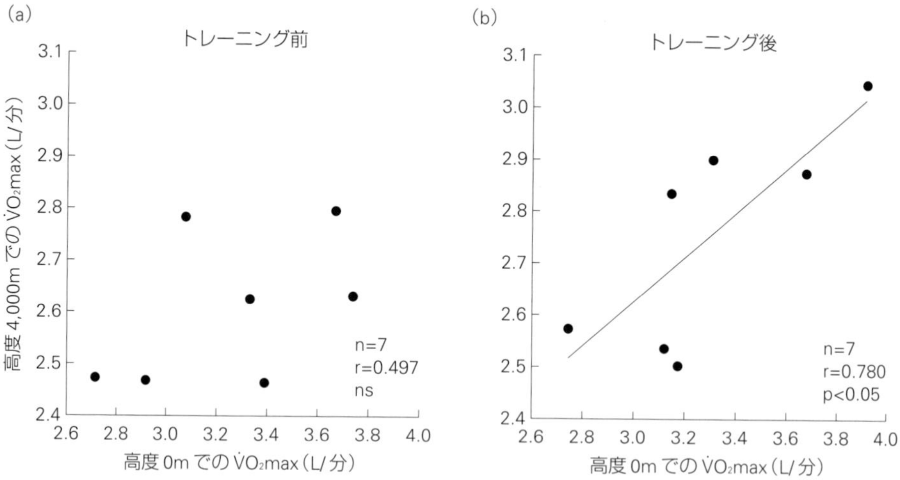

図 13−7　トレーニングの前後において，0 m と 4,000m 相当高度で測定した V̇O₂max の関係
トレーニング前には有意な相関はみられないが（a），トレーニング後には有意な相関が現れる（b）.
（前川剛輝，山本正嘉：高度 2,000m での 4 日間の睡眠時低酸素曝露により 4,000m での最大有酸素性作業能力は改善する．登山医学，21: 25−32，2001）

が改善し，その変化は統計的にも有意であった．このことは，2,000m 相当高度での睡眠による（運動を行なわない）トレーニングであっても，4,000m 相当高度での運動能力を改善する効果が生じることを示唆している．

睡眠時には覚醒時に比べて SpO_2 は低下する[3, 21]．したがって，2,000m という低い高度であっても，強い低酸素刺激となり，これが 4,000m に対する高所順化を促進するのかもしれない．

また図 13−7 は，トレーニングの前後に海面レベルと 4,000m 相当高度の低酸素室で $\dot{V}O_2max$ の測定を行ない，得られた値の相関関係をみたものである．トレーニング前には有意な相関はみられなかったが（a），トレーニング後には有意な相関が現れた（b）．このことは，低酸素トレーニングをせずに（高所順化を身につけずに）4,000m の高度に行った場合には，海面レベルでの作業能力に応じた能力は発揮できないが，トレーニングをした後に（順化を身につけた後に）行けばそれが可能になることを示唆している．

5．研究 A〜C からわかること

表 13−4 は，研究 A〜C で得られたトレーニング効果を，安静時と運動時（最大下および最大）に分けてまとめたものである．各研究とも，すべての条件についてトレーニング効果を測定したわけではない．しかし測定を実施した部分では，大部分で何らかの順化効果が現れている．トレーニング効果が得られた最低条件をあげてみると，次のようになる．

①トレーニング高度は，最低で 2,000m でも効果が生じる場合がある．
②トレーニング期間は，最短で 4 日間でも効果が生じる場合がある．
③トレーニング時間は，最短で 1 日に 1 時間でも効果が生じる場合がある．

つまり，4,000m 相当高度の低酸素環境に対する順化効果は，4,000m 未満，短期間，短時間の間欠的な低酸素曝露であっても起こるといえよう．また，次のようなこともいえる．

④トレーニング様態としては，運動，安静，睡眠の 3 つを組み合わせてもよいが，2 つあるいは単独でも効果が生じる場合がある．
⑤運動を伴わない低酸素曝露でも，運動能力を改善する効果は生じる場合がある．
⑥低酸素室でのトレーニングによっても，自然の高所（低圧低酸素環境）に対する順化効果は得られる．

表 13－4　研究 A～C のトレーニング方法とその効果のまとめ

	トレーニング方法					4,000m 相当高度に対するトレーニング効果		
	形態	期間	1 日あたりの高所滞在時間	高度	トレーニング内容	安静時	運動時 最大下	運動時 最大
研究 A	運動＋安静＋睡眠	5～7 日	9～10 時間	2,000～6,000m	午前と午後に 1～1.5 時間ずつの運動・安静に加え，7 時間の睡眠	SpO_2 が上昇	SpO_2 が上昇	
研究 B	運動＋安静	7 日（正味 6 日）	1 時間	4,000m	30 分間の安静と 30 分間の運動	SpO_2 が上昇	SpO_2 が上昇，HR が低下，RPE が低下	
研究 C	睡眠のみ	5 日（正味 4 日）	7 時間	2,000m	7 時間の睡眠のみ	変化なし	SpO_2 が上昇	$\dot{V}O_2max$ と最大作業強度の増加

いずれも 4,000m 相当高度での生理指標の改善をみている．トレーニング効果の欄で空欄の部分は測定を行なっていないところ．値は平均値±標準偏差（最小値～最大値）を示す．
（研究 A：文献 13，14．研究 B：文献15，16．研究 C：文献 17）

従来からの通説[22]として，海面レベルでの運動能力を向上させようとする高所トレーニングの成功率は必ずしも高くないが，高所で運動を行なう場合に，その準備として行なう高所トレーニングは成功率が高い（というよりも必須である）といわれている．高所登山のための順化トレーニングは後者の典型例といえる．表 13－4 をみても，3 つのトレーニングの内容は大きく異なっているが，いずれにも順化効果が生じている．このようなことを考えると，効果的なトレーニング方法はこれ以外にもまだ数多くあると予想される．

6. 低酸素トレーニングの意義

冒頭でも述べたように，4,000m 付近の高度に行くとほとんどの人に急性高山病が起こる[1]．そして場合によっては，それが肺水腫や脳浮腫といった重症の高山病に発展し，死亡する危険性さえある．黒島[23]によれば，肺水腫は高度 4,000m 付近での発症がほとんどだという．

本章で紹介した 3 種類の低酸素トレーニングの結果をみると，いずれも 4,000m 相当高度の低酸素環境に対して，何らかの順化効果が生じている（表 13－4）．したがって，これらのトレーニングは，高所登山やトレッキングの安全性を高める上で有効と考えられる．

また 4,000m 付近の高度に行くと，身体作業能力の低下も顕著になる．その結果，低所で優れた体力を発揮できる者が必ずしも高所でも強いとは限らない，という「逆転現象」がしばしばみられる[2]．しかし図 13－7 からわかるように，低酸素トレーニングを実施することでこのような現象(a)は起こらなくなり，高所に行っても低所での能力を相応に発揮できるようになる（b）といえよう．

従来は，高所登山やトレッキングを行なう場合，現地で余分な日数を費やして順化トレーニングを行なうのが普通だった．実際にベテラン高所登山家に尋ねてみると，この方法は低圧室や富士山でのトレーニングに比べてより確実な効果が得られると答える者が多い[4]．しかしその一方で，余分な日数がかかるという欠点や，体調不良時にも低所に降りられず，さらに体調を悪化させてしまうといった危険性もはらんでいる．

これに対して低酸素室によるトレーニングの場合は，国外で余分な日数を費やす必要がなく，体調が悪い場合にはただちに室外に出られるので，体調を崩す危険性も小さい．

また現地で高所順化を得るためには，高度を上げたり下げたりするために，自分の足で山を登り下りしなければならない．しかしこれには相当な体力が必要である．一方低酸素室の場合には，その労力がいらない．このようなメリットは，例えば体力の低下している中高年登山者が，体力の消耗を最小限に抑えつつ効果的に高所順化を得たい，という時などに極めて有効といえよう．

なお，本章で紹介した3種類のトレーニング方法を比べてみると，運動＋安静＋睡眠によるトレーニングは，著者らのこれまでの経験上，最も確実に効果が得られるようである．しかしその反面，1週間程度の期間，ほぼ全日にわたって拘束されるという短所がある．長期間の休暇が必要な海外登山・トレッキングの前に，さらに1週間程度のトレーニング期間を割くことは，日中に仕事や学業を持つ者にとっては難しいことである．

これに対して，運動＋安静や，睡眠のみによるトレーニングは，このような者でも取り組みやすい．したがって，利用者の事情に応じて，適切なトレーニング方式を選んで実施するとよいだろう．

7．今後の課題

1）高所順化が起こるメカニズムの解明

本章では，低酸素室でのトレーニングによって SpO_2 の上昇，HR の低下，運動時の RPE の低下といった高所順化が起こることを示した．しかし，なぜこのような順化が得られるのかというメカニズムについては未解明である．今後はこれについて検討していく必要がある．

2）低酸素室でのトレーニング効果が自然の高所に対してどのように波及するかの解明

低酸素室でのトレーニングによっても，自然の高所（低圧低酸素環境）への波及効果はあることを，表13−2で示した．しかし最近，4,500m 相当高度での低圧低酸素環境と常圧低酸素環境とでは，生理応答に有意差がある（後者の方がより負担度が小さい）という報告が現れた[24]．

このようなことを考えると，低酸素室でのトレーニングだけで自然の高所に対する順化をすべて獲得することは難しいとも考えられる．したがって，低酸素室でのトレーニング効果が，自然の高地に対してどのような面でどの程度有効なのかという点についても，さらに検討していく必要があるだろう．

文　献

1）ウィルカーソン著，赤須孝之訳：改訂新版・登山の医学．東京新聞出版局，pp.122−123，1990．

2）Ward MP et al.: High Altitude Medicine and Physiology（3rd ed.）. Oxford University Press, pp. 44−218, 2000.

3）Houston C: Going Higher; Oxygen, Man, and Mountains（4th ed.）. The Mountaineers, pp.82−154, 1998.

4）山本正嘉：日本人8,000m登頂者へのアンケート調査；体力，高所順化，高所技術に関して．日本山岳会高所登山研究委員会編，8,000m峰登頂者は語る．日本山岳会，, pp.10−59，2002．

5）山本正嘉：富士山を利用した高所順応のトレーニング．登山医学，17: 5−7，1997．

6）島岡　清ほか：低圧トレーニングの実際．登山医学，3: 50−55，1983．

7）浅野勝己：高所順応トレーニングの有効性と必要性．登山医学，17: 18−22，1997．

8）菊地和夫：中高生を含む一般登山家への高所順応トレーニング．登山医学，17: 8−13，1997．

9）高橋早苗ほか：高所順応トレーニングによる登山時の有気的作業能の向上および急性高山病予防への貢献．登山医学，19: 83−88，1999．

10）Richalet J-P et al.: Use of a hypobaric chamber for pre-acclimatization before climbing mount Everest. Int J Sports Med, 13: S216−S220, 1992.

11）Rusko HR: New aspects of altitude training. Am J Sports Med, 24: S48−S52, 1996.

12）山本正嘉：鹿屋体育大学の低酸素環境室．体育の科学，51: 295−298，2001．

13）Yamamoto M et al.: Effect of pre-acclmatization training by exposure to normobaric hypoxia in middle-aged climbers aiming Himalayan 8000M peak; Part 1. High Alt Med Biol, 2: 104, 2001.

14）Maekawa T et al.: Effect of pre-acclmatization training by exposure to normobaric hypoxia in middle-aged climbers aiming Himalayan 8000M peak; Part 2. High Alt Med Biol, 2: 104, 2001.

15）鳥賀陽信央，山本正嘉：常圧低酸素室を用いた短期間かつ短時間の高所順化トレーニング法の開発．登山医学，22: 83−90，2002．

16) 烏賀陽信央，山本正嘉：常圧低酸素室を用いた短期間かつ短時間の高所順化トレーニング法の開発（第2報）．登山医学，23: 63－70，2003.
17) 前川剛輝，山本正嘉：高度2,000mでの4日間の睡眠時低酸素曝露により4,000mでの最大有酸素性作業能力は改善する．登山医学，21: 25－32，2001.
18) 山本正嘉ほか：常圧低酸素室を用いたヒマラヤ登山のための高所順化トレーニング．登山医学，21: 33－40，2001.
19) 野口いづみ：動脈血酸素飽和度／脈拍比の体調予測の指標としての可能性：イラン・デマバンド山（5,671m）登山における検討．登山医学，13: 99－106，1993.
20) 山本正嘉：8,000m峰無酸素登山の運動生理：体力，順応，運動能力．登山医学，16: 73－84，1996.
21) 山本正嘉：登山の運動生理学百科．東京新聞出版局，pp.272－275，2000.
22) Wilmore JH, Costill DL: Physiology of Sport and Exercise. Human Kinetics, pp.276－277, 1994.
23) 黒島晨汎：環境生理学（第2版）．理工学社, pp.111－112，1993.
24) Savourey G et al.: Normo-and hypobaric hypoxia: are there any physiological differences? Eur J Appl Physiol, 89: 122－126, 2003.

［山本　正嘉］

14章　低圧シミュレーターによる競技選手，高峰登山者および一般人への高所トレーニング

はじめに

低圧シミュレーター（hypobaric simulator）を用いて世界で最初に実験を行なったのは，フランスの生理学者の Bert[1] であった．Claude Bernard の弟子の彼は，19 世紀後半（1862，1875 年）に行なわれた気球上昇実験に刺激されて低圧シミュレーターを考案し，高所における呼吸困難や心拍亢進の特異的反応は，酸素分圧の低下（低酸素）に起因することを明らかにし，後輩の Mosso A とともに高所生理学の基礎を築いた[2]．次いで運動生理学における初のノーベル医学生理学賞受賞（1920 年）のデンマークのAugust Krogh は，コペンハーゲン大学体育学部設立（1909 年）に際して，学内に低圧シミュレーターを設置し，弟子の Christensen EH とともに高所生理学の研究に取り組んだ．その後 1941 年にストックホルムの体育大学に赴任した Christensen は，学内に低圧シミュレーターを設け，弟子の Åstrand P-O とともに Krogh 以来の研究を発展させた．その後，低圧シミュレーターは，高所および航空医学研究のために必須な装置として各国に多く設置されるに至った．

この装置は真空ポンプにより室内の空気を吸引し，毎分約 20torr（200m 相当高度）の程度で減圧および復圧が可能なものである．最高 0.3〜0.2 気圧（8,000〜10,000m 相当高度）まで減圧でき，さらに温度および湿度の調節が可能で，しかも室内でのトレッドミル走やペダリングなどの運動トレーニングを行なうことができるものである．当筑波大学の装置は約 60m^3（高さ 3 m，幅 6 m，奥行 3.4m）で 0.3 気圧まで減圧可能で 5 〜40℃の温度調節ができ，室内にトレッドミルが埋め込まれている．国内の低圧シミュレーターは，筑波大学以外では，千葉大学，東海大学，信州大学，名古屋大学，九州大学，九州芸工大学，産業医科大学，鹿屋体育大学および航空医学実験隊，国立循環器病センター，宇宙開発事業団さらに近年開設された国立スポーツ科学センターに設置されている．この低圧シミュレーターを用いた高所トレーニングは，1963 年 2 月にわが国ではじめて行なわれ，その後，選手の競技力向上や高峰登山者への高山病予防を期す高所順応トレーニング，さらに一般人の健康増進のためのトレーニング法として注目されてきている．そこで，これらの研究成果の一部を概観し，低圧シミュレーターによる高所トレーニングの意義および実際について明らかにしてみたい[3]．

1．低圧シミュレーターによる高所トレーニングの意義

1）生理的負荷刺激の有効な与え方である

低圧環境下における曝露時間および運動時間が比較的短く，しかも疲労の回復期間を長くとれる常圧下の生活を間欠的に繰り返すトレーニング方法であるため，実際の高所トレーニングの有効な方法として従来から提案されている平地と高地の滞在を交互にする「インターバル高所トレーニング」に匹敵するものである．さらに運動強度，時間，頻度および期間などのトレーニング処方を正確に与えることが可能である．

2）経済的効率性が高い

実際に高地に出かけ一定期間滞在する際の諸経

費の経済的負担が不要であること．さらに低圧シミュレーターは低圧により低酸素環境にできるため低酸素ガスを用いる必要のないこと．

3）高峰登山者が目標とする高峰と同等の低圧環境の体験が可能となる

わが国の最高峰が富士山（3,776m，480torr，0.6 気圧）であるため，これ以上の高峰を目指す登山者は 0.6 気圧以下の低圧環境を登山によっては国内で体験できない．したがって，高峰登山者が高山病予防を期す高所順応トレーニングを低圧シミュレーター内で行なうと同時に，トレーニングの最終段階で目標とする高峰と同等の低圧環境に曝露し，しかも運動を行なってその厳しさを実感することが可能である．

4）一般人の健康増進に貢献する可能性がある

高所における運動は，平地に比べ運動強度の高い負荷刺激が与えられることから，この運動刺激と低圧刺激の相乗作用が呼吸循環代謝面での酸素運搬能の改善と効率化をもたらすことが考えられる．したがって，平地で運動トレーニングに要する時間よりも比較的短時間で強度の高い運動を行なうことが可能となり，基礎代謝や脂質代謝の亢進が期待される．すなわち，一般人が低圧シミュレーター内で高所トレーニングを行なうことにより，肥満や生活習慣病の予防さらに健康増進に貢献する可能性も考えられる．

2．平地での競技力向上のための低圧シミュレーターによる高所トレーニングの実際

1）陸上中長距離選手の高所トレーニング

(1) 日本体育協会スポーツ科学委員会の低圧トレーニング研究班（朝比奈一男教授班長）[4] は，1963 年 2 月に航空医学実験隊（立川）の低圧シミュレーターを用いた初の高所トレーニングを行なった．すなわち，4,000m 相当高度において 1 日 1 回 2 時間滞在し，この間に 30 分間の休息をはさみ 30 分間のペダリング（3.5kp×50rpm，RMR：2.8～3.9，心拍数：120～140 拍/分）を 2 回継続する運動を連日 2 週間にわたり行なう高所トレーニングを，成人男子陸上中距離選手 6 人について実施している．この結果，トレーニング直後ではトレッドミル走による平地での最大酸素摂取量は平均 14.8%，最大酸素負債量は平均 19.4%，さらに最大換気量は平均 12.4%それぞれ増加し，持久走時間も有意に増加している．また，2週間後の脱順化の影響については，最大酸素摂取量は平均 6.8%，最大酸素負債量は平均 4.3%，さらに最大換気量は平均 9.4%の増加の程度に低減することが確認された（表 14－1）[4]．また，Hb 濃度は 2 週間後においても比較的高値を示すが，赤血球数はトレーニング前値に戻り，骨髄での造血機能の脱順化を認めている．

(2) 浅野ら[5] は，成人男子陸上長距離選手 5 人について，4,000m 相当高度において70～80% $\dot{V}O_2max$ で 1 回 30 分間のトレッドミル走を週 3 回で計 10 週間継続し，平地で同一強度のトレーニングを行なった5人の対照群と比較した．この結果，4,000mOBLA-$\dot{V}O_2$ はトレーニング前後で対照群ではほぼ同値であるのに対し，高所トレーニング群では 4 ～ 7 %の増加傾向を示した．また平地における 10km の走行タイムでは，対照群では明らかな変化がみられなかったが，高所トレーニング群では約 5 %の有意な記録の改善が認められた（図 14－1）[5]．

(3) 浅野ら[6] は，成人男子陸上長距離選手 5 人について，3,000m 相当高度において 75%$\dot{V}O_2max$ で 1 回 30 分間のトレッドミル走を週 3 回で計 8 週間継続し，平地で同一強度のトレーニングを行なった5人の対照群と比較した．この結果，平地における $\dot{V}O_2max$ は高所トレーニング群で平均 3.6%，対照群で平均 2.1%の増加傾向を示し有意差は認められなかった．一方，OBLA 時平均走行速度は，対照群ではトレーニング前後で明らかな変化を示さなかったのに対し，高所トレーニング群では平均 13.6%で有意に増大している．また平地における 10km の走行タイムでは，対照群では平均 3.6%の改善傾向であったが，高所トレーニング群では平均5.3%の有意な改善を示している

表 14－1　低圧シミュレーターによる 4,000m 相当高度における高所トレーニングの効果

最大酸素摂取量					
		疾走距離(m/分)	換気量(L/分)	最大酸素摂取量 (L)	最大酸素摂取量 増減率(%)
森　川	負荷前	334	97.2	2.9	
	負荷後	355	110.2	3.2	＋10.3
	14日後	345	102.1	3.1	＋6.8
沢　田	負荷前	333	93.3	3.0	
	負荷後	343	97.4	3.2	＋6.7
	14日後	320	97.0	3.1	＋3.3
長谷川	負荷前	342	90.1	2.9	
	負荷後	364	122.1	3.4	＋17.2
	14日後	362	109.8	3.0	＋3.4
野見山	負荷前	369	89.9	2.9	
	負荷後	374	125.1	3.6	＋24.1
	14日後	365	112.7	3.2	＋10.3
永　井	負荷前	292	94.4	2.6	
	負荷後	308	120.7	3.3	＋26.9
	14日後				
三　宅	負荷前	307	113.0	3.1	
	負荷後	319	114.4	3.3	＋6.5
	14日後				
平　均	負荷後	＋14m	＋19L	＋14.8	
	14日後	＋4m	＋13L	＋6.8	

最大酸素債				
	測定項目	負荷前	負荷後(%)	14日後(%)
森　川	最大酸素債	7.6L	9.5L(＋25.0)	9.0L(＋18.4)
	疾走距離	635m	655m	664m
沢　田	最大酸素債	10.3L	9.4L(－8.7)	9.9L(－3.9)
	疾走距離	633m	643m	620m
長谷川	最大酸素債	9.1L	9.9L(＋8.8)	9.0L(－1.1)
	疾走距離	642m	664m	662m
野見山	最大酸素債	10.0L	12.0L(＋20.0)	10.1L(＋1.0)
	疾走距離	669m	673	665m
永　井	最大酸素債	8.4L	9.0L(＋7.1m)	
	疾走距離	592m	608m	
三　宅	最大酸素債	9.2L	11.6L(＋26.1)	
	疾走距離	607m	619m	
平　均	最大酸素債	9.1L	10.2L(＋12.1)	9.5L
	疾走距離	630m	644m	653m

トレッドミル持久走時間の変化				
	三宅	永井	長谷川	沢田
トレーニング前	3分	2分	3分	4分
トレーニング後	4分30秒	3分	3分40秒	5分(完走)

(ただし三宅と永井は毎分 200m のスピードで行った)

(Asahina K et al.: Acclimatization to medium altitude and athletic performance in Mexico City－Report from the Research Committee for Altitude Training. The Japanese Ameteur Sports Association. Res J Physic Edu,11: 117－126, 1967)

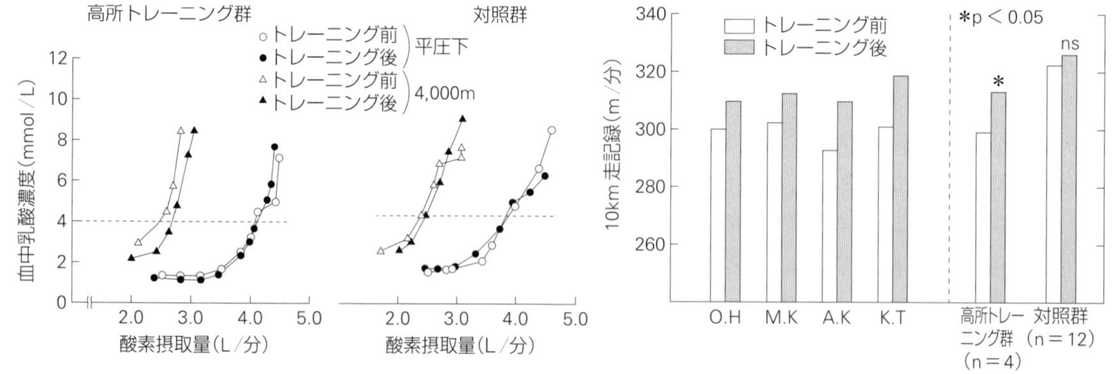

図 14－1　低圧シミュレーターによる 4,000m 相当高度における陸上長距離選手の高所トレーニング前後の平地での 10km 走行能力と血中乳酸変化の対照群との比較

(浅野勝己ほか：中長距離走者の高所順応トレーニングの作業能に及ぼす影響に関する研究．筑波大学体育科学系紀要，9: 195－202, 1986)

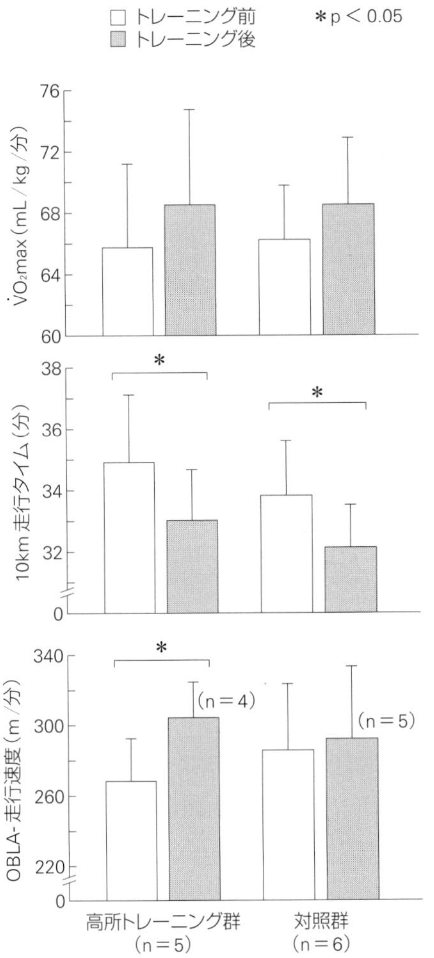

図 14−2　低圧シミュレーターによる 3,000m 相当高度における陸上長距離選手の高所トレーニング前後の最大酸素摂取量，平地での 10km 走行能力および OBLA 時走行速度の対照群との比較
(Asano K et al.: Effects of simulated altitude training on performance and aerobic work capacity in long distance runners. Med Sci Sports Exerc, 24 (Suppl) : S101, 1992)

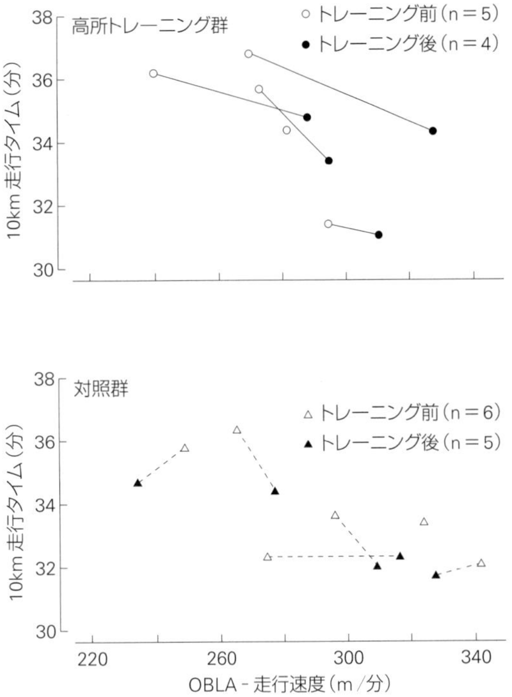

図 14−3　低圧シミュレーターによる 3,000m 相当高度における陸上長距離選手の高所トレーニング前後の平地での 10km 走行能力と OBLA 時走行速度の対照群との比較
(Asano K et al.: Effects of simulated altitude training on performance and aerobic work capacity in long distance runners. Med Sci Sports Exerc, 24 (Suppl): S101, 1992)

(図 14−2)[6]．さらに平地における 10km 走行記録と OBLA 時走行速度の各個人毎の変化を高所トレーニング群と対照群について比較すると，高所トレーニング群では，OBLA 時走行速度の改善にともなって 10km 走行タイムの短縮する傾向が認められるのに対し，対照群ではこの傾向が明らかではなかった（図 14−3）[6]．

2）ラグビー選手の高所トレーニング

浅野ら[7] は，成人男子ラグビー選手 6 人について，1,500m 相当高度において 75%V̇O2max のペダリング運動を 1 回 30 分間で週 3 回，計 8 週間継続するトレーニングを行ない，平地で同一強度のトレーニングを行なった 5 人の対照群と比較した．この結果，高所トレーニング群では平地での一定運動強度に対する乳酸濃度がトレーニング後に低減し，無気的作業閾値（OBLA-作業強度）は，対照群では平均 10.2%の増加傾向にあったが，高所トレーニング群では平均 17.2%の有意な増加を示している．また平地での最大運動時間および最大総仕事量は，トレーニング後に対照群は各平均 14.6%および 24.4%の増加傾向にあったが，高所トレーニング群では各平均 18.4%および 39.5%の各値とも有意な増加を示した（図 14−4）[7]．これらの結果から，1,500m 相当高度の比較的マイルドな低圧環境における高所トレーニングによっても，平地のトレーニングに比べ平地での有気的作

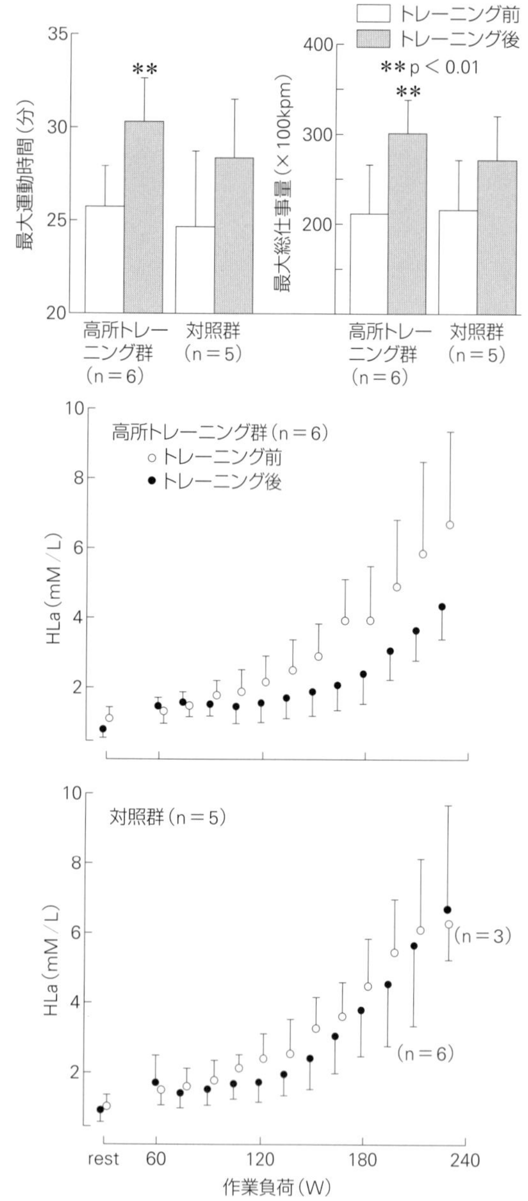

図 14−4　低圧シミュレーターによる 1,500m 相当高度における ラグビー選手の高所トレーニング前後の平地での最大運動時間，総仕事量および一定運動時血中乳酸の変化の対照群との比較

（浅野勝己ほか：低圧低酸素環境（1,500m 相当高度）下トレーニングの有気的作業能に及ぼす影響．東邦医会誌，36：518−527，1990）

写真 14−1　一流柔道選手の低圧シミュレーター内での高所トレーニング風景

（岡田弘隆ほか：低圧・低酸素環境下での間欠的全力運動トレーニングが柔道選手の有酸素的および無酸素的パフォーマンスに及ぼす影響．武道学研究，32：70−81，1999）

業能力の有意な改善のもたらされることが明らかにされた．

3）一流柔道選手の高所トレーニング

岡田[8]は，一流成人男子柔道選手 10 人を対象とし，3,000m 相当高度での高所トレーニング群 6 人と対照群 4 人に分け，週 2 回の同一強度のトレーニングを 8 週間継続した．すなわち，1 回の運動内容は，5 kp 負荷での 10 秒間全力ペダリングと負荷による 50 秒間の最大下運動のセットを 5 分間の休息をはさみ 3 セット行なった（写真 14−1）[3]．この結果，$\dot{V}O_2max$ は両群とも増加傾向を示し，高所トレーニング群の増加率（平均 5.2%）は対照群（2.5%）よりも高値傾向にあった．さらに 30 秒間の打ち込み回数は，対照群では変化しなかったが，高所トレーニング群では平均 9.6%の有意な増加を示した．この高所トレーニング群の 1 人として参加した岡田弘隆は 1992 年バルセロナオリンピック男子柔道 86kg 以下級の銅メダリストとなった．

4）一流自転車競技選手の高所トレーニング

(1) Terrados ら[9] は，一流自転車競技男子選手8人について2,300m相当高度での高所トレーニング群4人と対照群4人に分け，週4～5回の同一強度のペダリング運動を4週間継続した．すなわち1回の運動内容は，最大強度の65～70%のペダリングを1回60～90分持続するものである．このトレーニング後に両群の比較を行なっている．すなわち，高所トレーニング群の最大仕事量は常圧下および高所でともに33%増加したが，対照群では常圧下で22%，高所で14%の増加にとどまった．また，最大下運動時の血中乳酸濃度は，高所トレーニング群で有意な減少が認められたが，対照群では明らかな変化を示さなかった．さらに外側広筋のLDHおよびPFKは，高所トレーニング群ではトレーニング後に各25%，18%と有意な減少を示したが，対照群では明らかな変化が認められなかった（図14－5）[9]．この事実から高所トレーニングによる解糖系抑制と酸化的リン酸化の亢進が示唆される．さらに3-hydroxyacyl-CoA-dehydrogenase（HAD）に14%の増加が高所トレーニング群に認められたことから，Terrados ら[9] は脂質酸化の亢進を指摘している．すなわち，高所トレーニングでの運動時の脂質動員による遊離脂肪酸の利用は，筋グリコーゲンの節約に貢献するものと考えられている．したがって，高所トレーニングによる有気的作業能の向上には，解糖系抑制および脂質代謝の亢進が大きく関与しているものと思われる．

(2) 藤牧ら[10] は，一流自転車競技成人男子選手5人について2,000m相当高度での1回60分のトレーニング（常圧下のLT水準の有気的連動を30分，休息をはさむ5秒間の全力ペダリング10セット，および15秒間の全力ペダリング4セット）を週1～2回で5カ月間にわたり計15～23回実施した．この結果，10秒間全力ペダリング時の最大パワーは平均5%の有意な増加を示した．またNMR法による脚伸展時の大腿部のPCr動態の測定から，筋内の酸化的代謝の亢進傾向が認められた．また競技用ピストの800m走行タイムは，平均0.7秒の短縮を示した．

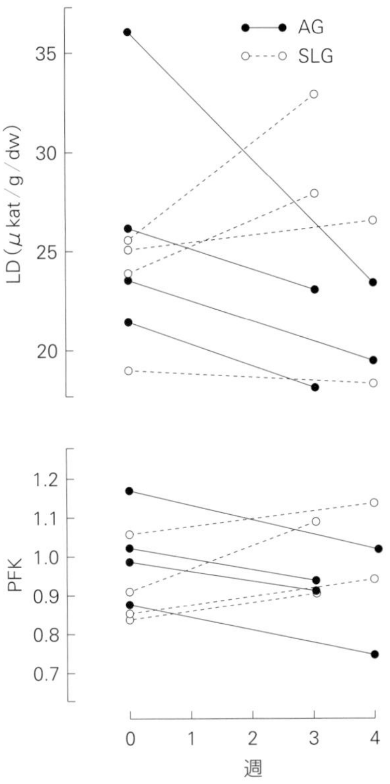

図14－5　2,300m相当高度での1回60～90分間ペダリングの週4～5回を4週間継続した高所トレーニング群（AG）と常圧下トレーニング群（SLG）の外側広筋内解糖系律速酵素（LDHとPFK）のトレーニング前後の比較
（Terrados N et al.: Effect of training at simulated altitude on performance and muscle metabolic capacity in competitive road cyclists. Eur J Appl Physiol, 57: 203－209, 1988）

5）一流トライアスロン選手の高所トレーニング

Vallier[11] は，フランス代表の成人5人（男子3人，女子2人）の一流トライアスロン選手について低圧シミュレーターによる高所トレーニングを行なっている．

すなわち，4,000m相当高度における60分間のペダリング運動（4,000mでの$\dot{V}O_2max$の66%）を週1回，40分間のペダリング（85%$\dot{V}O_2max$）を週2回，計週3回のトレーニングを3週間にわたり継続し，その前後で比較検討した．すなわち，赤血球およびエリスロポエチンに変化はなく，常圧下および4,000m相当高度における$\dot{V}O_2max$には有意な改善は認められなかった．一方，2,000m相当高度における最大下運動時の有気的作業能は，

写真 14－2　河野，三ケ田および児玉の各選手の低圧シミュレーター内での高所トレーニング
（浅野勝己：一流スキー複合選手の間欠的低温・低圧順応トレーニングの有気的作業能に及ぼす影響．平成3年度JOCスポーツ医・科学研究報告 NoⅣ．JOC高所トレーニング医・科学サポート―第1報―，pp.5－13，1992）

34%の改善を示し，換気量の減少傾向が認められたと指摘している．これらの結果からこの高所トレーニングは，呼吸筋への何らかの効果をもたらしたものと考察している．

3．高所での競技力および作業能力向上（高山病予防）のための低圧シミュレーターによる高所トレーニングの実際

1）一流スキー複合選手の高所トレーニング

1992 年アルベールビル冬季オリンピック候補男子選手 4 人について浅野ら[12, 13]は，現地の標高にほぼ相当する 2,000m 高度で外気温 5 ℃の低圧・低温環境において，当地への出発直前の 1991 年 11 月上旬に 4 日間にわたり高所トレーニングを行なった．すなわち，45 分間のペダリングとトレッドミルによる 15 分間のランニングの計 60 分間持続し，運動強度は，2,000m 相当高度で測定した LT 水準（ペダリング：130～140 拍/分，ランニング：160～170 拍/分）とした．このトレーニングを午前，午後の各 1 回ずつ間欠的に 8 回連続して行なった（写真 14－2，写真 14－3）[13]．このトレーニングの前後に 2,000m の同一環境において負荷漸増の最大ペダリングを行ない，生理的項目について測定し比較を行なった結果，トレーニング後に最大運動時間は約 4 %の増大傾向を示し，LT-$\dot{V}O_2$ は約 5 %の増加傾向にあった．また，

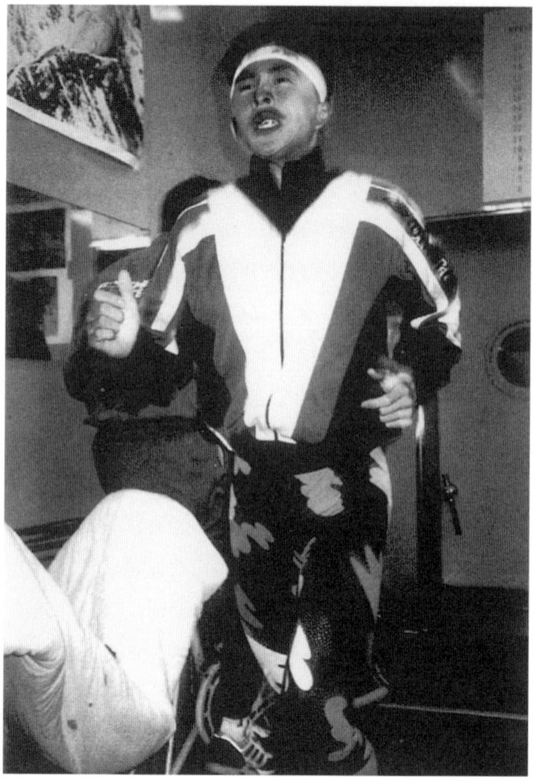

写真 14－3　荻原選手の低圧シミュレーター内での高所トレーニング風景
（浅野勝己：一流スキー複合選手の間欠的低温・低圧順応トレーニングの有気的作業能に及ぼす影響．平成3年度JOCスポーツ医・科学研究報告 NoⅣ．JOC高所トレーニング医・科学サポート―第1報―，pp.5－13，1992）

NMR 法によるトレーニング前後の筋代謝の変化を，常圧下の右下肢拳上運動時について比較した結果，運動中および回復期初期の筋肉 pH の低下抑制，血中乳酸の上昇抑制およびPCr/PCr＋Pi 比の低下抑制の有意な改善が全選手に認められた（図 14－6）[13]．すなわち，PCr/PCr＋Pi 比の低下抑制は，ATP 再合成の亢進を示唆している．したがって，間欠的低温・低圧トレーニングは，運動時の筋肉解糖系の抑制およびミトコンドリア内の酸化的リン酸化を亢進し，ATP-CP 系のエネルギー供給の効率化をもたらしたものを考えられる．これらの生理的効果が，三ケ田礼一，河野孝典および荻原健司の 3 選手の 1992 年アルベールビル冬季オリンピックスキー複合での優勝に何らかの貢献をなし得たものと思われる．

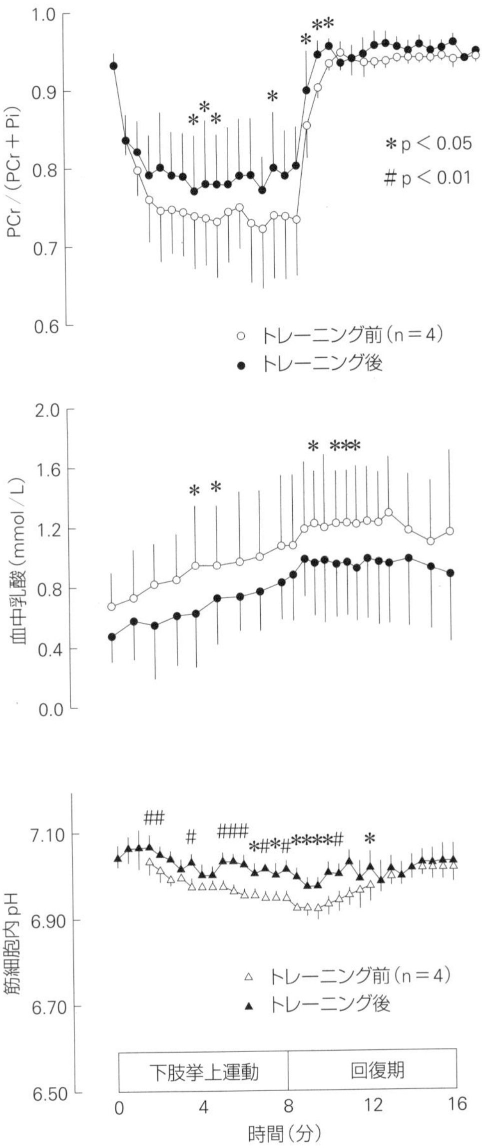

図 14－6　低温・低圧トレーニング前後の NMR 装置内右下肢挙上運動中および回復中の PCr/（PCr＋Pi），血中乳酸および筋細胞内 pH の変化

（浅野勝己：一流スキー複合選手の間欠的低温・低圧順応トレーニングの有気的作業能に及ぼす影響．平成 3 年度 JOC スポーツ医・科学研究報告 NoⅣ．JOC 高所トレーニング医・科学サポート―第 1 報―，pp.5－13，1992）

2）高峰登山者の高所トレーニング

浅野ら[14]は，6,638m 峰の登頂を目指す成人男子 6 人について，4,000～7,000m の 6 種の相当高度において各 1 ～ 3 回ずつ 60～80%$\dot{V}O_2max$ の 30 分間のペダリング運動を，週 1 回で約 3 カ月間にわたり計 15 回の高所順応トレーニングを出

写真 14－4　高峰登山者への低圧シミュレーターによる高所順応トレーニングの風景

（Asano K et al.: Effects of simulated altitude training and climbing on aerobic work capaclty. In: Ueda G et al.（eds），High Altitude Medicine. Shinshu Univ Press, pp.428―434, 1992）

発直前まで実施した（写真 14－4）[14]．この結果，トレーニング後に 4,000m 相当高度における $\dot{V}O_2max$ は 3 ～13%，OBLA-$\dot{V}O_2$（WL）は 11～27%の増大を示し，最大運動時間と総仕事量は各 36%，68%の増加を示している．これらのトレーニング後の値は，下山後の値とほぼ同等であり，トレーニング後の出発前にすでに下山後と同等の有気的作業能力を獲得したものと考えられる（図 14－7）[14]．また，4,000m における一定運動強度に対する血中乳酸の応答では，トレーニング後および下山後に有意に低減し，OBLA－WL は漸増している（図 14－8）[14]．この乳酸―運動強度曲線の右方シフトの傾向は，一流登山者の生理的特性であり，筋ミトコンドリアの増殖による組織への酸素供給の改善を示唆している．

次に浅野ら[15]は，6,153m 峰の登頂を期す成人男子 5 人について，4,000～6,500m の 4 種の相当高度において各 3 回ずつ 80%$\dot{V}O_2max$ の 30 分間のペダリング運動を，週 1 回で約 3 カ月間にわたり計 10 回の高所順応トレーニングを出発直前まで実施した．この結果，4,000m における最大運動時の運動強度に伴う血漿ノルアドレナリンおよびアドレナリン濃度の変化において，トレーニング後および下山後で特異的応答が認められた．すなわち，アドレナリンの 2,000pg/mL に達するときの運動強度は，トレーニング後で 21%，下山後

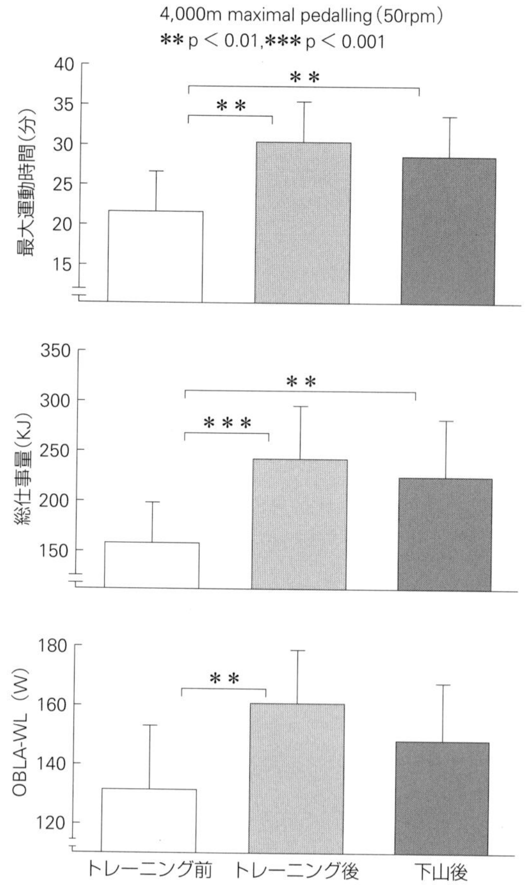

図 14−7　4,000m における有気的作業能力（最大運動時間，総仕事量，OBLA-作業強度）のトレーニング前後および下山後の比較

（Asano K et al.: Effects of simulated altitude training and climbing on aerobic work capaclty.　In: Ueda G et al. (eds), High Altitude Medicine.　Shinshu Univ Press, pp.428−434, 1992）

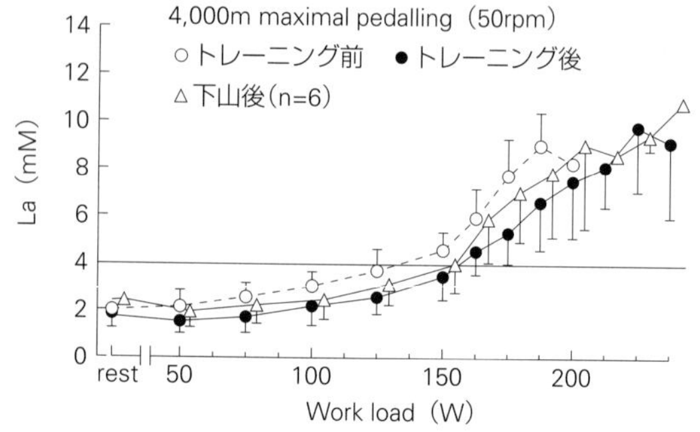

図 14−8　4,000m における最大運動時血中乳酸濃度（La）のトレーニング前後および下山後の比較（OBLA-作業強度の右方移動）

（Asano K et al.: Effects of simulated altitude training and climbing on aerobic work capaclty.　In: Ueda G et al. (eds), High Altitude Medicine. Shinshu Univ Press, pp.428−434, 1992）

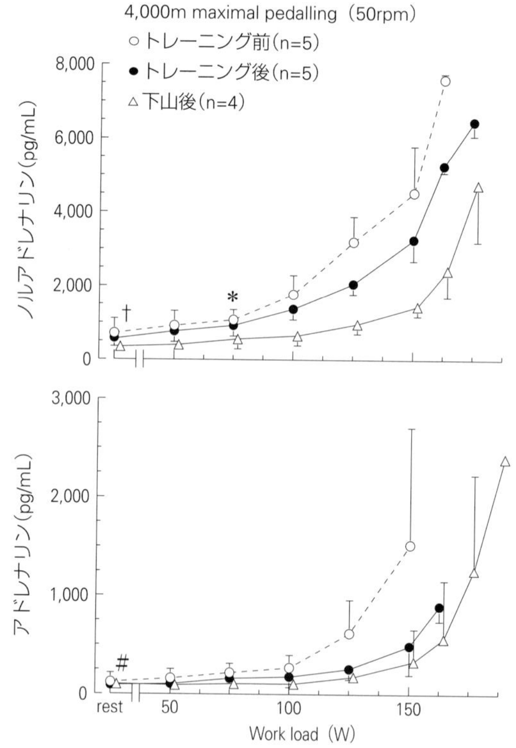

図 14−9　4,000m における最大運動時血漿カテコールアミン分泌応答のトレーニング前後および下山後の比較

＊トレーニング前—トレーニング後（p<0.05）

#トレーニング前—下山後（p<0.05）

†トレーニング後—下山後（p<0.05）

（浅野勝己ほか：インドヒマラヤ・ストックカンリ峰登山隊員への高所順応トレーニングの有気的作業能に及ぼす影響．登山医学，13: 107−114, 1993）

に 53％それぞれ増大している．またアドレナリンの 500pg/mL に達するときの運動強度は，トレーニング後で 30％，下山後に 43％の各増大を示し，血漿カテコールアミン濃度—運動強度曲線は，トレーニング後と下山後に著しい右方シフトを示すことが明らかにされた（図 14−9）[15]．これらの結果から，高所順応トレーニングにより交感神経の緊張抑制の誘起されることが示唆され，とくにアドレナリン分泌応答では，トレーニング後にすでに下山後の応答とほぼ同程度の減弱化を示すことが認められた．このような低圧環境下の運動時の交感神経系抑制が，高所障害の発症を予防しているものと考えられる．すなわち，本隊員の現地における高山病発症は比較的軽微であり，全員が登頂に成功して生還した．次に水野ら[16] は，

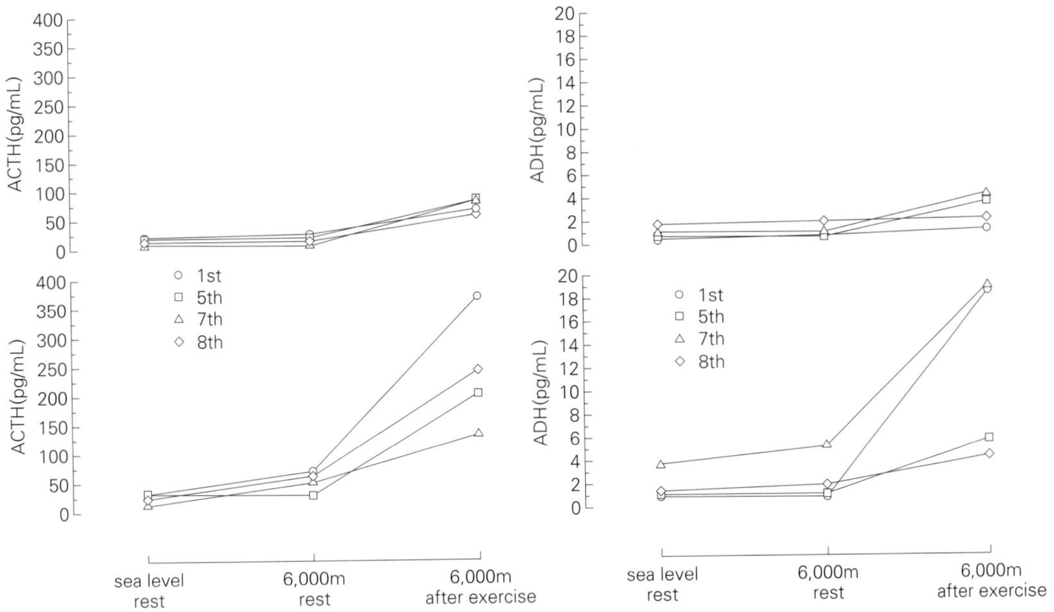

図 14－10　一流登山家と一般登山家の 6,000m 高度での順応トレーニングの内分泌応答変化の比較
上段：一流登山家（YF），下段：一般登山家（TY）
（水野康ほか：6,000m 相当高度順応トレーニングの当高所における安静および運動時内分泌応答に及ぼす影響．宇宙航空環境医学，30: 117－125，1993）

7,000m 以上の高峰の登山経験のある一流男子登山者 YF（35 歳）と一般登山者 TY（27 歳）について，低圧シミュレーターによる 6,000m 相当高度での 30 分間のペダリング運動（40%$\dot{V}O_2$max，心拍数 140～160 拍/分）を行なう高所トレーニングを約 4 カ月にわたり8回継続した．このトレーニングの内分泌応答に及ぼす影響を明らかにするために，常圧下安静時，6,000m 曝露安静時および 6,000m での 30 分間運動後の 3 時点における応答について，トレーニングの初回，5 回目，7 回目および 8 回目に採血し，ACTH および ADH 分泌量を測定した．すなわち，一流登山者では両ホルモンの分泌とも各回において運動後にやや増加するが，トレーニングの経過に伴う変化は認められない．一方，一般登山者では両ホルモンの分泌とも初回の運動後に大幅に増加するが，その後 5 回目，7 回目および 8 回目とトレーニングの経過に伴って次第に増加率が低減している（図 14－10）[16]．

このような 6,000m 相当高度での運動時の ACTH および ADH 分泌の高所トレーニングに伴う減弱化は，下垂体一副腎皮質系および交感神経の緊張抑制に起因するものと考えられ，高所環境における運動時ストレス耐性の向上が示唆される．とくに高所環境における運動時の抗利尿ホルモン（ADH）分泌の高所トレーニングに伴う減弱傾向は，ストレス性および水・電解質貯留性内分泌応答の減弱を示唆し，浮腫などの高山病の発症を抑制する可能性が考えられる．

4．一般人の健康増進のための低圧シミュレーターによる高所トレーニング

浅野ら[17]は，日常的に運動トレーニングを行なっていない健常な一般中年男子 5 人（37～58 歳）について，低圧シミュレーターによる高所トレーニングを行ない，有気的作業能に及ぼす影響を検討した．すなわち 15 分間のペダリング運動（50～60%HRreserve）を，週 2 ～ 3 回のペースで 4 週間にわたり 2,000m 相当高度での間欠的高所トレーニングを行ない，常圧下における負荷漸増による最大ペダリング運動時の換気性閾値（VT），PWC_{170} および血圧応答に及ぼす影響を測

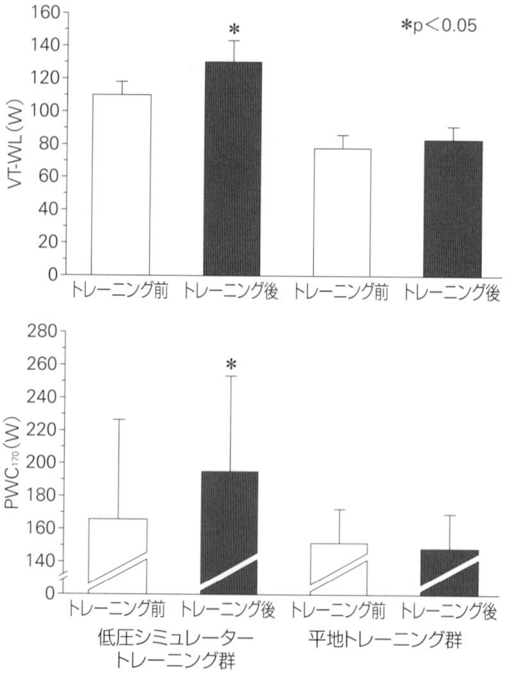

図 14－11　一般中年男性の 2,000m 相当高度での高所トレーニングの有気的作業能に及ぼす影響
（浅野勝己ほか：一般中年男性の低圧シミュレーターによる高所トレーニングの有気的作業能に及ぼす影響．筑波大学体育科学系紀要，20，pp.153－158，1997）

定した．この結果，VT 時作業強度（VT-WL）はトレーニング後に 18.2%の有意な増加を示した．また PWC_{170} も 18.4%の有意増を示した（図 14－11）[17]．

さらにトレーニング後に安静および運動時の拡張期血圧に低下傾向が認められた．また収縮期血圧と心拍数の積のダブルプロダクト（PRP）も運動中に低下傾向を示し，同一運動強度に対する心筋酸素消費の効率化が示唆された．また，運動時の RPE もトレーニング後に低減傾向を示し，主観的にも運動耐性の向上がもたらされたものと考えられる．前述の Terrados ら[9] の指摘のとおり，高所トレーニングは脂質代謝を亢進し，筋グリコーゲンの節約に貢献する可能性があることから，運動不足の一般中高年男女に対する有気的作業能力を高め成人病のリスクを低減させる方策のひとつとして，2,000m 相当高度程度における低圧シミュレーターによる軽度の高所トレーニングが推奨されよう．

まとめ

低圧シミュレーターによる高所トレーニングの意義および実際について主に次の点から概説した．

(1) 低圧シミュレーターは約 120 年前に Bert により考案されて以来，高所生理学，航空医学，登山医学および運動生理学における低酸素研究にとって必須な装置として各国に設置されてきている．とくに，スポーツ生理学および登山医学の観点から低圧シミュレーターを用いる高所トレーニングは，競技力向上や高山病予防などの現場へのフィードバックとともにその生理的機序の解明にとっても意義が大きい．

(2) 低圧シミュレーターによる高所トレーニングは，インターバル高所トレーニングに匹敵し，負荷刺激が有効に与えられ，しかも比較的正確なトレーニング内容の処方が可能である．また，実際の高地滞在に必要な経費や，高価な低酸素ガス吸入の必要のない点は大きい利点と考えられる．

(3) 平地での競技力向上のための高所トレーニングは，1963 年以来各種のスポーツ競技において行なわれてきている．すなわち，陸上中長距離，ラグビー，柔道，自転車およびトライアスロン競技選手においては，1,500～4,000m 相当高度における有気的および無気的運動トレーニングを 4 ～ 20 週程度継続し，その後の平地での有気的および無気的作業能力の改善傾向が報告されている．

(4) 高地での競技力および高所耐性向上のための高所トレーニングは，スキー複合選手および高峰登山者について行なわれ，前者においては，筋内酸化的代謝の亢進が明らかにされ，後者では交感神経の緊張抑制と抗利尿ホルモン分泌の減弱化が認められた．これらが競技成績の向上と高山病予防に貢献することが指摘された．

(5) 日常的に運動トレーニングを行なっていない健常な一般中年男子について，2,000m 相当高度での 15 分間の最大下ペダリング運動を，週 2 ～ 3 回で 4 週間継続する高所トレーニングを行なった．その結果，一定運動強度時の拡張期血圧の低下傾向および有気的作業能の有意な改善が認められた．したがって，一般人の健康増進の一方策として低圧シミュレーターによる2,000m相当高度程度の高所トレーニングが推奨されよう．

文　献

1) Bert P: Barometricpressure (1878). In: Hitchcock MA and Hitchcock RA (eds), Reserches in Experimental Physiology. College Book Co. Columbus, 1943.
2) 苧阪良二：低圧低温環境シミュレーターについて．Jpn J Aerospace Environ Med, 17: 22－23, 1980.
3) 浅野勝己：低圧シミュレーターによる高所トレーニングの意義と実際．Jpn J Sports Sci, 15: 321－331, 1986.
4) Asahina K et al.: Acclimatization to medium altitude and athletic performance in Mexico City－Report from the Research Committee for Altitude Training. The Japanese Amateur Sports Association. Res J Physic Edu, 11: 117－126, 1967.
5) 浅野勝己ほか：中長距離走者の高所順応トレーニングの作業能に及ぼす影響に関する研究．筑波大学体育科学系紀要, 9: 195－202, 1986.
6) Asano K et al.: Effects of simulated altitude training on performance and aerobic work capacity in long distance runners. Med Sci Sports Exerc, 24 (Suppl): S101, 1992.
7) 浅野勝己ほか：低圧低酸素環境（1,500m相当高度）下トレーニングの有気的作業能に及ぼす影響．東邦医会誌, 36: 518－527, 1990.
8) 岡田弘隆ほか：低圧・低酸素環境下での間欠的全力運動トレーニングが柔道選手の有酸素的および無酸素的パフォーマンスに及ぼす影響．武道学研究, 32: 70－81, 1999.
9) Terrados N et al.: Effect of training at simulated altitude on performance and muscle metabolic capacity in competitive road cyclists. Eur J Appl Physiol, 57: 203－209, 1988.
10) 藤牧利昭ほか：一流サイクリストの間欠的低圧トレーニングの有気的無気的作業能およびパフォーマンスに及ぼす影響．日本運動生理学雑誌, 6: 55－62, 1999.
11) Vallier JM: Effect of physical training in hypobaric chamber on the physical performance of competitive triathletes. Eur J Appl Physiol, 73: 471－478, 1996.
12) Asano K et al.: Effects of simulated altitude training on aerobic work capacity and muscle energetics by ^{31}PNMR in Japanese Olympic nordic combineds kiers. Med Sci Sports Exerc, 25 (Suppl): S127, 1993.
13) 浅野勝己：一流スキー複合選手の間欠的低温・低圧順応トレーニングの有気的作業能に及ぼす影響．平成3年度JOCスポーツ医・科学研究報告 No Ⅳ．JOC高所トレーニング医・科学サポート―第1報―, pp.5－13, 1992.
14) Asano K et al.: Effects of simulated altitude training and climbing on aerobic work capaclty. In: Ueda G et al. (eds), High Altitude Medicine. Shinshu Univ Press, pp.428－434, 1992.
15) 浅野勝己ほか：インドヒマラヤ・ストックカンリ峰登山隊員への高所順応トレーニングの有気的作業能に及ぼす影響．登山医学, 13: 107－114, 1993.
16) 水野　康ほか：6,000m相当高度順応トレーニングの当高所における安静および運動時内分泌応答に及ぼす影響．宇宙航空環境医学, 30: 117－125, 1993.
17) 浅野勝己ほか：一般中年男性の低圧シミュレーターによる高所トレーニングの有気的作業能に及ぼす影響．筑波大学体育科学系紀要, 20, pp.153－158, 1997.
18) Asano K et al.: Effects of simulated altitude training on aerobic work capacity in the Himalayan Climbers. In: Ohno H et al. (eds), Progress in Mountain Medicine and High Altitude Physiology. Dogura & Co Ltd. Kyoto. Japan, pp.258－263, 1998.
19) Asano K: Physiological effects of high altitude training. In: Nose H et al. (eds), The 1997 Nagano Symposium on Sports Science. Cooper Pub U.S.A., pp.222－230, 1998.
20) 浅野勝己：低圧シミュレーターによる高所トレーニングの効果．高所トレーニングシンポジウム報告書，高所トレーニングシンポジウム運営委員会（山形県上山市企画課), pp.74－88, 1993.
21) 浅野勝己：高所トレーニングと持久力．In：石河利寛，竹宮　隆編，持久力の科学．杏林書院, pp.192－233, 1994.
22) 浅野勝己：高所順応トレーニングと安全登山．臨床スポーツ医学, 13: 655－663, 1996.

［浅野　勝己］

第Ⅳ部

高所トレーニングのトピックス

15章　中国昆明から米国ニューメキシコへ—浅利純子選手らのトレーニングをめぐって—

1．高所トレーニングの歴史

長距離ランナー，マラソンランナーにとって，高所トレーニングは競技力向上には不可欠のトレーニング方法であり，世界各国で主流のひとつとして行なわれている．

高所トレーニングとの出会いは，37 年前にさかのぼる．それは，東京オリンピック 4 年後のメキシコオリンピックへの強化対策の一環であった．標高が 2,000m以上のメキシコシティで開催されるオリンピックとあって，われわれ当時の長距離陣の強化合宿が，2 カ月にわたって，乗鞍岳（畳平・標高 2,700m）で日本初の高所トレーニングが行なわれた．

国内で最初の高所トレーニングとあって，データ収集を兼ねてのトレーニングであった．松井秀治氏（前スポーツ医・科学研究所長），浅野勝己氏（現筑波大学名誉教授）等が中心となって，われわれと起床をともにした合宿であった．

そして 2 年後，私は幸運にも 1968 年のメキシコオリンピックを体験することができた．メキシコオリンピック後，高所トレーニングはわれわれの前から，その名を消していった．

それから約 20 年間の空白があったが，1990 年日本陸連の指導の下，高所トレーニングの実施に踏み切った．

実施にあたっては，米国の高所トレーニングの権威者，ジョー・ヴィーヒル氏の講習会が何回か行なわれ，多くのノウハウを現場に活かしながら行なうことになった．

ヴィーヒル氏は数年前からアメリカの女子長距離界の指導に携わり，アメリカ女子選手は，2003 年 4 月のロンドンマラソンで，3 位ながら米国記録を更新したドロシン選手を筆頭に 2002 年，2003 年の世界クロスカントリー大会で団体入賞を果たす層の厚さを示している．

もちろんわれわれも，陸連科学部のスタッフである，小林寛道先生，浅野勝己先生，川原貴先生（現国立スポーツ科学センター）といった方々とともに，最初の高所トレーニングを，1990 年の春，中国の昆明でスタートした．

今でこそ昆明は，多くのチームが高所トレーニングのメッカとして利用しているが，当時は，1 日に何回も停電があり，車はなく自転車とリヤカーだけが頼りであった．

この合宿は，男子選手が中心で女子選手は 4 名が参加して行なわれた．

この昆明で約 1 カ月間の合宿を経て，その年の夏には，アメリカ・コロラド州のガニソンで 2 回目の高所トレーニングが実施された．このガニソンは，私にとっては非常に懐かしい場所であった．その時よりさらに約 20 年前，メキシコオリンピックを直前に，当時の強化部長・帖佐先生（現陸連副会長）の指導の下，約 2 週間合宿を行なった場所であった．

2 回目のこの合宿も浜田安則氏（現陸連企画部）がリーダーで，科学部のスタッフのバックアップを得て，実業団チームの代表を中心に，約 2 カ月間行なわれた．

私にとってこの時の合宿は，科学部の方々と親密なコミュニケーションをはかることができた．それによってその後の選手指導面に“科学”を取り入れられる大きな原動力となった．

お互いに自分達の仕事を終えた後，私は自分の

写真 15－1　練習の様子

写真 15－2　アメリカでの世話役・ロバート夫妻と浅利

表 15－1　ダイハツ陸上部の主なマラソンランナー（1999 年現在）

選手名	年齢	最高記録	主な戦績	順位	記録	備考
浅利 純子	29	2:26′10″	1993 年 大阪国際女子マラソン	優勝	2:26′26″	
			1993 年 世界選手権女子マラソン	優勝	2:30′03″	世界大会における日本女子初の金メダル
			1994 年 大阪国際女子マラソン	3 位	2:26′28″	
			1995 年 東京国際女子マラソン	優勝	2:28′46″	
			1996 年 アトランタオリンピック	17 位	2:34′31″	
			1998 年 ロッテルダムマラソン	2 位	2:26′11″	
			1998 年 東京国際女子マラソン	優勝	2:28′29″	
			1999 年 世界選手権女子マラソン	16 位	2:31′39″	
藤村 信子	33	2:26′09″	1993 年 北海道マラソン	優勝	2:33′10″	
			1994 年 大阪国際女子マラソン	2 位	2:26′09″	当時 日本最高記録
			1995 年 パリマラソン	3 位	2:35′09″	
			1996 年 ボストンマラソン	3 位	2:29′24″	
			1996 年 東京国際女子マラソン	優勝	2:28′58″	
			1997 年 世界選手権女子マラソン	10 位	2:36′51″	
吉田 光代	32	2:26′26″	1990 年 大阪国際女子マラソン	4 位	2:30′25″	この後過食症となり 2 年間悪戦苦闘
			1993 年 パリマラソン	優勝	2:29′16″	この大会が復活レースとなる
			1994 年 大阪国際女子マラソン	4 位	2:26′26″	
小鴨 由水	27	2:26′26″	1992 年 大阪国際女子マラソン	優勝	2:26′26″	当時，日本最高記録，初マラソン世界最高
			1992 年 バルセロナオリンピック	出場	2:58′18″	

趣味を生かし，ホテルの横を流れる清流にレインボートラウト釣りに興じ，日に 3～5 匹はゲットした．大量の釣果（釣りの協定で 8匹 / 日以内が限度）の時は，塩焼き・刺身をツマミに，深夜いや明朝までのノミ（飲み）ニケーションで指導を仰いだ（写真 15－1）．

2．ダイハツ独自の高所トレーニング(表 15－1)

ガニソンでの陸連の高所トレーニングが行なわれたその年 12 月．岐阜市での実業団対抗駅伝が終わってすぐ，何の準備もなく，浅利のバルセロナオリンピック出場を狙って，1992 年の大阪国際女子マラソンを目標にチームで，ニューメキシコ州・グランツ（標高 1,950m）で高所トレーニングを実施した．ニューメキシコ州の表玄関である，アルバカーキ空港で出迎えてくれたロバート氏の案内で，目的地グランツに向った（写真 15－2）．

遠くに点在するわずかな灯りを数カ所過ぎて約 1 時間，少し多くの灯りが燈るグランツの街に着

写真 15－3　広々とした荒地のグランツを走る浅利

いた．薄暗く，古ぼけた“ウエスタン・ホストモーテル”がわれわれダイハツ陸上競技部の高所トレーニングのホームハウスとなる．与えられたキッチンでダンボールに食器を置き，背を付き合わせて食事をする，貧困生活からのスタートであった（写真 15－3）．

現在ではわれわれスタッフ，引退していった多くの選手達の努力の積み重ねで，グランツからパゴサ（コロラド州）に引っ越した，ホームハウスでは，TV ジャパン（日本の NHK）を見ながら，一卓の大きなテーブルを囲んでの食事を摂れるようになった．

さて，実際の練習にあたってであるが，ヴィーヒル氏から学んだ理論，ノミ（飲み）ニケーションで得たアドバイスを参考に，表 15－2～4 を参照していただければわかるように，数日間は高地への順応を中心に考えて練習に終始する．

3．高所トレーニングのとてつもない効果

1992 年大阪国際女子マラソンで，バルセロナオリンピック出場を狙った浅利が 5 位に沈み，チームの仲間だった小鴨由水が優勝を勝ち得たマジックと，翌年の 1993 年同じ大会で，前年の雪辱を晴らし優勝した浅利の裏話を紹介する．

先にも記したように，1991 年 12 月，チームのエース浅利のバルセロナオリンピック出場への大きな目標を抱き，チームとして初の高所トレーニングを実施した．浅利は，大きな期待，プレッシャー，そして自身のモチベーションを高め，着実によいトレーニングを消化して行った．

一方，浅利の練習パートナーとして気楽に同行した小鴨の練習は，到底浅利に及ぶものではなかった（表 15－1 参照）．

しかし，1992 年 1 月 26 日に出た結果は，様相逆転し，本番のバルセロナへは，浅利は小鴨の練習パートナーとして行かざるを得なくなった．このような浅利を，誰が予想できただろうか？（写真 15－4）

また，1992 年 12 月から 1993 年 1 月にかけて，同じくグランツでの高所トレーニングでは，この合宿期間中，浅利は選手として，最大の苦痛を経験し，監督の私にとっても，まさに修羅場の連続だった．

1992 年のバルセロナオリンピック後，すでに退社した小鴨は居らず，同行したのはマラソン初挑戦の藤村信子であった．

競技日程上，前年と同じく，全日本実業団駅伝が終わってすぐグランツに入った．

約 1 週間は高地順応のための練習に終始し，いよいよ本格的な練習 40km 走をやった翌日，浅利が右膝に違和感を訴え，数日様子を見て，次のポイント練習 35km 走は何とか行なえたが，その後は走れない日々が続いた．痛めてから 3 日間は全く走らず，プール・歩行・筋力トレーニングに終

表 15－2　1992 年度大阪国際女子マラソン前の高所トレーニングの練習内容

日付	曜日	朝練習	本練習	記録	備考
12 月10 日	火	70 分 jog	機上　到着後30分jog		アメリカ(グランツ)へ
11 日	水	60 分 jog	70 分jog		
12 日	木	60 分 jog	80 分 jog		
13 日	金	60 分 jog	12,000mjog　200×15		
14 日	土	70 分 jog	40km走	2:45′30″(浅利・小鴨)	
15 日	日	70 分 jog	各自 jog(60 分)		
16 日	月	70 分 jog	70 分jog		
17 日	火	70 分 jog	30km走	2:05′10″(浅利・小鴨) 1:56′10″(今中，25kmまで)	
18 日	水	70 分 jog	70 分 jog		
19 日	木	70 分 jog	各自 jog(60 分)		
20 日	金	70 分 jog	6,000mjog　2,000×4	6′56″～51″(浅利) 7′05″(小鴨，1 本のみ)	
21 日	土	70 分 jog	80 分jog		
22 日	日	70 分 jog	25km走	1:42′11″(浅利・小鴨)	
				1:54′40″(今中)	
23 日	月	70 分 jog	70 分jog		
24 日	火	70 分 jog	12,000mjog　200×20	35″～37″2	
25 日	水	70 分 jog	20,000m	1:15′32″(浅利) 1:17′10″(小鴨) 1:18′40″(今)	
26 日	木	70 分 jog	70 分 jog		
27 日	金	70 分 jog	70 分 jog		
28 日	土	70 分 jog	40km走	2:38′09″(浅利・小鴨) 2:39′50″(今中)	
29 日	日	70 分 jog	70 分 jog		
30 日	月	70 分 jog	rest		
31 日	火	70 分 jog	80 分 jog		
1 月 01 日	水	70 分 jog	12,000mjog　200×15″	34″0～35″9　小鴨 3 本遅れ	
2 日	木	70 分 jog	80 分 jog		
3 日	金	60 分 jog	20,000m	1:14′02″(浅利・小鴨) 17,000mまで(今中)	
4 日	土	70 分 jog	60 分 jog		
5 日	日	70 分 jog	80 分走		
6 日	月	50 分 jog	6,000mjog　1,000×5	3′10″～14″	グランツ→アルバカーキへ
7 日	火	50 分 jog	機上		帰国
8 日	水	30 分 jog			帰寮後練習
⟆					
12 日	日		都道府県対抗女子駅伝	10km(浅利)33′16″⑧ 10km(小鴨)33′24″⑩ 10km(今中)33′39″⑬	
⟆					
26 日	日		大阪国際女子マラソン	①小鴨　2:26′26″ ⑥浅利　2:28′57″ ⑰今中　2:35′37″	

始した．

そして 4 日目，歩行で慣らし，40 分のジョグを敢行．全く痛みを感じず，浅利も私も上機嫌であった．そして 5 日目，60 分に伸ばすも問題なし．私のビールの味が美味しくなってきた．6 日目，75 分に時間を延ばす予定にして恐る恐る練習を見に行って愕然．ショボンと歩いてる浅利の姿に大きなショック．

その後，4 日間全く走らせないで，前回と同じパターンで 40 分から練習を再開．しかし，3 日目に同じく痛みを訴えた．結局これを 3 回繰り返して，帰国日が迫り，高所トレーニングを終えざるを得なかった．

ここで，この間の監督「鈴木」と選手「浅利」との葛藤を紹介する．

われわれのアメリカでの高所トレーニングの世

表 15−3　1993 年度大阪国際女子マラソン前の高所トレーニングの練習内容（浅利，藤村）

日付	曜日	朝練習	本練習(カッコ内は藤村)	記録	備考
12 月 15 日	火	70 分 jog	機上　30 分 jog	アメリカ(グランツ)へ	
16 日	水	40 分 jog	60 分 jog		
17 日	木	50 分 jog	60 分 jog		
18 日	金	60 分 jog	60 分 jog		
19 日	土	70 分 jog	70 分 jog　流し		
20 日	日	70 分 jog	12,000mjog　200×10	35″〜38″	
21 日	月	70 分 jog	40km走	2:45′03″（浅利） 2:47′31″（藤村）	浅利右膝に痛み
22 日	火	70 分 jog	Walk･プール(70′jog)		
23 日	水	70 分 jog	80 分 jog(80 分 jog)		
24 日	木	70 分 jog	70 分 jog(70 分 jog)		
25 日	金	70 分 jog	80 分 jog(80 分 jog)		
26 日	土	70 分 jog	35km走	2:18′42″（浅利） 2:19′15″（藤村）	浅利右膝の不安あるも行なう
27 日	日	Walk･補強	Walk･プール(80 分 CC)		浅利右膝痛で走れず
28 日	月	Walk･補強	Walk･プール(70 分 jog)		〃
29 日	火	Walk･補強	Walk･プール(4,000 分 jog　2,000×5)	7′04″〜7′08″	〃
30 日	水	30 分 jog	40 分 jog･Walk･プール(80 分 jog)		
31 日	木	45 分 jog	60 分 jog･Walk･プール(40km走)	2:41 13″（藤村）	
1 月 01 日	金	60 分 jog	75 分jog･Walk･プール(70 分 jog)		
2 日	土	60 分 jog	80 分 jog･Walk･プール(240 分 Walk)		
3 日	日	Walk･補強	Walk･プール(90 分 jog)		浅利右膝痛で走れず
4 日	月	Walk･補強	Walk･プール(rest)		〃
5 日	火	Walk･補強	″Walk･プール(20,000m)	1:14′32″	〃
6 日	水	30 分 jog	40 分 jog･Walk･プール(70 分 jog)		
7 日	木	45 分 jog	60 分jog･Walk･プール(70 分 jog)		
8 日	金	60 分 jog	75 分 jog･Walk･プール(10,000mjog　200×15)		1:35′12″
9 日	土	Walk･補強	Walk･プール(25km走)		浅利右膝痛で走れず
10 日	日	Walk･補強	Walk･プール(60 分 jog)		〃
11 日	月	Walk･補強	Walk･プール(40 分 jog，1.5km×4)	4′10″〜15″	〃
12 日	火	30 分 jog	50 分 jog･Walk･プール(60 分 jog)		
13 日	水	60 分 jog	機上		帰国
14 日	木		帰寮後 45 分 jog		
15 日	金	50 分 jog	12,000m走　300×3		
16 日	土				
17 日	日		都道府県対抗女子駅伝		
～					
31 日	日		1993 年 大阪国際女子マラソン	①浅利　2:26′26″ ④藤村　2:30′02″	

話役の友人である日本人の家に招待されたときだ．われわれはそのパーティに胸を弾ませて出向いた．しかし，浅利に残した言葉は，「走れないんだから残ってプールにでも行っておけ！」．シブシブ寂しそうに「おにぎり 1 個だけでも」と懇願された．

アルバカーキまでの 1 時間のドライブで招かれたハウスでは，われわれを日本食・メキシコ料理等で歓待してくれた．

ビールを奨められ，上機嫌に歓談するうちに浅利との約束は酔いとともに，私の頭から消失していた．深夜に全員上機嫌で帰宅したわれわれを寂

表 15－4　1994 年度大阪国際女子マラソン前の高所トレーニングの練習内容（浅利）

日付	曜日	朝練習	本練習	記録	備考
12 月 15 日	水	70 分 jog	機上　45 分 jog（プール）		アメリカ（グランツ）へ
16 日	木	50 分 jog	60 分 jog		
17 日	金	60 分 jog	60 分 jog		
18 日	土	60 分 jog	70 分 jog		
19 日	日	60 分 jog	12,000mjog　200×5		
20 日	月	50 分 jog	40km走	2:37′28″（浅利）	
21 日	火	60 分 jog	70 分 jog		
22 日	水	80 分 jog	rest・walk・プール		
23 日	木	60 分 jog	70 分 jog		
24 日	金	50 分 jog	35km走	2:13′54″（浅利）	
25 日	土	70 分 jog	70 分 jog		
26 日	日	60 分 jog	16,000m	1:02′21″（浅利）	
27 日	月	60 分 jog	70 分 jog		
28 日	火	60 分 jog	30km走	1:54′06″（浅利）	
29 日	水	60 分 jog	70 分 jog		
30 日	木	80 分 jog	rest・walk		
31 日	金	60 分 jog	45 分 jog＋クロカン（10km）		
1月 01 日	土	60 分 jog	70 分 jog		
2 日	日	50 分 jog	40km走	2:34′26″（浅利）	
3 日	月	70 分 jog	70 分 jog		
4 日	火	80 分 jog	rest・walk・プール		
5 日	水	70 分 jog	45 分 jog＋クロカン（10km）		
6 日	木	60 分 jog	70 分 jog		
7 日	金	60 分 jog	50 分 jog＋クロカン（200×4）		
8 日	土	50 分 jog	20,000m	1:12′13″（浅利）	
9 日	日	60 分 jog	rest・walk・プール		
10 日	月	60 分 jog	80 分 jog		
11 日	火	60 分 jog	80 分 jog		
12 日	水	60 分 jog	機上　45 分 jog（プール）		
13 日	木		帰寮後　40 分 jog		帰国
14 日	金	50 分 jog	12,000m走　200×2		
15 日	土	50 分 jog	8,000mjog＋流し		
16 日	日	40 分 jog	都道府県対抗女子駅伝	浅利　2 区（4km　12′45″区間 3 位）	
17 日	月	70 分 jog	rest		
18 日	火	60 分 jog	60 分 jog		
19 日	水	60 分 jog	80 分 jog		
20 日	木	50 分 jog	12,000m	42′46″（浅利）	
21 日	金	50 分 jog	30km走（大泉緑地）	1:54′33″（浅利）	
～					
31 日	月		1994 年大阪国際女子マラソ	②藤村　2:26′09″ ③浅利　2:26′10″ ④吉田　2:26′26″	

しく，悲しい顔で出迎えた浅利の顔は数日間続いた．

数年後にわかったことだが，われわれがアルバカーキに出向いてから，残った浅利は泣きながら腹筋を 5,000 回，プール等 2 時間の補強トレーニングを行なっていたのに，監督は約束の「おにぎり」を持ってきてくれなかったショックが，一番悲しかった，と述懐している．

そんな合宿生活を後にアメリカでの高所トレーニングを終え，帰国する日が来てしまった．浅利は全く走れない状態での帰国であった．このアメリカ高所トレーニングの状況や膝の状態から判断

写真 15－4　初マラソン初優勝の小鴨（左）と後輩の小鴨に負け，まさかの6位に沈む浅利（右）

して，大阪国際女子マラソンに出場するか否かは，非常に微妙な所であった．ところが，関西空港に着いてからの練習は，膝の痛みを全く感じさせない状態であった．帰国3日後の都道府県対抗女子駅伝・第2区は信じられない区間最高記録で，大阪チームの初優勝の原動力となった．私も浅利本人も全く信じられない快挙だった．

その2週間後の大阪国際女子マラソンは，決して満足な状態ではなかったが，出場することになった．私も本人もいつどこで右膝の痛みが出るかわからず，途中棄権する姿を想定しながらの出場であった．

特に私は，大阪城周辺のアップダウンで立ち止まる浅利の姿を何回も想定してのスタートだった（写真 15－5）．

しかし，現実はそれらの想定に反して，後半安部選手（旭化成）とのマッチレースの中で，とても楽に走る浅利のフォームに目を疑いながら興奮して競技場へ．最後のトラックレースでの競り合いにも勝って優勝してしまった．信じられないドラマに興奮した（写真 15－6）．

その勢いは，約半年後の世界選手権で優勝し，日本陸上界において，オリンピック，世界選手権を通じて，初の金メダル獲得の快挙であった（写真 15－7）．

4．データが示す高所トレーニング効果

スポーツの世界，いや企業においても実績がすべての世界である．実績さえ挙げれば，ある程度のことは無理が通る．前年大阪国際女子マラソンで小鴨が優勝し，バルセロナオリンピックに出場したことは，わがダイハツ陸上競技部の環境を整えるのに，すべての障害を排除し，私の申請を容認してくれた．私は，かねてから乳酸値と競技レベル，およびコンディショニングの関係を追求したく，その装置の設置を企画し，産業医の三木先生と相談し，阿久比でわれわれが，定期的に測定をしていたものと同じ装置を，特別稟議で設置することに成功した（1992 年 10 月設置完了）（写真 15－8）．

そしてこの装置で，特に次の3点について，注目してきた．

1）高所トレーニング前後の測定値の変化

図 15－1～3 を参照すれば，その測定値の差は歴然としていることがわかる．この差が高所トレーニングの効果といえる．特に走速度が速くなってからの乳酸濃度の上昇が改善される．

浅利の 1993 年大阪国際女子マラソン大会前後の測定結果を見ると，300m /分のスピードで，高所トレーニングを行なう前は，2.1mmol / L あったのが，トレーニング後は，1.0mmol / L に改善されている．

そして，この改善は個人差はあるが，3人ともすべての機会に向上されている．

写真 15－5　右膝に不安を抱えスタートする浅利

写真 15－6　優勝の月桂冠を頭にインタビューに応じる浅利

2）レース直前の乳酸値からのペース設定および乳酸濃度と競技力との関係

乳酸値と競技結果とは，非常に高い相関関係にあることがわかる．一般的には，無酸素性閾値を 2.0～2.2mmol / L と理解してきたが，図 15－1～3 をみると，1.0mmol / L での走速度が最も適切だと考えられる（私見として 1.0mmol / L がマラソン限界乳酸値）．また個人差（藤村は少々高め）はあるが，レース直前の乳酸値が 1.0mmol / Lのスピードが，そのまま競技結果と結びつく．この図の結果からみて藤村は 1.2mmol / L のスピードがマラソン限界乳酸値．

また，1995 年のパリマラソンに出場した藤村は，諸般の事情で高所トレーニングを行なえなかった．その結果パリへの出発前に測定した，測定値は彼女のマラソン限界乳酸値 1.2mmol / L は分速 270mと推測できる．

このスピードは，マラソンタイムに換算すると，2 時間 36 分 20 秒である．そして，実際の結果は，2 時間 35 分 09 秒であった．

高所トレーニングを行なわないと，乳酸値の測定結果も競技力の結果もこの程度であることを証明できる．

今でも，心残りと残念さと，忌わしさが残るのは，1995 年の大阪国際女子マラソン大会である．出場を予定していた吉田は，いつになくすこぶるよいトレーニングができ，乳酸測定値でも，2 時間 22～23 分の予測タイムをはじきだしていた．それが，多くの犠牲者を出す惨事となった阪神淡路大震災でレースは取りやめとなった．

写真 15－7　世界チャンピオンに輝く浅利

惨事の忌わしさとともに，われわれにとっても大きなダメージであった．

3）乳酸測定結果から選手に対して自信と勇気づけを持たせる

レースの 5 ～6 日前の早朝に測定する．阿久比方式で，220m / 分のスピードで 3 分間走り，1 分休息をとり次のスピードで 3 分のサイクルで測定を行なうが，データがよいときは，選手に対して説明する言葉に張りも出て，選手も裏づけデータに満ち溢れる自信で，記者会見の席でも強気の言葉がほとばしる．頭が痛いのは，データのよくないときだ．ドクターと相談し，演出をしながら，

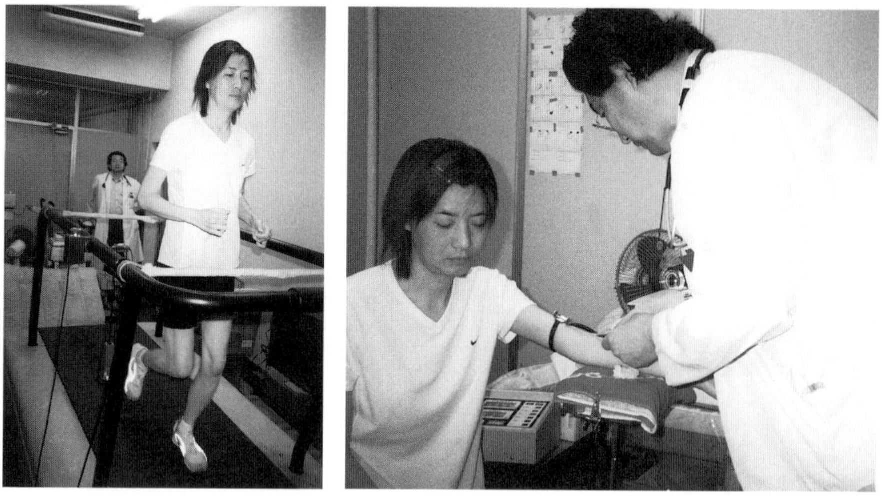

写真 15－8 （左）と社内に設置した測定装置で乳酸値測定を行う浅利と三木ドクター（右）

乳酸濃度(mmol / L) ＼ 走速度(m /分)		安静時	220	240	260	280	300	成績
93 年大阪国際	高所トレーニング前	0.9	1.0	1.0	1.2	1.2	2.1	
	高所トレーニング後	0.5	0.3	0.4	0.6	1.0	1.0	①2:26′26″
93 年世界選手権	高所トレーニング前	0.8	0.8	1.2	1.2	1.9	3.1	
	高所トレーニング後	0.4	0.4	0.4	0.6	0.9	1.6	②2:30′03″
94 年大阪国際	高所トレーニング前	0.9	1.0	1.1	1.1	1.5	2.8	
	高所トレーニング後	0.6	0.4	0.5	0.7	0.9	1.3	③2:26′10″
95 年東京国際	高所トレーニング前	0.8	1.0	1.1	1.2	1.8	2.9	
	高所トレーニング後	0.6	0.4	0.5	0.7	0.9	1.1	①2:28′46″
98 年東京国際	高所トレーニング前	0.8	0.7	0.9	1.4	1.7	3.0	
	高所トレーニング後	0.7	0.6	0.7	0.8	1.0	1.3	①2:28′29″

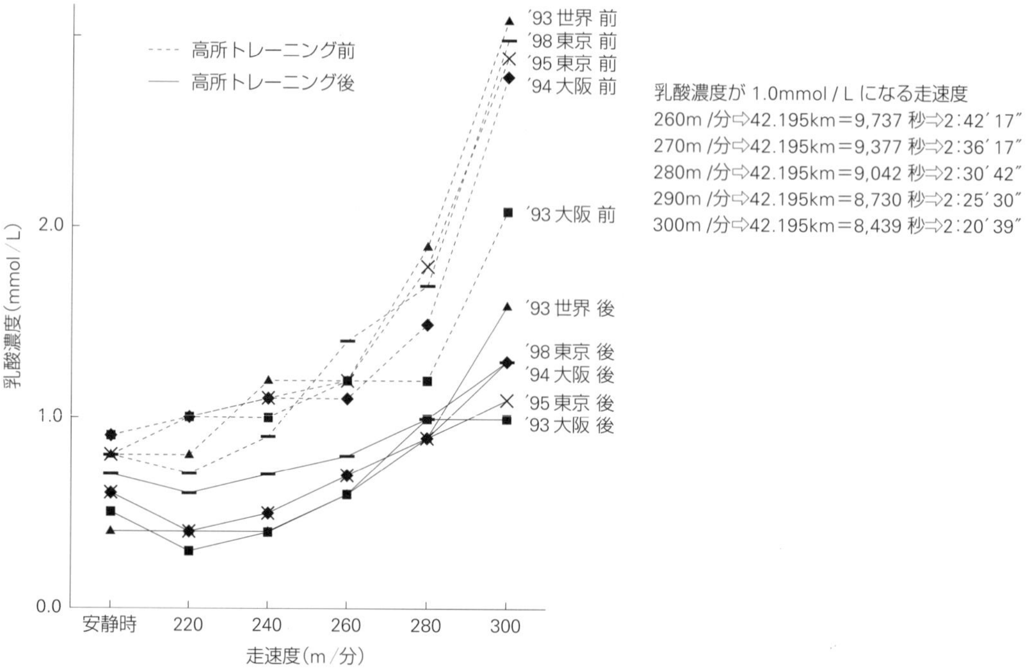

図 15－1 高所トレーニング前後の乳酸濃度の測定（浅利）

乳酸濃度(mmol / L)＼走速度(m /分)		安静時	220	240	260	280	300	成績
94 年大阪国際	高所トレーニング前	0.7	0.7	0.8	1.6	2.0	2.8	
	高所トレーニング後	0.8	0.8	0.9	1.0	1.2	1.5	②2:26′09″
95 年パリマラソン		1.0	0.7	0.8	1.1	1.7	3.1	＊高所トレーニングはせず ③2:35′09″
96 年東京国際	高所トレーニング前	0.9	1.0	1.3	1.4	2.0	2.9	
	高所トレーニング後	0.6	0.5	0.5	0.5	1.2	1.2	①2:28′58″

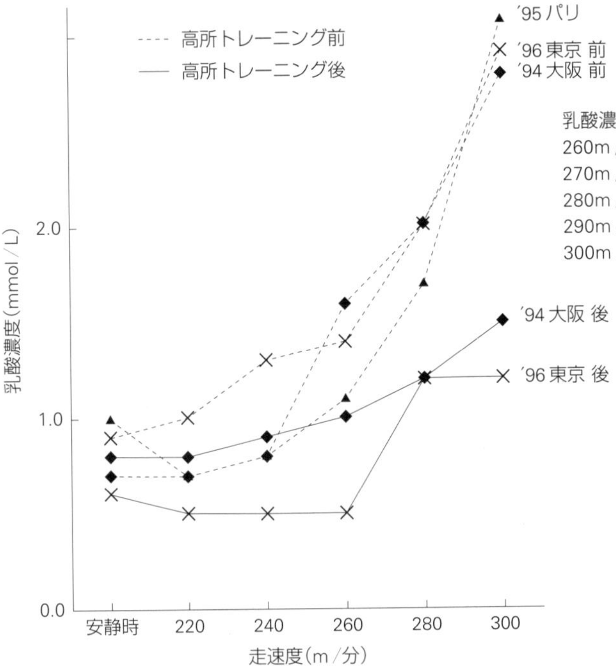

図 15−2　高所トレーニング前後の乳酸濃度の測定（藤村）

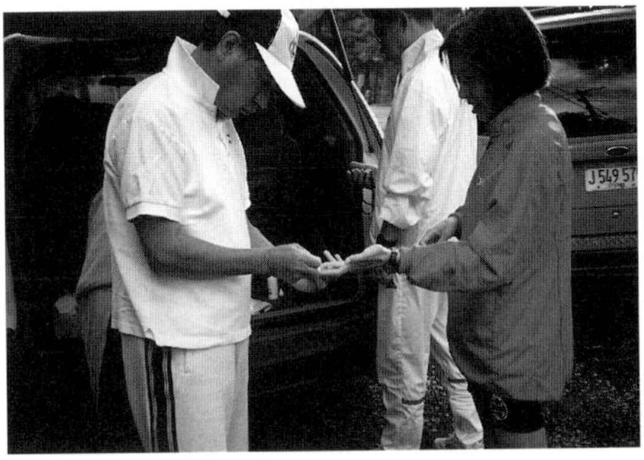

写真 15−9　アメリカ合宿で，練習直後に簡易測定器を用い乳酸値を測定している

よさそうなデータを選手には提示しなくてはならない．

このように乳酸測定については，高所トレーニングの前後に実施するようになって，10 年の歳月の実績があるが，練習実績との結びつき，メカニズムは解析できてない．練習内容・食事との関係・休養・高所トレーニング後のレースまでの期間等々，試行錯誤を繰り返し追求していきたい．

そして現在は，高所トレーニングの現地で，朝のチェックおよび練習直後のチェックを行なっている（写真 15−9）．

5. 展　望

2000 年シドニーオリンピックでわれわれの念願であった，金メダルを高橋尚子選手が獲得したその快挙に続けることができるよう，今や 2 時間 15

乳酸濃度(mmol / L) ＼ 走速度(m /分)		安静時	220	240	260	280	300	成績
94 年大阪国際	高所トレーニング前	0.2	0.5	0.8	0.9	1.2	2.0	
	高所トレーニング後	0.6	0.4	0.4	0.8	1.0	1.2	④2：26′26″
95 年大阪国際	高所トレーニング前	0.4	0.8	0.9	1.0	1.8	3.0	
	高所トレーニング後	0.5	0.2	0.3	0.4	0.8	1.2	震災のため大会中止

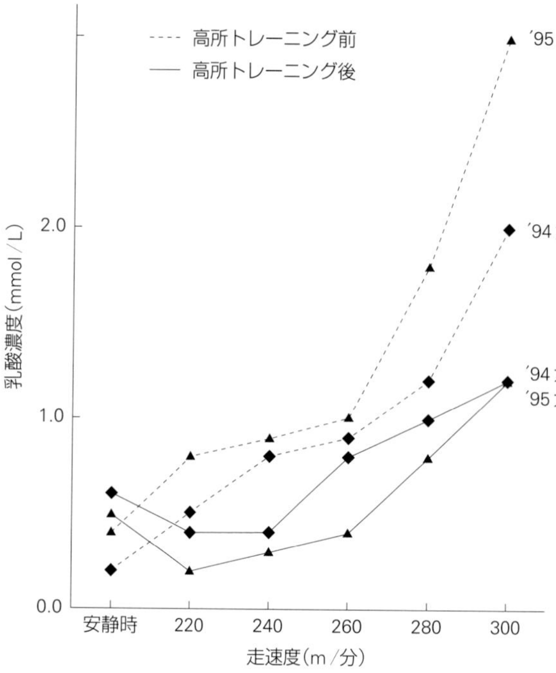

乳酸濃度が 1.0mmol / L になる走速度
260m /分⇨42.195km＝9,737 秒⇨2：42′17″
270m /分⇨42.195km＝9,377 秒⇨2：36′17″
280m /分⇨42.195km＝9,042 秒⇨2：30′42″
290m /分⇨42.195km＝8,730 秒⇨2：25′30″
300m /分⇨42.195km＝8,439 秒⇨2：20′39″

図 15－3　高所トレーニング前後の乳酸濃度の測定（吉田）

分台にまでできた世界の女子マラソンに対処できるよう，多くの方々の知恵を拝借しながら，これまでの多くのこれらのデータを参考にし，選手指導に邁進していきたい．

［鈴木　従道］

16章　高所トレーニングの医科学

はじめに

空気は混合ガスで，酸素濃度20.93%，窒素濃度78.09%と微量のアルゴン，ヘリウムなどで構成される．そのガス組成は大気圏中では均一で，高所においてもこの比率は不変である．

高所は低圧，低温環境で，平地で1気圧（760torr）のとき，高度1,800m，2,400mではそれぞれ0.80気圧（609torr），0.74気圧（564torr）に低下し，気温は150m上昇するごとに約1℃低下する．また，強い紫外線と雪からの輻射が網膜や皮膚を障害する．

吸入気 O_2 分圧は下記の式で計算できる．空気中の酸素濃度は不変であるが，高所では気圧が低下するため吸入気 O_2 分圧は低下する．

吸入気 O_2 分圧 P_{IO_2} =（気圧−47）×0.2093
（47：体温37℃での飽和水蒸気圧）

平地での吸入気 O_2 分圧は150torrで，肺内ガス交換障害のない一般人の安静時動脈血ガス組成は，O_2 分圧95〜100torr，CO_2 分圧40torr，酸素飽和度97〜98%で，pHは7.4である．高所では吸入気 O_2 分圧低下により，肺胞気 O_2 分圧，動脈 O_2 分圧，動脈血酸素飽和度は低下し，組織への酸素供給の低下，それに伴う最大酸素摂取量の減少をもたらす．また，過換気により動脈血 CO_2 分圧は低下する．

ヒトが居住する最高地点は標高5,300m付近で，気圧は380torr，吸入気 O_2 分圧は70torr程度と平地の半分の値であるが，その標高であるアンデスやヒマラヤ地方には，幾世代を超えて高所に適応し永住する人々がいる．高所で生まれ育った人々の最も特徴的な検査値は赤血球増多である．平地に居住する男性のヘモグロビン濃度が15g/dL程度であるのに対して，アンデスやヒマラヤ地方の男性住人のヘモグロビン濃度は，50%増の23g/dLを示すことが報告されている[1]．彼らは高所で低下する酸素飽和度をヘモグロビンの増加で補い，末梢組織への酸素輸送を確保する方法を獲得している．

1．高所の科学

1）エベレスト山頂無酸素登頂のすばらしさ

どのような環境下にあっても，生体が生存するために必要な安静時酸素摂取量は個体において不変で，高所であっても平地と同じ酸素を必要とする．低酸素環境で作業をし，さらに高所に安全に上って行くには相当の準備が必要である．平地で生まれ育ったヒトがアンデスやヒマラヤなどの高所に上るには，4〜5週間という長い時間をかけて高所へ適応していかなければならない．世界最高峰であるエベレスト山頂（8,848m）の無酸素登頂を酸素摂取の面より考え，高所を科学したい．

エベレスト山頂無酸素登頂は非常に興味深い研究対象である．なぜならば，無酸素登頂の際の吸入気 O_2 分圧はヒトの生存限界にほぼ近く，かつ気候の安定する春，秋でも気温−22℃と過酷な環境であるためである．

エベレスト山頂の気圧が実際に測定されたのは1981年10月24日で，AMREE隊のPizzoにより253torrと測定された[2]．これは現在でも唯一の実測値である．その後，1997年5月にアメリカの科学テレビ番組NOVA隊によってエベレスト山頂で測定され，帰国後に気温補正された気圧は252.5torrで，まったくそれと同じ時間に気球法でほぼ同じ値が測定され，Pizzo の測定値が正しいことが証明された[3]．ニューデリーより放たれた気球による測定では，8,848m 地点の 7，8 月の月平均気圧は 254～255torr，1 月の月平均気圧は 243torr と計測され，夏に高く，冬に低い季節変動が認められた．5 月と 10 月はほぼ同等の気圧であった．

他地点の複数の測定結果と合わせ，5,000m 以上の高所における気圧を標高の関数として，

$$P_B = \exp(6.63268 - 0.1112h - 0.00149h^2)$$

(P_B：気圧 torr 表示，h：標高 km 表示）と表すことができる[3]．

真冬の 243torr と春秋の 253torr では気圧差わずか 10torr であるが，この 10torr が吸入気 O_2 分圧と酸素摂取量に大きな違いをもたらしている．

真冬；$P_{IO_2} = (243 - 47) \times 0.2093 = 41.0$torr

春秋；$P_{IO_2} = (253 - 47) \times 0.2093 = 43.1$torr

Pizzo が登頂した際の肺胞気ガス組成分析結果[2]は，O_2 分圧 37.8torr，CO_2 分圧 7.5torr で，種々の仮定のもと，呼吸商は 1.49 と計算された．すなわち，エベレスト山頂では著明な過換気状態で，体内の CO_2 を洗い出している状態であった．低酸素環境下では肺胞レベルにおいて O_2 拡散障害が生じるため，エベレスト山頂での動脈血ガス組成は O_2 分圧が 28torr と肺胞気 O_2 分圧との較差が大きく，CO_2 分圧 7.5torr，pH7.7 以上で，酸素飽和度は 70％と推定された．高所では赤血球内 2,3-DPG が増加し，酸素解離曲線を右方にシフトさせる機序が働くため，動脈血 O_2 分圧が 28torr と低いにもかかわらずこのような高い酸素飽和度は奇異に感じられるが，著明な呼吸性アルカローシスにより S 字状曲線である酸素解離曲線が大きく左へシフトしたことによる．より低所に設営されたキャンプ 2 での Pizzo の動脈血酸素飽和度は 72％で，エベレスト山頂とほぼ同程度であった[2]ことより，著明な低 O_2 血症では酸素解離曲線の左方シフトのほうが，末梢組織への酸素運搬がより効率的であることを示唆している．

酸素解離曲線の左方移動は，動脈血 O_2 分圧が 40torr 以下のとき，その傾きをより急峻にする．そのため，真冬と春秋の場合の 2.1torr の吸入気 O_2 分圧差は，高所順応のすすんだ登山家の最大酸素摂取量を 940mL/分から 1,070mL/分へと 14％増加させる[3]（吸入気 O_2 分圧 1torr で最大酸素摂取量は 63mL/分も異なる）．しかしながら，1,070mL/分という数値は平地での 25～30％程度の値でしかなく，平地で自転車エルゴメータを 50W で漕ぐ程度のごく軽い運動に相当する．また，この地点での 10torr の気圧差は高度にして約 300m にも相当し，冬場のエベレスト山頂は，呼吸生理学的には春秋の 9,150m に相当する高さに変わってしまうのである．高所に適応した登山家は 1 時間あたり垂直方向に 50m 上るとされるが，300m 増えることは上るだけで 6 時間以上も多く時間がかかることに等しく，冬場のエベレスト無酸素登頂は非常に困難であることが呼吸生理学的にも理解できる．これまでに無酸素登頂に成功した多くの場合のエベレスト山頂気圧は 251～253torr のときである．

2）高所における酸素摂取量

このように高所では最大酸素摂取量が低下するが，どの高さから低下するか，エリートアスリートと一般人の違いがあるかなどについて，精力的に検討されてきた．

Buskirk らは，1,524m（5,000ft）以上になると 305m（1,000ft）上昇するごとに最大酸素摂取量は 3.2％低下すると報告した[4]が，この研究は 2,500m 以下と 6,000m 以上の地点における測定が不十分であった．このため，どの高さから最大酸素摂取量が低下しはじめるのか明らかではなかった．Grover らはさまざまな研究結果をもとに，最大酸素摂取量は 700m 地点からはじまり，6,300m までは 1,000m 上昇するごとに直線的に 8％減少すると報告した[5]．Jackson らは海面レベルより 305m 上昇するごとに 1％低下する[6]とし，Gore らは 580m 地点でエリートアスリートでは 7％の低下，一般人では 3.6％の低下を認めた[7]．これら近年の研究結果によれば，これまで考えられていたよりもずっと低い高さから，おそらく平

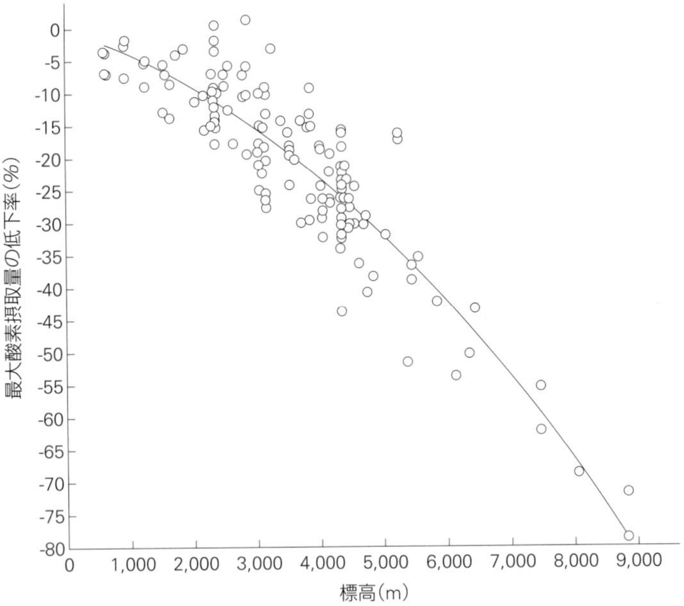

図 16−1　標高と最大酸素摂取量の低下率
標高が高くなるにつれ，最大酸素摂取量は低下する．図中の○印はさまざまな研究者の測定値を示す．実線は測定値から得られた回帰線で，上に軽度凸の曲線である．
(Fulco C et al.: Maximal and submaximal exercise performance at altitude. Aviat Space Environ Med, 69: 793−801, 1998 より引用改変)

地を上がってすぐから，最大酸素摂取量は低下しはじめることが考えられる（図 16−1）[8]．高さと最大酸素摂取量減少の関係は直線的ではなく，酸素解離曲線がS字状曲線であること，拡散障害が著明であること，心拍出量が低下すること，などの理由により，わずかに上に凸の曲線であると考えられる．

高所では一般人より，鍛錬をつんだエリートアスリートほど，すなわち平地で最大酸素摂取量が大きいほど，その低下率が大きいことは一致をみている（図 16−2）[8]．エリートアスリートの最大酸素摂取量は 1,000m ごとに 7％低下し，一般人よりも大きい．この理由として，エリートアスリートは心拍数を一般人より多くすることが可能であるため，最大運動負荷時には低酸素環境下で肺内ガス交換単位でのガス分圧不均衡が生じやすい．その結果，動脈血酸素飽和度の低下が一般人より早期に出現するため，最大酸素摂取量の低下率が大きいと考えられる．日本の一流長距離・マラソンランナーがトレーニングを行なうことの多い 2,000〜2,400m 地点では，最大酸素摂取量は平地よりも約 14〜17％低いことが予測され，平地並みの高い強度のトレーニングを行ないにくいことは明らかである．

3）最大酸素摂取量と運動能力

高所における最大酸素摂取量の低下と運動能力の低下は強く関連している．平地では，400m 走（約 50 秒）では有酸素運動成分 20％，無酸素運動成分 80％よりなるとされ，1,500m 走（約 4 分）では有酸素 60％，無酸素 40％，5,000m 走（約 14 分）では有酸素 90％，無酸素 10％と考えられる[8]．高所においては，低酸素状態にあるため，無酸素運動部分が占める比率が高くなり，持久性競技記録が低下する．高所で行なわれたメキシコオリンピック陸上競技の男子優勝記録は，その当時の世界記録に比し，3,000mSC は 4％，10,000m は 7％，マラソンは 8.5％遅かった．

次項においても述べるが，高所では空気抵抗が減少するため，短距離種目の記録は向上すると予

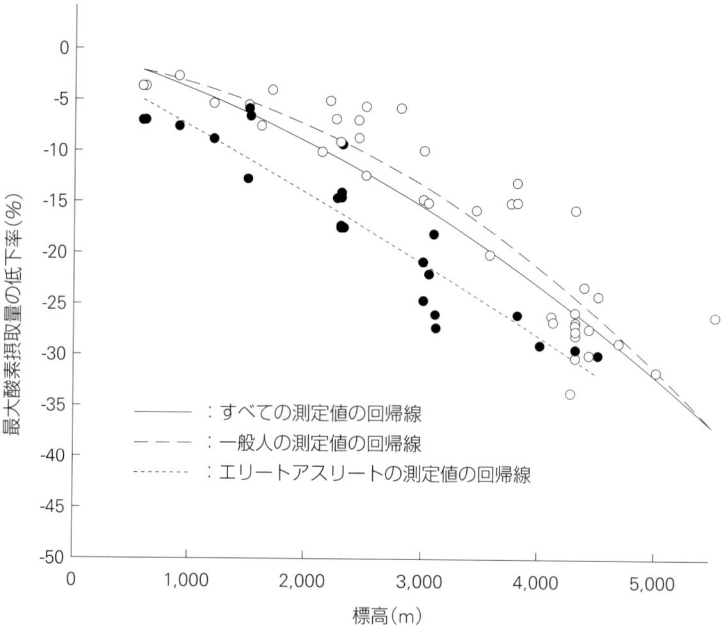

図 16−2　標高と最大酸素摂取量の低下率(一般人とエリートアスリートの比較)
一般人（○）に比し，エリートアスリート（●）の最大酸素摂取量の低下率は大きいことが分かる．エリートアスリートでは 1,000m 毎に 7 %程度低下する．
(Fulco C et al.: Maximal and submaximal exercise performance at altitude. Aviat Space Environ Med, 69: 793−801, 1998 より引用改変)

測される[9]（図 16−3）．記録の向上に寄与する空気抵抗減少と，記録を低下させる最大酸素摂取量低下の両者を合わせ，競技時間ごとの高さと記録の関係が発表されている（図 16−4）．競技時間が 2 〜 5 分の種目（1,500m 走）では高さ 1,600m 地点までは平地より良い記録であるが，それより高くなると記録は低下する．20〜30 分の種目（10,000m 走）では，高さ 600〜700m 地点までは平地より好記録であるが，それより高所では低下する．2 〜 3 時間の種目（マラソン）の場合，高所では平地の記録を一切上回れないと考えられる．2,300m 地点（メキシコシティー）では最大酸素摂取量は約 16%程度低下するが，2 〜 5 分の競技では 2 %，20〜30 分の競技では 7 %，2 〜 3 時間の競技では 17%遅くなると予想され，これは前述の実際の成績とほぼ一致する成績である[8]．

4）空気抵抗

高所では気圧の低下とともに，空気密度（ρ）は低下する[10]．

$$\rho = \rho_0 (T_0/T)(P/P_0)$$

（高所の空気密度 ρ，絶対温度 T，気圧 P，平地の空気密度 ρ_0，絶対温度 T_0，気圧 P_0）

平地での空気密度（ρ_0）との比 ρ/ρ_0 が重要で，ρ/ρ_0 は 2,000m では 82%，3,400m では 70%に低下する．その結果，空気抵抗，すなわち流体力学でいう抗力（drag）が低下する．ヒトが空気中で受ける抗力は形態と速度により異なり，速度の 2 乗に抗力は比例する．そのため，速度の速い自転車スプリント競技，陸上短距離，スピードスケートなどへの影響は大きい．40km/時間以上の速度で走行する自転車の場合，抗力は速度を維持するためのエネルギーコストの 90%以上も占めているといわれる．高所では酸素摂取量が低下するが，抗力も大きく低下するため，エリートサイクリストの自転車 1 時間トライアル記録のもっともよいと理論的に計算される高さは平地ではなく，4,000m 地点であるといわれる[11]．

陸上短距離種目でも無風状態の場合，全運動エネルギーの 3 〜 9 %が抗力に打ち勝つのに使われ

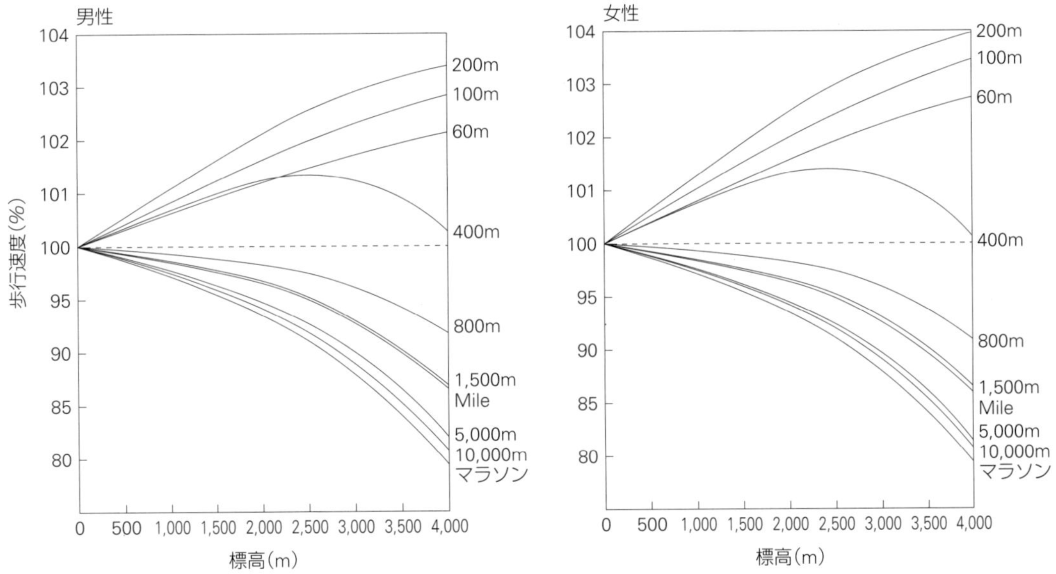

図 16－3　標高と理論的走行速度
高所では抗力が低下するため短距離種目の走行速度は増すが，中長距離種目の場合は酸素摂取量低下が大きく影響し，走行速度は低下すると計算された．
（Peronnet F et al: A theoretical analysis of the effect of altitude on running performance. J Appl Physiol, 70: 399－404, 1991）

るため，高所では記録の向上が期待される．実際にメキシコオリンピックでは男子 100m，200m，400m，800m 走すべてで世界記録が生まれ，1,500m はオリンピック記録であった．また，跳躍種目である走幅跳，棒高跳でも世界記録が生まれた．

2．高所の医学

高所における低酸素に対する生体反応は，それに曝される速さと程度に依存する．例えば，エベレスト山頂と同じ高さを飛行中の航空機の室内気圧が，外気と同じ圧に急速減圧されれば，乗員，乗客は数分のうちに意識を失うが，エベレスト山頂へ徒歩で登頂した高所順応の完成した登山家の意識は明晰で，かつ下山活動も可能である．

本章においては，形態学的，機能的に健常な臓器の高所順応について解説する．高所における吸入気 O_2 分圧低下，およびそれに伴う肺胞気 O_2 分圧低下に伴い，高所順応といわれる生理学的，代謝的反応が生体内で出現する．高所到着直後には，呼吸循環系を中心とする代償反応が早期に出現し，造血機能や筋内酸素利用などについての反応には，

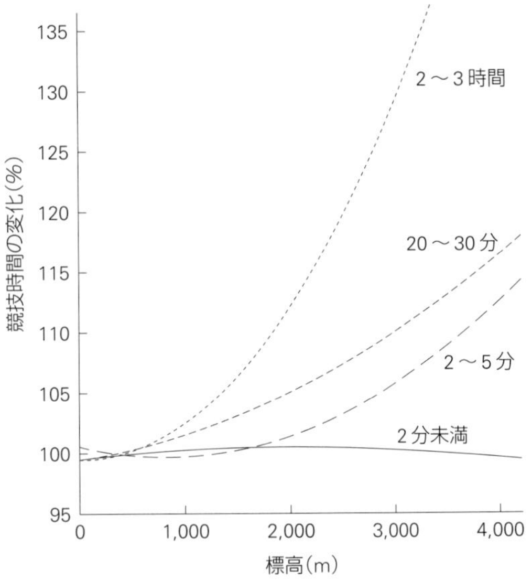

図 16－4　標高と競技時間の変化の関係
標高が高くなるにつれ，競技時間の長い種目の競技時間は平地よりも延長する．特に，競技時間が20分以上のものは，平地よりごく軽度上昇しただけでも延長する．
（Fulco C et al: Maximal and submaximal exercise performance at altitude. Aviat Space Environ Med, 69: 793－801, 1998 より引用改変）

ある程度の時間が必要である．このように，高地到着後，ただちに，もしくは数日以内に出現する生体反応を早期反応とし，それ以降に出現する生体反応を後期反応とする．

1）早期反応

高所到着直後の急性期には，低酸素換気応答の亢進による過換気と，安静時および運動負荷時の心拍数および心拍出量の増大が特徴的である．

⑴呼吸器

過換気は動脈 O_2 分圧低下によりもたらされ，平地住民が高所曝露された際の最も重要で，明確な反応である．高所曝露初期の換気量増大は，呼吸数増加よりも一回換気量の増大による．この高所における過換気は高所到着後ただちに出現し，過換気状態が長期間にわたり持続する．O_2 分圧を感知する末梢化学受容体である大動脈小体と頸動脈小体が，持続的に動脈血低 O_2 分圧により刺激される．末梢受容体刺激は肺胞換気を増加させ，その結果肺胞気 O_2 分圧を吸入気 O_2 分圧により近く維持することにより，急性高所曝露における急性の動脈血低 O_2 血症を防止する．強い低酸素換気応答を持つ登山家は，そうでない登山家に比し，高所における運動能力は優れているとされる[12]．女性は平地において月経周期内で低酸素換気応答が異なるが，高所においてそのような影響はないとされる[13]．過換気は体内の酸塩基調節にも大きな影響を及ぼし，呼気中への CO_2 排出増加により，急性呼吸性アルカローシスとなる．動脈血 CO_2 分圧は平地では 40torr であるが，標高 3,000m 地点では 24torr に，エベレスト山頂では 10torr 以下に低下する．血液 pH は 7.5～7.7 とよりアルカリ側に傾き，呼吸中枢と末梢受容体の反応を低下させる．さらに血清カリウム低下，血清カルシウム低下などの電解質異常も出現し，それによる筋収縮力低下も起こりうる．

⑵循環器

動脈血低 O_2 血症を代償するために，安静時心拍数，心拍出量は増加する．一回心拍出量は平地とほぼ不変であるため，安静時血圧は高所早期において上昇する．これらの現象は，低 O_2 血症とノルアドレナリン活性の増加によるものである．ノルアドレナリンは主に副腎髄質より分泌され，一回心拍出量，血管抵抗などに大きな影響を及ぼすホルモンである．低酸素により影響を強く受けるのは，肺循環である．肺胞 O_2 分圧低下，動脈 O_2 分圧低下により，低酸素性肺動脈攣縮が生じ，肺高血圧が招来される[14]．

一定量の運動負荷では，平地でも高所でも分時酸素摂取量に差を認めない．一回心拍出量は運動時においても平地とほぼ不変であるが，低 O_2 血症を代償するため運動負荷時の心拍数と心拍出量は平地の 30～50％増加し，分時酸素摂取量を維持する機序が働くためである[15]．

⑶不感蒸泄

高所における吸入気は低湿度であるため，吸入時に体温である 37℃の飽和水蒸気圧まで鼻腔，気道で加湿され，また過換気に伴う呼気中への不感蒸泄の増加により，軽度の脱水状態となる．高所，0 ℃の環境下で分時換気量 50L/分とし，通常速度で 10 時間歩くとすると，呼気中に 1.5L の水分を喪失すると計算される[10]．口唇や咽頭の乾燥，口渇感を伴うことがある．さらに運動強度が強く，換気量が多いほど，呼気および汗として，水分喪失は増大する．

⑷血　液

高所曝露後数時間以内に，血漿は細胞間および細胞内へ移動し，その結果，血液ヘモグロビン濃度はみかけ上増加する（血液濃縮）[16]．標高 2,300m 地点では，1 週間で血漿量は 8 ％減少，ヘモグロビンは 10％増加，4,300m 地点では，1 週間で血漿量は 16～25％減少，ヘモグロビンは 20％増加したことが報告されている[17]．血液ヘモグロビンの増加は，みかけ上ではあるが，高所における動脈血低 O_2 血症による組織低酸素症を防ぐための機序として，効果的である．

2）後期反応

高所曝露後，数日以降数カ月にわたる後期反応を臓器別にまとめる．

⑴呼吸器

①過換気：高所曝露直後に出現する低酸素換気応答による過換気は，高所到着後3週間かけて増大する[18]．この過換気は肺胞気 O_2 分圧を上昇させ，肺胞気 CO_2 分圧の低下をもたらす．また，実験的に CO_2 を吸入させて換気応答を検査すると，3週間かけて換気量は増大し，かつ平地よりも低い動脈血 CO_2 分圧で換気量は増大する．呼吸中枢は安静時，運動時とも換気レベルを亢進させている．

②ガス拡散：ガス交換単位でのガス交換，すなわち肺胞から毛細血管血におけるガス交換は拡散で行なわれる．拡散はガス分圧差に比例する．平地と異なり高所では，吸入気 O_2 分圧が低値であるため，肺胞気 O_2 分圧が低く，ガス交換単位における平均毛細血管血との O_2 分圧較差が小さくなる．そのため，拡散現象は促進されず，肺胞気と毛細血管血間でのガス交換が十分ではなく，肺胞気とガス交換を終了した毛細血管血の O_2 分圧較差が生じやすい．また，ガス分圧平衡はガス交換単位通過時間に依存し，平地では0.25秒程度でガス分圧平衡に達するが，高所では0.75秒でもガス分圧平衡に達しにくい．運動時には，ガス交換単位通過時間が0.75秒以下になり，ますますガス分圧較差が生じることとなる．エベレスト山頂では，安静時ですら肺胞気・動脈血 O_2 分圧較差は9.8torrにもなる[2]．高所順応した場合において肺拡散能力そのものは，肺内毛細血管内血液量およびヘマトクリット値の増加による軽度の改善はあるが，平地とほとんど変化しないとされる．

③ガス交換：ガス交換障害の要因として，肺胞低換気，換気・血流比不均等分布，拡散障害，血流短絡の4つの機序が考えられる．高所において低 O_2 血症を改善させる生体の機序のひとつとして換気・血流比不均等分布の改善があげられる．これは低酸素性肺動脈攣縮により，換気・血流比の低い，すなわち肺胞気 O_2 分圧が低いガス交換単位への血流量を低下させ，肺内の換気・血流比分布を均等化させ，動脈 O_2 分圧の低下を防いでいる．多種不活性ガス洗い出し検査法により，標高4,500mまでは換気・血流比不均等分布が改善することが確認された[19]．

④酸塩基調節：血液pHを規定する最も大きな要因は，Henderson-Hasselbalch式で示される炭酸―重炭酸による緩衝システムである．

$$pH = pKa + \log\{[HCO_3^-]/(\alpha \cdot P_{CO_2})\}$$

平地では，$7.4 = 6.1 + \log\{24/(0.03 \times 40)\}$

と書き表せる．

高所曝露による過換気は生体内の CO_2 を排出（P_{CO_2} が低下）するため，血液pHは高値を示す．これに対する生体反応は，腎尿細管における HCO_3^- の緩やかな排出増加（$[HCO_3^-]$ が低下）で，2～3日で代償機転が起こる．腎性代償を伴った呼吸性アルカローシスにより血液pHが正常化すると，呼吸中枢の CO_2 に対する反応性が改善し，過換気を持続させることが可能となり，CO_2 をさらに排出し，肺胞気 O_2 分圧を高くすることができるようになる．

⑵循環器

①心拍数：高所急性曝露では安静時および運動負荷時の心拍数は増加する[20]が，4,500m以下の高所では2週間以内に平地での心拍数と同様になる．それ以上の高所では海面レベルの心拍数に復さない．しかし，4,500m以上では低負荷運動では心拍数は平地よりも増加するが，高負荷運動では最大運動負荷時とほぼ等しくなるため，心拍数は最大値に近づき，心拍数は平地よりもかえって低下する[20]．最大運動負荷時の心拍数は，標高が高くなるほど低下し，超高所であるエベレスト山頂と同じ気圧での最大運動負荷時の心拍数は平地のわずか50～60％程度にしかなりえない．

②心拍出量：高所曝露による一回拍出量は高所順応前後にて変化を認めないが，安静時，運動負荷時には心拍数の増加により心拍出量は増加する．高所順応にて前述のごとく心拍数が低下するため，運動負荷時の心拍出量は海面レベルまで低下する．エベレスト山頂では最大運動負荷時には心拍数は平地の60％程度まで低下し[20]，それに伴い心拍出量も低下する．エベレスト山頂での動脈血酸素飽和度は70％程度と推定されるため，いかに高所順応した登山家でも最大酸素摂取量は平地の25～

30%程度まで低下する．

③血圧：高所順応で安静時血圧は海面レベルとなるが，運動負荷時には平地よりも高値を示す．これは心拍出量の増大が寄与するものと考えられる．肺動脈圧は肺動脈筋性動脈に構造変化が起き，低酸素性肺動脈攣縮により上昇した肺動脈圧（肺高血圧症）は高所順応でも海面レベルに復することはない．

④心電図所見：肺高血圧による右室負荷所見をみることがある．所見として右軸偏位，T 波逆転を認める[21]．これらの所見は心筋異常や心虚血を意味するものではない．

⑶血液

①ヘモグロビン濃度：ヘモグロビン濃度上昇は最もよく知られた高所順応による効果である．ヘモグロビン濃度上昇は，酸素飽和度が低下する高所での単位体積あたりの酸素含量を維持するのに有効である．高所曝露直後には血液濃縮により，みかけ上ヘモグロビン濃度は上昇するが，ヘモグロビン総量が増加するには数週間を必要とする．日本陸連のデータでは，高所滞在初日は血液濃縮効果によるヘモグロビン増加を認め，1 週間後に若干低下し，2 週目以降徐々に増加しはじめ，4 週間でヘモグロビン濃度は 13%増加した[22, 23]（図16－5）．高所順応が進んだ登山家では，40%もヘモグロビン濃度が増加したことが報告されている[24]．数週間の高所滞在で，特に女性ランナーにヘモグロビン濃度上昇を認めない例も報告されているが，その原因として高所曝露前からのタンパク質摂取不足，鉄分摂取不足などがあげられる．特に，高所では造血機能が亢進し，鉄代謝は平地の 3 倍程度亢進するので，高所に上る事前準備として貯蔵鉄を増加させておかなければ，ヘモグロビン値は増加しにくい．さらに，高所ではヘモグロビン合成の材料となるタンパク質を十分摂取し，鉄分を平地より多く摂取しなければならない．

②エリスロポエチン：骨髄赤芽球系幹細胞を刺激し，赤血球へ分化させるのはエリスロポエチン（EPO）である．EPO は動脈 O_2 分圧低下や組織低酸素症，貧血により，腎臓から分泌されるペプチドホルモンである．高所曝露初日から血清および尿中 EPO は海面レベルより高値を示し，高所滞在中持続する．日本体育協会のデータ[25]では，平地での尿中 EPO 濃度は，ほとんど測定限界以下の値であったが，高所到着後よりほとんどの選手の尿中EPO濃度は急激な増加を示し，5 日程度で徐々に低下し，その後ほぼ安定した値を示した．血中 EPO 濃度は，高値を示し徐々に低下しながら安定した選手群と，基準値以内であまり増加を認めない選手群がいたが，どちらの選手群も高所滞在 2 週間目以降は基準範囲の値であった．

③血液粘稠度：ヘモグロビン濃度および総量増加により，血液粘稠度は増加する．ヘマトクリットが 60%程度になると，心拍出量と酸素供給は低下する．運動中の筋組織では，毛細血管内ヘマトクリットはさらに上昇し，末梢循環障害を伴うことがある．

④酸素解離曲線：赤血球内 2,3-DPG の増加により酸素解離曲線は右方にシフトし，ヘモグロビンの酸素親和性は低下する．この結果，筋や各種臓器など末梢組織は，血液から酸素を容易に供与される．ヘモグロビン濃度および総量増加とともに，この生体反応は組織低酸素症を防止するのに寄与している．

⑷消化器

①食欲：高所滞在中に食欲低下が出現し，筋萎縮を伴う体重減少を認めることがある．悪心嘔吐を伴うことがあり，急性高山病と鑑別を要することもある．標高 5,000m 以上では食欲不振，体重減少はほぼ必発である[26]．エベレスト山頂と同等に減圧した研究では，摂取カロリーは平地の 46%に低下し，5.0kg の体重減少を認めている[27]．食欲低下以外にも，低酸素症による消化管での栄養分吸収抑制も体重減少に関与している．高所では不消化便であることが多い．高所では基礎代謝が亢進するため，体重減少の原因のひとつになると考えられる．これらの食欲低下，小腸での栄養分吸収抑制は筋萎縮の原因となる[26]．

②肝機能：高所においては肝機能指標である GOT（AST），GPT（ALT）はほぼ不変である．日

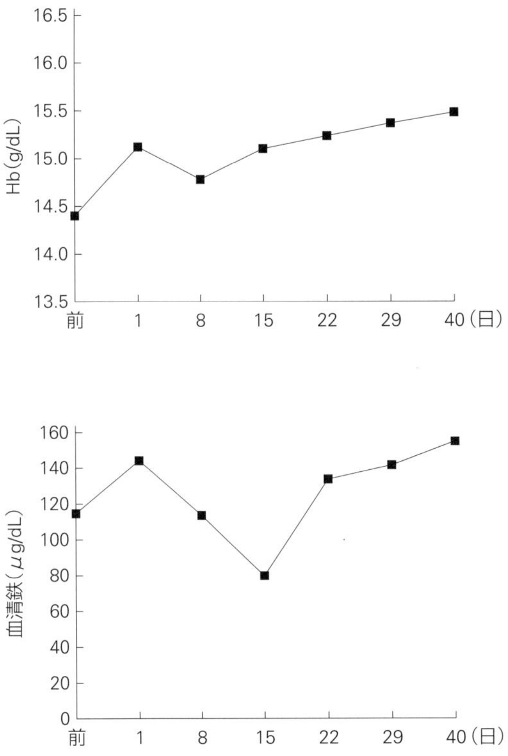

図 16−5　高所における血液ヘモグロビン濃度（Hb）と血清鉄濃度

日本陸連主催コロラド州ボルダー合宿参加選手 18 名の平均値を示す．Hb は高所到着 1 日めに高地を示した．血液濃縮のためと考えられる．8 日めに低下したが，その後滞在期間中持続的に増加した．血清鉄は十分な食事と鉄分補給により，高値を維持した．
（山澤文裕：陸上競技選手への高所トレーニング—健康上のトラブルについて．臨床スポーツ医学，16: 541−547，1999）

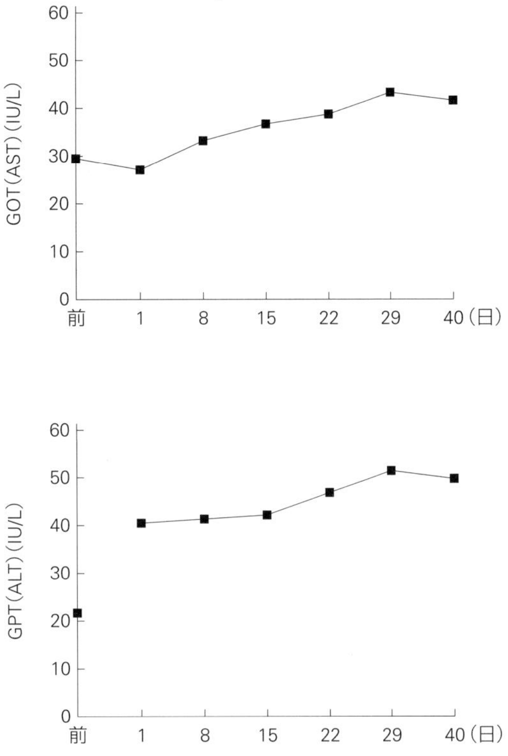

図 16−6　高所における肝機能指標の変化

日本陸連主催コロラド州ボルダー合宿参加選手 18 名の平均値を示す．GOT（AST），GPT（ALT）は高所滞在でごく軽度上昇した．GOT（AST）は筋細胞にも多数含まれているため，一部は筋細胞からの逸脱と考えられる．GPT（ALT）の基準値が日本とアメリカで異なるため，結ばなかった．
（山澤文裕：陸上競技選手への高所トレーニング—健康上のトラブルについて．臨床スポーツ医学，16: 541−547，1999）

本陸連のデータ[23]によると，平地で 30IU/mL 程度であった GOT は，4 週後には 40IU/mL 程度であった．また，GPT は 40 から 50IU/mL 程度にわずかに上昇した（図 16−6）．GOT は筋細胞にも多数含まれているため，一部は筋細胞からの逸脱と考えられる．

⑸内分泌

①レニン—アルドステロン系：運動によりレニン—アルドステロン系の分泌は増加し[28]，尿細管における Na 再吸収を亢進させ，循環血漿量を維持させる．運動による腎血流量の低下がレニン分泌刺激となっている．高所では，安静時のレニン—アルドステロン分泌は低下し，運動によるレニン分泌増大に対するアルドステロン分泌反応は鈍い．急性高山病を発症するヒトのレニン−アルドステロンレベルは高値であることが知られている．

②心房性 Na 利尿性ペプチド（ANP）：高所における低酸素刺激は ANP 分泌増加をもたらし，尿量を増大させる．利尿により，循環血漿量は低下し，血液ヘモグロビンを濃縮させる．抗利尿ホルモン（ADH）濃度には変化を認めない．

③副腎皮質ステロイドホルモン：高所曝露は生体に対する大きなストレスであるため，脳下垂体より ACTH 分泌が亢進し，副腎皮質ステロイドホルモン分泌を促す．この反応は運動時に増強される．高所曝露 1 週間で軽減し，海面レベルに戻る[29]．

④糖代謝：高所低酸素刺激による副腎皮質および交感神経刺激およびインスリン分泌低下により血糖値は上昇する[29]．高所曝露 1 週間で，海面レ

ベルに復する．高所順応が進むと，インスリン反応性が亢進し，血糖値は平地よりも低くなることもある．高所トレーニング中の低血糖に注意する．

⑹神経系

①頭痛：高所では頭痛の訴えが多い．これは，脳低酸素症を防止するため，脳血流が増大することによるものと考えられる．

②不眠：高所においてもっとも顕著な症状は不眠である．日本陸連の高所トレーニングでも多くの競技者が熟睡感不足を訴えた．トレーニング量・強度が増すほど，不眠傾向が強くなり，体調を崩す要因となる．夜間の睡眠不足を補うため，昼寝が必要である．

③視力低下：夜間視力が標高 1,500m 地点から低下しはじめる．3,000m 地点では視力の低下が報告されている．

④中枢神経症状：標高 3,000m を超えると注意力が低下し，4,500m では認識力の低下が出現する．高所トレーニングでは視力，注意力低下によるケガが起こりやすくなる．

⑺末梢組織

①毛細血管：高所順応により，筋組織内の毛細血管分布は増加する[30]．これは，毛細血管と筋細胞の距離を短縮させ，筋細胞内への酸素供給を促進すると考えられる．

②筋細胞：筋は萎縮により小さくなる．高所での低運動強度のトレーニング，食欲低下，小腸での吸収低下も筋萎縮の原因と考えられる．ヒトでは高所順応した後でも，筋中ミオグロビン濃度の増加は証明されていない．ミトコンドリア内 ATP 産生にかかわるクレブス回路の各種酵素活性が亢進するという報告もある[31]．

3．高所トレーニングの医科学

1）高所トレーニングの有用性

高所に行くことにより，平地での競技力が向上すると考えられる理由として，

①筋組織内の循環動態の改善

②筋細胞内クレブス回路酵素活性亢進による ATP 産生能増大

③血液ヘモグロビン増加，酸素運搬能改善

④分時換気量増大

⑤体重減少

などがあげられる．しかしながら，高所トレーニングは高所での競技力向上に役立っている十分な証拠はあるが，平地へ戻ってからの競技力向上や最大酸素摂取量向上に役立つかどうかについてはさまざまな意見がある．これは比較対照試験が行なわれにくいためであるが，多くの研究は高所トレーニングが平地での競技力向上に役立っていることを示していない．例えば，Adams らは 12 人の中距離走者によるクロスオーバー研究（平地から高所を 3 週間ずつと，高所から平地を 3 週間ずつの 2 回に分けて，6 週後に平地で最大酸素摂取量と 2 マイル走時間を測定した）を行ない，高所トレーニングの効果を認めなかったとした[32]．

最大酸素摂取量が向上しないことに関しては，ヘモグロビン増加による血液粘稠度の増大が末梢血管抵抗の増大や心拍出量低下をもたらす，高所での運動強度が低いことにより筋量が低下する，などが理由としてあげられる．

2）高所順応に要する時間とトレーニング強度

通常の高所トレーニングセンターは標高 1,800〜2,300m 地点にある．呼吸循環器系の高所順応には約 5 日間程度で良いが，赤血球増多の効果が現れるには約 4 週間を要する．高所において赤血球が効果的に増加するために，タンパク質と鉄分の摂取を十分に行なう必要がある．

高所は低酸素環境下にあるため，無酸素運動の割合が増え，平地と同じ相対強度のトレーニングを行なうには，その絶対的負荷を下げなければならない．平地でのトレーニングは最大酸素摂取量の約 80％の運動強度であるが，これに相当する 2,300m 地点でのトレーニングは平地での最大酸素摂取量の 60％程度のトレーニングに相当する．このように高所では強度の高い練習を行なうことはできないため，4 週間も高所にいると筋萎縮が出現しやすくなる．これを避けるために，長期間高所に滞在する場合は，定期的に平地へ戻り高い

強度のトレーニングを行ない，筋萎縮を防止することが必要である．

平地で行なわれる競技会参加に際して，どれくらい前に高所から平地へ戻るべきか判然としないのは，科学的な根拠となる比較対照試験がなされていないためである．2，3日前で良いとする研究者もいれば，2週間前を主張する者もいる．

3）Living high-Training low 法の開発

Levineらは，高所順応と平地レベルのトレーニング強度を維持して，平地での競技力向上を目的として，Living high-Training low（LH-TL）法を提唱した[33, 34]．これは血液ヘモグロビンを増加させるため低酸素刺激を日常生活で受け，かつ平地で強度の高いトレーニングを行なうことにより，これまで指摘されてきた高所トレーニングの問題点を克服する方法である．しかしながら，LH-TL群の中で指標が改善しないものもあり，これら競技者の血中EPOの反応は十分でなかった[35]．より効率的なLH-TL法とするために，EPO分泌をよくするため2,500m地点で過ごし，平地と同じような強度のトレーニングができるように1,500m以下の地点でトレーニングが行なえる環境が望ましい．また，LH-TL法の効果判定指標として5km走行時間を用いたが，それより長い距離に関する成績はないため，今後さらに検討を要すると考えられる．

4）長距離・マラソン選手が高所トレーニングを行なう場合

平地で強度の高いトレーニングを行ない，さらなるトレーニング効果を求めて高所へ上るわけであるから，トラブルなく，効果的にトレーニングを行なうための事前準備が必要である．準備不足から高所トレーニングで体調を崩す例が多いので，高所トレーニングの目的を明確にすること，ケガや故障を治しておくこと，十分な食事と鉄分の補給を行なうこと，呼吸循環系や血液系の高所順応プロセスを理解することが必要である．

通常，競技力向上の高所トレーニングは4週間単位で実施されることが多い．LH-TL法を実施するには困難な点も多いため，これまで行なわれてきた方法を改良する必要がある．1,800～2,200m地点での高所トレーニングの場合，第1週を高所に慣れるための週とし，強度が低く，走行距離も短いトレーニングとし，その間に体調を整えさせる．この導入期の過ごし方は，その後のトレーニングの成否に関して重要である．第2週には走行距離を確保し，第3週は毎日のトレーニング時に高所を降りて（1,500m以下），平地レベルに近い高強度のトレーニングを行ない，高所の宿舎に戻ることとする．第4週に高所で強度と距離を維持する流れとなる．

高所ではさまざまな問題が起こるため，起床時の体温，心拍数，体重測定と疲労感，筋肉の張り，痛みなどの自覚症状確認を行なわせ，なんらかの症状があれば無理をさせないことである．レクリエーションを設け，気分転換を図ることも必要である．不眠のため，判断力の低下や疲労感の持続があるので，昼寝を必要とする．栄養管理の面から，また，選手のニーズに応えられるように，栄養士を帯同させることは重要である．また，高所ではアルコールに酔いやすいため飲酒量を平地より少なくさせる．

4．エリスロポエチンUp-to-date

1）エリスロポエチンとは

エリスロポエチン（erythropoietin，EPO）は分子量約34,000，アミノ酸165個よりなる内因性の酸性糖タンパクペプチドである．その生理作用は骨髄赤血球前駆細胞erythroid progenitor cell上の受容体に結合し，その細胞の増殖と分化を促進することにより，血液ヘモグロビン（Hb）濃度の恒常性を維持することである．EPO遺伝子の発現は，腎臓および脳における酸素センサーが低酸素刺激を感知し，その信号を転写因子が受けcis-elementへ結合することにより誘導される．転写因子GATA-1，2，3はGATA配列に特異的に結合し，EPO遺伝子の発現を低下させる．

EPOは胎生期には主に肝臓で産生されるが，生後は主に腎臓で産生される．最近の研究では，脳内グリア細胞の1種である星状細胞もEPOを分泌することが判明している．これは脳虚血による低酸素状態を改善させる生体防御反応のひとつと考えられる[36]．

腎臓のEPO産生細胞はperitubular capillary interstitial cell（傍尿細管毛細管間質細胞）である．透析療法を受けている慢性腎不全患者の場合，EPO低下による腎性貧血が出現しやすいが，腎臓のEPO産生細胞の障害のみでなく腎不全の際に上昇するモノメチルアルギニンがEPO遺伝子の発現を抑制するという報告[37]もある．腎性貧血改善のため，遺伝子組み換えEPO注射が臨床の場では日常的に行なわれている．

EPOが異常に高値を示す病態には，EPO産生腫瘍，急性白血病，再生不良性貧血，骨髄異形成症候群などがあり，各種貧血，高所滞在でも高値を示す．EPOが異常に低値を示す病態は真性多血症である．

2）Hb濃度とパフォーマンス

最大酸素摂取量を決定する大きな因子のひとつは，血液Hb濃度である．Hbは赤血球内に存在する鉄含有タンパクで，Hb1分子は酸素4分子と結合でき，Hb1gで1.39mLの酸素を運搬できる．Hb濃度が15g/dLの場合と10g/dLの場合の最大酸素摂取量を比較すると，以下のような条件下では前者では73mL/分/kg，後者では50mL/分/kgと計算される．平地での最大酸素摂取能力の差は23mL/分/kgと大きく異なり，貧血はパフォーマンスの低下を招く（表16－1）[38]．

表16－1のモデル計算では，心および肺は正常に機能するものと仮定した．

血液に溶解する酸素は微量であるので，0と仮定した．混合静脈血は肺動脈内血液を指す．

肺内ガス交換障害がなければ，貧血であっても酸素分圧に変化はないが，混合静脈血酸素飽和度，酸素含量は異なる．貧血では2・3DPGが上昇しているため，酸素飽和度は低下する．酸素飽和度は酸素解離曲線から求められる．

激運動時の動静脈酸素含量較差は，Hb濃度が15g/dLでは安静時の3.3倍に増加する（5.2から17.5へ）が，Hb濃度が10g/dLでは安静時の2.4倍にしか増加できず（4.9から12.0へ），貧血時には酸素運搬予備能力が低下している．

安静時および激運動時の心拍出量を5,800mL/分，25,000mL/分とすると，フィックの法則により，酸素摂取量は下記のように計算される．

〈Hb 15g/dLの場合〉

安静時酸素摂取量

5,800mL/分×5.2mL/dL＝302mL/分

激運動時酸素摂取量

25,000mL/分×17.5mL/dL＝4,375mL/分

〈Hb 10g/dLの場合〉

安静時酸素摂取量

5,800mL/分×4.9mL/dL＝284 mL/分

激運動時酸素摂取量

25,000mL/分×12.0mL/dL＝3,000mL/分

このように，安静時酸素摂取量はHb濃度が15g/dLの場合と10g/dLの場合で，大きな差を認めないが，激運動時酸素摂取量は貧血時に著明に低下する．

体重を60kgとすると，最大酸素摂取量はHbが15g/dLの場合は73mL/分/kg，10g/dLの場合は50mL/分/kgと計算され，貧血はパフォーマンスの低下を招く．

日本人長距離トップアスリートのHb濃度と10,000mの自己記録時の平均スピードとの間には有意な関係がある[38]．すなわち，Hb濃度が高いほど質の高い練習をこなすことができ，さらに記録の向上につながることが推測される．日本陸連中長距離強化合宿に参加した選手（男性45名，女性36名）に対して血液検査を実施したが，貧血の頻度は，男性で45名中13名（28.9%），女性で36名中7名（19.4%）であった[38]．Hb値は正常であったが，体内の貯蔵鉄量を反映する血清フェリチン値が低下（一般健常者の平均値－1標準偏差以下）していた者，すなわち鉄欠乏状態にあった者は，男性で32名中23名（71.8%），女性で29名中13名（44.8%）も存在した．特に，

表 16－1　血液ヘモグロビン濃度と酸素摂取量のモデル計算

	Hb 15g／dL			Hb 10g／dL		
	動脈血	混合静脈血		動脈血	混合静脈血	
		安静時	激運動時		安静時	激運動時
酸素分圧（torr）	100	40	15	100	40	15
酸素飽和度（%）	100	75	16	100	65	14
酸素含量（mL/dL）	20.8	15.6	3.3	13.9	9.0	1.9
動静脈酸素含量較差（mL/dL）		5.2	17.5		4.9	12.0

（山澤文裕：ランニング障害（内科系）貧血．日本臨床スポーツ医学会学委員会編，ランニング障害 1 版，文光堂，pp.166－174，2003）

男性では血清フェリチン値が一般健常者から得られた基準下限（平均値－ 2 標準偏差）以下であった者が 6 名（13.3%）も存在し，わが国の中長距離トップ競技者の鉄不足はいまだに深刻な問題である．鉄剤や鉄タブを内服する競技者は男性 11 名（24.4%），女性 25 名（69.4%）であったが，積極的に栄養サポートを受け，貧血予防策を講じる必要がある．赤血球の寿命は約 120 日で，毎日 0.8%の赤血球が入れ替わり，全赤血球に占める血液網状赤血球の割合（%網状赤血球）の基準値は，この 0.8%からきている．血液 Hb 濃度を維持するために，食事から十分量の鉄分とタンパク質を補給する必要があり，競技者の場合，平地では性にかかわらず 1 日あたり 25～30mg の鉄分（このうち，わずか 10%程度しか吸収されない），体重 1 kg につき 2 g のタンパク質および 250mg のビタミン C を摂らなければならない．

高所では吸入気酸素分圧の低下により，動脈血酸素分圧，酸素飽和度は低下する．心拍出量が増大し組織への酸素供給量を維持しようとするが，組織低酸素状態のため腎臓からの EPO 分泌は増大する．その結果，赤血球および Hb 濃度は平地よりも高値を示す．%網状赤血球も 2 %以上と高値を示し，赤血球ターンオーバーは平地の 2 ～ 3 倍に亢進する．ところが，Hb 産生に必要な鉄とタンパクの摂取が十分でないと，期待したほど Hb 濃度は上昇しない．日本陸連が実施した高所トレーニングのメディカルサポートでは，4 週間高所滞在で平均約 1.5g/dL の Hb 濃度上昇を認めたが，Hb 濃度がほとんど変化しなかった競技者もみられた．これは高所で食欲減退，消化不良などがおき，十分な栄養を摂取できず，分泌された EPO が十分に効果を発揮できなかったことが原因のひとつと考えられた．高所滞在で，効率良く赤血球産生を亢進させ Hb 濃度を上昇させるためには，高所へ行く前に鉄分を体内に十分に貯蔵し，高所で平地より多めの鉄分とタンパク質を摂取することが必要である．

3）高所トレーニングとドーピング

世界アンチ・ドーピング規程は禁止リストに物質・方法を掲載する基準を次の 3 つのうち，2 つ以上満たすものとしている．すなわち，①その物質または方法によって競技能力が強化され，または強化されうるという医学的その他の科学的証拠，薬理効果または経験が存在すること，②その物質または方法が競技者に対して健康上の危険性を及ぼす，または及ぼしうるという医学的その他の科学的証拠，薬理効果または経験が存在すること，③その物質または方法の使用が規程の概説部分にいうスポーツ精神に反すると世界アンチ・ドーピング機構が判断していること，である．EPO 投与により最大酸素摂取量は理論的に 10%程度増大するとされる[39]．また，IOC 世界スポーツ科学会議で，マラソン競技者の持久能力が EPO 投与後 6 週間の間 10%増加したことが報告された[40]．EPO 乱用は持久性競技者に多く，脱水状態に EPO が使用されると血液粘稠度を非常に亢進させ，冠動脈血栓の原因となりやすい．さらに EPO 乱用は治療目的使用ではなく，かつフェアプレー，健康，真摯な取り組みなどのスポーツ精神に反している．よって，EPO 乱用（実際には，腎性貧血改善薬として用いられる遺伝子組み換え EPO の注射による誤用がほとんどである）は①，②，③のすべてを満たすため，禁止リストで禁止物質・禁止方法の両方に定められている．これに対して高所トレーニングそのものは禁止物質にも禁止方法にも定められていない．高所トレーニングは確かに競技力を高めるが，生体に生来備わった環境への順応を引き出す方法であり，健康に特段の害はないと考えられる．実際に高所に居住する人々は多く，健康障害増大の報告はない．また，高所でのトレーニングは高所で生まれ育った競技者が日常的に行なっており，それを平地に住む人々が行なってはいけない理由はない．よって，高所トレーニングは 3 条件のうち，1 つしか満たさないため，ドーピングではないのである．世界アンチ・ドーピング規程では，高所トレーニングと同じように「競技能力を強化しうる」基準のみを満たす他の具体的例として，肉体的・精神的トレーニング，赤身肉の摂取，カーボハイドレイトローディングなどをあげている．

ドーピング検査における遺伝子組み換え EPO の検出方法は，2000 年 6 月に確立された．尿検体を用いた直接証明法と血液検体を用いた推定法がほぼ同時に報告され，それら両者を用いた検査方法がシドニーオリンピック，ソルトレークオリンピックで実施された．尿検体では遺伝子組み換え EPO の存在を証明できるが，EPO 使用の 3 日以内でなければ検出できない．血液検体では 2 週間以内の EPO 使用ならばそれを推定可能である．現在のドーピング検査では血液検体の Hb 濃度，ヘマトクリットおよび%網状赤血球を指標として用い，それぞれ男性では 17.0g/dL，50%，2.0%，女性では 16.0g/dL，48%，2.0%以上を異常高値としている[41]．その場合には，尿中 EPO 測定を実施し，かつ健康上の問題ありとし競技会への出場を停止させる措置がとられる．

EPO やその関連物質であるダーベポエチン（DPO）が持久性競技者で検出されている．DPO は 2002 年ソルトレークオリンピックで，ノルディック金メダリストのミューレック（スペイン），ラズティナ（ロシア）らからはじめて検出された．DPO は EPO よりシアル酸が多く，かつ構成するアミノ酸の一部が異なる．検出方法は EPO と同じであるが，EPO より半減期が長いので投与間隔が長期となるため，DPO をタイミング良く検出することは EPO よりも困難であった．DPO によるドーピング違反は悪質であり，ミューレック，ラズティナらのソルトレークオリンピックでの全記録は抹消され，メダルも剥奪された．また，資格も 2 年間剥奪された．

おわりに

高所でトレーニングすることの利点および欠点について医科学の面より検討した．今後，研究されるべき点は多種あるが，高所トレーニングそのものを成功させるには，高所へあがる前のコンディションや準備が重要であることが強調される．

文　献

1）Manier G et al.: Pulmonary gas exchange in Andean natives with excessive polycythemia-effect of hemodilution. J Appl Physiol, 65: 2107－2117, 1988.

2）West JB et al.: Pulmonary gas exchange on the summit of Mount Everest. J Appl Physiol, 55: 678－687, 1983.

3）West JB: Barometric pressure on Mt.Everest: new data and physiological significance. J Appl Physiol, 86: 1062－1066, 1999.

4）Buskirk ER et al.: Maximal performance at altitude and on return from altitude in conditioned runners. J Appl Physiol , 23: 259－266, 1967.

5）Grover RF and Reeves JT: Exercise performance of athletes at sea level and 3100 meters altitude. Med Thorac, 23: 129－143, 1966.

6）Jackson CG and Sharkey BJ: Altitude, training and human performance. Sports Med, 6: 279－284, 1988.

7）Gore CJ et al.: Increased arterial desaturation in trained cyclists during maximal exercise at

580 m altitude. J Appl Physiol, 80: 2204－2210, 1996.

8) Fulco C et al.: Maximal and submaximal exercise performance at altitude. Aviat Space Environ Med, 69: 793－801, 1998.

9) Peronnet F et al.: A theoretical analysis of the effect of altitude on running performance. J Appl Physiol, 70: 399－404, 1991.

10) Cerretelli P: Gas Exchange at high altitude. In: West JB Ed, Pulmonary Gas Exchange, Academic Press, pp.97－147, 1980.

11) Capelli C and di Prampero PE: Effects of altitude on top speeds during 1 h unaccompanied cycling. Eur J Appl Physiol, 71: 469－471, 1995.

12) Schoene RB et al.: Relationship of hypoxic ventilatory response to exercise performance on Mount Everest. J Appl Physiol, 56: 1478－1483, 1984.

13) Beidleman BA et al.: Exercise VE and physical performance at altitude are not affected by menstrual cycle phases. J Appl Physiol, 86: 1519－1526, 1999.

14) Groves BM et al.: Operation Everest II: elevated high-altitude pulmonary resistance unresponsive to oxygen. J Appl Physiol, 63: 521－530, 1987.

15) Klausen K: Cardiac output in man in rest and work during and after acclimatization to 3,800m. J Appl Physiol, 21: 609－616, 1966.

16) Sawka MN et al.: Blood volume: importance and adaptations to exercise training, environmental stresses, and trauma/sickness. Med Sci Sports Exerc, 32: 332－348, 2000.

17) Hannon JP et al.: Effects of altitude acclimatization on blood composition of women. J Appl Physiol, 26: 540－547, 1969.

18) Sato M et al.: Time course of augmentation and depression of hypoxic ventilatory response at altitude. J Appl Physiol, 77: 313－316, 1994.

19) Gale GE et al.: Ventilation-perfusion inequality in normal humans during exercise at sea level and simulated altitude. J Appl Physiol, 58: 978－988, 1985.

20) Reeves JT et al.: Operation Everest II: preservation of cardiac function at extreme altitude. J Appl Physiol, 63: 531－539, 1987.

21) Milledge JS: Eectrocardiographic changes at high altitude. British Heart J, 25: 291－298, 1963.

22) 川原　貴：高地トレーニング　日本陸連の取り組み—長距離・マラソンの高地トレーニング．臨床スポーツ医学，8: 598－606, 1991.

23) 山澤文裕：陸上競技選手への高所トレーニング—健康上のトラブルについて．臨床スポーツ医学，16: 541－547, 1999.

24) Emonson DL et al.: Training- induced increases in sea level Vo2max and endurance training are not enhanced by acute hypobaric exposure. Eur J Appl Physiol, 76: 8－12, 1997.

25) 植木真琴ほか：多巴高所トレーニングに関する日中共同研究．平成５年度日本オリンピック委員会スポーツ医・科学研究報告 No.Ⅳ．JOC高所トレーニング医・科学サポート，3: 3－59, 1994.

26) Dinmore AJ et al.: Intestinal carbohydrate absorption and permeability at high altitude (5,730m). J Appl Physiol, 76: 1903－1907, 1994.

27) Westerterp-Plantenga MS et al.: Appetite at "high altitude" [Operation Everest Ⅲ (Comex-'97)]: a simulated ascent of Mount Everest. J Appl Physiol, 87: 391－399, 1999.

28) Bartsch P et al.: Enhanced exercise- induced rise of aldosterone and vasopressin preceding mountain sickness. J Appl Physiol, 71: 136－143, 1991.

29) Engfred K et al.: Hypoxia and training- induced adaptation of hormonal responses to exercise in humans. Eur J Appl Physiol, 68: 303－309, 1994.

30) Mizuno M et al.: Limb skeletal muscle adaptation in athletes after training at altitude. J Appl Physiol, 68: 496－502, 1990.

31) Terrados N et al.: Is hypoxia a stimulus for synthesis of oxidative enzymes and myoglobin? J Appl Physiol, 68: 2369－2372, 1990.

32) Green HJ et al.: Increases in submaximal cycling efficiency mediated by altitude acclimatization. J Appl Physiol, 89: 1189－1197, 2000.

33) Levine BD and Stray-Gundersen J: "Living high-training low": effect of moderate-altitude acclimatization with low-altitude training on performance. J Appl Physiol, 83: 102－112, 1997.

34) Stray-Gundersen J et al.: HiLo training improves performance in elite runners. Med Sci Sports Exerc, 30: S35, 1998.

35) Chapman RF et al.: Individual variation in response to altitude training. J Appl Physiol, 85: 1448－1456, 1998.

36) Sakanaka M et al.: In vivo evidence that erythropoietin protects neurons from ischemic damage. Proc Natl Acad Sci USA, 95: 4635－4640, 1998
37) Imagawa S et al.: L-arginine rescues decreased erythropoietin gene expression by stimulating GATA-2 with NMMA. Kidney Int, 61: 396－404, 2002
38) 山澤文裕：ランニング障害（内科系）貧血．日本臨床スポーツ医学会学術委員会編，ランニング障害 1 版，文光堂，pp.166－174, 2003.
39) Goldingay R: Potential for abuse of recombinant erythropoietin. Sports Med Dig, 11 (11)：5, 1989
40) Spence M: Doctors concerned about side effects of chemical erythropoietin. The Olympian, 61, 1990
41) IAAF EPO TESTING PROTOCOL: International Association of Athletics Federations, 2004.

［山澤　文裕］

17章　高所トレーニングと栄養

はじめに

アスリートにとって，ハードトレーニングに打ち克ち，記録更新や勝利をつかむために，トレーニングと栄養は大いに関係している．栄養の役割は，エネルギーを蓄え，身体をつくり，体調を調節するという3つに大別されるが[1]，このことは，高所トレーニングの栄養を考える上でも同様である．ただし，高所では，平地と比較して低圧・低酸素の状態にあるため，アスリートにとっては，例えば同じ走行距離やペースであっても，相対的に運動強度が高まるし，体水分の低下，造血作用の亢進，ストレスホルモンの上昇など，栄養に関係のある要因が変化することを認識しておかなければならない[2]．

本章では，1991年と1992年に日本陸上競技連盟が実施した長距離・マラソン高所合宿（米国コロラド州ガニソン：標高2,200～2,400m）において，栄養サポートを行なう機会を得たので，そこで得た知見を実践的研究として報告し，同時に，高所において有用となる栄養補助食品（サプリメント）について述べることとする．

1．1991年の研究

1991年の合宿は，5月28日～8月7日にかけて行なわれ，参加アスリートは，同年の世界選手権東京大会の代表を含む，男子20名，女子8名であった．この合宿における栄養サポートの役割は，トレーニング効果を十分に引き出し，2カ月以上にわたる合宿生活から生じるストレスを少しでも緩和することにより，コンディション調整に貢献することである[3]．

1）栄養必要量の設定

高所トレーニングにおける栄養摂取量については，先行研究が全くみられなかった．そこで，合宿中の栄養必要量については，事前にアスリートの1日のスケジュールを入手し，体格およびエネルギー代謝率（RMR）より，1日に5～6時間のトレーニングを行なうために必要なエネルギー量と各栄養素量を試算した（表17－1）[4]．

その結果，摂取エネルギーは男子で3,700～3,900kcal/日（体重55.2kg），女子で3,000～3,200kcal/日（体重42.0kg）に設定した．タンパク質のエネルギー比は，15～20%に設定することにより，体タンパク合成に必要とされる2g/kgBW以上[5]を摂取することが可能となる．糖質のエネルギー比は50～55%に設定することにより，持久的運動アスリートが，消耗した筋グリコーゲンを24時間以内に回復するのに必要とされる9～10g/kgBW[6]を確保することができる．登山に関する研究によれば，標高5,500mまではタンパク質，脂質，糖質の吸収不良は起こらないことが報告されており[7]，3大栄養素については表17－1の栄養必要量に従った．

カルシウムについては先行研究はみられなかった．鉄については，造血作用の最も重要な要因であるとされるため[8]，いずれも一般人の栄養所要量のほぼ2倍量を必要量とした．ビタミンA，B_1，B_2，Cは，摂取エネルギーの増加，ストレスの予防および酸素フリーラジカルによる傷害[9]の予防を考慮して，栄養所要量の2～6倍に設定した．

以上の設定に基づいた献立を作成し，実際に供食してから体調面を中心に個々のアスリートと相

表 17－1　高所トレーニング期における栄養必要量

	エネルギー (kcal)	エネルギー比（%）			カルシウム (mg)	鉄 (mg)	ビタミン A (IU)	ビタミン B_1 (mg)	ビタミン B_2 (mg)	ビタミン C (mg)
		タンパク質	脂質	糖質						
男子	3,700～3,900	15～20	30 未満	50～55	1,200	25	4,000	4.00～5.00	3.00～4.00	300
女子	3,000～3,200	15～20	30 未満	50～55	1,200	25	4,000	4.00～5.00	3.00～4.00	300

（鈴木いづみ：競技現場における栄養管理の実際．トレーニング科学研究会編，競技力向上のスポーツ栄養学．朝倉書店，pp.109－115，2001）

談して調整することにした．

2）食事の考え方

実際の食事メニューは，朝・昼・夕の３食ともに，①主食，②おかず，③野菜，④果物，⑤乳製品の５つを揃えた『栄養フルコース型』の食事[10]とし，①から糖質のエネルギーを確保し，②，⑤からタンパク質，カルシウム，鉄を十分に摂り，③，④からビタミン，ミネラルに加えて食物繊維も摂れるように配慮した（写真 17－1）．いわゆるストレス対策として，アスリートの食べたいものを聞き取り献立に反映したり，日本の食材を持ち込んで，定期的に日本食を供することも行なった．

3）栄養の意識が合宿の成否を分ける

この年は，人数も多かったため，厳密な栄養管理はできなかったが，28 名中 11 名が，こちらが供したもの以外に飲食したものと，その分量を記録してくれたので，食事に対する意識と実態をおおよそ把握することができた．

結果的に，栄養に対する意識が高く，規則正しく食べていたアスリートは，良好な体調のうちに合宿を終えることができた．一方，偏食があり，食事を残しがちであったアスリートは，合宿中盤から後半にかけて体調を崩した[3]．これらのことから，高所におけるトレーニングにおいては，栄養面を充実させることが重要であることと，事前に設定した栄養必要量がほぼ妥当なものであることなどが示唆された．

写真 17－1　高所トレーニングの食事例
上から朝・昼・夕食

2．1992年の研究

1992 年の合宿は，５月 14 日～７月 12 日にかけて行なわれ，参加アスリートは，男子５名，女子２名であり，同年のバルセロナオリンピックの

表 17－2　アスリートのプロフィール

Subject	性別	年齢(歳)	身長(cm)	体重(kg)
A	女	27	156.0	40.0
B	女	29	160.0	44.0
C	男	30	167.0	54.0
D	男	29	169.0	49.0
E	男	23	167.0	51.0
F	男	21	173.0	52.0
G	男	25	168.0	56.5
平均		26	165.7	49.5
標準偏差		3	5.8	5.8

マラソン代表，補欠およびトレーニングパートナーである．プロフィールを表 17－2 に示す．アスリートは 5 月 14 日にコロラド州デンバー（標高 1,600m）に入り，高所に身体を慣れさせた後，5 月 19 日にガニソン入りし，本格的なトレーニングに入った．1 日のスケジュールは 6 時起床，6 時 30 分に集合し，早朝トレーニング，7 時 45 分から朝食，10 時 30 分よりメイントレーニング，13 時から昼食，休憩をはさんで 17 時より午後トレーニング，19 時夕食，22 時就寝というものであった．

1）厳密な栄養管理を実施

食事は 1 日 3 食とし，供食するメニューの 1 日分の栄養必要量は表 17－1 に従った．基本献立を 2 週間分作成し，これを繰り返し用いるようにしたが，状況に応じて個別対応も行なった．例えば，調整や故障のある場合は，食事量を約 8 割に減らした．強度の高いトレーニングを行なったために食欲のない時にも食事量は減らし，そのかわり望ましい間食を入れるように指導した．毎日の早朝体重の変化に注意し，増加する場合には食事量を抑えるように指導したり，油脂を控える調理法に変えた．週 1 回実施する血液検査の結果にも注目し，サプリメントの使用も含めて栄養素量を加減するようにアドバイスした．

2）栄養摂取状況は予想以上

この時のアスリートの 37 日間の個人別平均エネルギー摂取量，および栄養摂取量を表 17－3 に示す．平均エネルギー摂取量は，表 17－1 であらかじめ設定した量を全員が上回った．3 大栄養素のエネルギー比に関しても，タンパク質 18～20%，脂質 27～29%，糖質 51～55%であったので，設定範囲内であった．糖質摂取量は 8.7～10.6kg/BW であり，筋グリコーゲンの回復に必要とされる 9 ～10g/kgBW にほぼ達していた．しかし，タンパク質，ミネラル，ビタミン類については設定量を大きく上回った．これは，間食に低脂肪・無脂肪の乳製品を選んだり，ビタミン・ミネラル系のサプリメントを摂取したことによるものである．

3）血液検査結果

表 17－4 には，血液検査項目の数値の推移を 7 名の平均値で示した．平均ヘマトクリット（Ht）値は，5 週目のみ合宿前に比べ有意に増加した．平均赤血球量（RBC）は，4 週目以降，合宿前に比べて有意に高まり，6 週目では 7 %の増加を示した．平均ヘモグロビン（Hb）濃度は，1 週目から有意に増加し，6 週目には合宿前の 10%の増加を示した．先行研究では[8]，Hb 濃度は 1 週あたり約 1 %増加するとされているが，本研究では，それを上回る増加を示している．

平均白血球量（WBC）および平均血清鉄（Fe）には有意な変化が認められなかった．GOT と GPT は 1 週目から有意に増加し，この傾向は 6 週目まで続いた．CPK は 2 週目で有意に高まった．WBC が高まらないことから炎症反応等のマイナス要因が認められない状況で，高所においてかなり追い込んだトレーニングを続けていくことができたことになり，それには栄養サポートも貢献し，また，設定した栄養必要量も妥当であったといえよう．

4）エネルギー収支

消費エネルギーと摂取エネルギーの関係を俯瞰するため，各血液検査前日までの 1 週間の 1 日あたりの平均走行距離，同じく体重 1 kg あたりの

表 17−3　個人別平均栄養摂取量

	A	B	C	D	E	F	G
エネルギー							
1 日あたり(kcal/日)	3,310±63	3,136±55	4,054±286	4,178±220	3,930±158	4,388±204	3,963±99
体重あたり(kcal/kg)	82.8±1.6	71.3±1.2	75.1±5.3	85.3±4.5	77.1±3.1	84.4±3.9	70.2±1.7
タンパク質							
1 日あたり(g/日)	155±5	156±10	198±17	203±13	191±8	214±12	181±10
体重あたり(g/kg)	3.9±0.1	3.6±0.2	3.7±0.3	4.1±0.3	3.7±0.2	4.1±0.2	3.2±0.2
エネルギー比(%)	19±1	20±1	19±1	19±1	19±1	19±1	18±1
脂質							
1 日あたり(g/日)	104±6	101±3	121±9	127±5	123±8	135±5	117±5
体重あたり(g/kg)	2.6±0.2	2.3±0.1	2.2±0.1	2.6±0.1	2.4±0.1	2.6±0.1	2.1±0.1
エネルギー比(%)	28±1	29±2	27±2	28±2	28±2	28±2	27±2
糖質							
1 日あたり(g/日)	424±19	382±9	493±36	500±42	484±38	547±51	491±24
体重あたり(g/kg)	10.6±0.5	8.7±0.2	9.1±0.7	10.2±0.7	9.5±0.7	10.5±1.0	8.7±0.4
エネルギー比(%)	53±2	51±1	54±2	53±2	52±2	53±2	55±1
カルシウム(mg)	1,635±56	1,762±70	1,715±103	1,895±253	1,808±145	2,043±94	1,561±121
鉄(mg)	28±2	24±3	38±3	33±4	42±4	33±3	27±2
ビタミン A(IU)	19,756±1,603	20,691±3,748	22,443±4,008	23,338±4,607	14,249±8,857	22,801±1,986	20,621±3,758
ビタミン B_1(mg)	4.3±0.4	5.0±0.4	5.8±0.3	6.6±0.5	6.0±0.7	6.7±0.3	4.6±0.4
ビタミン B_2(mg)	4.7±0.2	5.9±0.3	5.9±0.3	6.8±0.7	5.8±0.5	6.6±0.5	4.5±0.5
ビタミン C(mg)	740±21	917±140	785±99	1,092±407	818±345	960±297	430±45

37 日間の平均±標準偏差

表 17−4　血液性状の推移

	標準範囲	合宿前	1 週目 92/5/20	2 週目 92/5/27	3 週目 92/6/3	4 週目 92/6/10	5 週目 92/6/17	6 週目 92/6/24
Ht(%)	33−52	44.4±3.3	43.7±3.4	43.5±4.4	44.5±3.6	45.3±3.3	46.1±3.4*	46.0±3.0
Hb(mg/dL)	11.0−18.0	14.2±1.0	14.6±1.2*	14.7±1.5*	15.2±1.3**	15.3±1.3**	15.8±1.2***	15.7±1.1**
RBC(×10,000/mL)	370−570	459±43	463±47	466±53	476±52	481±45*	490±47*	489±47*
WBC(×1,000/μL)	3.0−9.9	4.9±0.7	4.3±0.8	5.6±1.8	4.9±1.7	5.0±1.5	5.3±1.3	5.2±0.8
Fe(μg/dL)	50−200	153±56	128±30	116±53	154±55	145±45	145±35	121±32
GOT(U/L)	8−37	31.3±12.1	44.6±8.4*	56.6±13.3*	59.7±17.3*	54.7±8.7*	61.0±12.7**	51.9±10.7*
GPT(U/L)	3−40	24.7±7.6	40.6±3.4**	46.9±7.3**	52.0±5.9***	54.3±10.8**	55.3±6.5***	57.9±8.7***
CPK(U/L)	32−197	307±170	354±115	566±259*	499±220	400±148	563±349	380±268

平均±標準偏差
＊p＜0.05，＊＊p＜0.01，＊＊＊p＜0.001

平均エネルギー摂取量，そして血液検査日の体重を図 17−1 に示す．アウトプットにあたる平均走行距離は 1 日あたり 30.9km であり，インプットにあたる平均エネルギー摂取量は 78kcal/kgBW である．結果的に体重は 7 名全員が安定的に推移しているので，2,200〜2,400m の高所において，約 30km の走行トレーニングを 37 日間にわたり消化するには，体重 1 kg あたり約 80kcal のエネルギー摂取が必要ということになる．本研究では，運動強度について明確ではないものの，陸上長距離においては，エネルギー消費量は速度よりもむしろ走行距離に依存するので[11]，図 17−1 のような比較が可能であると考える．

5）ヘモグロビン上昇の理由

また，図 17−2 には，平均 Hb 濃度，平均タンパク質摂取量および鉄摂取量の各々の推移を示す．Hb は，骨髄においてタンパク質と鉄から合成される．そこで，血中 Hb 濃度の上昇を高所トレーニングの効果のひとつと捉えるなら，その材料となるタンパク質と鉄の摂取量も重視する必要があると考えた．Hb は合宿を通じて全員が増加傾向にあった．タンパク質は 3.8g/kgBW，鉄は 32.2mg/日の摂取であり，一般人の栄養所要量の

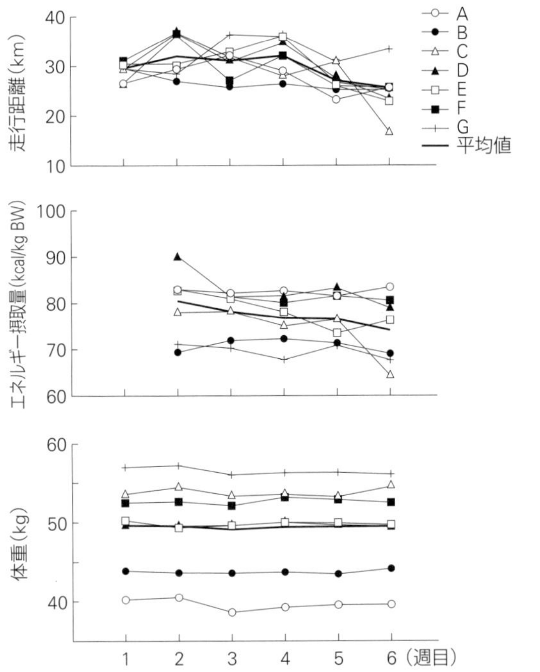

図 17－1　走行距離・エネルギー摂取量および体重の関係

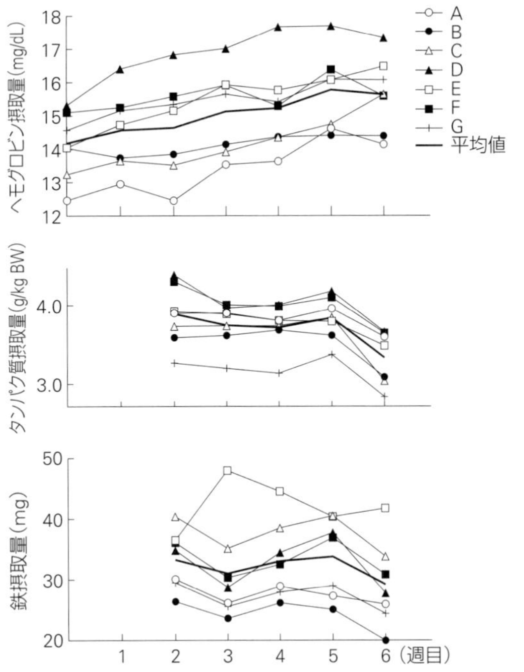

図 17－2　ヘモグロビン濃度とタンパク質・鉄摂取量の関係

約 3 倍量に相当する．このレベルまでの摂取が必要かどうかについては不明であるが，ここまで摂取することにより Hb 濃度が 6 週間で 10％増加したことも事実である．この点については，出納実験などにより，今後さらに綿密に研究される必要があるだろう．

以上のデータは，高所トレーニングの栄養必要量を決定するには，まだまだ不完全であるものの，アスリート個々人の血液検査結果や体重変化を把握しながら栄養を管理することにより，コンディションを良好に保ちながらトレーニング効果を高めることが可能であることの証拠となろう．

この年の合宿参加者からは，バルセロナオリンピック入賞者とゴールドコーストマラソン男子・女子優勝者が生まれており，高所トレーニングが競技力の向上にも貢献した成功例といえる．

3．高所トレーニングと栄養研究の現状

ここまでの内容については，1993 年に開催された日本陸連主催のマラソンセミナーにおいて，栄養サポートの実務を行なった明治製菓（当時）の管理栄養士・鈴木いづみ氏（旧姓藤澤）が報告し，多くの実業団陸上チームがその内容を聴講していたので，その後は各チーム単位で，さらに工夫を凝らして栄養管理を行なっていることが想像される．

1）現在のトップ選手の栄養管理

1996 年のアトランタオリンピックにおいて，女子マラソンの銀メダルを獲得した有森裕子選手の栄養管理を担当した金子ひろみ氏によれば，高所でハードにトレーニングを行なう場合の栄養価設定は，われわれが設定した表 17－1 の値と比べて，ビタミン B_1，B_2 の設定がやや低めであるものの，全体としては大きく変わるものではなかった[12]．

金子氏は，2000 年のシドニーオリンピックの時にも，女子マラソンの金メダルを獲得した高橋尚子選手の栄養管理を行なっている．このことを考えると，現在の陸上長距離の高所トレーニングにおいても，基本となる栄養必要量は変わらず，それをベースとしてきめ細やかなサポートを行な

うことが大切なのであろう．

著者は，1992 年の高所トレーニングの栄養サポートについて，1999 年のアメリカスポーツ医学会でポスター発表を行なった[13]．日本のマラソンの強さの秘密がわかると考えたのか，多くの研究者が質問にきたが，その時点でアメリカ，オーストラリアには，高所トレーニングに関する栄養必要量の指標はないようであった．

以上のことから，この分野はまだまだ研究の余地があり，発展する可能性を持っていると考える．

2）サプリメントについて

日本では，現在，陸上をはじめとし，水泳，自転車，トライアスロンなど多くの競技で高所トレーニングが取り入れられている．そのトレーニングのサポートとして，食事以外にサプリメントも注目されており，食事を補助するタイプのものと，持久力向上，疲労回復，抗酸化機能を狙って用いるタイプ（エルゴジェニック[14]）とがある．代表的なものを紹介する．

⑴プロテイン

プロテインは，牛乳タンパクのカゼイン，ホエイと，大豆タンパクなどを原料としており，目的によってそれぞれ単体あるいは配合されて製品化されている．パウダー状が主流であるが，ゼリードリンクやバー食品もみられる．本来は，食事でタンパク質の摂取量が不足する場合のサプリメントとして用いる．しかし，吸収を速めるためペプチド状に分解したものなど，運動直後に飲むことを考慮して消化器官への負担を軽くするように設計されたものもある．

⑵ビタミン

ビタミンの位置づけもサプリメントの範疇である．ビタミン摂取による競技力向上を検証した研究は多くみられるが，いまだ決め手になるようなものはない．高所トレーニングとの関係では，エネルギー生産にかかわるビタミン B 群，ストレスを予防するビタミン C，そして抗酸化機能を持つビタミン E と C および β カロチンが注目されている．タブレットタイプが多い．

⑶ミネラル

カルシウム，鉄ともにサプリメントであり，タブレットタイプが多い．高所トレーニングでは，造血作用を高めるため，鉄のサプリメントが用いられることが多い．

⑷アミノ酸

タンパク質を構成する 20 種のアミノ酸を配合した総合型のアミノ酸は，プロテインに比べて吸収が速く，消化器官への負担も少ないので，疲労回復を早める目的でトレーニング直後に摂取されるエルゴジェニックである．ハードなトレーニングは骨格筋のみならず，肝臓のタンパク質を分解してエネルギー化することも引き起こすため，文献的な証明はいまだ不十分であるが，アミノ酸摂取の効果が実感できるようである．特に，バリン，ロイシン，イソロイシンの 3 種類は分岐鎖アミノ酸と呼ばれ，筋のエネルギー源として利用される．また，グルタミンは，免疫作用に関係し，オーバートレーニングを予防するといわれている．

⑸糖　質

有酸素系のパワー発揮に必須の栄養素であり，エルゴジェニックである．米を主食とする日本人にとっては，グリコーゲンローディングのためのおにぎり，餅といったメニューは豊富であるが，間食やトレーニング中に用いられるブドウ糖のドリンクやタブレット，マルトデキストリンの液体あるいはゼリータイプのドリンクもある．

⑹コエンザイム Q10（CoQ10）

持久系の運動パフォーマンスを向上するエルゴジェニックとして，エネルギー代謝を促進し，抗酸化機能をあわせもつ点で注目されている．CoQ10 は，心臓，肝臓，腎臓，骨格筋などの細胞中のミトコンドリア内膜に存在し，エネルギーの本体 ATP（アデノシン三リン酸）を産生する電子伝達系の重要な成分である．つまり，心臓の鼓動，呼吸筋など生命の維持に必要な筋の収縮エネルギーをはじめとし，運動・スポーツのための骨格筋の収縮エネルギーまで，すべてのエネルギー産生に関与している．しかも，CoQ10 は，ビタミン E と協働して，酸素フリーラジカルから細胞がダメージを受けるのを防ぐ抗酸化機能を有している．最近，われわれは大学水泳部の高所トレーニング時における CoQ10 摂取が，酸化ストレスのリスクを低減し，トレーニングによる最大酸素摂取量の増加をもたらすという知見を得た[15)]．今後の高所トレーニングにおいて有用なエルゴジェニックとなることを期待している．

おわりに

高所トレーニングの生理的作用が次々に解明され，その方法も多様化しており，高所トレーニングは，まさにドーピングに抵触せずに最も効率的に競技力を高める方法として確立された感がある．しかし，その効果を引き出すのに重要な栄養については，この 10 年間で大きな進歩は認められないといわざるを得ない．今後，栄養摂取の影響について，サプリメントも含め，生理学的にメカニズムを解明してくことが必要である．本章のデータは新しいものではないが，トップアスリートにかかわる稀有な実践的研究という点で報告することに意義があると思い，まとめ直した．

文　献

1）杉浦克己：筋と栄養．福永哲夫編，筋の科学事典—構造・機能・運動—．朝倉書店，pp.491－498, 2002.

2）小林寛道：高地トレーニングと低酸素トレーニングの発展．体育の科学，51: 260－265, 2001.

3）藤澤いづみ，杉浦克己：長距離・マラソン高地合宿における栄養サポート．体育の科学，42: 619－625, 1992.

4）鈴木いづみ：競技現場における栄養管理の実際．トレーニング科学研究会編，競技力向上のスポーツ栄養学．朝倉書店，pp.109－115, 2001.

5）長嶺晋吉：スポーツとエネルギー・栄養．大修館書店，1979.

6）Costill DL et al.: The role of dietary carbohydrates in muscle glycogen resynthesis after strenuous running. Am J Clin Nutr, 34: 1831－1836, 1981.

7）Kayser B: Nutrition and energetics at altitude. Theory and possible practical implications. Sports Med, 17: 309－323, 1994.

8）Berglund B: High-altitude training. Aspects of haematological adaptation. Sports Med, 14: 289－303, 1992.

9）Jones DP: The role of oxygen concentration in oxidative stress: Hypoxic and hyperoxic models. In: Sies H Ed, Oxydative Stress. Academic Press, pp.151－195, 1985.

10）杉浦克己：栄養のバランスと競技力の向上．体育の科学，50: 774－779, 2000.

11）Hawley JA et al.: Nutritional practices of athletes: Are they sub-optimal? J Sports Sci, 13: S75－S81, 1995.

12）金子ひろみ：女子マラソンオリンピック候補・A 選手の高地合宿での食事サポート．黒田善雄ほか編，臨床スポーツ医学臨時増刊号　スポーツ栄養の実際．文光堂，pp.299－305, 1996.

13）Sugiura K et al.: Nutritional requirements of elite Japanese marathon runners during altitude training. Med Sci Sport Exerc, 31: S192, 1999.

14）メルビン・ウィリアムズ著，樋口　満監訳：スポーツ・エルゴジェニック　限界突破のための栄養・サプリメント戦略．大修館書店，2000.

15）酒井健介ほか：水泳選手を対象としたトレーニング期間中の CoQ10 摂取の効果．体力科学，52:740, 2003.

［杉浦　克己］

18 章　高所トレーニングにおけるコンディショニング

はじめに

高所トレーニングを成功させるためには，高所滞在前の体調，高所滞在初期の順化，滞在期間中の体調および下山後の調整等さまざまな局面でコンディションを良好なものにする必要がある．(財)日本陸連・科学委員会の活動として携わった実際例を紹介しながらコンディショニングについて述べることとする．

1．コンディションチェック

日々の体調管理に関するコンディションチェックについては，これまでいくつか報告がなされている．（財）日本陸連・科学委員会では，これまで高所トレーニング合宿の際に数名のサポートスタッフを帯同させ，日々の基本的な体調をチェックするために以下の内容を実施し，選手たちの競技力向上に直結する成果を生み出してきている．

それらの項目は，①体重変化，②体温，③尿，血液のチェック，④自転車エルゴメータあるいはペース走による心拍数応答チェック，⑤心理テスト（POMS），⑥日誌（起床時の心拍，体重，尿，練習記録（内容，距離，前後の体重），自己評価（負担度，体調，全身疲労，意欲，睡眠，食事，生理，便通等），⑦からだのセルフチェック（筋の疲労度，柔軟性）等である．詳細については文献1～3を参照されたい．

2．高所順化の過程

ボルダー（アメリカ：標高 1,650m）で行なわれた日本陸連・高所トレーニング合宿（1993 年）の際には，順化の様子を把握するためにペース走による心拍応答チェックを実施した．測定は，出発前（日本国内），高所滞在中では 2，4，6，8 日目，それ以降は，おおむね 1 週間に 1 回程度，早朝に実施した．具体的な方法は，第 1 負荷：400m を 1 周 120 秒のペースで 1,200m 走，第 2 負荷：400m を 1 周 100 秒のペースで 1,200m 走，第 3 負荷：400m を 1 周 80 秒のペースで 1,600m 走を行なわせ，ハートレイトモニターを用いて走行中の心拍数をとらえることによって，順化の過程を観察しようとした（図 18－1）．選手 13 名の協力を得て実施した．この測定結果から，3 速度とも高所滞在直後は平地（日本）時に比べ高い値を示すが，滞在 6 ～ 8 日目には平地（日本）での心拍水準と同レベルまで変化することが観察できた．その後，心拍数が平地レベルと同等か，それより低い値を示すタイプの選手（図 18－2 の a）もいれば，滞在中に測定した心拍数

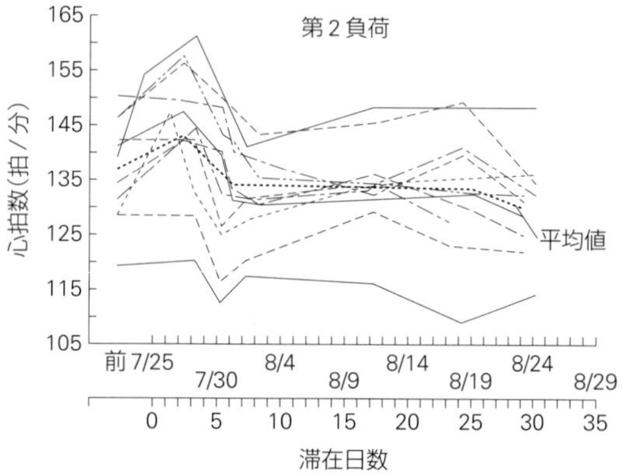

図 18－1　高所トレーニング時のペース走中の心拍数の推移

1993 年アメリカ・コロラド州ボルダーでのデータ．
1 周（400m）を 100 秒のペースで 3 周（第 2 負荷）実施した時の最後の 1 周の平均心拍数．

が，常時平地レベルよりも高い値を示すタイプの選手（図 18−2 の b）もみられた．前者のタイプは，おおむね合宿中のトレーニング状況や合宿後の競技成績は良好であったが，後者のタイプは，滞在中体調の悪さを訴えることが多く，合宿後の競技成績もよい成績をあげることができなかった．この選手は，高所トレーニングを行なう前に国内でも合宿を行なってきており，直前にレース（ハーフマラソン）にも参加し，かなり疲労が蓄積した状態だったことが判明し，高所に入る前のコンディション（リフレッシュ）が，その後の良好なコンディションを保つ上でいかに重要であるかを示す事例であるといえる．このような負荷強度が等しいペース走を数回実施し，その時の心拍応答から順化のパターンや体調を把握することは，コンディションの管理に大いに有用であるといえよう．

また，本合宿時では，5,000m のタイムトライアルを約 7 〜10 日毎に 3 〜 4 回実施し，各選手のパフォーマンスチェックが行なわれた．その時の 5,000m のタイムを用いて，ベストタイムに対する比率を算出し，その推移を観察してみた（図 18−3）．

滞在 7 日後のベストタイムに対する比率は，長距離群が約 92〜95%，マラソン群が約 91〜96% であった．21 日後では，長距離群が約 92〜96%，マラソン群が約 89〜96%を示し，44 日後では長距離群が約 93〜98%，マラソン群が約 93〜98% であった．長距離群で 7 日後に 94%，95%と高値を示した選手は，所属大学において国内で頻繁に高所トレーニングを実施している者であり，高所における順応性の高さをうかがわせるもので

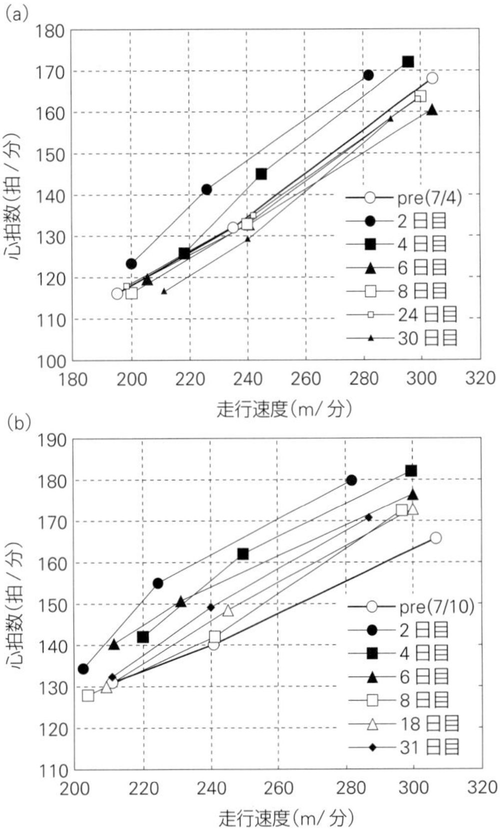

図 18−2　高所トレーニング前，滞在中における 3 速度でのペース走中の心拍数の推移

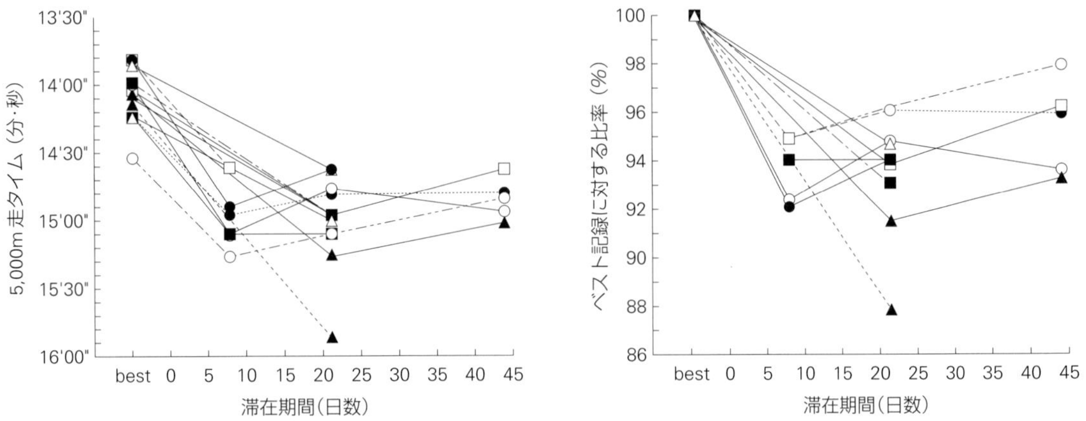

図 18−3　滞在中における 5,000m タイムトライアルの記録の推移（長距離群）

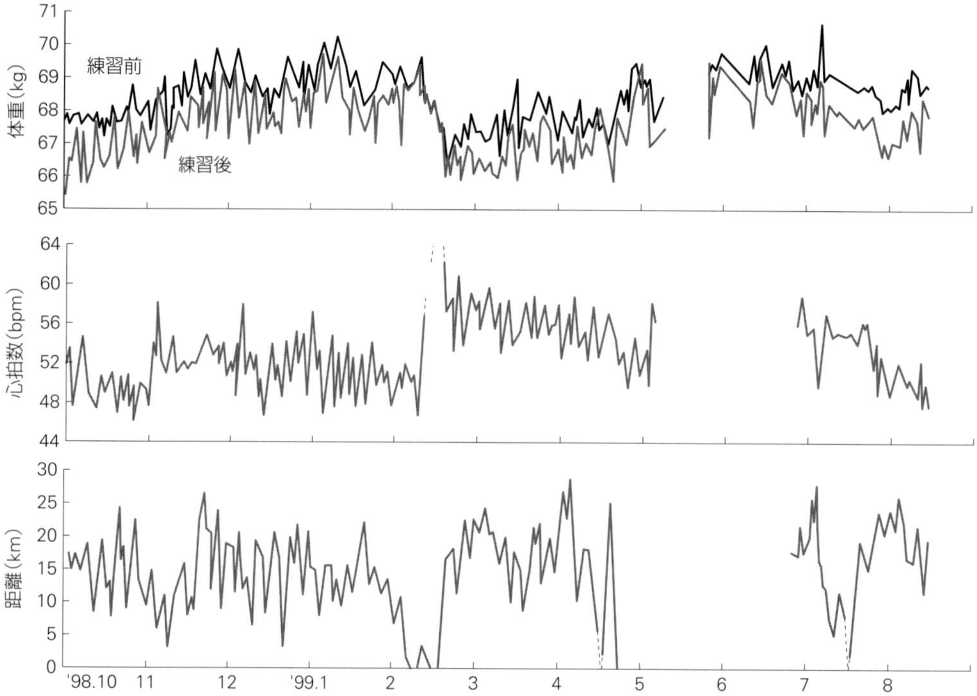

図 18－4　体重，心拍数および練習距離の推移
1998 年 10 月から 1999 年 8 月まで.

あった．また，両群とも 21 日後で 92%を下回った選手の下山後の成績は良くないものであった．反対に，7 日後から 94%以上を示す選手は，下山後の成績が総じて良い傾向にあった．これらのことから，高所トレーニングを何度も経験している者ほど順応性が高く，最初から本格的な練習に入りやすいこと，定期的な 5,000m のタイムトライアルは，高所合宿のコンディションを把握する簡便な指標となり得ることなどが示唆された．

3．競歩選手へのサポート活動

わが国の競歩選手は，これまでメキシコで強化合宿を行なってきている．合宿先のメキシコシティは標高 2,350m の高地にあり，高所トレーニングとしての効果も大きいが，良好なコンディションの維持も非常に難しいとされている．毎年この地で合宿を行なっている選手でも，体調を崩すことが少なくないからである．こうした背景より，選手側からサポート要請をうけるかたちで 1998～2000 年までサポート活動を行なう機会を得た．IK選手（アトランタ，シドニー五輪代表）の実際例を紹介したい[4]．

メキシコシティ（8 月）の気温は，午前中のトレーニング時（7 ～10 時頃）は 15～18℃であり，合宿期間中（1999 年 6 月 17 日～ 9 月 1 日）はほとんど同様の気象条件であった．午後は，20℃以上に上がり，空気の状態は悪くなるものの比較的過ごしやすい気候であった．IK 選手の体重，起床時心拍数およびトレーニング距離の推移は図 18－4 のとおりであった．図 18－5 には，36km ウォーキング練習をしたその日と 4 日後の睡眠中の動脈血酸素飽和度（SpO_2），心拍数の推移を示した．睡眠中の心拍数は，強い練習を行なった日は高い値を示し，疲労が回復した 4 日後では心拍数が低下したことから，睡眠中の心拍数は日々のコンディションの指標となり得るものと考えられた．図 18－6 には，ある選手のメキシコ到着時からの睡眠中の酸素飽和度と心拍数の推移を示した．脈拍数は滞在日数の経過に伴う大きな変化はみられないが，SpO_2 は初日が 86～90%と最も低い水

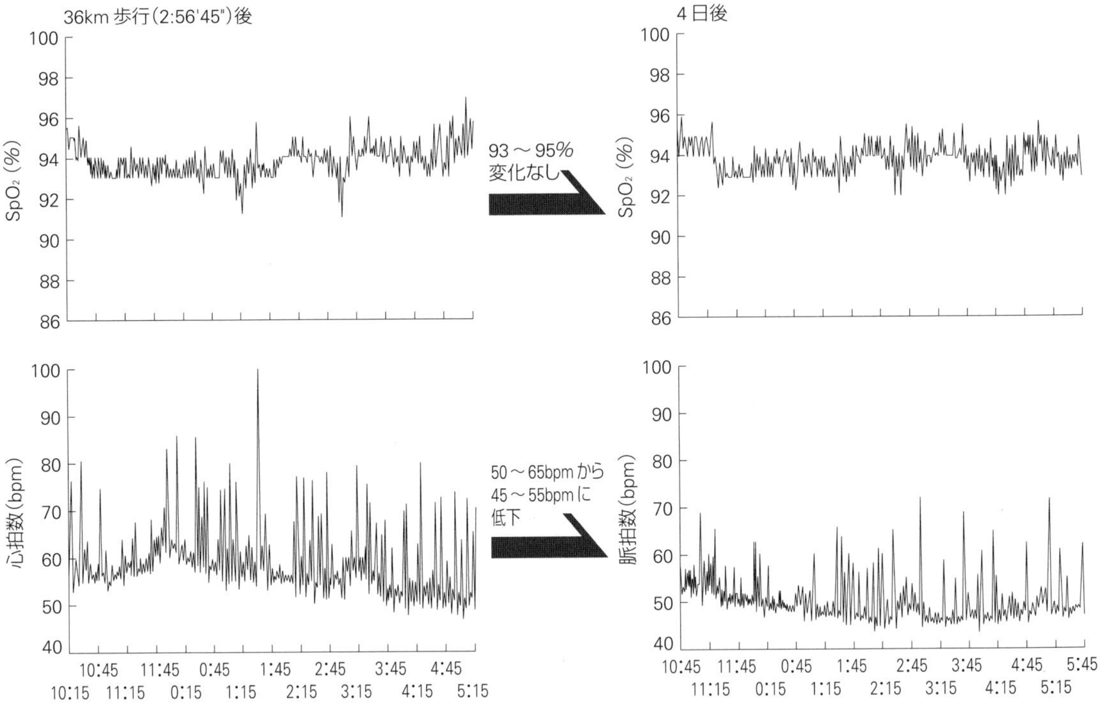

図 18－5　睡眠中の動脈血酸素飽和度（SpO_2），心拍数の変化（パルオキシメータ使用）

準にあり，滞在日数の経過に伴い上昇する傾向がみられた．約 93～94％の水準がその選手の順化後の標準的な値であるので，2,300m の高地では順化するのに 1 週間以上を要することを示している．したがって，睡眠時の SpO_2 値の変化は，特に高所トレーニング初期段階の低酸素刺激に対する応答（適応過程）を示し，睡眠時の心拍数の変化は，疲労状態をよく反映することから，これらはコンディションチェックに有用であることを示すものである．

その他に，トレーニング中やペースウォーク時の心拍数および血中乳酸濃度を手がかりとして，トレーニング強度のモニタリングを行なった．図 18－7 にはIK選手のある日のインターバルトレーニング時のデータを示した．ここで特筆すべき点は，このウォーキングペースは，日本で行なうペースとほぼ同じ設定であったことである．

IK 選手は，17 歳の時に初めてメキシコで高所トレーニング（1992 年 1 ～ 4 月）を経験し，92 年 2 回，93 年 1 回，94 年 2 回，96 年 1 回，97 年から 2000 年までは毎年 2 回，と 2000 年までに延べ 15 回（1 回あたりの滞在期間は，約 1 ～ 3 カ月）のメキシコ・高所トレーニングを行なってきた．「最初の 4 年間は，体が順化するまで時間もかかったし，トレーニング時のペースも日本と同じペースではできなかったが，97 年以降は，1 年の約半分をメキシコで過ごすスケジュールだったこともあり，到着してからの順化が早くなったのを感じた．トレーニングのウォーキングペースも日本と同じ設定でトレーニングできるようになり，98 年には，20 km で 1 時間 20 分を切る日本新記録を樹立することができた」と述べている．したがって，高所トレーニングは，繰り返す回数が多くなればなるほど順化も早まり，トレーニングの強度も海面レベルと同じ水準まで高めることが可能となり，結果として競技力向上につながったことを示す興味深い事例といえる．

4．平地へ戻ってからのレース

下山してからレースに向けては，平地への再順

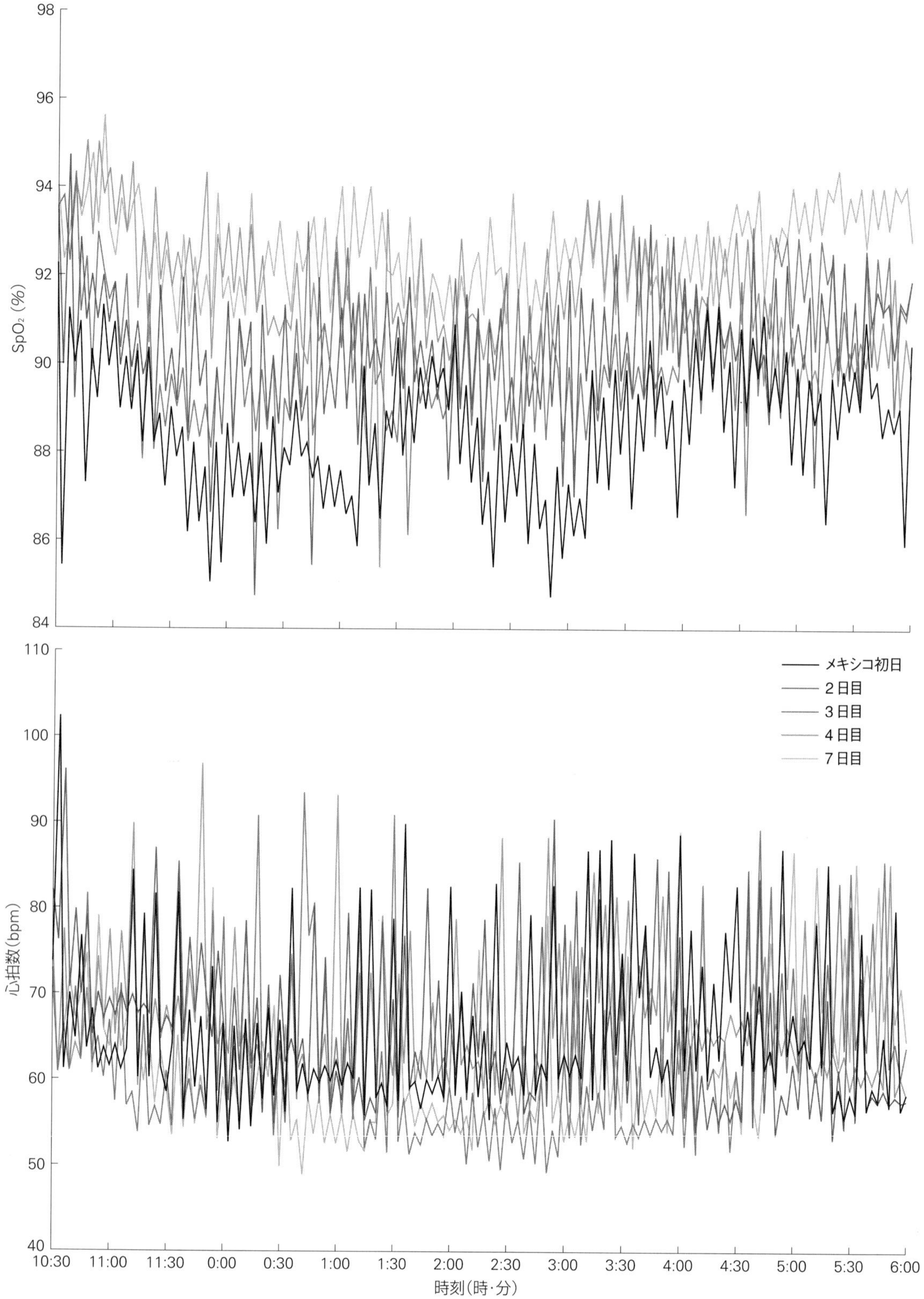

図 18－6　メキシコ到着日から 7 日目までの睡眠中の動脈血酸素飽和度（SpO_2），心拍数の推移

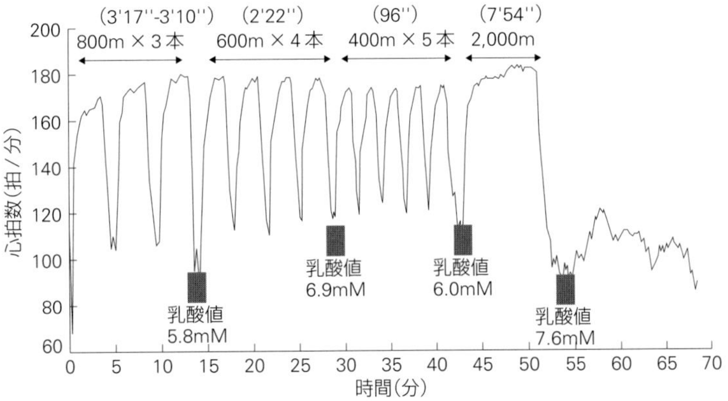

図 18−7　トレーニング中の心拍数および乳酸値（IK 選手）（1999 年 8 月 9 日）

表 18−1　女子マラソン選手の高所トレーニング状況

選手名	出発日 到着日	日数	レース日	レースまでの日数	場所	標高	成績	備考
TK	2000/5/8 2000/9/15	130	2000/9/24	9	ボルダー (アメリカ)	1,650— 3,500 m	五輪(シドニー) 1位：2:23'14"	期間中5日間帰国
	2001/5/30 2001/9/20	113	2001/9/29	9	ボルダー (アメリカ)	1,650— 3,500 m	ベルリンマラソン 1位：2:19'46"	
	2002/6/13 2002/9/19	98	2002/9/29	10	ボルダー (アメリカ)	1,650— 3,500 m	ベルリンマラソン 1位：2:21'49"	
SY	2002/7/31 2002/9/8	39			昆明(中国)	1,860 m		
	2002/9/16 2002/10/8	22	2002/10/13	5	ボルダー (アメリカ)	1,650 m	シカゴマラソン 3位：2:21'22"	
SY	2001/5/18 2001/8/1	75	2001/8/12	11	ボルダー (アメリカ)	1,650 m	世界選手権(エドモントン) 4位：2:26'33"	
TR	2001/5/18 2001/8/1	75	2001/8/12	11	ボルダー (アメリカ)	1,650 m	世界選手権(エドモントン) 2位：2:26'06"	
NM	2002/11/27 2003/1/16	50	2003/1/26	10	昆明(中国)	1,860 m	大阪国際マラソン 1位：2:21'18"	
	2003/6/10 2003/8/20	71	2003/8/31	11	サンモリッツ (スイス)	1,800 m	世界選手権(パリ) 2位	7日間試走 直前2週間は 菅平(1,300 m)
SN	2002/12/14 2003/1/16	33	2003/1/26	10	昆明(中国)	1,860 m	大阪国際マラソン 3位：2:21'51"	7日前に駅伝 (11.7 km)出場
	2003/12/17 2004/1/15	29	2004/1/25	10	アルバカーキ (アメリカ)	1,800 m	大阪国際マラソン 1位：2:25'29"	7日前に駅伝 (5.9km)出場
TM	2003/7/7 2003/8/22	46	2003/8/31	9	ボルダー (アメリカ)	1,650 m	世界選手権(パリ) 3位：2:24'15"	

化が重要である．特に下山後に間断をあけずレースに出場する選手も見受けられ，実際に下山してから何日後にレースに出ればよいかという点は，大変興味深い点である．そこで，ここ数年の女子マラソン選手の高所トレーニング状況を調べてみた（表 18−1）．これは，女子のトップランナーについて，いくつかのレース直前に行なった高所トレーニングの様子についてまとめたものである．その結果，選手達は標高 1,650～1,860 m に滞在し，滞在日数は，約 1 ～ 4 カ月であった．TK 選手についてはレースまでの準備期間として 1 回あたり約 3 カ月以上と極めて長期の合宿を組んでいることがわかる．下山してからレースまでの日数をみると，各選手 9 ～11 日が多かった．すなわち，女子選手では平地に降りてから 9 ～11 日後にレースに出場し，好成績を収めるパターンが多

い．イタリアのポポフ[5)]によれば，平地に戻ってから1～3日目，9～12日目および18～21日目にピークパフォーマンスが達成され，特に18～21日目に重要な競技会をあわせることが望ましいという．前述したIK選手は，「ほとんど毎回，高所トレーニングのほぼ10日後にレースに出場したが，うまく結果が残せたと思えるのは96年4月のレースのみだった」とのことであった．IK選手のある年の高所トレーニング後の血液検査結果をみると，ヘモグロビンは約17g/dL，ヘマトクリットは約50%に近い数値を示しており，明らかに血液の粘性が高い状態でのレースであったため，「体が動かなかった」のである．女子選手は，もともとヘモグロビン濃度などが男子に比べ低いため，このような状態になることは考えにくいが，このような点から男子選手の平地への再順化を考えた時，女子選手（約10日）よりも多く日数をとるほうが，リスクを避ける意味で無難であるように思われる．

まとめ

高所トレーニングの効果は大きいといえるが，高地への適応力には個人差も大きいこともよく知られている．その個人差や高所トレーニングによる効果の有り無しを，赤血球の増加をもたらすエリスロポエチン分泌量の度合だけで説明している報告[6-8)]が見受けられるが，トレーニング効果は，酸素運搬系だけでなく，その他（筋，エネルギー効率，エネルギー源[9,10)]および血管拡張作用[11)]等）の要因も含めた複合的要因によるものであることが究明されてきている．より大切なことは，いかに日々の良好なコンディションを保つかであり，個人による体調の細かい変化を察知し，そしてどう対処するかであると思われる．山へ上がる前後の状態も含めて高所トレーニングをとらえ，これまで述べてきたような簡便な方法でコンディションチェックを行ない，その手がかりを集積することができれば，個人の特性に合わせたトレーニングプランが作成でき，トレーニング効果はさらに大きいものとなるであろう．

文　献

1）小林寛道：日本陸連が実施した高所トレーニング—その3年間．コーチングクリニック，7: 6−9, 1993.

2）小林寛道：日本陸上競技連盟の高所トレーニングへの取り組みの現在・過去・未来—競技力向上の観点から—．臨床スポーツ医学，16: 517−523, 1999.

3）小林寛道：スポーツマンのためのコンディショニング　第10回体力トレーニングの立場から．指導者のためのスポーツジャーナル，（財）日本体育協会，169: 16−21, 1994.

4）杉田正明，小林寛道：競歩選手におけるメキシコ高地合宿での医・科学サポート活動報告．第27回オリンピック競技大会（2000/シドニー）医・科学サポート事業報告書，pp.11−18, 32−38, 2001.

5）ポポフ：高所トレーニングの是非．陸上競技研究，26: 46−52, 1996.

6）Levine BD and Stray-Gundersen J: “Living high-training low”: effect of moderate-altitude acclimatization with low-altitude training on performance. J Appl Physiol, 83: 102−112, 1997.

7）Chapman RF et al.: Individual variation in response to altitude training. J Appl Physiol, 85: 1448−1456, 1998.

8）Stray-Gundersen J et al.: “Living high-training low” altitude training improves sea level performance in male and female elite runners. J Appl Physiol, 91: 1113−1120, 2001.

9）Chris J Gore：中程度の高地・低酸素環境への順化の生理的機序．第6回高所トレーニング国際シンポジウム2002東京（総集編），pp.17−37, 2003.

10）Sheel AW et al.: Relationship between decreased oxyhaemoglobin saturation and exhaled nitric oxide during exercise. Acta Physiol Scand, 169（2）: 149−156, 2000.

11）Sheel AW et al.: Influence of inhaled nitric oxide on gas exchange during normoxic and hypoxic exercise in highly trained cyclists. J Appl Physiol, 90: 926−932, 2001.

［杉田　正明・川原　貴］

和文索引

［た行］

［な行］

［は行］

［ま行］

［や行］

［ら行］

欧文索引

2004年10月1日　第1版第1刷発行

高所トレーニングの科学
定価(本体3,500円＋税)　　検印省略

編　者　浅野　勝己
　　　　小林　寛道
発行者　太田　　博
発行所　株式会社　杏林書院
〒113-0034　東京都文京区湯島4-2-1
Tel　03-3811-4887(代)
Fax　03-3811-9148
http://www.kyorin-shoin.co.jp

ISBN 4-7644-1071-0　C3047　　広研印刷／川島製本所
Printed in Japan